Selected Works Of
Chen Chuanxi

1

陈传席 著

陈传席 文集

中国青年出版社

作者小传

　　陈传席，原名陈鹏飞，江苏徐州睢宁人。1950年9月生于山东省诸城。旋过渤海、黄海，3岁随母回故乡睢宁。在家乡读完小学，然后负气离乡，只身赴皖，考入安徽大庄中学。其时年方十一，身无一文，奔波天地之间，饥则食路旁之苦瓜、林中之酸果、地头之烂芋；渴则饮溪中之流水；困则卧眠于山坡或街头。在校期间，偶有所食，乃"五好面"也。"五好"者，树叶、棉花壳、山芋秧等五物也，亦时断之，常数日无食，饿昏几死者数十次焉。惟日以诗书为徒。其时，骨瘦如柴，形同篱畔之迎春花枝条，故其赋《减字木兰花·咏迎春花》词曰：

　　小园篱笆畔，有一枝柔条弱干。不畏严霜，冒雪冲寒折嫩芳。迎春去早，赢得黄金腰带绕。一驾东风，便领千花万卉红。

　　初中毕业后，考入泗县中学高中部。课余随王天铎先生学诗词、书法、国画。后又学素描、油画。然始终以读经读史为主。1966年文化大革命起，其年十六，因《咏迎春花》词中末句，被分析为"一旦得势，便率领千军万马向党进攻。"于是遭批判斗争数十场。因不服而抗争，被判徒刑二十年。劳改中，被棒打棍击，至遍体鳞伤，后于夜间逃跑，辗转奔波，夜行昼藏，继之为人看猪、挑鱼苗为生，受苦无穷。再后混入北京，接受"检阅"。

1968年，下放农村为"上山下乡之知青"。其间，画过领袖像，当过民工（挖河），当过教师、会计、医生。两年后，被推荐为工农兵学员，学工科。毕业后，分配到淮北煤矿，当过电工、技术员，筹建新矿，从事工程技术工作。

1979年，考入出国留学预备班，回淮南煤矿学院学习外语一年。1980年，考入南京师范大学美术系研究生班。从事中国美术史研究，撰写《六朝画论研究》《中国山水画史》等。1982年毕业，任职于安徽省文化厅文学艺术研究所。即着手组织中国美术界第一次国际学术研讨会。同时组织全国36家博物馆院明清名画藏品联展。1984年大会在合肥、黄山两地成功召开，联展也如期展出。两者皆在国际学术界产生巨大影响。美国学者称："陈传席组织的这次研讨会和联展，不仅在中国是第一次，在世界上也是第一次。36家博物馆联展，在欧美是根本办不到的。中国后来的艺术史国际研讨会，形式都是套用这次的，但规模远远不及。"

会议之后，陈传席即埋头著作，出版《六朝画论研究》及一系列论文。1986年应聘赴美任堪萨斯（Kansas）大学研究员，从事明末清初画史和"扬州八怪"的研究，同时考察美、英、日各地所藏之中国古代艺术品。

1987年回国，任南京师范大学副教授、教授、硕士和博士生导师。其间考取古典文学专业博士生，研究明代文学，获博士学位。

2004年初任上海大学教授，同年调到北京任中国人民大学教授、讲座教授、博士生导师。2007年被聘为二级教授。同时兼任中国佛教艺术研究所所长、中国美术家协会理论委员会副主任、马来亚大学教授（讲授中国古代文学）以及浙江大学等60余家国内外大学、研究所客座教授、研究员等。2011～2015年，主持国家社科基金重大项目《中国传统佛教雕塑遗产调查及数字化处理》。2014年，在法国巴黎卢浮宫东西方美术联展中，被法意等国美术家推选为画展评审委员会主席，巴黎市长授予他"巴黎荣誉市民"称号，并赠送徽章。

陈传席自1980年从事中国美术史研究，出版《六朝画论研究》（江苏版、台湾学生书局版、天津人民美术出版社版、中国青年出版社版）共重印16次，世界各国学者研究六朝艺术美术学者鲜有不引用此书的。《中国山水画史》是国内外第一部研究山水画的专史，首开中国分科画史的先例。现已16版，并被译为外文在国外出版发行。《中国绘画美学史》（被选入20世纪中国文库）。

1995年后转入美术批评，提倡"阳刚大气"以振奋民族精神，并第一次提出"正大气象"，被全国书画家及领导层广泛接受。他是反对殖民文化的最早提出者之一。又提出在题材上以表现民族正义精神为主，风格上必须有"秀骨"为标准等等，都给当代艺术家以重要的启导。《西安晚报》曾有通栏大标题："陈传席是当代的鲁迅。"

陈传席业余从事诗词创作和散文写作。他的《悔晚斋臆语》在江苏、河北、以及中华书局、中国青年出版社再版16次。作家贾平凹读后称此书是继明清张岱、袁枚之后"真正称得上的才子书。"并题"参天者多独木，称岳者无双峰。"诺贝尔文学奖获得者莫言读后称"陈传席先生是一位奇人，因为他的《悔晚斋臆语》是一部奇书。""有豪气才气""满腹诗书，吐嗽成珠者也。"又云："读此书时，案前应置美酒一镡，得意处即拍案起浮一大白。"

陈传席已出版《陈传席文集》（九卷）（再版为10卷）、《中国紫砂艺术》《画坛点将录》《北窗臆语》《蛙怒集》等著作60余部。已在《文物》《求是》、人民日报、《美术研究》《美术》《美术史论》、《美术观察》《明清小说研究》等核心刊物上发表文章1000余篇，并被《新华文摘》全文转载7篇。权威刊物《美术》列陈传席的美术史论研究强度为全国第一。（见《美术》1990年10月）《书法导报》曾头版头条报道："陈传席先生是国内外美术理论界公认研究能力和深度分值最高的一位艺术理论家。"（见《书法导报》1996年2月21日）

《人民日报》发文称："陈传席，一位正气凛凛、铮铮铁骨、一身浩气、敢说真话的当代美术史论家，……具有批判精神和独立人格，……具有强烈的社会和文化责任感、道义感与担当精神的美术理论大家，可谓知识分子的楷模。……是中华民族的脊梁。"（见《人民日报》2013年11月13日）

　　他多次受美、欧以及东南亚等名牌大学和学术机构邀请，前往讲演中国艺术和文化，多次在国际学术研讨会上作主讲，他的学术观点在世界上很多国家流传并受到很多学者推崇。有的学者称他为"中国现代美术史研究之父"。

　　陈传席现在在中国人民大学和马来亚大学两校任教授，教授中国艺术史和中国文学史，并从事艺术史、人文史和中西文化比较研究。正撰写《中国的哲学不能救中国，但能救世界》《极简中国史》、主编《中国美术史》，同时从事书画创作和诗词散文写作。他的书画作品多次在国内外展出，屡获金奖和最高学术奖。他的画被权威人士评为"当代最高水平的文人画"，并广为国内外收藏家和美术馆、博物馆所收藏。

自题

《易》云："知周乎万物，微知也；不足以济天下而周万物，而道济天下。"艺，小道也；术，惟君子以之游而已。余少读经，游于艺，而学道未成；稍长，支离天地之间，劳筋骨，饿体肤，荒于学久矣。夫神大用则竭，形大劳则敝，是以中岁移治小道，沉耽于斯十有八载矣。子曰："虽小道必有可观焉。致远恐泥，是以君子不为也。"夫以不为之事而为之，悲夫。余肃然而恐，凛乎其不可留也。心缘物感，弃其必弃，择其可瘳者聚而瘳之，故有集。

夫浮生有涯，物极不反，返而改治，其至乎，不至乎？余不之知，惟听其所止而休焉。

1998年夏于南京师范大学悔晚斋

再版序

　　文集又再版之时，我正在国外一家国立大学任教，手中无资料，记忆模糊。记得这套五卷本文集出版至今大约近二十年了。当时文集一出版，便马上一销而空，不久即再版，后又再版。再后来安徽出版的《陈传席文集》四卷本，其实是《续集》，内容都在五卷本之外。现在这两套文集都要再版，感谢读者对我的厚爱。

　　文集和续集，除了《六朝画论研究》之外，都是已发表的单篇文章，凡已出版的专著（大约60本）或已集成书的都没有收入。这次再版，我没有改动，编辑却做了校正和改正错字的工作。

　　这套文集第一版发行后，闹出不少风波，使我明白了什么叫"恶人先告状。"还有宋·富弼所说的："君子与小人并处，其势必胜。君子不胜，则奉身而退，乐道无闷。小人不胜，则交结構扇，千岐万辙，必胜而后已。"明仁宗朱高炽亦云："君子小人并处，则小人之势常胜。"苏东坡更云："天下之势，常在小人。"君子是斗不过小人的，自古而然。小人和腐败势力结合，则其势尤炽。所以当前反腐十分必要。当然，这些事已过去了，一笑了之。而且，我也早已离开了那些是非之地。先是到了上海，后又到了北京，现在又到了马来西亚。此时，中国正是严寒季节，马来西亚地处赤道，终年炎热。前时，我游了印度洋，友人令作新词以记，我口占一词，《游印度洋》：

吾平生，喜看九级雷鸣，十级风浪，今日又游印度洋。

俗虑暂空，身心偶畅，子在川上吾不顾，笑长江何其小哉？

西望无际，天低赤道，云连大洋，大化任我纵浪。

廉颇不老，孟德莫叹，吾身健，心正壮。

我把这首词记在这里，已见我现在的心境比以前好得多。不过也仅限于一段时间。

一位道长说我这样健康状态，还可以再保持63年。那真是太好，我可以写出更多的书，画出更好的画，创作更多的诗词。我现在有点反对科学。如果没有发明手机，我在这里会更安宁。科学对人的干扰太大，又无可奈何。

我是无日不忧，也无日不乐的人。

游过印度洋，我即准备赴新加坡度春节，那里有我的很多朋友和学生。到了新加坡，会见了很多中国来的大企业家、富豪和政府的退休官员，听他们讲述国内的形势。富人们纷纷把财产移到国外，北方的雾霾，促使不太富的人也移往国外，中国人民的财产万亿万亿地送往国外。官员们考虑的是怎样把儿女送往国外，自己退下来后如何在国外安身。他们在任时，也是考虑把中国的财富怎样送往国外，他们关心的是国外的发展。明朝的衰亡在于官员，"皆身谋而不及国"，但他们尚没有破坏国家，更没有把财产移往国外。我们的官员，不仅为自身谋，还为外国谋。

我想起了《国歌》，不能不为国忧。回到马来西亚后，了解的情况也是相同的，这批人也经常回国，是继续把中国的财富移往国外。学术的研究，能阻止这一切吗？啊，推窗望月，马来月是故乡月，独望凄凉两依依。

2016年

自序

　　我这半辈子，只高兴过一次，那一次是为别人而高兴，但不久就后悔了，而且实践证明，那一次高兴是错误的，后来就一直没有高兴过。但我绝对在努力，争取为自己高兴一次，可惜一直未能实现这愿望。日前，我要用我的笔写出我的苦闷，美术史研究暂告一段落。在友人和编辑的帮助、催促下，出版这本艺术文集，聊记鸿迹耳。

　　我自1980年考上研究生后，正式从事美术史的研究。从1982年到1985年3年多时间里，我除开筹备中国美术史界第一次国际研讨会和组织全国36家博物馆联展等浪费了一些时间外，主要精力都用于写作，有时一天写作一万字，那时精力好，不但写得快，新观点也层出不穷，看问题也比较准确。现在看来，当时不满意的文章，现在也许还写不出来。我虽然已出版了26部著作，但影响较大的还是最早出版的《六朝画论研究》和《中国山水画史》等几本，也都写于1982年至1985年间。

　　1985年，美国堪萨斯大学聘我任他们的研究员，并寄来很多函件和保证金，供我办理手续用。因为我出国的理由正当，手续又齐全，按规定应该在半个月内获得有关部门批准并办好一切手续，可是两个月过去了，四个月过去了，六个月过去了，手续根本没办。我心急如焚，每日去找、去催，但毫无反应。写作工作完全停止了，我找到有关部门摆事实，讲道理，搬文件，说明我是完全正确的，你们应该给我办。我有理，于是遇到当官的也讲，遇到老百姓也讲，越讲越气也越没用，大约一年时间，我每天火冒三丈，到处去找原子弹。那时我才认识到美术史根本是无用的东西。后来一位老资格的干部出于同情心，告诉我："你真是书呆子，对社会一点也不了解，你那样找法，根本没用，应该给你办，但不办你能怎么样呢？我给你打个招呼吧。"她不知给谁拨了一个电话，奇怪得很，第二天就批准下来了，我当时绝对愣了，老实说我已绝望了，精神也没有准备。唉，这世界……。到了美国，我搜集很多资料。回来后，我遇到各方面的挫折，研究就停了。后来我的兴趣和精力都转移了，兴趣转向文学史和人文史，精力移向以下几个方面：

一、我对大型辞书《辞源》向来不满。辞源，应该是辞之源，也就是某一词最早出现于何处何时。事实上，《辞源》中举出的唐代的例子，我可以找到汉代的例子，《辞源》上举出的汉代的例子，我可以找出战国的例子，甚至经书上的词，都被《辞源》编者遗漏了。我从1980年始，正式着手修定《辞源》，1987年后，主要精力用于此。我手中4本《辞源》，天头、地脚，写得密密麻麻又加纸条，有的一面上就加有几页纸。

二、清人严可均曾辑《全上古三代秦汉三国六朝文》，是后世学者必备之书。严氏功劳是巨大的，但我发现他对隋代之前的文辑得并不全，文物出版社出版我辑的《六朝画家史料》，我在前言中已说明这个问题。于是我同时着手辑录《全上古三代秦汉三国六朝文》佚文。我这一工作得到了很多老先生的赞同，都认为是一件不朽的工作。

三、写作《中国人文史》。

四、写作《中国现代绘画史》。

因为我是美术史教授，这期间我也陆续出版了一些美术史著作和论文，实际上都是1982年至1985年间积累的稿子或那时思考的结果。美术史研究的成果，我不满意，但以上四项成果，我比较得意。

我大概是世界上倒霉最多的人。略有得意，跟上来就是大的倒霉。1995年初，一场大火灾降临，将我的寓所焚烧一空，我的半生积蓄，数万部藏书，我收藏的名人书画及文物皆烧光。更严重的是将我以上四项尚未出版的成果手稿也烧去，和这些成果有关的资料也烧去，只落了片白茫茫大地真干净。我当时百思不得其解，造物主为什么这样待我？

我的心血，我的前途，我的命运皆系在这几本书上……。"是命也夫，命也夫！"几乎所有人都说："如果是我遇到这样大灾难，即使不死，也必得神经病。"好在我半生中经受的灾难太多，而且我早已将人生和宇宙看透，世界上一切本于无，将来也必归于无。何况已经烧去，损失已十分巨大，如果再为此痛苦，或者得了神经病，那损失就更大。不如一笑了之。所以，很多人都奇怪我，不该痛苦的天天痛苦，该认真痛苦的，反而不痛苦。但后来学校和有关部门统计我的学术成果时，就麻烦了。因为我的藏书都烧去了，我发表的论文，我原都保留一份，现在都烧了，也无从查证。这一次搜集我已发表的论文，就更加麻烦，四处查找，有美图书馆、资料室都一一查找，才找到二百多篇，实际上我已发表四百多篇论文。这二百多篇未必都能入集。我也没有时间再看一次，只是根据印象，选择其中一小部分，又筛选一遍，因为出版社要求这套书不要超过150万字，而且他们打算帮我再编一本《陈传席美术评论集》，所以，其中评论性的文章大都抽下去了。我最后又精简一番，当然也加了一点，然后基本上定稿了。很多已发表的论文，因无法找到原发表的杂志，无法收入，十分遗憾。昔郑板桥自编诗集，其自序中有云："板桥诗刻止于此矣，死后如有托名翻版，将平生无聊应酬之作，改窜烂入，吾必为厉鬼以击其脑。"余则反其意而云："传席论文暂集于此，生前死后，如有知音或好事者，搜求未入集之文而补入者，吾必欢欣鼓舞，合掌而谢之。"

文集中一些论文的有关情况，我还要剖白于读者。

大部分论文后都注明发表日期和刊名，但这不是写作日期；少部分论文未注日期和刊名，有的是复印时忘记记录，再去查找一次太麻烦，便不注了；还有的是系列文章，分开发表，如《李唐研究》中的主要文章都在《美术研究》《美术史论》等刊物上发表，这次将《李唐研究》全文收录，因而就不再一一注明其中各文的发表日期和刊名了。

"六朝时代"的论文大约都发表在1983年前后，后来收入我的《六朝画论研究》一书中，国内外真正研究六朝艺术的学者鲜有不引用我这本书中观点者，这本书为很多学者和从事艺术史学习的青年所需，但出版社以"赚钱不多"为由，不复再版。这次因考虑社会需要，基本上都收入文集中，也没有一一标注发表日期。因为我的《六朝画论研究》是1984年出版的，1991年台北学生书局再版时，我只加写一个"台版自序"，其余一字未易。所有论文都发表于1984年前。国外学者著述引用我的观点者，都加注明，大多学者还把自己出版的著作和论文寄一份给我，表示感谢。国内学者著述引用或讨论我的观点者，也大多注明，但有少数学者引用我的观点未加注明，有的作者见到我声明一下，说：原注释中注明引用陈传席《六朝画论研究》，但被编辑删去，云云。著书立说者引用我的观点，我都很感谢，但希望注明一下，否则，不注意发表日期的读者反而会误认为我受了别人的影响。

编者告诉我，在很多影响较大的刊物上发现很多篇其他学者的论文，实际上都是我10年前已发表过的旧文，有的是我10年前出版的《中国山水画史》中的一段，现在又变成别人的论文。我想也许他们没有看到我的论文，也许从我的著作中又得到启发或发现更具体的问题，又论述一番才定的。似乎没有必要去弄清。世界上弄不清的事太多了。

有位朋友反复索读了我的论文和著作，读到我论述"道""理""法"后，多次谬赞，但后来在一次学术研讨会上，当我的面大谈他对"道""理""法"的研究（完全是重复我的研究），与会学者和画家都惊叹他的"学问"和"研究"之深。我作为朋友，也不好揭露，只好默默忍受。事后，这位朋友竟将此发挥成两本书出版。我一直无半句怨言露于外，而这位朋友一直怀疑我有怨言，于是便对我进行攻击。好在我的著作内容在他第一次谈"道""理""法"之前就出版了，细心的读者自有公论。

再谈一个个别现象，我的论文《论扬州盐商和扬州画派及其他》，1986年9月带到美国，发表于《九州学刊》（1987年9月）上，在此之前，曾在国内的《商业经济》上发表过。《九州学刊》是国际著名汉学研究刊物，但在国内却很少见到，《商业经济》影响更小，所以我在各地又作过讲演。据我所知，我这篇文章大概是第一篇研究盐商和扬州文化的详细论文，几年后，盐商的研究和盐商与扬州文化的研究才兴起，知情的朋友为我抱不平，把我的论文拿去重新发表，但已过去8年，不知情的读者可能会认为我是受了别人的影响。

了解我性格的人都知道，我决不屑于研究别人已研究过的问题，更不会重复他人的研究。

有些问题，我在10年前就发表过，后来其他朋友又深入研究，甚至组织讨论，震动国内外，被称为第一次"发现"。我这次也把我10年前发表过的文章收入，证明"第一次"之前还有一次。

关于"绘"与"画"的区别，"绘"和丝织物的关系以及因此而奠定中国画的基础以及与西方画之区别等，我也是十几年前就认真研究过，也到处讲过，但找细微研究的文章，因有早期文字篆书等为证，编辑部说现代电脑无法打印，一直没有正式发表，渐渐地在其他人文章里也就出现了（当然，也有的朋友可能是自己的研究），我这次收入的，实是我10年前的研究文章。

关于牡丹考证的文章，是我十几年前写《中国花鸟画史》时就研究过的，后来一家出版社要出版牡丹全集，社长寄来编者的论牡丹文章，要我修改，并多次来电话，务请修改，发表时可署两人姓名，我便把我的研究资料都加上，结果发表时没有我的姓名。我当然不是计较此事，但声明一下，免得读者又以为我受了别人的影响。

1987年，我从美国回来后，撰写一篇《金陵八家构成及四位高岑问题》，谈到"金陵八家"有二说，发表在《东南文化》1987年3期上。同年，我又深入研究，发现"金陵八家"不止二说，实际上有九说，于是又写成《关于"金陵八家"的多种记载和陈卓》一文，打印200份，于1988年散发给很多学者（后来发表在《东南文化》1989年4—5期合刊上），最近一位朋友又告诉我，一位教授、博士生导师在得到我的论文打印稿后，撰写了《"金陵八家"四说》，于1989年寄往香港，发表在5月19日的《大公报》上。我现在回忆，这位老教授、博士生导师当时读到我的《关于"金陵八家"的多种记载和陈卓》一文时，连连赞扬，称赏我查了很多资料，谁知……，唉！1983年，我写了一篇文章，其中谈到画派形成的条件，又谈到"吴门派""吴派"和"明四家"的问题，打印了300份，1984年在我筹办的黄山会议上散发；此文后来正式出版在《论黄山诸画派文集》（1987年上海人民美术出版社）中；同时，我又写了《吴门派和吴派辨》，发表在香港《大公报》上。1988年，我的《中国山水画史》出版了，这些内容也都写入我的书中。可是这些观点和材料后来都被另一位教授（也当了博导）全部掠入他的文中（1993年出版），这位教授并以我的观点拼凑成一本书，当我去责问他为什么抄袭我的文章时，他居然说，没有看到我的文章。可是我的文章，我的论著，都由我亲自送到他的手中。他无言可说，于是便在背后攻击我，甚至颠倒黑白，混淆是非，我也只一笑置之。我这次出版文集，读者可根据我所注明的日期和刊名，查对谁的文章发表得早。当然如果有人喜欢相信谣言，那就没有办法了。我曾写过《论造谣、传谣、信谣》一文，最低下、最卑鄙的是信谣者，一切谣言都在信谣者身上起到作用……

有一位朋友对我说："抄你文章的人都可以出名，可以当教授，可以当博导，你还怕什么？"我听后又是一笑。

至于我卖出去的文章，还有一部分不想让人知道是我写的，而用笔名发表的文章，就不好意思再提了。

我虽已退出美术史界，但美术界朋友仍在，很多问题不好再提，以免得罪太多的朋友。但从佛家悟道的眼光来看，若未悟道之前，有你我他之分，悟道之后，便不分你我他了，宇宙万象皆化为一体，又何分我的文章、你和他的文章呢？我现在对"道"已悟了一点儿，所以，也不再计较了。

很多文章，我都想修改、补充。但一是无力也无暇修改，手中任务太重；二是出文集，应该保持原来发表时的原貌，当时留下的"鸿迹"，以后不必去修改。所以，我都不再修改，只有少数文章（多是我年轻时寄去的）加入了编辑的意思，完全不合我的思想，我删去了，数量很少。有的文章被编辑删略太多，这次无力恢复，只好任之。

　　刊物多了，各地来约稿的也多了。我发现我已发表的文章中重复很多，我已删去不少，但未能全部删除重复的文字，这是因为重复不可能是完全的重复，为了保持原貌，我没有彻底删除。似乎古人也有重复的毛病，大诗人陆游《晨起》诗云："大事岂堪重破坏，穷人难与共功名。"《客思》诗又云："壮士有心悲老大，穷人无路共功名。"《夜坐》诗云："风生云尽散，天阔月徐行。"又一首《夜坐》云："湖平波不起，天阔月徐行。"《郊行》云："民有祷褥知岁乐，亭无桴鼓喜时平。"《塞夜》又云："市有歌呼知岁乐，亭无桴鼓喜时平。"《冬夜》诗云："残灯无焰穴鼠出，槁叶有声村犬行。"《枕上作》又云："孤灯无焰穴鼠出，枯叶有声村犬行。"这就完全重复了。陆游诗重复者还有很多，但都收入他的诗集中，并没完全消除。元遗山的诗重复更多，而且重来重去，如《怀州城晚望少室》诗云："十年旧隐抛何处，一片伤心画不成。"《重九后一日作》云："重阳拟作登高赋，一片伤心画不成。"《题家山归梦图》云："卷中正有家山在，一片伤心画不成。"《雪香亭杂咏十五首》有云："赋家正有芜城笔，一段伤心画不成。"《元都观桃花》云："人世难逢开口笑，老夫聊发少年狂。"《同严公子东园赏梅》云："佳节屡从愁里过，老夫聊发少年狂。"重复的诗句还多得很。明人高启诗重复亦多，赵翼《瓯北诗话》中都有揭发。诗歌尚能重复，何况是学术论文呢？当然，重复是不好的，明知不好，又去援引古人例子为自己护短，实则文过饰非，不太好意思。等下次改过后就不这样做了。

　　忙了好久，我希望文集出版后，能高兴一次，不知能否实现这一愿望，估计不易。

　　整理此文集时，我已移居西山，这里曾是清代袁枚著书立说之处，有山有水，古木参天，荆草遮地，竹影映帘，清风吹枕，江南自古佳丽地，于此尤觉不虚。城市里隐藏着片片山水，山不太高，而秀，水不太阔，而清，乃是南京城的特点。大隐隐于市，今人隐居应该选择南京。

我居住在西山之西坡，楼下有盘山石径，松遮萝绕，犹如峨眉山小道。在我的画室中，可以临窗北望长江，雄气依稀可见。在我的卧室中，可以凭几西望秦淮河，六朝烟水，三楚清气，频频来亲。皓月当空，我每登阳台上，抚栏南望，东坡把酒问天之情，油然而生。坐书房中，临窗俯视，清凉山横列案底，这里有清初龚贤的扫叶楼，明清之际，江南才子，南国佳人，常聚于此。昔曹雪芹著《红楼梦》云："晨风夕月，阶柳庭花，更觉润人笔墨。"余居于此，本欲埋头著述，不问世事。然俗事纠缠，无容清身。余昔著《中国绘画理论史》自序云："稍俟异日，余了却众俗事，清偿诸文债，则必摒名利、绝尘事、释躁心、拒庸客、去细碎、弃凝滞、止暇思、忍屈伸、除嫌吝、空怨咨，积学以贮宝，研阅以穷照……"数年过去，俗事非但未能了却，又益增焉。大抵人离开俗世，俗事方能了却。然而，心静则人静，心远地自偏。我将在这里继续我的文学史和人文史的研究。美术史的研究虽曰暂告一段落，但在研究人文史的同时，如果遇到特别的资料和想法，也未必不再染指。现在美国的学者，力主研究学问要缩于一点，终生研究一人乃至一画。中国的学者闻之如承圣旨，谓之非如斯不可为大学问家。然而从司马迁写《史记》到鲁迅作《中国小说史略》《汉文学史纲》、小说、杂文，郭沫若研究青铜器、甲骨文、书法、戏剧、历史、文学，兴之所至，古耶？今耶？文耶？艺耶？古今中外没有一个大学问家终生只研究一个问题，甚至不可能终生只驰骋在一个领域。但我研究的范围之广，乃出于我的精神散漫之本性，并不是说我就是大学问家。

我写文，乃如《文心雕龙·养气》所云："意得则舒怀以命笔，理伏则投笔以卷怀。"然而，近年来，则因俗务纠缠，心烦意躁，虽"意得"亦无以命笔，悲夫。

1998年8月3日于南京师范大学校园内西山

再版自序

　　文集出版，本来应是好事，我也准备高兴一次。这一次如果能高兴起来，就是我平生第一次为自己而高兴。但尚未来得及高兴，各种灾难便接踵而来，反而增加了烦恼和很多骚扰，痛苦自不待言，好在我早已痛苦惯了，灾难和打击对于我来说，也早已习以为常。友人劝我退一步海阔天空，我便跑到国外去玩了一圈。回来后，干扰仍然未了，我又到桂林、阳朔等地，登山临水，"相看两不厌"。桂林的山水真美啊，足使你宠辱皆忘，俗虑俱消。

　　我这个人大概命中注定不可能真正地快乐，白天观景而忘忧，夜晚做梦仍然悲愁，我没做过一个好梦，记得梦中我做了一个对联，醒后只记得上联，曰："世人入目皆可恶。"友人听后哈哈大笑，说："我从你的书中看到你引用清代诗人钱匡的诗句'甘守时穷方是士，不为人妒便非才。'你能教育别人，为什么不能教育自己呢？人世有美好、有丑恶、有君子、有小人、有高尚、有低下，才叫丰富多彩，正因为如此，才可爱。又怎么能'入目皆可恶'呢？"说的很有道理，但我并非"才"，为什么也遭人妒呢？友人又说："你在你的著作《中国山水画史·后记》中引用杜甫诗'自古圣贤多薄命，奸雄恶少皆封侯'，你又忘了吗？"然而，我也不是"圣贤"，又为什么也"薄命"呢？

　　现在且说我这套文集，出版不久，便要再版，真出乎我的意料，我一直很感谢我的读者们。我的每一部书差不多都再版，我20年前写作的

《中国山水画史》（81万字）已第7版，最近又被译为外文，有的书在大陆出版，又在台湾再版，我有这么多读者，足感欣慰，也大大地增加了我的生活信心。而且差不多每天我都接到各地读者来信，其中很多人问我最近又在思考什么问题。

我确实时时在思考问题，但近来思考美术史的问题少了。因为俗事纠缠，烦恼不断，心境一直不佳，但也无可奈何。友人送我一幅大字："仁者寿。"他大概看到我疲于招架，又常为群小所欺，心境烦躁，希望我以仁慈之心对待众生，"勿荡细碎仇"。我在考虑，仁者是否真寿，还有中国的古训"善有善报，恶有恶报，不是不报，时候未到"。善人真有善报吗？晋戴逵在《释疑论》中早就说过，尧、舜都是大圣人，但其子皆不肖；鼓瞍是下愚且心狠手辣的人，却生有大圣人舜；颜回是古今第一大贤人，人品学问皆高，但生时贫困潦倒，二十多岁便死了，（早夭）绝嗣，即断子绝孙；商臣是极恶的人，后世却很昌盛；比干是古今第一大忠臣，却被人挖心而死；张汤是汉代第一大酷吏，十分残忍，但子孙七世皆大官。还有后来的岳飞、于谦都是为国为民的大好人，结果很年轻就被判处死刑，而且都被抄了家。袁崇焕是忠臣小子，为国为君奋不顾身，结果被凌迟处死。倒是很多奸臣、恶人得到好报。现实生活中，我们看到更多的例子，都是证明好人不得好报，坏人小人有好报。苏东坡说过："天下之势，在于小人……"富弼说："君子与小人并处，其势必不胜。君子不胜，则奉身而退，乐道无闷；小人不胜，则交结构扇，千岐万辙，必胜而后已。迨其得志，遂肆毒于善良，求天下不乱，不可得也。"（《宋史·本传》）也就是说，君子与小人相处，小人常胜。明仁宗朱高炽亦看出这一点，他说："君子与小人并处，则小人之势常胜。"（《明仁宗实录》卷一下）小人常胜，君子处下，天道之公又在何处呢？善有善报又体现在何处呢？其次，我所供职的这所大学原来是中央大学，前身是三江师范学堂，这里的美术系有一个规定："动口不动手，动手不动口"，即从事史论研究和教学的人不得画画，画画的人不得讲理论，这也和古人说的"善鉴者不写，善写者不鉴"一致。但结果谁也没做到，傅抱石是教美术史的，画起画来，秦宣夫、宋征殷是画油画的，后来都教美术史了。我是教授美术史的，现在也画起画来了。又写又画，也就更忙了，以至于很多画家请我为之写评论，我都无法满足，敬请谅解。

2002年12月于南京师范大学西山

目录

● 第一卷　古代艺术史研究

原始时代

原始社会艺术综述和研究 / 002

六朝时代

陈传席文集

Selected Works Of Chen Chuanxi

第一卷　古代艺术史研究

 原 始 时 代

原始社会艺术综述和研究

原始艺术起源于生产劳动

原始社会是至今为止的人类社会最长的阶段。中国是世界上四大文明古国之一，历史最悠久，从原始社会大体解体至今也不过几千年的历史，然而，原始社会却至少有几百万年的历史，据人类学家研究断定，人类的出现至少在五百万年之前。就现存遗迹而言，考古学家在坦桑尼亚北部莱托里山谷中发现的人类脚印已是三百五十万年之前的了。在埃塞俄比亚东北部阿法低地发现的一具人类化石骨骼，也有三百多万年的历史了。

原始社会的艺术到底起源于何时？又起源于什么？几千年来，探索者代不乏人，说法也不一。

其一是神授说，此说者认为最早的艺术是神的传授。中国在公元前11世纪就有记载说：图画是龙马从黄河中驮出来的；文字是神龟从洛水中背出来的；然后献给圣人，圣人又据之仿效传播。此说在中国古代一直被人认为是图画和文字的起源[①]。

――――――――――

[①]《易·系辞》："河出图，洛出书，圣人则之。"按河即黄河，洛即洛水。《宋书·符瑞志》云："龙图出河，龟书出洛"。《水经·河水注》："粤在伏羲，受龙马图于河。"《礼记》云："河出马图。"《注》："马图，龙马负图而出也。"唐张彦远《历代名画记》卷一《叙画之源流》云："古先圣王，受命应箓，则有龟字效灵，龙图呈宝。自巢燧以来，皆有此瑞，……典籍图画萌矣。"也说图画源于"龙图呈宝"。

其二是心灵说，也叫心志说、情感说。人的心灵、心志、情感，表现出来就成为艺术，也即艺术源于人的心灵①。列夫·托尔斯泰则说："艺术起源于一个人为了要把自己体验过的感情传达给别人，于是在自己心里重新唤起这种感情，并用某种外在的标志表达出来。"②

其三是模仿说。公元前460~前370年，古希腊哲学家德谟克利特说："在许多重要事情上，我们是摹仿禽兽，作禽兽的小学生的，从蜘蛛我们学会了织布和缝补，从燕子学会了造房子，从天鹅和黄莺等歌唱的鸟学会了唱歌。"③模仿说影响很大，响应者甚多。亚理斯多德（公元前384~322）更扩大和强调了模仿说，他说："这一切实际上都是摹仿。"画家和雕刻家"用颜色和姿态来制造形，摹仿许多事物"，音乐家"用声音来摹仿"，"人从孩提的时候起就有摹仿的本能（人和禽兽的分别之一，就在于人最善于摹仿，他们最初的知识就是从摹仿得来）……摹仿出于我们的天性"④。中国的摹仿说更早⑤，但中国的摹仿说则强调摹仿自然。

其四是游戏说。西方学者多数持此说，认为艺术起源于游戏。德国的康德(1724~1804)最早对此说作过专门论述。他说："过剩的逼迫或物质的游戏，在性质上还完全是属于物质的……想像借助这种游戏，企图创造一个自由的形式，就最后一跃而为审美的游戏了"。⑥西方学者一

---

①如《毛诗注疏》卷一："诗者，志之所之也，在心为志，发言为诗。情动于中而形于言，言之不足故嗟叹之，嗟叹之不足故永歌之，永歌之不足，不知手之舞之，足之蹈之也。"（见中华书局影印《十三经注疏》第269页）

②列夫·托尔斯泰《艺术论》，中译本页5。

③见《西方文论选》上册页4~5，人民文学出版社1964年版。

④见《诗学》页3~4、页11~12，人民文学出版社1982年版。

⑤《周易正义》卷七："天生神物，圣人则之。天地变化，圣人效之。…'圣人有以见天下之颐，而拟诸其形容，象其物宜，是故谓之象。"见中华书局影印《十三经注疏》页82、83。又《历代名画记》卷一《叙画之源流》："颉有四月，仰现垂象，因俪鸟龟之迹，遂定书字之形。"

⑥康德的论述见《判断力批判》第二卷《美的艺术》，席勒的论述见《审美教育书简》第二十七封（《西方文论选》上卷均有摘录）。

致认为艺术是在轻松的游戏中产生，而不在紧张的劳动中产生。

其五是巫术说、神灵说。原始宗教说皆属此类。巫术说一直存在，明确倡导此说者为英国人类学家爱德华·泰勒[1]，其后风靡一世，有关的著作中无不涉及于此，影响特大。泰勒认为"野蛮人的世界观就是给一切现象凭空加上无所不在的人格化的神灵的任性作用"。"古代的野蛮人让这些幻象来塞满自己的住宅、周围的环境、广大的地面和天空"。他们在埋葬死者时，撒上赤铁矿粉，便是在呼唤生命。他们画一头野牛，便以为这野牛的灵魂被他们拘住，打猎时便易于取得野牛等等。原始人在黑暗的洞窟里作画，在悬崖上刻画岩画，十分艰难，但为了达到一定的巫术目的，仍然要画。

关于艺术起源的说法还有很多。但这些说法都不是艺术的真正起源。原始的巫术也是为了生存和生产，游戏也是生产劳动的产物，原始人在生产劳动之余，在捕获野兽等重大收获之余，才有游戏喜悦，其实，游戏也源于生产劳动。模仿只是艺术创造的方法，而不是起源。心灵说、情感说只是艺术的性质，也不是起源。神授说则荒诞不可稽。

艺术(Art)可译作艺术，也可译作美术，我们这本书中主要研究造型艺术。它的出现，不是以前学者说的在秦汉[2]，也不是在新石器时代的彩陶上，而是在人类产生的同时。也就是说：人类和艺术同时诞生。

人类是由古猿类转变而成的。猿变成人的标志是什么呢？就是制造工具。任何动物都不能发自它的本能制造最简单的工具。当古猿开始制造最简单的工具，即打制了世界上第一个石块时，古猿就变成了人（猿人），这第一个被打制成的石块，就是第一个造型艺术品。因为它是被造出来的型。动物知道捕捉食物，知道构巢或选择住处，它只有选择的

---

①泰勒的一系列观点见于他所著的《原始文化》一书。
②唐张彦远《历代名画记》卷一有云："图画之妙，爰自秦汉，可得而记。"

能力，至多是对大自然的利用。但古猿在长期为生存而斗争中，偶然把石块打碎，它发现这更便于投击和砍杀。从此，工具出现了，人类也就出现了，造型艺术也就出现了。它们为什么要打造这石块呢？完全是为了生产劳动。这是惟一的目的，而决不是为了游戏，也不是为了巫术，也不存在情感交流等等。因之，艺术的起源只能是生产劳动，其他活动皆在此之后。

人类越进步，分工越细，最蒙昧的人是无工可分的。最早的原始人每一个人都是工人、农民、猎人、渔人、军人和艺术家。他们打造的石器既是生产工具，又是战斗的武器，又是艺术品。如前所述，这个型是他们造出来的，当然应该属造型艺术，也当然是十分简单的。而且，原始人并没有把它作为审美的对象，因为这时原始人还没有审美的意识。他打造石块只为了更好地劳动生产，但这石块也毕竟具有美的形式，因之，人类最早的艺术是石器艺术，它是不自觉的艺术。

石器艺术出现后，生产力发展了，生产也发展了。生产劳动中，人的大脑、手、四肢也发展了。于是又发现将打制的粗石器继续打磨，变成细石器，更便于利用。人类进入了细石器时代，艺术也发展为细石器艺术，这就是原始艺术的发展。人类进入了新石器时代，也即彩陶时代，艺术的主流也发展为彩陶艺术。则原始艺术的发展也起于生活劳动，而且，原始社会的发展是以艺术的发展为标志的。

生产继续发展，人的大脑也在发展，人类开始对生老病死、风雨雷电等自然现象寻求解释。人们相信冥冥中有神在控制一切，人和动物都由神灵在控制，于是产生了巫术，艺术也就用之于巫术。原始人巫术的目的也是为了征服自然，为了更好地生存和生产。巫术的出现则促进了艺术的发展，中国原始社会后期以至夏商周时代，巫术又成为艺术的主要归宿，艺术几乎都为巫术服务了。但这和艺术的起源已不是一回事了，因为艺术的源早已起了。

中国最早的石器艺术当然也和中国最早的人类同时产生。

旧石器时代

中国境内最早的人类起于何时，尚无法确定，至少也应该在五百万年之前，但就目前考古发现所知，只有距今170万年前的元谋直立人（1965年5月于云南元谋县上那村附近发现仅有两枚臼齿及七件石制品）较早。其次是蓝田人，1963年于陕西蓝田发现（有完整头骨，上下颌骨，以及三棱大尖状器为特色的石器），距今65万年。再次是举世闻名的北京人，距今50万年，1927年于北京西南周口店龙骨山洞穴堆积物中发现，堆积物厚度在40米以上，说明北京人在此居住几千年，其中除人的牙齿147颗以及众多的头骨、面骨、下颌骨、股骨、肱骨、锁骨、月骨等外，还有石制品、骨制品和用火遗迹。石制品以细小石器为主要成分，原料是河滩中的脉英石、砂岩、石英、燧石等砾石，还有在花岗岩山坡上的水晶。北京人用砾石当锤子，根据石料的不同，分别采用直接打击法、碰钻法和砸击法打制石片，其中以用石击法产生的两极石核和两极石片最多，进一步加工则多用石锤直接从破碎面向背面打击。石器种类很多，以尖状器和雕刻器最为精致，在全世界现存已见的同时期旧石器遗址中，北京人的石器是最精致、最见技术水平的。北京人使用的骨器如用鹿头骨作舀水器，也是经过反复加工的。

从元谋人到北京人，都属于猿人阶段，他们过着群居生活。由猿人再进一步则为古人，属于古人阶段的有：马坝人，公元前12万年，1958年于广东韶关马坝乡狮子山洞穴中发现，马坝人乃是从猿人直接发展为古人的最早阶段。其次是长阳人，公元前12万年，1956年于湖北长阳钟家湾发现（旧石器中期人类化石）。丁村人，公元前12万年，1954年于山西襄汾丁村发现，丁村人当是直接向新人过渡的古人，新人即已接近于现代人了。柳江人即是新人之始，公元前10万年，1958年于广西柳江通天岩洞穴中发现。河套人，公元前2.5万年，1922年于内蒙古自治区乌审旗萨拉乌苏沿岩发现。山顶洞人，公元前2.5万年，1933年于北京周口

店龙骨山山顶洞穴中发现。资阳人，公元前4万年，1951年于四川资阳黄
鳝溪发现。其次还有山西朔县峙峪文化（前3万年左右），河南安阳小南
海文化（前2万年左右）以及云南的丽江、路南、四川汉源、辽宁喀左、
凌源以及青藏高原的一些地方都有旧石器时代的文化遗存。

从以上考古发现可知，在中国辽阔的土地上，旧石器时代，到处都
有人类，当然也就到处都有造型艺术。

爱美是人类走向文明的象征和进步的动力。爱美是一种意识，有了这
种意识，就必然会在某些物态上显示出来，这就是具有美的意识的美术。

华北地区山西省朔县县城西北的峙峪村附近发现的峙峪文化（早于
山顶洞而略晚于丁村）就有一种非劳动工具而纯属装饰品的一件用石墨
磨制的钻孔石饰。就目前所知，这是最早的自觉的艺术品。这里还有很
多骨片上有刻画的痕迹，但都比山顶洞遗存的饰品粗糙一些。

山顶洞人的石器中有很大一部分纯属装饰品，其中有钻孔的小石
珠，染色的砾石，青鱼眼上骨，有钻孔的兽牙和蚌壳，还有刻纹的鸟骨
管，以及作颜料用的赤铁块。这些装饰品从选材、打制、钻孔、研磨到
着色等，都比打制生产工具认真费时，且有很高的技术水平。说明他们
在生活稍有改善之后，便开始注意美的装饰。

在和山顶洞人差不多同时而略晚的华北地区河南安阳小南海文化中也
发现了一件带孔的石饰，工艺水平更为进步。这个石饰是用天然石灰质结
核制成的。呈扁平椭圆珠状，表面光润，当中有一孔，便于系带佩饰。

以上装饰品的出现，说明中国旧石器时代已有自觉的艺术品，而且
愈来愈精致。

新石器时代

距今一万年至四千年之间，是新石器时代。

石器艺术作为旧石器时代的特征在新石器时代仍在延续，而且更加
精致，但代表新石器时代艺术的乃是彩陶艺术。

图1 红陶双耳三足壶 裴李岗文化

代表新石器时代艺术的乃是彩陶艺术，裴李岗文化是较早的新石器文化，约在B.C.5500～B.C.4800年之间。

图2 陶盂（河北武安磁山出土） 磁山文化

磁山文化，约B.C.5400～B.C.5100年。陶器采用泥条盘筑法和捏塑法，有纹饰，器形也多为不规整。

就目前考古发现，较早时间的新石器文化是华北黄河中游和汉水上游地区的裴李岗文化、磁山文化、大地湾文化和李家村文化。大致都在公元前5500年至公元前4800年之间，都早于仰韶文化。裴李岗文化1977年发现于河南省新郑县裴李岗，主要分布在豫中一带，豫北、豫南也有一些，大约为公元前5500至公元前4900年。经过发掘的重要遗址除裴李岗外，属于裴李岗文化的还有密县莪沟村北岗和新郑沙窝李等。莪沟北岗遗址中发现有房基、窝穴等遗迹，说明当时已有房屋建筑。房基为圆形和方形两种，其中之一圆形直径2.2～3.8米，屋内有灶址，边有几个柱洞，距离均匀，可见房屋由木柱支撑。出入的门道有台阶形或斜坡形。

制陶已有相当规模，说明在此之前已有陶器出现。裴李岗文化中的陶器有鼎、三足钵、深腹罐、三足壶、双耳壶等。陶器均为手制，多采用泥条盘筑法，陶质比较疏松，表皮易剥落，以泥质红陶为主，夹砂红陶次之。泥质陶多素面，有的略为磨光。夹砂陶则掺

图3 彩陶三足钵 大地湾文化

　　大地湾文化，约B.C.5200～B.C.4800年。彩陶已有发现，但为数不多，纹饰以网状交叉绳纹最为突出。

以细砂或蚌壳末。部分饰有篦点纹、弧线篦纹、划纹、指甲纹和乳钉纹等，也有少数很浅的细绳纹。

　　陶塑人头、猪头和羊头等艺术品已经出现，其中莪沟北岗出土的陶人头像，呈灰黑色，高3.6厘米，宽3.1厘米，面呈长方形，粗犷简略，眼深凹，大鼻肥阔，嘴小而深陷，颊部肥肉丰满，虽仅具大概，但也颇浑朴生动，一个粗壮憨厚的壮年男子形象栩栩如生。

　　磁山文化，1973年发现于河北省武安县磁山，主要分布在河北的中南部，约为公元前5400～前5100年，其中有两座房基，圆形和椭圆形，皆半地穴式的建筑，即在地下挖洞、地上建屋。窖形460多个，长方形最多，其次有圆形、椭圆和不规则形等。陶器采用泥条盘筑法和捏塑法制成，部分陶器的内壁凹凸不平，器形也不规整，器表以素面为主，纹饰有绳纹、编织纹、篦纹、附加堆纹、剔刺纹、划纹和乳钉纹等，以绳纹最多。磁山文化中出土有兽头骨梭和石雕人头像等。石雕的眉是两道阴刻的线沿眼眶刻下，两眼成圆球形突出，嘴巴也是两道阴刻，当中竖刻几道表示牙齿。鼻部基本没刻，但鼻子的形状也很明显，左额部有一穿洞孔，大概是系带用的，石雕很粗简，仅具大概而已。

　　甘肃省秦安县大地湾文化（公元前5200～前4800）中的陶器有三足钵、圈足碗、深腹罐、三足罐等。部分陶器外红里黑或两面红中间黑，纹饰以网状交叉绳纹最突出。彩陶已滥觞，但极少，主要是在钵的口沿外面绘一道紫红色宽带纹，有些陶器的口沿作成锯齿状。

图4 彩陶人面鱼纹盆（陕西西安半坡出土）仰韶文化半坡型

一般认为，半坡类型是仰韶文化的第一期，约B.C.5000～B.C.4500年间。其纹饰简朴，题材丰富，但以人面鱼纹最为奇特。

图5 彩陶鱼纹盆 仰韶文化半坡型

鱼纹及纹类图案，在半坡型陶器纹饰中不但数量多变化亦大，且鱼纹的图案也由写实性的描绘走向简约化。

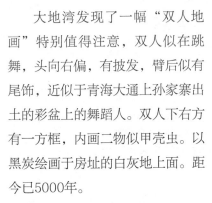

大地湾发现了一幅"双人地画"特别值得注意，双人似在跳舞，头向右偏，有披发，臂后似有尾饰，近似于青海大通上孙家寨出土的彩盆上的舞蹈人。双人下右方有一方框，内画二物似甲壳虫。以黑炭绘画于房址的白灰地上面。距今已5000年。

裴李岗文化和磁山文化二者都与仰韶文化有一定关系，后者继承发展前者。大地湾文化对仰韶文化北首岭类型和半坡类型有传承关系。

仰韶文化（亦称彩陶文化）

1921年，瑞典学者安特生(J.Gunnar Andersson)在河南考察矿藏，实际上他对考古更有兴趣。在河南省渑池仰韶村他发现了一处新石器时代的村落遗址，其中有石器、骨器和陶器，有的陶器表面上还有彩画，于是他又继续向甘肃地区考察，在半山地区又发现类似的彩陶。之后，中国考古工作者也先后在黄河流域发现了同样性质的文化遗址1000余处。于是考古学上把这些同样性质的遗址，称为

"仰韶文化"，时间大约在公元前5000～前3000年。"仰韶文化"的重要遗址有：陕西西安半坡、临潼姜寨、宝鸡北道岭、华县元君庙和泉护村、华阴横阵、渭南史家以及以河南陕西邻近地区各中心的庙底沟、渑池仰韶、洛阳玉湾、郑州大河村等。

一般都把半坡类型作为仰韶文化的第一期(约前5000～前4500)，其陶器有直口弧壁圆底或平底钵、卷层斜弧腹或折腹圆底盘、蒜头细颈壶、小口尖底瓶等等，刺纹、指甲纹和彩纹等。

其彩纹简朴，以红地黑彩为主，也有原地红花或加白衣饰黑红两色花的。其中有动物、植物纹，有图案花纹。动物纹以鱼纹最多，人面形纹、蛙纹、鹿（或羊）次之。其中以人面鱼纹最为奇特。人面嘴两旁有二条鱼，像是装饰。有的人面两侧上下有四条鱼，顶部又有一条鱼，有人认为这里含有巫觋性质，应当是鱼神崇拜，画此是希望多得到鱼之意（阴山岩画中画太阳神也是太阳中画有人面。将军崖画稷神崇拜也是画稷的结实处作人面）。西安半坡博物馆藏有人面鱼

图6 彩陶船形壶 仰韶文化半坡型
半坡型纹饰多鱼，此船形壶与鱼纹饰有无必然联系，尚不得而知。

图7 几何纹钵 仰韶文化半坡型

图8 彩陶花瓣纹盆
仰韶文化庙底沟类型

图9 彩陶鲵鱼纹瓶
仰韶文化庙底沟类型。

纹彩陶盆较多。很多人面鱼纹，形式大致差不多，说明这种形式是有一定意味的。如半坡博物馆所藏的半坡出土和姜寨出土（亦属半坡型）的人面鱼纹，大同小异，只是半坡出土的鱼中人眼闭着，姜寨还出土的鱼中人眼大睁且点睛。半坡的人头两侧上面二鱼较写实，有鱼头鱼眼鱼鳍，姜寨的同位置，二鱼简化了些。其他皆相同。不过，二图显然不是出于一人之手，半坡的画较稳而严，姜寨的鱼较放而散。姜寨还出土了一个"五鱼彩陶盆"，在陶盆内绘五条鱼循环追逐嬉戏，五鱼有大有小，有疏有密，皆用粗笔勾写，再略加平涂，有的勾写后，仅于头尾点写一块墨色，身部空白，类今人大写意法，不但鱼生动如活，且笔法也生动。

鱼纹及鱼纹类图案，不但数量多，变化亦大。大部分学者根据众多的鱼纹变化推测，半坡类型的鱼纹由写实的描绘，渐渐走向简约，长期演变，进行几何形化的概括，很多图案花纹都是由鱼纹简化、符号化而演变成的。这些分析颇有道理。图案花纹由直线、横条、三角、圆点、折波等组成。

仰韶文化第二期（前4500～前4000），一般指史家类型。代表性器形有敛口圆底或平底钵，卷唇圆底或平底盆、尖底瓶、葫芦瓶、细颈瓶、四鼻罐、鼓腹平底罐等。纹饰同于半坡类型。但彩纹中增加了弧线、圆点、半圆点形构成的图案花纹，还出现了鸟纹和蛙纹，鱼纹多已半图案化，头体分开。

第三期是庙底沟类型（约前4000～前3600）。庙底沟型是仰韶文化的繁荣时期，陶器中常见的器形有曲腹盆、曲腹碗、双唇小口尖底或平底瓶、宽肩小平底瓮、大口缸，以及釜、灶、甑、鼎等，纹饰有绳纹、线纹、划纹、附加堆纹以及彩纹。彩陶工艺也是仰韶文化彩陶艺术的高峰。多为红地黑花，还出现了少量白衣彩陶。主要是以圆点、钩叶、弧边三角及曲线组成的带状纹饰，还有垂障、豆荚、花瓣、网格等图形，继承发展了史家类型的形态和风格，与半坡类型不同。庙底沟类型的彩陶纹饰多绘画于陶器的上腹部，这是最显目的部分，同时也加强了造型的丰满感。而且因其图案以圆曲线为

图10 彩陶鹳鱼石斧缸 仰韶文化庙底沟类型

庙底沟类型是仰韶文化的第三期，约在B.C4000～B.C3600年之间，是仰韶文化的繁荣期。彩陶石斧缸高47mm，口径32.7cm. 出土于河南临汝，是其中的精品。

图11 卧蛙纹彩陶瓶（甘肃秦安大地湾出土）残高23.75cm. 腹径16.5cm. 仰韶文化晚期

图12 骨雕人头（陕西西乡何家湾出土）

主，曲弧度长大，具有奔张之势，流动感很强。庙底沟类型彩陶中有一幅《鹳鱼石斧图》颇为珍贵，出土于河南省临汝县阎村，现藏于河南省博物馆。其图绘于陶缸腹部，鹳鸟挺立，昂首，口衔一条大鱼。目睛大而圆，双腿的膝处点一节，说明当时画家已注意突出结构处。鹳鸟前又画一石斧，斧头捆在竖立的木棒上，画用淡淡红棕二色画成，鱼和石斧皆用重色勾轮廓而鹳鸟乃用没骨法，实际上是没完成之作，只用淡色平涂而未勾。从中还可看出其作画过程——先涂后勾。这和半坡型的先勾后涂相反。看来原始绘画并无固定画法。画的内容反映了当时的渔猎生活。西安半坡博物馆还有一个"鸟纹彩陶钵"属于庙底沟型，画一鸟欲飞之状，尾翅上举，寥寥数笔颇生动。鸟纹图画在庙底沟型文化中较为突出。

第四期是西王村类型（约前3600～前3000），以山西运城西王村遗址的上层为代表，是在庙底沟类型晚期基础上发展起来的一支地方文化共同体。陶器有宽沿线腹盆，斜直壁圈足碗，镂孔豆，长颈凹腰尖底瓶，带鸡冠耳罐，带流罐，大口深腹瓮等。其彩陶纹饰主要是绳纹，附加堆纹、篮纹次之，有少量的镂孔、方格纹，还有红地施红彩或白彩，纹样极为简单。属于同一期的还有河南荥阳秦王寨遗址的秦王寨类型，也是继庙底沟类型发展而来的一个地方类型，陶器有彩陶碗、彩陶罐、鼎和大口尖底器等，纹饰有堆纹、方格纹、篮纹、镂孔、彩纹等。

彩陶上多施红、紫、灰、黑几色配合的复彩，并常用白衣作衬地。有网状、宽带、平行线、波浪、锯齿、兰草、六角星形、弧线、三角、X、～等纹形，总的风格简单而粗放。

大地湾遗址中也有仰韶文化晚期的遗存，其中"斗犬纹彩陶壶"和"卧蛙纹彩陶瓶"（皆藏甘肃文物工作队）实际上是两幅绘画作品，"斗犬"画四犬相斗，一对犬前腿跃起，呈斗争状，下方画一鱼。一对犬怒目相视。张口露齿，双耳耸起，尾上卷，其凶恶斗争之神态颇为生动。犬身上画满网格纹。另一"卧蛙"身上也画满了网格纹。半坡之"人面鱼纹彩陶盆"中的鱼和后来马家窑文化石岭下型中的"鲵鱼"身上也都画满了网格纹，从中正可看出其一脉相承的过程。

属于仰韶文化的还有其他几种

图13 彩陶人头器口瓶 仰韶文化庙底沟类型

类型，皆各具风格。但总的气息并无太大变化。

半坡遗址中的画具

根据陶器上的彩绘纹饰，即可推测当时的画具，必有笔、刷、砚之类，现存半坡博物馆的有一套画具：带盖石砚一方，石研棒一根，陶水杯一件，红色颜料数块，就是在距半坡村落遗址不远的姜寨遗址中出土的，距今已有六千余年。其石砚方形，面和底皆平整光滑，砚面中都有一个圆形砚窝，出土时砚窝内尚有粘结的红色颜料痕迹，研棒磨损甚重，说明使用很久。这套画具在仰韶文化早期地层中的墓葬内发现，放在一男性遗骨旁。考古学者推断，这位男性生前是一位画家，按照当时习惯，他死后以他使用的这套画具随葬。而且可以推测，画具中本有笔，因年久而腐烂，因为在彩绘中皆可以见到笔绘痕迹，现在存世的最早毛笔是1954年湖南文管会在长沙南郊战国木墩墓内获得的以竹管为套的木杆兔毫笔。但毛笔的制造和使用是早在原始社会，至迟在彩陶时代就已经普遍了。

仰韶文化中的雕塑

半坡类型的"骨雕人头"（陕西西乡县何家湾出土，现藏陕西省考古研究所）造型较为准确，以一根兽骨雕成，高仅2.3厘米，其眼球呈圆球状凸起，大鼻、厚唇，皆很圆滑。因骨器的局限，两耳以线刻表现，头部磨平。虽简朴，但所表现的沮丧神态仍很感人。

陕西商县出土的"人头形器口陶壶"（现藏半坡博物馆，高23厘米，人头部分高7.8厘米）亦属半坡类型。双眼和口基本上是三个矩形的洞，小鼻突起，人面光而细，头发以凸起的小泥钉排列而成，手法虽十分简洁，但凝神深思以至发愣的神态却十分逼肖。

最堪称为杰作的陶质雕塑是陕西扶风绛帐姜西村出土的"人面塑

像"。两眼因竖起呈八字形，嘴咧开并上翘，四周的肌肉亦随之拉开，人面特别注意到肌肉的趋动，表现出悲苦、绝望、痛心、强欢又无可奈何之状，十分生动传神，即在现在，也不失为一件杰作。

　　甘肃天水柴家坪出土的"陶塑人面"（高25.5厘米，宽16厘米，现藏甘肃省博物馆）为陶器顶部残存的一部分，额部窄小，有隆起的一排短发，眉细长呈弧形，双眼雕空，鼻梁突而直，嘴张开雕空、颧骨高而突出，显示出蒙古人种的特点，颇精致。塑像表面曾经按压和磨光，表现人的皮肤质感很强。

　　宝鸡北首岭出土的"陶塑人像"是全身式的，手臂和身躯皆很完整，乳房亦很清晰，惜头部已残，但仍可看出塑像很简略、朴实。仰韶庙底沟类型同样也是雕塑的兴盛时代，特别是华县太平庄出土的那件"黑陶鹰鼎"，堪称艺术杰构。其鹰嘴的坚硬、目光之锐利，皆咄咄逼人，两足和尾着地，成为鼎足。这是一件实用的器皿，又是一件杰出的艺术品，鹰的凶猛神态和粗壮沉稳之姿皆达到相当高的水准。

图14　彩塑人面（甘肃天水柴家坪出土）
　　这件雕塑虽然稚拙，但富有原始艺术的朝气。

图15　黑陶鹰鼎（陕西华县太平庄出土）

图16　陶人头（亦称陶塑少女头像　甘肃礼县高寺头出土）

仰韶文化中的雕塑是珍品，手法虽然简朴、稚拙，但不乏生动，体现了史前人类的聪明才智。图14中的彩塑人面居然还注意到肌肉的趋动，可见当时艺术家是注意观察的。

1973年甘肃秦安县邵店大地湾出土的"人头形器彩陶瓶"（现藏甘肃省博物馆）亦属庙底沟类型，瓶上口部分为人头形象，头发是在凸起的部分刻压出竖线，犹如刘海，双眼雕空如二洞，目光深邃，鼻翼鼓起大而准确，鼻孔雕空、嘴亦雕空、两耳亦穿孔，用以系带。手法虽简，但神态的单纯幼稚却惟妙惟肖。陶瓶腹片上下敷以浅色陶衣，上以黑色画三道大致距离相等的横线，中皆以黑色画圆形弧形和斜线组成的三方连续图案。这是目前发现最早的人像雕塑和彩绘相结合的实用陶器兼艺术品。1975年在甘肃省泰安县寺嘴村出土的"人头形器口陶瓶"（现藏秦安县文化馆）头部雕塑亦和上述"人头形器彩陶瓶"相类，其人张眼瞪目的神态更足，双目眶外堆加一圈凸起的泥条，中有一洞，使眼睛特突出而传神。但陶器上却无彩纹，然就人头雕塑的情趣而言，却更足。

1964年在甘肃省礼县高寺头村出土的"陶人头"（现藏礼县文化馆，属仰韶文化晚期）则是一件独立的雕塑，不附属于陶器之上。其头上额部有一圈平齿轮式的带条，当为装饰品，眉头微隆，双眼雕空，四周微陷，增加了一定的立体感。鼻呈三角形，突凸而窄小，嘴雕空，下颚短小，略凸。面部圆胖，脖颈粗壮，双耳下部有二孔，似为系带之用。陶塑表面经按磨，光亮，神情显得幼稚憨朴。

仰韶文化中的雕塑艺术品还有很多，如陶器中的蒜头细颈壶、船形壶和葫芦瓶等，既是实用器又是优美的造型艺术品。其次附饰在陶器上的塑像，如庙底沟的壁虎，泉护村的隼形饰，姜寨的羊头器纽，半坡的鸟形盖把，北首岭的人头附饰等等，虽然面貌各异，但总的风格和水平还是基本一致的，而且基本上都是写实的。

仰韶文化中的房屋建筑

仰韶文化遗址中已发掘的房屋建筑有400余座。早期多半地穴形，即下部是地穴，上部是房屋建筑。这种形式一直流行。中期居住和建筑的主要部分都在地面，面积也渐大。后期出现了方形大空间分室建筑以及连间式。早期建筑只见方形，中期以后则方、圆形并存。

目前发掘的半坡屋建筑中最典型的屋建筑一般是先栽木柱，扎结长椽（斜梁）、横梁，构成大叉手屋架，木构节点构造，主要为扎结。晚期已有承重垛泥墙的方式。屋顶用树木枝干或其他植物茎叶构成然后加泥涂抹。早期栽柱不知用础，中晚期栽柱已知在回填土中加石灰质材料及水混凝后加入红烧土渣、碎骨片、粗陶片等，有的柱脚则斜置两块扁砾石加固，庙底沟遗址中已见到柱脚下垫砾石为暗础了。房顶设有囱，用以通风排烟和日照。木构为骨的建筑里外有的用泥涂塑后再加黄水调细泥刷抹使之平滑、美观。这是原始工程的装饰艺术。

大汶口文化和龙山文化

黄河中游仰韶文化和大汶口文化联系较多。大汶口文化因1959年发

图17　日月山形纹灰陶尊（山东莒县陵阳河出土，高57.5cm，口径29.5cm）大汶口文化

图18　红陶兽形器（山东泰安大汶口出土，高21.6cm，长22.4cm）大汶口文化

图19　彩陶盆　大汶口文化
大汶口文化主要分布在山东省泰山周围地区，约在B.C.4300~B.C.2500年左右。

掘的山东省泰安县大汶口遗址而得名。主要分布在山东省泰山周围地区，东达黄海，北至渤海，西到鲁西平原东部，南及江苏安徽淮北一带，河南省也有零星发现，多系墓地，村庄遗址尚未见，年代始自公元前4300年，到公元前2500年前后发展为山东的龙山文化。大汶口文化陶器特色鲜明，以夹砂红陶和泥质红陶为主，也有龙陶、黑陶，并有少量硬质白陶。形制多数很美，其中实足鬶、钵形鼎、觚形器、彩陶钵、大镂孔豆、彩陶背壶、黑陶高柄杯、蓝纹鼎、折腹豆等尤为典型。早期的彩陶有单色的红彩或黑彩，稍晚盛行白衣，多色彩，纹样有花瓣纹、圆点钩叶纹、菱形纹等，中期又出现了波折纹、方格纹，稍后又出现了红色圆点彩绘，晚期彩陶数量减少，流行螺旋纹。

1961年在山东莒县陵阳河出土的"日月山形纹灰陶尊"，属于大汶口文化，在陶尊腹部单线阴刻日、月和对称的五峰山形，似文字，又似图画。同属大汶口文化的诸城前寨出土的陶缸残片上亦有相似图形，它到底含有什么深意，是文字，还是图画，学者们尚无统一认识。

大汶口出土的"红陶兽形器"（现藏山东省博物馆）既是一件实用的器皿，又是一件精美的艺术品，兽形昂首张口，鼓腹翘尾，四足张开直立，神气十足，颇为生动。中国历史博物馆藏有山东胶县三里河出土的一个陶猪鬶，属大汶口文化的三里河第一期，相当于新石器中期，陶器似一现代猪形，猪头部包括嘴鼻眼耳与真猪无异。身光圆，腰臀部尤肥，短尾上翘。臀部上有喇叭状漏管，猪身上有一扁形，以便提携，足已残，造型准确，神态生动，已脱离了原始气，应算是超前的艺术。大汶口文化中类似的兽形器出土过很多，有的似狗，有的似猪，皆设计精巧，造型美观，非一般文化所能及。

一般认为，大汶口文化的先驱是青莲岗文化，它分布于黄河下游、淮北、鲁南之间，陶器的形制比较简单，只有一些角形把手，红顶钵和纹样简单的彩陶，年代在公元前4800～前3700年。

大汶口文化又与长江下游的马家滨文化、崧泽文化有许多相似的

图20 黑陶蛋壳杯（山东临沂大范庄，高22.5cm. 口径8.8cm）龙山文化

图21 三足黑陶鼎 龙山文化

龙山文化以山东龙山文化最为典型，它上承大汶口文化，约B.CB2500～B.C.2000年，多黑陶。"蛋壳杯"制作精良，透雕中空，技艺非凡，"三足黑陶鼎"亦然。

因素。

继仰韶文化而兴起的是黄河中游地区的龙山文化，它包括了早期的庙底沟二期文化和晚期的河南龙山文化，陕西龙山文化。

典型的龙山文化是山东龙山文化，分布在山东地区及其周围省份，上承大汶口文化，下续岳石文化。约前2500～前2000年。陶器多鬶少鬲，有甗无斝，鼎和高足杯颇多。其中以"白陶"等造型特美，山东省博物馆所藏。1960年山东潍坊出土的"白陶鬶"似从动物形状而来。高颈，口前部有冲天长嘴，腹下三袋足，饰乳钉纹。俗称冲天鬶，造型特色颇强，它没有动物之形，却有动物之神，给人的意想尤美。其黑陶更为典型，以轮制为主，"蛋壳陶"有的薄仅0.5～2毫米，多素面并磨光。山东日照县出土的 "黑陶蛋壳杯"（现藏山东省博）上是一个敞口杯，中是很长的透雕中空的柄腹，下面是底座，由一根细管将三段连接起来，精巧轻细，制陶技术和工艺皆达到极高水平。南京博物院所藏的"三足黑陶鼎"也是山东日照县出土，轮制，表面乌黑光亮，鼎足似"人面鬼脸"。也是龙山文化的代表性器物。

庙底沟二期文化，主要分布在豫西地区，多叠压在仰韶文化层之上，约公元前2900～前2800年，属中原地区早期龙山文化，上承仰韶文化，下接龙山文化。

河南龙山文化，主要分布在豫（河南）西、豫北、豫东一带。是庙底沟二期文化的继续，发展而为青铜文化。约前2600～前2000年，其陶器绳纹为主，少数篮纹，方格纹，鬲多，鬶少，后来的二里头文化便是在此基础上发展起来的。陕西龙山文化主要分布在陕西泾、渭流域，约前2300～前2000年。继承庙底沟二期文化，陶器以手制为主，轮制很少，纹饰以绳纹为主，少见方格纹，器形以鬲为最多，斝、鼎皆不多。双耳或三耳罐则接近齐家文化。

1978年，湖北省天门县邓家湾遗址中出土了一批雕塑（现藏荆州地区博物馆），属于湖北的龙山文化，其中二陶人，一箕坐，耳鼻突出，双手持一横棍类物置于腹下腿上；另一跪坐，头部仅有双耳和面型轮廓，双臂交于腹下。二像虽仅具大略形状，但也朴实有稚趣。其次还有陶象、陶龟二、陶狗二、大尾巴陶鸟四，还有一小陶鸟骑小狗上，皆很简略。象、狗等皆有腿无蹄，鸟皆有腿无爪，其余细部也几近于无，但因神态生动，似乎并不缺少什么，这些小陶塑，虽只有几厘米长，但皆浑朴喜人。

马家窑文化和齐家文化

新石器时代艺术除了仰韶文化之外，另一个鼎盛辉煌时期是马家窑文化和齐家文化，分布在黄河上游的甘肃、青海、宁夏一带，马家窑文化是仰韶文化晚期的一个地方分支，有人称为甘肃仰韶文化。它上承仰韶文化的庙底沟类型，下接齐家文化。年代约在公元前3300～前2050年。马家窑文化的突出特征是彩陶特别发达，画彩的部位也特别广泛，有很多细泥陶器的外壁以及口沿都画满了花纹，纹饰繁缛多变，而又具

图22 彩陶舞蹈纹盆（青海省大通县出土，高14.lcm. 口径29cm）马家窑文化

图23 采陶漩纹尖底瓶 马家窑文化

图24 彩陶盆 马家窑文化

马家窑文化是新石器时期仰韶文化之外的另一个鼎盛辉煌的文化，此文化类型的彩陶多为橙黄黑彩。

有明显的格律。马家窑文化大体又可依次分为马家窑、半山和马厂三个类型。有的学者还在马家窑型之前加入一个石岭下型，石岭下位于甘肃省武山县，它是直接从仰韶文化庙底沟型发展起来的。甘谷县西平出土的"鲵鱼纹彩陶瓶"就属于石岭下型的，鲵鱼画于红陶瓶腹上，又称人鱼，头似人头，双目圆睁，张口露齿。长身，尾和头相连，形成三角形，身上画满网纹，前身长两肢各四趾，鲵鱼似人，但仍是鱼的一种，也许是人格化的鱼，正是仰韶文化崇鱼风气的继续。马家窑类型的彩陶多为橙黄黑彩，花纹繁缛。多用粗壮的线条绘画，均匀对称、浑然一体，其中动物花纹有人形纹、身纹、鱼纹、蛙纹和蝌蚪纹，几何纹有垂幛纹、漩涡纹、水波纹、圆圈纹、多层三角纹、桃形纹和草叶纹等，有的彩陶上兼有多种纹样。其中人形纹彩陶最著名的是青海省大通县上孙家寨出土的"彩陶舞蹈纹盆"（现藏中国历史博物馆），盆内画了三组人物，每组五人，手携着手在跳集体舞，动作整齐一致，形象简洁生动，可谓原始社会人物画杰作。甘

Selected Works Of Chen Chuanxi

肃永靖县出土的"彩陶漩涡纹瓶"
（现藏中国历史博物馆），从口沿
肩部至腹部，用弦纹分成大小三
组，黑彩绘漩涡纹和水波纹，颇有
规律。甘肃陇西县出土的 "彩陶
漩涡纹尖底瓶"，先以黑白圆点等
距离定点，再以黑色绘画优美流畅
的漩涡纹，运动感颇强。且浓丽而
浑厚，十分瑰丽。甘肃临夏水地陈
家出土的"彩陶盆"（现藏临夏回
族自治州博物馆）内外壁及口沿绘
满了黑色彩纹，盆内壁彩纹用线条
组成同心圆和弧线三角纹，圆中间
又有三组运动曲线，线两头各连结
一个圆点，全部纹饰旋转飞动，精
巧而有气势。马家窑类型的彩陶很
多，类似的纹饰和其他型的纹饰还
有很多，皆见特色。

　　半山类型的彩陶纹饰，多用黑
色和暗红色，作菱纹、网纹、齿
纹、漩涡纹、水波纹、葫芦纹、方
块纹和平行带纹等，也有变体的蛙
纹，不像马家窑类型的纹饰那样
整洁繁缛，但却更加粗壮浓烈。如
甘肃景泰县出土的"彩陶菱纹网纹
壶"（现藏甘肃省博物馆），其颈
部绘黑色网纹，颈肩分界处绘一红
色横线，肩部绘齿纹，腹部主纹绘

图25 彩陶菱纹网纹壶 半山文化

图26 双耳壶 半山文化

图27 彩陶壶 半山文化

图28　陶塑彩绘人头器盖（传出甘肃东乡，现藏瑞典远东博物馆）　半山文化

半山文化的彩陶纹饰多作菱纹、网纹、齿纹、漩涡纹等，较之马家窑文化的纹饰要更加粗壮浓烈。其最著名的艺术品是"陶塑彩绘人头器盖"，形象生动。

图29　彩陶壶（蛙纹）　马厂类型

菱形，并间以红色绘椭圆的弧线，皆粗阔雄放。青海省循化县出土的"双耳壶"（现藏青海省考古研究所），颈部绘粗弦纹和平行斜线。肩至腹绘连续螺旋纹，红黑色间用，颇流畅而有运动感。甘肃兰州沙井驿出土的"彩陶壶"（现藏省博），以黑红色绘四大圈旋纹，圈内填以编织纹，粗细相间，苍浑雄壮，是半山型的精品之一。

半山型最著名的艺术品还是"陶塑彩绘人头器盖"（现藏瑞典国立东方博物馆），已知有三件，形象相仿，头上塑两角，后脑下塑一蠕动之蛇，眼鼻口耳全镂空，面圆胖、颈粗，面颈上绘纵横线条，有的满面皆纹，有的仅在鼻上嘴下及颈上绘，大多和原始宗教有关，也有的学者认为和文身有关。

马厂类型彩陶纹饰以变体蛙纹最为突出，如甘肃永登县出土的"彩陶壶"（现藏甘肃省博物馆）用黑色宽大的笔触画出变体的蛙纹，粗放疏旷，只有蛙爪形似，其余皆已图案化了。兰州土谷台出土的"蛙纹彩陶瓮"，也与之相似，只是粗阔的线条当中还有一根细线，蛙爪也多画了几笔。但青海省

柳湾出土的"彩陶蛙纹瓮",又与
常见的蛙纹彩陶不同。常见的粗
纹,陶器上带红衣,此瓮施白色陶
衣,蛙纹则由较细的笔触画成,蛙
头是两个同心圆,身是一条直线,
六只腿爪,当然,此件不是马厂类
型中典型的蛙纹彩陶,但是也别具
一格。

此外,马厂类型的彩陶早期的
多用很宽的黑边紫红带画圆圈纹、
螺旋纹和波折纹等,晚期则用黑或
红单色画波折纹、菱形纹、编织纹
等,马厂类型晚期的文化则接近齐
家文化。

图30 彩陶蛙纹瓮 马厂类型

青海省乐都柳湾出土的"彩陶
人形浮雕壶"(现藏中国历史博物
馆),也是一件引人注目的作品,
壶上依然是粗阔的蛙纹饰。但有一
捏塑裸体人像,仍是目前发现的最
早的一个浮雕作品(严格说来,应
是浮塑),所塑极简陋,两只手
伸向生殖器,生殖器部分特突出,
可能与原始的性生殖崇拜有关。在
甘谷灰地区,也曾发现陶祖,即陶
质的男性生殖器,亦与此有关。甘
肃永昌县鸳鸯池第五十号墓出土的
"石雕镶嵌人面像"(现藏甘肃省
博物馆),以白云石雕成,人面像

图31 彩陶人形浮雕壶 马厂类型

图32 石雕镶嵌人面像 马厂类型

图33 神人纹彩陶瓮 马厂类型

马厂类型彩陶纹饰以变体蛙最为典型，如"彩陶壶""彩陶蛙纹瓮"等。"彩陶人形浮雕壶"依然是粗阔蛙纹饰，但壶身上所塑裸体人像，特别强调生殖器，可能和原始杜会生殖崇拜有关。

呈椭圆型，鼻两侧刻凹，眼嘴亦雕凹，又以黑色树胶粘扁平带孔的白色骨珠嵌入眼、嘴部的凹处，以表眼嘴，鼻孔处亦用黑色树胶点出，像表面经磨光处理。额中顶部有一穿孔，用以系带。其像出土于墓中中年男人左臂下，不知何用。

此外，马厂类型中有部分动物形的陶皿，颇别致。甘肃省临夏市发现的"蛙形陶罐"（甘肃省博物馆藏二件，临夏市文化馆藏五件），小陶罐呈蹲伏状蛙形，双眼突出，上有印纹眉，鼻微突有二小鼻孔，以一长线刻画为嘴，嘴角下弯，下有一对前足。罐身有圆圈印纹。罐后端上部微向内凹，似蛙的臀部，罐底中央有一小孔。看来，此罐不是实用器，蛙形也有些拟人化。同地还发现"双蛙头形红陶篮"，陶器呈有提梁的篮状，篮的两端有突出的圆形双目和用线刻画出的蛙嘴，十分简朴，风格和蛙形陶罐相似。汉霍去病墓前的蛙石的风格亦和此相似，仅仅凿去少部分石块，刻画几道纹线，愈简愈有艺术魅力。

马厂型文化中陶器纹饰以蛙为主，陶塑亦以蛙为主，蛙可能是其部族的图腾形象。

齐家文化的陶器，典型的有双大耳罐，刻画纹两连罐，深、浅腹盆，镂孔圈足豆，袋足鬲盉，三耳罐，高颈双耳罐等。纹饰既有黑彩，也有红彩、紫红彩等。花纹有菱形纹、网格纹、三角纹、波折纹、蝶形纹等，纹样疏朗简化。甘肃省博物馆所藏齐家文化中的"红陶鸟形器"（广河县出土）显然从马厂型发展而来，较马厂型具体，马厂型的蛙形陶器首先看出是一个罐或篮，其次才从上面看到蛙形，而齐家型鸟形器，首先看出是一个鸟，然后再看到是一个器。此鸟形器，鸟头头前部鸟嘴部已残，鸟身两侧有突起的宽翅，尾巴上翘，下有扁柱状足，体态光圆，造型简洁。背上有一突出的管状小口。

齐家文化已出现了红铜器和青铜器，其中有很多装饰品。齐家文化的晚期，中原地区已历夏而入商了。

图34 双大耳罐 齐家文化

图35 刻画纹两连罐 齐家文化

图36 红陶双卫罐 齐家文化
齐家文化的陶器在造型上较其他文化有其特别之处，有很多"两连罐"，特征明显。

长江流域（中、下游）新石器文化

以前学者只认为黄河流域是中华民族的文化摇篮，其实长江流域并不落后，只是长江流域的文化遗存目前发掘得不如黄河流域多而已。

河姆渡文化

河姆渡文化是长江流域较早且遗存内容最丰富的文化，距今已有7000年，1973年在浙江省余姚县的河姆渡口首次发现，1973年至1974年，1977年至1978年两次发掘。陶器有罐、釜、盆、盘、鬶、钵、盉、鼎等，其中"多角沿釜"颇有特色，其侈口为一沿，腹部又有一沿，如楼上楼。纹饰有绳纹、直线纹、波浪、圆圈、三角等等。河姆渡出土的出色艺术品有以下几件。

一、猪纹陶钵（现藏浙江省博物馆），长方形夹炭黑陶钵的外壁两面各刻画一猪，长嘴短尾，长腿刚鬃，皆符合古代猪的特点。作为原始时代的造型艺术，这幅猪图是最精确的一幅。线条流畅细圆，一气呵成，猪身上还刻有植物叶和圆圈，这在现在的民间艺术中也颇多见。

图37 多角沿釜 河姆渡文化　　　　图38 猪纹陶钵 河姆渡文化

Selected Works Of Chen Chuanxi

二、鱼藻纹陶钵（现藏浙江省文管会），外壁刻画扁鱼在水藻边游动，颇有趣味。这一幅画虽不及猪纹精确，但却随意自然，近于写意法，线条同猪纹相类。

三、刻花陶块（现藏浙江省博物馆），刻一方形器中植五片大叶植物，姿态各异，肥嫩茂盛，在当时应是很成熟的花卉画了。另二是用细线条刻写叶的外形及叶脉，和今人画植物叶方法差不多。

四、稻穗纹陶盆（同前）用细线刻画稻杆，以圆点表现稻粒，一片成熟的稻子随水摆动，形象而生动。

五、双凤朝阳牙刻（同前），这是一幅精美的花鸟（羽毛）画，两只凤鸟，昂首朝天，当中一个太阳，生动而准确，流畅而细秀。

六、双鸟纹骨匕的柄（同上），和双凤朝阳牙刻差不多。在一段骨匕的柄部，刻画对称的双鸟，每一鸟以圆圈为中心，左右各两个鸟头（一鸟双头），其嘴的坚硬，目光之锐利，皆十分逼真。

类似的绘画还有一些，仅鸟形匕就有五件。

总结一下河姆渡的绘画，包括

图39　刻花陶盆　河姆渡文化

图40　双鸟朝阳纹象牙饰物　河姆渡文化

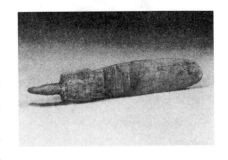

图41　鸟形象牙匕　河姆渡文化

河姆渡文化是长江流域较早时期的一个文化遗存，且内容也很丰富，陶器有多种形状，较突出的有"多角沿釜"，刻纹陶钵与骨雕也是其特色。

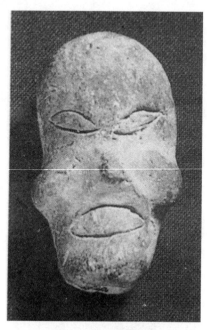

图42 陶塑人头（浙江余姚出土） 河姆渡文化

图43 陶猪（浙江余姚出土） 河姆渡文化

彩陶上的纹饰，都比北方文化显得细腻、轻秀。

河姆渡文化中还有很多雕塑作品。"陶人头"二（现藏浙江省博物馆），皆长面形。其一前额突出，颧骨高，眼与口皆阴线刻出。其二额亦前突，高颧骨，张口雕空，皆粗简略具形象，颧骨、额等又皆夸张，颇有趣味。

"陶塑小猪"（同上）和画中的猪差不多，但嘴、腿较粗，无爪，塑像粗略，也更引人喜爱。

"陶塑小羊"（同上），头部较小、四肢较矮，体态肥宽，也很粗略，但如霍去病墓前的雕刻一样，虽简而形象逼真，反而增加了艺术的魅力。其他还有陶狗，以及一只左顾右盼全身鬃毛的守门小狗，腹部下垂的小陶猪、鱼、虫，还有一件在陶器盖上浮塑出的两只小鸟，昂首奋翼，似欲飞起，皆生动而逼真。

河姆渡文化中骨器最为发达，其中有蝶形器、靴形器、凤鸟形匕器以及装饰器笄、管、坠、珠等。十分众多，皆有一定的审美价值。

河姆渡文化和马家浜文化有一定的联系。马家浜文化因浙江省嘉

兴县马家浜遗址而得名。1959年始
发掘，同年，江苏吴县梅堰亦发掘
同类文化。马家浜文化主要分布在
太湖地区，年代始于公元前5000
年，至前4000年发展为崧泽文
化，良渚文化和中原的仰韶文化同
时，马家浜文化艺术中，陶器主要
是红陶，以外红里黑或表红胎黑的
泥质陶为特色，形器以腰沿釜（类
河姆渡文化中多角沿釜）、喇叭形
圈足豆、盉、圆锥足鼎等为多，其
中三足壶形制陶器像一支播麦的桨
子，颇有特色。陶器多素面，有纹
饰的也很简单。马家浜文化以玉器
最有价值，使用玉璜、玉玦等装饰
品，后来成为中国传统的玉器装饰
物。不过，玉器艺术品，到了良渚
文化中更加精美，更加多样。

马家浜文化中（草鞋山遗
址），还发现了公元前4000多年
的三块布片，原料是野生葛，花纹
有山形斜纹和菱形斜纹，这是中国
目前发现最早的纺织品。

良渚文化中的玉器

马家浜文化发展而为崧泽文化
（太湖地区），再发展而为良渚文

图44　神徽图案（浙江余杭出土）　良
渚文化

图45　青玉兽面玉琮（江苏武进寺墩出
土，高7.2cm）　良渚文化

图46　朱漆木碗

图47　龙首玉镯（浙江余杭出土）　良渚文化

图48　神人兽面纹玉牌饰（浙江余杭出土）　良渚文化

良渚文化主要分布于太湖地区周围，距今约有五千多年的时间，以玉器最为著名，无不精良，雕琢工艺也很成熟。良渚文化中的玉琮，无论多大，都以器面纹被学者公认为是构成该文化的核心因素。良渚玉器中尚有很多首饰品，皆佳。

化。良渚文化于1963年在浙江杭州市余杭县良渚遗址发掘，后来又在江苏太湖地区发现很多类似文化，南至钱塘江，西北至江苏常州市一带。年代约在公元前3300～前2200年。陶器有鼎、罐、盉、贯耳壶等。纹饰不若仰韶文化，更不如马家窑文化之繁缛，玉器最为精美，数量亦最多。有珠、管、坠、玦、瑗、璜、镯、琮、蟾等。南京博物院和上海、浙江等地博物馆所藏良渚文化中的玉器皆十分多。良渚文化虽属原始文化，但这些玉器却无原始感，且显得颇成熟。很多玉器后世并不能超过它，如南京博物院所藏之良渚文化早期的"玉蛙"（倒看似玉蟾，吴县张陵山出土），采用立雕加线刻法，大体琢出一蛙形后，再以线刻出头足等细部，双眼钻二孔，又可系带。江苏武进县寺墩墓出土的一玉琮高达33.5厘米，琮身浅刻横道分为15节。另一"兽面玉纹琮"（南京博物院）分13节，玉料呈青色，体作方柱形，以一双圆圈纹为目，以折角的凸长块为口，以两道凸弦纹为额，组成四组相同的简化变形兽面纹，乃为良渚文化中长条形玉琮的典型。南京博物院所藏兽面纹琮特多，其中吴县草鞋山遗址出土的一件玉琮的兽面纹，以两道内刻阴线的凸横弦纹为头额，以两个阴刻同心圆外加椭圆合成扇形目，以折角长方凸横陵为口，以凹槽为鼻。鼻上端有皱纹，颇有特色。乳白色的玉琮亦特使人喜爱，上海博物馆所藏的"玉鸟兽纹琮"（良渚文化早期物，上海市青浦县福泉山墓出土）呈湖绿色，长方柱形，上下两节，都有四组相同的兽面纹，并有以细阴线琢刻的鸟形纹位于兽面纹的两侧，兽面和鸟形身上又都饰以细线纹，别有趣味。

良渚文化中的玉琮，无论高矮方圆，皆施以兽面纹，至今还未发现没有兽面纹者。有的学者认为兽面纹是构成良渚玉琮的核心因素，是良渚玉琮的灵魂，而琮体不过是为表现这一灵魂而设的躯壳（参见刘斌《良渚文化玉琮初探》，《文物》1990年2月），这些玉器制作都经过审材、设计、开料、镂空、砣琢、磨光等工艺过程。而且经考证，当时已发明了旋转的圆盘状工具——砣，可以带动蘸水的金刚砂对玉进行磨琢。

玉品中更多的是佩戴于人身上的单件首饰和串饰、佩饰等。有的玉器专用于聘礼和殉葬。

原始社会玉就很珍贵，对后世影响颇大。到了周朝，玉更成为公侯等官的身份代表。《周礼》卷五《春官宗伯第三》云："以玉作瑞，以等邦国，王执镇圭，公执恒圭，侯执信圭，伯执躬圭，子执榖璧，男执浦璧"，甚至天子聘女，诸侯朝觐皆用玉，且形制花纹各别。祭祀更用玉，且有详细的规定。《周礼》卷五《春官宗伯第三》有云："以玉作天器，以礼天地四方，以苍璧礼天，以黄琮礼地，以青圭礼东方，以赤璋礼南方，以白琥礼西方，以玄璜礼北方，皆有牲币，各放其器之色。"原始社会后期，人群中已有等级区别，周朝的规定当是从前遗传下来的。

《礼记·聘义》中又把君子比德于玉，其记孔子云："夫昔者，君子比德于玉焉，温润而泽，仁也；缜密以栗，知也；廉而不刿，义也；

垂之如坠，礼也；叩之其声清越以长，其终诎然，乐也；瑕不掩瑜，瑜不掩瑕，忠也；孚尹旁达，信也；气如白虹，天也；精神见于山川，地也；圭璋特达，德也；天下莫不贵者，道也。《诗》云：言念君子，温其如玉。故君子贵之也。"而后，《说文》中记玉有"五德"，即"润泽以温，仁之方也；鰓理自外，可以知中，义之方也；其声舒扬，専以远闻，智之方也；不桡而折，勇之方也；锐廉而不技，絜之方也"，即是从《礼记》中变来的，以玉比附于人品道德，且"君子无故，玉不去身"，深得士人和上层人物的宝爱。上行下效，玉在中国不仅作为很高的工艺品，而且被奉为神明，所以，中国人特重玉器。其基础早在原始社会就已奠定，而且后来玉器的形制也在此基础上发展起来。

　　玉的出现虽然很早，但在中原的仰韶文化中，甘肃的马家窑文化中，以及长江中游的大溪文化、屈家岭文化圈中，玉品却极少见。可是在河姆渡的文化中发现的玉器，延至马家浜、良渚文化中，不但十分众多，（寺敦3号墓一处便发掘随葬品玉琢、玉璧57件），而且愈来愈精，如前所述，有些玉器的工艺水平，后世不能超过。

屈家岭文化

　　长江中游地区还有一个屈家岭文化，主要分布在湖北地区，距今大约5000～4600年。屈家岭文化彩陶颇有特色，圈足器特发达，凹底器也

图49　彩陶壶　屈家岭文化
位于长江中游今湖北省一带的屈家岭文化的彩陶也颇有特色，圈足器特发达，尤以薄胎晕染彩陶最具特色。

特多，有朱绘陶和彩陶等，尤以薄胎晕染彩陶最具特色。纹饰有同心圆纹、漩涡纹、对顶三角纹等，一般先在两面涂抹橙黄陶衣，再在单面绘红色或红褐色花纹。屈家岭文化中最值得注意的还是房屋建筑，出现了隔墙连间式的大住房，有的多达二三十间连成一排，各间分别开门通向户外。也有里外间式房子，出入一个大门，也有长方形双间。青龙泉的一座双间式大房子，南北长14米，东西宽5.6米。建筑一般先挖基槽，立柱填土，柱洞大体排列有序，有的洞底以碎陶片垫实，起着柱础作用。屋内地面垫红烧土块或黄砂土，以防潮，上面敷白灰面，或抹涂细泥并经烧烤。其建筑既有自身特点，又与同时期其他地区的建筑形式有相近处，具有一定的时代特征。

北方新石器文化艺术

在黄河、长江两流域之外，北方的黑龙江、吉林、辽宁以及内蒙古、新疆等地的艺术也同样值得重视，北方普遍存在的以细石器和箆纹陶为代表的遗存，曾被称为"细石器文化"，后来又把长城附近与彩陶、磨制石器共存的一类文化称为"细石器与彩陶的混合文化"。再后，又发现了几种新的文化遗存，从而确立了新乐文化、新开流文化、红山文化、富河文化等几个考古文化，其发展过程大体上与黄河流域一致，具体不再一一详述。

辽宁东沟县后洼遗址中发掘的物件最为众多，其中雕塑艺术品90件，陶片114427片，房址43座，还有生产工具1668件及其他用具等等。出土文化分4层，第一层有一部分战国至汉代陶片，第二、三层称为上层距今5000年左右，第四层为下层，距今6000年以上。

下层雕塑品36件，石雕25件，陶塑8件。石雕大都为滑石质，其中一两面雕滑石人像，正面为人头像，头像双眼框刻凹，嘴部上下唇只刻两道横线，当中竖刻8道为牙。背后是一鸟（或天鹅），鸟头甚大，回首贴于翅旁，鸟眼凿一大洞，身上横竖交叉刻有很多网纹表示尾翅，颈

图50　石刻回首鸟（辽宁东沟后洼屯出
土，长4.1cm）新石器时代早期北方文化

图51　石刻半身人像（辽宁东沟后洼
屯出土，长4.3cm）　新石器时代早期北方
文化

下刻细线似羽毛。这一件雕塑，两
面皆有形象，颇为奇特，雕塑之
痕，不假修饰，可谓质朴无华，原
始气颇重。

其他的猪、鸟、半身像、虎、
鹰形坠饰、鱼形坠饰，蝉形虫形饰
等石雕，虽形状不同，刻法和风格
大体一致。

陶塑品大都是夹砂红陶，仅一
件是夹砂黑陶，其中一件带座人头
像，面圆形，双眼如二洞，眼上刻
深痕，弧形眉，眼下弧线框，嘴是
一道向下的弧线，几道短竖线表示
牙齿。底座为圆柱形，大体和石雕
风格差不多。还有一些人头像，
呈椭圆形，仅双眼、双鼻孔及嘴处
为凹痕，余皆简略，鼻梁面额等皆
无，其他的人或动物陶像大抵皆如
以上所述。

后洼上层遗存雕塑品11件，
石雕3件。其石灰岩质人头像，
圆形，眼鼻嘴皆以线刻出，面微
突，玉石质鸟头、玉石质鱼形饰
更为简略。陶塑8件，其一为人兽
头像，即正面为猴，额部突起，
面部内凹，双眼及嘴为凹窝，背
面是人头像，使用指甲刻出眼和
嘴。另一塑人头像仅一椭圆形平

面，当中或横或圆五个凹窝表示眼鼻口，比例也不当，符号而已。其余塑像大抵皆如此。

后洼遗址出土的雕塑品不论是雕，还是塑，皆很小，一般长在3至4厘米，小的仅1厘米，最大者6厘米，其时代早于红山文化，故更加原始，更加质朴。几乎没有细部刻画，有的简略到仅存人形或动物形的符号式。据发掘报告说，其下层的以动物雕像为大宗，多雕刻细致，注重写实，而上层的主要是陶塑人头像，塑造简单，以图案化的形式表现，有的人头像只是一种脸谱。其实下层的雕塑也是很粗疏的，所谓"细致"只是相对而言。一般说来，原始人雕塑动物或人像都受宗教观念的驱使，他们往往把某种鸟兽当作图腾，甚至进行祭祀活动，或者把某种鸟兽之神雕塑出来，挂在身上，供在屋里，以乞得到更多的鸟兽。至于人像，一般也是当作神或某一氏族中的英雄灵魂的化身，雕塑出来，以求得到神灵的保护，故开始雕塑时，尽量认真，以求其似，后来只当作一种符号，意到便成。故愈来愈简化了。

红山文化中的塑像

特别值得一提的是红山文化的雕塑，在中国美术史上应占很重要的地位。

红山文化因1935年内蒙古自治区赤峰市红山后遗址的发掘而得名，以彩陶"之"字形纹陶、细石器和一种特有的掘土石工具为基本特征。分布在内蒙古自治区东南部、辽宁省西部、河北省北部地区。吉林省西北部也有少量发现，年代大抵和仰韶文化相当。

红山文化中艺术品最重要的一次发现是1983年发掘的辽宁牛河梁红山文化女神庙遗址中的泥塑女神像。这一彩塑"女神像"的头部（现藏辽宁省博物馆），大小相当于真人头部，头顶与左耳的上部残，下巴脱落，其余基本完好。其比例恰当，造型准确，个性突出，代表原始社会人体雕塑的最高水平。面部轮廓为方圆形，略扁平，额部宽平，圆而隆

图52　彩塑女神头像（辽宁建平出土，高22.5cm. 宽23.5cm）红山文化

图53　彩塑女神像（辽宁喀左出土，残高5.8cm）红山文化

红山文化因于内蒙古自治区赤峰市红山遗址发掘出而得名，辽宁省亦有分布。其重要的发现即是泥塑女神像，其比例准确，造型得当，代表原始社会人体雕塑的最高水平。

起。额上部塑一圈突起的圆箍状饰，耳前鬓角明显，方正平齐，似经修饰，额下两侧即眉部起一道棱线，直通鼻梁部位，眉弓不太显。眼窝浅而平，双眼长而圆，挺斜吊立，眼梢上挑，上下双眼皮隐约可见，双眼中嵌淡青色圆饼玉片作为睛。玉片经抛光，滑润而有光泽，鼻梁低平，鼻头宽大圆润，鼻孔浅圆，嘴巴较长，颧骨高耸，下颏圆尖，双下巴，耳朵形态简化。塑像对形态结构和微笑的肌肉都表现得十分精确细腻，而且表现蒙古人种的特征也十分明显。

从残断的部分可以知道塑造的方法，是在内部先立有包扎禾草的木柱，内胎用粗泥，外敷细泥，塑成后，又将表面打磨光滑，涂上红彩，唇部涂朱。这是一个全身女神像的头部，同墓中还出土了女神的肩头、肩臂、乳房、手部的残块，泥胎细腻，曲线圆润，显示一个少女的特征。

女神像泥塑的特征奠定了中国几千年来的雕塑基础，尤其是重视目睛，如涂彩等，直到清末仍是如此，和西方雕塑有很大的区别。

同墓中还出土了很多人像残

块，经判断为一群女神像。其中有大有小，有老有少，且有张臂伸手、曲肘握拳等各种姿态。在此之前，1979年发掘喀左县东山嘴红山文化遗址中也曾发现中小型女神。辽宁博物馆所藏其中两个"陶裸体女像"高五六厘米，皆为孕妇形象，虽头、右臂和双足残缺，但仍可看出其体形修长，比例适度，手臂弯曲于乳房部。其二体形肥胖，通体打磨光滑，一臂弯曲，手贴于上腹，臀部肥大，腹部突起，都很写实，且皆显示出较高的塑像水平。从女神像的大小主次以及发掘的附属玉器所表明的不同人身份等，都反映了当时人群中已有等级区别了。

这群女神像并不是塑着玩的，他们造神、奉祀敬仰神，是为了得到神的庇护，显示了原始人的宗教信仰。

原始社会木雕

原始社会的艺术保存至今者虽然很多，但湮没不闻者又不知是存者几千万倍矣。存者以陶器石器居多，乃因陶石易于保存而已。当时亦有木雕。1979年新疆罗布淖尔荒原古墓沟就出土了不少木雕人像（现存新疆考古研究所），距今已3800年，其中一木雕半身人像，在一整段木上雕出人的头胸腹，头戴顶帽，脸修长，面部五官未作刻画，身体也只作大概的几何状处理，但人的基本特征都很清楚。类似木雕尚存五件。其一女性木雕上，发辫、乳房却又有颇细致的刻画。据专家们研究，这种有简有细的刻画乃出于习俗和信仰。新疆干燥的地区，木雕比较易于保存。在中原，尤其是江南地区，木雕就不易保存了。

原始社会的绘画，可以断定会更多，在地上画的，树上画的，都很难保存，但岩画仍有不少存世。

岩画

世界各国皆有岩画，作画的目的方法也大抵相同。中国的岩画在近

图54　岩刻类人形　内蒙阴山岩画

图55　岩刻群猪　内蒙阴山岩画

　　阴山山脉位于内蒙古自治区的中南部，海拔1500～2000米，闻名于世的阴山画是我国最大的原始岩画宝库，内容多以动物、狩猎为主，反映了远古时代的生活状况。

　　几十年中，发现有数万幅，仅在内蒙古阴山山脉等地就发现两万多幅。岩画遍及内蒙古、宁夏、黑龙江、甘肃、青海、新疆、西藏、四川、云南、贵州、广西、福建、江苏、山西、台湾等15个省、区。岩画大多作于悬崖峭壁上，攀登已很危险，凿刻更不容易。

　　岩画的时代，自旧石器时代起至新石器时代，夏、商、周乃至更晚皆有。我们论述以原始社会的岩画为主，但晚于此的岩画虽不属于原始社会，其画仍有原始性。它的形态虽不是原始社会人的意识思维之遗存，但却反映了人的原始意识思维。实际上仍可作为原始艺术来研究。

　　岩画的内容有狩猎、骑射、放牧、战争、舞蹈、性生殖崇拜、太阳神崇拜、稷神崇拜、人面纹、动物纹等等。形象皆很简略，仅有大概动势和轮廓而已。

　　岩画的制作有两种，一是凿刻，一是涂绘。凿刻有研磨和打凿等法，一般是用坚硬的石器敲凿出图形的大概轮廓，然后再磨刻，凿磨出凹槽规整光滑，横断面呈U形。当时只能用石刻石，那么多的岩画刻出来，不知费了多少力气，所以，决非为了好玩，而是为了更好的生存或受某种宗教信念的驱使，否则，他们不会冒着攀登悬崖的危险和花费巨大的耐力去刻凿这些岩画。北方岩画一般皆用凿刻法。

涂绘法多用赤铁矿粉，有的还可能加调牛血，用手指、羽毛等绘画，一般是先绘大概轮廓，然后遍体平涂。也有少数画仅存轮廓，一般认为这是未完成的作品。岩画一般画在悬崖峭壁的半山腰处，攀登也是十分困难和危险的。南方岩画一般用涂绘法，其次，黑龙江海林县牡丹江右岸的岩画，绘于高出江面二十多米的崖壁上，也用涂绘法。

北方的岩画以内蒙古阴山岩画最为著名，最古者刻画于旧石器时代，大部分刻画于新石器时代。其中一幅刻有人面，四周有芒状线，似须、又似太阳光芒的画常引起学者的注意。原始人往往把某物神作人像状和某物本身形象的混和体处理，如前云，鱼神作鱼和人面状。此幅画的是太阳神，故日中有人面像。另一幅"双人面纹"，刻一长

图56 岩刻植物与人面（后稷神） 连云港将军崖岩画

该岩画被誉为"一部困惑难解的东方天书"，上图为刻于将军崖的一组植物，用的是敲凿磨刻法，较之北方岩画有细秀气。

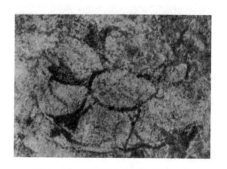

图57 岩画圆圈 云南沧源岩画

图58 岩画太阳神与巫祝 云南沧源岩画

西南一带的云南、四川、广西和贵州等省区都分布岩画，这些岩画不像北方岩画多用凿刻法，而是用敲凿磨刻法另赭红色颜料涂绘而成。

图59　岩刻野牛　新疆阿尔泰山岩画

图60　岩刻巨牛　宁夏回回沟岩画

我国的岩画以北方居多，分布也较为广泛，我们可以从中窥觑原始社会的生活状况，对研究远古时代的历史提供了宝贵的资料。

脸，一大耳，似人似兽像，皆用凿刻法，人兽面像以凿刻的线为轮廓，双眼也是两道圆圈，当中一小凹坑为睛。画面粗浑曲倔，仅见大略。

又有一《逐鹿图》，敲凿出很多人，挽手挥臂，齐声吆喝，围击二大鹿一小鹿，鹿被困待擒，状颇生动。岩画中围猎图特别多，画中猎人有的挽弓，有的投石，被围的有鹿也有牛等。这类画皆有咒符的意义，是希望真鹿真牛被困而为其所获之意。

江苏省连云港市将军崖上刻有一组植物，上端果实部分为人面像，也是新石器时代遗作。这种人面植物的形象，被称为"稷神崇拜图"，即希望自己种植的农作物得到大丰收的意思。用的是敲凿加磨刻法，线条阴刻，粗深圆滑，但比起北方的岩画还是细秀一些。

云南省沧源县沧源岩画，现发现有十处，共一千多个，以人物图最多，动物次之。画面用的是涂绘法。也是新石器时代的作品。内容亦多是狩猎、采集、放牧、舞蹈等，有的还描写战争和凯旋等。其中《群舞图》是一片杰作，其画上方一直线上有六人一排，双手一前一后挥舞，右方下又有六人，两人一组。再下方有两个比例较大的人，头插长羽，双臂高举，似为领舞者，再下又有十余人，画用朱色图绘。上面十余人遍体平涂，下面十余人仅画粗轮廓。其动态皆很美且神肖。

沧源岩画中还有一幅"太阳神巫祝图"，用朱色画一太阳，四周画有光芒，太阳内画一人持弓射箭，太阳神右有一人头上插二根长羽，动作亦和太阳神中一人相同。考古家认为这是对太阳神作祭祀舞蹈的巫神。

岩画中性生殖崇拜的图也非常多，有的突出男女性器官，有的直接表现男女交媾，有的表现生育等等（见盖山林《我国生殖崇拜岩画》，《美术史论》1990.1）。

总结一下南北方的岩画，除了北方多凿刻法，南方多涂绘法之外，内容上北方以描写动物形象居多，人物次之，南方以描写人的活动居多，动植物次之。就风格而论，北方浑厚凝滞，南方较简洁流畅。

中国南北方人种不同，环境不同，所造成的艺术风格也不同，在原始社会就已存在。但区别还不是十分大，粗看起来，原始稚拙的气息都还差不多。

据北魏郦道元《水经注》卷三"河水三"记云："河水又东北，历石崖山西。去北城五百里，山石之上，自然有文，尽若战马之状，粲然成著，类似图焉。故亦谓之画石山也。"（上海人民出版社，1984年版王国维校《水经注校》页七五）同书卷三十四"江水二"，记："江水又东迳，狼尾滩，而历人滩，袁崧曰：'二滩相去二里，'人滩水至峻峭，南岸有青石，夏没冬出，其石嵌崟，数十步中，悉作人面形，或大或小，其分明者须发皆具，因名曰人滩也。"（同上，页一○七三）郦道元所记的"画石山"即是岩画，"人滩"即凿画人形的石滩。看来，我国在一千四百年前就发现并记载了岩画，乃是世界上最早发现岩画的国家。但岩画中还有很多形象，尤其是一些刻画符号，至今尚不能辨认。对很多内容的解释，也不太统一，而且令人十分信服的解释也不是太多。

总结

中国原始美术与人类同时诞生，所以说，美术是人类发生最早的事。美术分为自觉的艺术和不自觉的艺术两种。自觉的艺术是以审美为最基本的条件的，缺此则为不自觉的艺术。如秦印汉印，本是一种实用物，汉画像砖只是为了表示"孝"的工具，其内容也是一些明君贤相、功臣孝子以及出游、杂技之类，其意在表彰贤人或供死者享受，皆不在审美。但秦汉印和汉画像砖仍被后人视为艺术品。自觉的艺术品乃是人的精神产品，不自觉的艺术品乃是功利的附庸（包括政治和宗教的需要），但不自觉的艺术品被人视为艺术品者，必具有美的因素（不自觉的美）。美的标准也是根据时代的发展而变化的，有的当时并不美，后人反而惊羡不已，有的后人并不认为美，在当时已是很美了。比如甲骨文，当时不过随便刻写记事而已，今人反而临摹学习，学其原始美也，但原始人不可能画出像北宋画院中那样的画来，或像文艺复兴中的达·芬奇油画以及米开朗基罗那样的雕塑，因而，现在看来很一般的装饰品甚至一块被打制的石头在当时都十分了不起。

根据以上所述，我说人类一产生时就同时有了造型艺术，最早的艺术是不自觉的艺术。到了峙峪文化，山顶洞人装饰品的出现，应是自觉艺术品的出现。但这些现在看来是装饰品，当时是否就是为了审美还成问题，很多饰品是随葬品，也许是出于原始的宗教观念。但知道磨光、染色等，毕竟有了美的意识。而且当时（旧石器时代）的劳动工具，除了为实用而打制外，也有修饰（磨光、刻纹等）的痕迹。总之，旧石器时代，原始人已有美的意识，这是肯定的。

目前，还没有发现中国旧石器时代有正式的建筑绘画艺术。但到了新石器时代，绘画、雕塑、建筑、工艺等各种门类的艺术都出现了。数量最多的就是彩陶艺术和岩画艺术，雕塑艺术也不少。建筑艺术实物不可能完整地存在，但从遗迹中仍可推测甚至复原。原始时代的房屋建筑形式直到现在的农村还有保留。尤其是临时性的房屋，与原始社会的房屋并无太大区别。

原始人虽有审美的意识，也有造美的能力，但现在被称为艺术品的各类原始文化遗存中，很少甚至完全没有为了审美，即为了精神上的享受而去制作艺术品。他们为的是生活、生殖和生存，出于对原始宗教的崇奉，和一种对超现实存在的意识的满足。但这也是一种进步和发展，即人的思维的发展，思维的发展和为了表现这些思维的发展即是艺术的发展。原始艺术遗存皆是原始人思维的遗存，研究原始艺术的重要性，盖在于此。

早期的艺术有其一致性，但距今4000年至7000年的彩陶时代已不是太早期的艺术了。在一致性中又可见出区域性，如半坡突出鱼纹，马厂突出蛙纹（雕塑亦然），庙底沟突出鸟纹等等，皆可以从这几类文化中看出人的意识不同，思维不同，而且其艺术风格也有一定的区别，这在上面已谈得很详细。

原始艺术还有以下一些问题值得注意。注意大的方面，略其小节细部。比如大部分雕塑中鸟兽无蹄无爪。有很多人像和禽兽像只见到一个大概轮廓。并不是原始人不能细致刻画。红山文化中的"女神头像"不是精确入微吗？这问题将在下一问题中得到解答。

由繁到简，由形象到符号。原始社会中的鱼纹由繁到简，由形象概括到符号图案化。蛙纹也是如此：辽宁后洼遗址中的陶塑也是上层反比下层简，简到只有一个脸谱，下层的人像反而较形象。究其原因，也是出于原始宗教观念，原始人画鱼、画蛙、塑像都是为了一种宗教观念，开始务求其像，到了后来，只要有表示这个像就行了，乃至于画一个符号或谱型。所以愈到后来愈简，简到变了形，形成图案符号。

人和动物、性和生殖是原始人最关心的题材，因为这是原始人最切身的问题。与己无关的东西，他们是不过问的。

原始人大抵是每人皆会美术。彩陶时代基本上人人会画，犹如现在陕北的妇女，几乎人人会剪纸一样。这是她们必会的技巧。但到后来，由于生产力的发展，出现了分工，也就出现了专业画家，很多考古发现都证明了这一点：半坡遗址中出土的画具就是为一位专业画家殉葬的，所以，画家的出现应该是始于新石器时代。

中国艺术的继承性特强。从各种类型的文化遗址中考查，中国艺术虽然不停地发展变化，但都是在继承前人的基础上发展变化的。

如前所述，中国广阔的土地，由于南北人种的不同和地理气候环境之不同，所产生的艺术风格也不同，大抵是南方较为细秀，北方较为浑凝。

原始艺术给人总的感受，虽然是幼稚的，但却是自由的，轻松的，而且都表现了一种淳朴、天真的情感，有着幼儿般的纯真气息。进入奴隶社会，艺术便出现了阴森、威吓、恐怖和沉重的感觉。这正是艺术的社会意识之反映（形态）。

参考书和文章（列其主要部分）

1. 郭沫若主编《中国史稿》第一册，人民出版社1979年。

2. 白寿彝主编《中国通史纲要》，上海人民出版社1985年。

3. 《中国大百科全书·考古学》，1986年版。

4. 杨晓能《中国原始社会雕塑艺术概述》（有图），《文物》1989年3月。

5. 《中国美术全集·绘画编1》，人民美术出版社1986年1月版。

6. 《中国美术全集·雕塑编1》，同上。

7. 《中国美术全集·工艺美术1（陶瓷上）》，同上。

8. 《中国美术全集·工艺美术9（玉器）》，同上。

9. 安志敏《裴李岗、磁山和仰韶——试论中原新石器文化的渊源及发展》，《考古》1979年4期。

10. 魏京武《李家村、老官台、裴李岗——关于黄河中游地区新石器时代早期文化的几个问题》，《考古与文物》1981年4期。

11.张朋川、周广济《试谈大地湾一期与其他类型文化的关系》，《文物》1981年4期。

12. 安志敏《仰韶文化》，中华书局1964年版。

13. 西安半坡博物馆《半坡仰韶文化纵横谈》，文物出版社1988年版。

14. 《七千年前的奇迹——我国河姆渡遗址》，上海科技出版社1982年版。

15. 刘姆《良渚文化玉琮初探》，《文物》，1990年2期。

16. 卜工《庙底沟二期文化的几个问题》，《文物》1990年2期。

17. 倪志云《半山——马厂文化彩陶艺术的观念主题》，《美术研究》1989年4期。

18.许玉林、傅仁义、王传普《辽宁东沟县后洼遗址发掘概要》，

（有图），《文物》1989年12期。

19．宋兆麟《后洼遗址雕塑品中的巫术寓意》，《文物》1989年12期。

20.牟永抗《良渚玉器三题》，《文物》1989年5期。

21.孙守道、郭大顺《牛梁河红山文化女神头像的发现与研究》，《文物》1986.8（有附图）。

22．辽宁省文物考古研究所《辽宁牛河梁红山文化"女神庙"与积石冢群发掘简报》（有附图），《文物》1986年8期。

23.李伟卿《云南古代岩画艺术》（有图）《美术研究》1985年2期。

24、盖山林《我国生殖崇拜岩画》（有图）《美术史论》1990年1期。

25.盖山林《福建华安仙字潭石刻新解》（有图），《美术史论》1986年1期。

26.盖山林《阴山岩画演化历程初探》（有图），《美术史论》1984年4期。

27.盖山林《内蒙古阴山山脉狼山地区岩画》（有图），《文物》1980年6期。

28.陈兆复《古代少数民族的岩画》（有图），《中国画研究》1981年第一期。

29.浙江省文管会、博物馆《河姆渡遗址第一期发掘报告》，《考古学报》1979年1期。

30.牟永抗《试论河姆渡文化》，《中国考古学会第一次年会论文集》文物出版社1980年版。

陈传席文集

Selected Works Of Chen Chuanxi

第一卷 古代艺术史研究

 六 朝 时 代

一、重评顾恺之及其画论

　　顾恺之在中国绘画史上，是一位极有影响的人物。然而古今论者对其评价却是误解甚多。一位对顾恺之素有研究的专家就说过："（顾恺之）在中国的画学演进史上是开山祖，在中国的山水画史上也是一位独辟弘途的功臣，他不但代表了第四世纪初叶前后的画坛，今日看起来，也许足以称为第七世纪以前的惟一大家。"①论者多指顾恺之的画而言。如是，则如群星灿烂的六朝其他画家皆成附属，热烈的古代画坛顿显寂寞。其实，顾恺之的主要贡献在画论。因无可靠的画迹存世，对他的画难作结论。但把他的画称为六朝最杰出的，却是没有根据的。

　　本文前四节主要是对今人错误理解古代文献的廓清，其次借评顾恺之以理清六朝绘画发展的一些经过，包括对唐及唐以后的影响。

　　第五至第九节围绕顾恺之的画论问题，作再评价。我总觉得以前一些文章对顾恺之画论的意义认识不足，有很多问题尚须进一步研究。而研究六朝绘画，其重点亦应在画论，因为它不仅影响了以后千余年的绘画，同时也对以后的文学、哲学等领域产生了巨大的影响和启导作用。

　　本文试而论之，凡是别人谈过，而我没有补充或不同意见的，便略而不谈。或因孤陋寡闻而致误者，恳请专家批评。

------

　　①见《中国古代山水画史的研究》，傅抱石著。1960年上海人美版。

（一）从谢赫《古画品录》谈起

1. 要重视谢赫的结论

六朝绘画评论家不止一人，还有一些非专门家，但却是显赫一时的人物，对顾恺之也作了不同程度的评价。然而评论者之中水平最高、态度最认真的当首推名垂画史的权威评论家谢赫，这是无可非议的。但以前论者对谢赫的理解却误会的多，甚至对他的品评有完全颠倒的理解。倘能真正地理解谢赫，那么，理解顾恺之就有了头绪。

谢赫提出的"六法论"，至今还在绘画创作和评论上起着重要的作用，这不是一件简单的事，谢赫之后的评论家无不根据"六法"来论述绘画，所以在顾恺之之后、张彦远之前这四百年间，谢赫作为一个评论家还真正是"分庭抗礼，未见其人"。对于这样一个高明的评论家，他的话应该引起我们充分的注意。

谢赫把孙吴至南梁中大通四年（532年）之间的二十七（原二十八）位画家的作品列为六品。把陆探微的画列为第一品，又第一名。说陆的画："穷理尽性，事绝言象，包前孕后，古今独立。非复激扬所能称赞，但价重之极乎上，上品之外，无他寄言，故屈标第一等。"这段话大意是说陆的画把人物的气韵彻底地表达出来了，生动之至，绝不在非本质的问题上下功夫……他的画价重达到了顶点。上品之外，又没有等第可言，所以列在第一等。陆的画被列为第一等第一名，谢赫认为还太委屈了。而顾恺之的画只被列为第三品，还在姚昙度之下，和陆的画差距如此之大，甚至连被列为第三品第一名的姚昙度，得到的评价也比顾恺之高得多。谢赫是亲眼看到他们的画之后才评论的。谢赫对顾恺之评价低到如此程度，应当引起我们高度的重视。

2. 顾恺之的名望

谢赫的品评之所以未成定鉴，是因为顾恺之的名望太高。顾本是当时社会的名流，他被誉为："才绝、痴绝、画绝"。《世说新语》和《诗品》中提到顾恺之"才绝"的地方，多是赞美他的文才。从他的现存诗赋看，他的文才确是很高的，《诗品》称："长康能以二韵答四首之美……文虽不多，气调警拔。"乃至于把顾诗评在曹操、班固之上。

所谓"痴绝"实则是他的保身哲学。由于当时特殊的社会政治背景，晋宋文人装"痴"而逃避政治以自保，是不乏其例的。从记载看，顾的"痴"真可谓"绝"矣。

在绘画方面，最早推崇他的人是谢安。谢安是晋代王、谢世族中最为显赫的人物，也是掌握国家命运的关键人物，淝水之战，他指挥将帅，大破苻坚，保住了偏安江南的晋室。他一生除了处理军国大事外，便喜下棋吟咏，携妓游赏，是当时人们议论的中心人物。谢安未掌握国家大权之前，曾为桓温的部将，而顾恺之当时也是桓温的部将，且二人在同一幕府中供事。但顾和桓温的关系更为亲昵。当时尚依靠桓温的谢安说顾的画"苍生以来，未之有也"。

到底是什么场合下讲的？是出于什么目的？是客气话，是漫与之语，还是认真之语，我们可以作各种分析。但不论怎么说，谢安不是专门评论家。他的话绝没有谢赫的话有分量。但在当时，谢安的影响却是超过任何一个评论家的，他的话"分量"之重是不言而喻的。连他的鼻子有疾病，讲话音浊都有人（包括名流）用手掩鼻跟着仿效（见《谢安传》）。他"推崇"顾恺之的话，一经传出，其影响之大，乃可想见。人贵耳贱目，乃是通病。在当时，陆探微、张僧繇这些画家还未出现，曹不兴的画仅有一幅龙头，还深藏在秘府里。戴逵又隐居，且拒绝和统治者合作，甚至斥责他们，当然不会得到他们宣扬。顾一生喜爱和权贵人物打交道，附和喧闹之声也就愈高。但遇到谢赫这样一位眼光高超的评论家，就很难被这一片鼓噪之声所迷惑，这就显示出谢赫的不同流俗的见解。

但谢赫把一个本来声望极高的画家评到如此之低，惊动是很大的，第一个奋起反对的便是姚最①。

3．姚最的品评

姚最在画史上的地位和影响，尤其是评论作风，和谢赫相比，相差太大。而且姚最不是画家，也不是专业评论家，他"校书于麟趾殿"，又"习医术"，又参与政治斗争，最后死在残酷的政治斗争中（见《周书》卷四十七）。

姚最著《续画品》时年仅十五岁或至多二十岁左右（参见本书十二《姚最和〈续画品〉几个问题》）。而谢赫著书时已是富有经验的老评论家了。当然，我们既不欺无名，也不因人废言，而应看看他讲得是否有道理。他说："顾公之美，独擅往策，荀、卫、曹、张，方之蔑然，如负日月，似得神明，慨抱玉之徒勤，悲曲高而绝唱，分庭抗礼，未见其人，谢云'声过其实'，可为于邑。"②说来说去，还是从顾的名望来论述和分辨，什么道理也未讲出来，而顾的画到底什么样子，到底有哪些优点，其他人的画有哪些缺点，不得而知，这就很难使人信服。

姚最一是根据名望来评价艺术；其次是根据地位评人和艺术，翻开他的《续画品》，第一个画家便是湘东殿下，即后来的梁元帝萧绎，姚最把他吹得天花乱坠，说他"天挺命世，幼禀生知"，"王于象人，特尽神妙，心敏手运，不加点治，斯乃听讼部领之隙，文谈众艺之余，时复遇物援毫，造次惊绝，足使荀、卫阁笔，袁、陆韬翰"。这就缺乏实事求是的态度，因而，他对梁元帝的评价也未得到其他人的赞许。而荀勖、卫协、袁蒨和陆探微的绘画地位也一直是超过萧绎的。

姚最论画的水平本来就大逊于谢赫，态度又那么不严肃，他对谢赫的反驳更未讲出任何道理，当然也就不能轻信。比较起来，也还应该说谢赫的话更有分量。〔补注：此文写于1980年，尔后，我对姚最的评价

---

① 姚最，旧题陈人，实梁人和隋人。
② 转引自唐代张彦远《历代名画记·顾恺之》。

略有改变，然亦仅限于他的画论成就方面。〕

4．谢赫的品评

姚最之后，还有几位评论家如唐代的张怀瓘、李嗣真等也是反对谢赫之说的，但大多囿于顾的名气，皆未讲出什么道理。

谢赫把声名昭日月的顾恺之列为第三品，把皇帝的画列为第五品，是不是专和名人作对呢？不然。我们看第一品陆探微之下就是曹不兴，谢赫评："观其风骨，名岂虚成？"可见曹不兴虽然大名鼎鼎，谢赫还是赞许的，承认他名副其实。第一品中的荀勖更是显赫于魏晋二代的有权有势的贵族画家（荀勖是司马氏集团中重要成员，在平蜀决策中，他起到重要作用。《晋书》有传）。谢赫评画决不因地位高低、名望大小而论其品第。下面让我们再认真看看谢赫对顾的评价有没有道理。谢云："深体精微，笔无妄下，但迹不逮意，声过其实。""深体精微"，是说顾对于绘画中所应要表现的内容体验得深刻，很精确，很微妙。这主要是指他的画论而言的。"笔无妄下"是说他不随便下笔，下笔便非常认真慎重。他画人数日不点睛，他画云台山，预先把构思写成文字，反复推敲，可见其认真而笔无妄下的程度。"迹不逮意"是说他的画不能表达自己的意图，不能达到他所要追求的意境。顾恺之的《女史箴图》我们仍能看到，不正可以证实谢赫之论的确然吗？这卷画第一幅中的汉元帝，就不具和熊搏斗的神态，二昭仪也不具惊恐之神态。"同衾以疑"一幅，男女坐床上，直不知所云。所以张怀瓘说："不可以画图间求。"一接触到顾的画，也就会有谢赫的"声过其实"之感了。名声超过他的实际，谢赫本来也是听闻到顾的声名的，但一看到他的画，大失所望，才作出这样的评价。

谢赫的四句话，决非空泛的议论，也不是不合实际的捧场以及无聊的攻击。

谢赫在《古画品录》中评鉴的二十七人，除顾一人之外，其他历来都被公认为是公允的，然而正是对顾恺之这位当时"如负日月，似得神明"的画家的画，他能不随众议，正确地道出它的长处和短处，把它放在第三品姚昙度之下，才显示出他在评论上的卓越造诣、正派学风和超人胆量。谢赫不愧为伟大的评论家。对这样一位伟大的评论家的品评，应该引起足够的重视。

庸才批评天才从来都是常见的事，"后之浅俗"对谢赫的批评乃是一例，但决不可以此否认天才而附和庸才。

（二）张彦远对顾恺之的评价

1. 历来对张彦远评顾的歪曲要廓清

中国古代绘画评论家，谢赫之后，最伟大的人物当推唐代的张彦远，这是众所周知的。张彦远生于三世宰相之家，藏画巨富，可与秘府相当。他鉴赏精到，理论高妙，其《历代名画记》被后人誉为"画史之祖"。至于张氏成就之高，不须多说，需要论及的是，后世评论家和画家多借张彦远为"锺馗"以"镇鬼"。有人说："谢赫对顾恺之的评价引起后世的强烈不满，特别遭到张彦远的不满"。有人说："张彦远……几乎把顾恺之推崇到最高的境地了。"有人说："张彦远其实通篇文字推崇得最高的唯顾一人而已。"有人说："张彦远谓顾恺之是'天然绝伦，评者不敢一二'的最杰出的画家。"有人说："张彦远在《历代名画记》中，亦赞扬顾之作品为'天然绝伦'……"

在国外，如金原省吾的《支那绘画史》等书也都是这样理解张彦远的。这都是误解，必须廓清。

张彦远在《历代名画记》中，提到顾恺之的地方很多。专门发表对顾恺之评价的有两处。其一是卷二《论师资传授南北代》，此篇开头专谈顾恺之，所占篇幅最多。其二是卷五《晋·顾恺之》条。只要认真读一读这两篇文字，读懂了，就会知道张彦远非但没有把顾恺之推崇到最高地步，而且对过高推崇顾的话，几乎是一一加以驳斥，甚至讽刺并

（传）东晋 顾恺之 《斫琴图》（宋摹本）局部 绢本设色 29.4×130厘米 北京故宫博物院藏

表示气愤。

一、卷二《论师资传授南北时代》是张彦远在书中第一次评顾"自古论画者，以顾生之迹，天然绝伦，评者不敢一二"。明明是"自古论画者"的观点，而不是张彦远本人的观点，论者多断章取义认为是张彦远推崇顾恺之"天然绝伦"，何颠倒也。接着下半句："余见顾生评论魏晋画人深自推挹卫协，即知卫不下于顾矣。"好了，"卫不下于顾"，便是张彦远第一个结论，很清楚，张彦远认为卫协不在顾恺之之下。

再接着："只如狸骨之方，右军叹重，龙头之画，谢赫推高，名贤许可，岂肯容易？后之浅俗，安能察之？详观谢赫评量，最为允惬；姚李品藻，有所未安（原注：姚最、李嗣真也）。"这段话大意是：像书法中的《狸骨帖》一样，被王羲之赞叹，又像绘画中的龙头之图被谢赫推崇，名贤许可，难道是容易的吗？后之浅俗（指反对谢赫评量的姚最、李嗣真等人）怎么能看出来呢？详细分析谢赫的评价和品第，最为公允恰当，姚最和李嗣真的品藻使我感到不安。这里张彦远维持谢赫的"原判"态度明白如火，可见"谢赫对顾恺之的评论遭到张彦远强烈反对"的说法与事实绝对不符。

再接着："李驳谢云'卫不合在顾之上'，全是不知根本，良可于悒。"张彦远的态度一层比一层强烈，他对李嗣真驳斥谢赫说"卫不合在顾之上"的话表示强烈的不满，认为"全是不知根本"。

张彦远气愤之余，并对当时评论书画优劣，不察真情实际，依声望而妄相附和的作风，大加痛骂："今言书画，一向吠声。""吠声"一词出自《潜夫论·贤难第五》（中华书局版彭铎校正本四十九页）："谚云：'一犬吠形，百犬吠声'。世之疾此固久矣哉。吾伤世之不察真伪之情也……"一只狗见其形影乱叫，其他的狗连形影皆未见，便跟着声音乱叫起来。这就是张彦远对待吹捧者的态度，讲得虽重些，但也表达了他鲜明的立场。

二、卷五《顾恺之》条下，此节因收有顾的三篇画论，所占篇幅最多。然出自张对顾赞美之词只有十五个字："多才艺，尤工丹青，传写形势，莫不妙绝。"这样的词只是对一般画家的赞美词。如："吴王赵夫人……善书画，巧妙无双"；"康昕……画又为妙绝"；"王濛……丹青甚妙，颇希高达"。这些画家都是画史上毫无影响的少闻者，张亦称其"妙绝"，所以这句话决非张对顾的倾倒之词。

其他的赞美之词皆非张彦远之语，其中姚最和李嗣真对顾的推崇最高，也最坚决。姚最的话，张在卷二作了强烈的反对，此处毋须赘言。李嗣真"以顾之才流"来强调顾的画"独立亡偶"，不应列于下品，张彦远又一次针锋相对，给以批判说："彦远以本评绘画，岂问才流？李大夫之言失矣。"驳了李嗣真：张对顾之态度亦尽藏于不言之中。

张彦远在《历代名画记》中两处专谈顾恺之的地方，都表达了他的基本立场是鲜明的。至此，我们可以说，所谓张彦远反对谢赫评顾之说和推崇顾恺之的论点是不能成立的。

三、尚有一段话被人误解得最深。张彦远曾对顾恺之创作的《维摩诘图》表示欣赏和赞叹，这本不值得大惊小怪，犹如一位二流的诗人偶尔以自己熟悉的题材写出的诗超过一流诗人的某些诗句，是常见的。"山雨欲来风满楼"不是最得妙理吗？但许浑仍然不是一流诗人。"维摩诘"是六朝名士的形象，顾最熟悉。更重要的是，张彦远讲这段话是为了阐述"榻写"上的一个问题。题目是《论画体、工用、榻写》，他说的内容是在"榻写"部分，和"榻写"有关，很多论者误解了张的本意。张说的"顾生首创《维摩诘像》……陆与张皆效之，终不及矣"，本意是说画家作画贵在创新，仿效终不及"首创"，顾"首创"了一种新形式的"维摩诘像"，就值得推崇。陆与张在《维摩诘像》上没有新的突破，乃是仿效顾的形式，就终不及顾的创新精神可佳了。张彦远一贯反对因袭，提倡创新，在《论画六法》中他强调"至于传模移写，乃画家末事"，本节"论榻写"中，又一次强调自己对模写与首创的态度。

我们必须注意作家论说的场合，"榻写"一段必和榻写、临摹有关，不可以风马牛不相及的内容强加给作家。张彦远这段话很容易引起人们的误解，连他自己也预料到的，所以为了消除人们的误解，他在后面又加上一段解释："张墨、陆探微、张僧繇并画《维摩诘居士》终不及顾之所创者也。"他们或仿外国的形式，或仿前人的形式，而缺乏创造性。注意顾是"首创"、"所创"，其余人是"皆效""并画"，原文中"顾生首创……陆与张皆效之，终不及矣"，意已表达尽致，为什么又加上这个解释呢？原是怕引起人们的误会，反复解释，张氏用心可谓良苦。然而越是害怕和担心的事，越是容易出现。

补充说明一个问题。记载中亲眼见过顾恺之的画的人，还有张彦远的祖上高平公，他于元和十三年呈献一大批书画真迹给皇帝，其中有顾、陆、张、郑等"名手画合三十卷"，他说："前件书画，历代共宝，最称珍绝，其陆探微《萧史图》妙冠一时，名居上品。"按常理，应提顾画为代表，因为顾早于陆，且名气大，实际上他只提到陆的一张画为代表，而不提顾，优劣高下，不能不说是一个问题（见卷一）。

认真考察一下张彦远对顾恺之的评价。其一是认为谢赫把顾的画列为第三品，最为允惬，并驳斥那些过奖顾画的人，这种态度是很鲜明的。其二是认为顾和陆、张等人平等皆为六朝第一流大画家，这是张彦远评论他人时顺便给顾的最高评价。张对顾的这种最高评价并非出于诚心，即使如此，他也不肯自己直接出面，而借他人之口。由于顾的影响，书中也多次提到，但在关键时刻，他决不肯给顾过高评价，还时时设法抵消顾的影响，卷五《王廙》条下称王过江后，为晋代书画第一。这就否认了顾为第一了（连东晋第一都不许）。

在卫协条下："彦远以卫协品第在顾生之上，初恐未安"，但结果还是"不妨顾在卫之下，荀又居顾之上"。这里他又把顾放在荀、卫之下，何鲜明也。

综而观之，他否认顾为第一流画家的地方多，态度也鲜明。但张决没有把顾作为六朝惟一大家来评论过，这是真的。

2. 《历代名画记》中"品第"问题之研究

张彦远既然不承认顾恺之是第一流大画家，也就是说他认为顾的画不是第一流的作品，那么在卷五顾恺之条下，为什么注上"上品上"的等第呢？这个"上品上"，倘若是张彦远的观点，当然不会是随意挥写的漫与之语。为此，我研究了《历代名画记》一书中的"品第"问题。原来，所有的"品第"皆不是张彦远本人的观点，而是当时或稍前评论家的评品。张彦远采取当时多数人的看法注上，即使错了，也不加改动，但另加说明，即如今之"校正"。有的观点和张彦远的观点相反，有的相差较多，有的相差少许，当然也有部分不谋而合。不同的观点，有一部分张彦远在专门论述中加以说明，有一部分虽然照录在前，但在后面加上"彦远按"、"彦远云"、"彦远曰"等字样。凡有"彦远按"之类字样的内容，才是彦远本来的观点。兹考如下：

一、画家中，凡是前人未有"品第"的，张彦远一律不自加"品第"。如卷六南朝宋代画家谢庄（字希逸），书中记载的，在他前前后后的画家皆有"品第"，惟他无"品第"；还有记载中的南陈惟一画家顾野王，亦无"品第"，这是什么道理呢？张彦远在卷一中说得清楚："如宋朝谢希逸，陈朝顾野王之流，当时能画，评品不载。"这两位画家在前代画史中无专门记载，当然也就不会有"评品"，张彦远"探于史传"（卷一），从《宋书》和《陈书》中，了解到这两位画家，列于画史。如果品第皆是张彦远的"品第"，这两个画家理应加注"品第"，可见"品第"皆前人"品第"，而非张氏"品第"。

还有后魏、北齐部分画家亦无品第，即是张所说的"顾野王之流，当时能画，评品不载"。从张注的"见后魏书"、"见三国典略"等字可知，这些画家都是张从正史书中探求而知，史书上当然不会有"品第"，张亦不再加注"品第"。

二、书中记载的画家前部分轩辕、周、齐、秦、汉的画家皆无"品第"，卷九唐代画家陈义以后的画家亦皆无品第。像吴道子这样的大画家，张彦远推崇极高，如果他要加注"品第"的话，会毫不犹豫地加上"上品上"，但前人未加，他也就未记。还有卷十所有画家皆无品第，因为这些画家皆彦远"旁求"而得知（陈义、吴道子之后的画家大都晚于李嗣真、张怀瓘，时人尚无品评）。

三、在后汉赵岐之后、唐代杨德绍之前共一百六十八人左右，不加注"品第"的是六十人左右；全书三百七十余人，加注"品第"的画家是一百零五人左右。

第一个加注"品第"的画家是后汉的蔡邕，品第亦非彦远所为，乃是来自唐中书舍人裴孝源的品评，张彦远自注云："裴孝源所定品第云：伯喈在'下品'。"第一个画家的品第，彦远注明出处。以后的

"品第"皆不注出处。

四、在卷六南朝宋代画家史敬文以后十九名画家中有十八名加注"品第"，独范惟贤没有"品第"，其原因张彦远在下面注说中讲得清楚："诸家并不载品第。"彦远就不能记，亦未自加。这里又见"品第"是前人的"品第"，而非张氏本人的"品第"。

五、有些"品第"，张彦远是不赞成的，但他并不擅自改动，而在下面说明，即用"彦远按""彦远曰"等类字样。比如卷四中的曹不兴，谢赫评为第一品，但李嗣真云："不兴以一蝇辄擅重价，列于上品，恐为未当。"彦远立即加以驳斥云："李大夫之论，不亦迂阔。"彦远认为："不兴画名冠绝当时。"按彦远之论，理应列为上品，至少应列于上品中吧？但因为李嗣真不赞成列为上品（李嗣真的品评在当时可能有很大影响），彦远仍然采取当时之论加注"中品上"，而不加"上品"的"品第"。

六、在宗炳、王微条下加注"下品"和"中品"，品第是不高的。而实际上彦远对宗、王评品是很高的，他说："宗公高士也，飘然物外情，不可以俗画传其意旨。""宗炳、王微皆拟迹巢、由，放情林壑，与琴酒而俱适，纵烟霞而独往。各有画序，意远迹高，不知画者难可与论。"通览全书，可知宗、王在张氏心目中有更高的地位，在《论画六法》一节中张氏坚认："自古善画者，莫匪衣冠贵胄，逸士高人，振动一时，传芳千祀。"彦远论宗、王，正是他理想中的"善画者"——"逸士高人"。然而他仍加注为"下品"、"中品"，这就决非张氏本意了。

七、卷八"郑法士"条，彦远认为"郑合在杨（子华）上"。而"郑法士"条下加注"中品上"的"品第"，并没有在杨子华之上，原来又是按李嗣真的品第"在上品杨子华下"。彦远虽"以李大夫所评郑在杨下，此非允当"，却仍加注于低于"上品"的"品第"。但杨子华的画也未有按照李嗣真的说法注为"上品"，却和郑法士一样的"中品上"，估计李嗣真品评杨为"上品"，品郑为"中品上"，

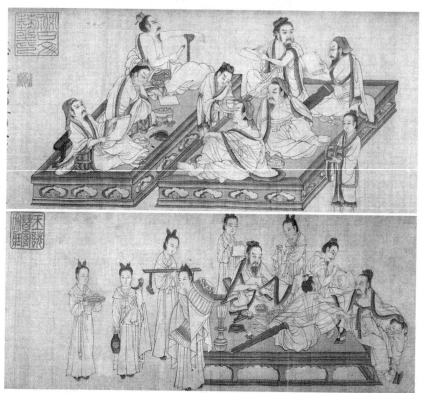

　　（传）北齐　杨子华　《勘书图卷》（宋摹本）局部　绢本设色　29.3×122.7厘米　台北故宫博物院藏

但张怀瓘（略晚于李嗣真）又品杨、郑皆为"中品上"，张彦远的"品第"可能是采取较近的一种说法。当然也有李评张未评或张评李未评的，张加注的品第到底是采取哪些人的说法，如何取法，还值得进一步研究。

　　不过有些问题不论怎样研究，也不如他自己说得清楚。张彦远编写这本《历代名画记》包括其中加注的"品第"，他自己有一个总的原则，卷一中他明白地告诉读者："彦远……聊因暇日，编为此记，且撮诸评品，用明乎所业，亦探于史传，以广其所知。""撮诸评品"的"撮"是"采取"的意思。所以，凡加注的"品第"皆是采取"诸评品"，而不是彦远的"自评品"。

不仅"品第"如此，连一些不该列于画史的画家，他也按照前人的记载照编不误，如卷七南齐丁光，仅能画蝉雀，且笔迹轻羸，又乏其生气。彦远按云："若以蝉雀微艺，况又轻羸，则猥厕画流，固有惭色。"这样的人，如按彦远自己的意思，就不应列于画史了，但旧录有名，彦远为了"以广其所知"，仍旧"编次无差"。

问题搞清楚了，我们便可以知道，加在顾恺之条下的"上品上"，也是"诸评品"之一，而不是张彦远的"评品"。

继《历代名画记》之后，宋郭若虚著《图画见闻志》，其序中说："昔唐张彦远尝著《历代名画记》，其间自黄帝时史皇而下，总括画人姓名，绝笔于永昌元年。"这段话中惟"永昌元年"为误记，其他意思表达得皆很准确。

但继《图画见闻志》之后，宋邓椿作《画继》，其序中，在"唐张彦远总括画人姓名"之后，无故加上"品而第之"四字，完全曲解了张彦远，真是画蛇添足，弄巧成拙了。

（三）关于顾恺之绘画创作的几个故事

关于顾恺之绘画创作的几个故事，见于《晋书·本传》，亦见于《历代名画记》，它一直为论者所津津乐道、称赞不衰。若稍作分析，亦颇有趣。

其一，顾"画裴楷真，颊上加三毛，云：楷俊朗有识具，此正是其识具，观者详之，定觉神明殊胜"。裴楷颊上有没有三毛，不得而知，但为了表现裴楷的"俊朗"，只是靠加三毛的办法，也值得称赞不绝？南宋陈郁在《话腴》中说："写照非画物比，盖写形不难，写心唯难也。"肖像画理应在人物的内心世界刻画上下功夫，顾恺之自己也十分强调"传神"，"传神写照，正在阿堵之中"，而不在三毛。六朝文士皆知道这一点，《世说新语·排调》有一段话谓："王子猷诣谢万，林公先生坐，瞻瞩甚高。王曰：'若林公须发并全，神情当复胜此不？'

谢曰：'……须发何关乎神明？'"对于肖像画的传神来说，三毛只是不关乎神明的非本质内容，除非传神的技巧不高，才只好以此区别对象，这是不言而喻的。岂有称道或提倡之理？

其二是"又画谢幼舆于一岩里，人问所以，顾云：'一丘一壑，自谓过之。'此子宜置岩壑中。""一丘一壑"何谓？众说纷纭，多数论者认为是"喜爱游山"和"自比丘壑"的意思，两说皆含糊。据《晋书》所载，谢鲲（幼舆）是一个以"远畅而恬于荣辱"闻名的人，他"通简有意识"，王敦"以其名高雅相宾礼"，"尝使至都，明帝在东宫见之，甚相亲重，问曰：'论者以君方（比）庾亮，自谓何如？'答曰'端委庙堂，使百僚准则，鲲不如亮，一丘一壑，自谓过之。'""一丘一壑"和"庙堂"相对，表达了谢不专务庙堂，"远畅而恬于荣辱"的"清高放达"品格。

为了刻画这样一个人物性格，将其形象放置在岩壑中，就行了吗？而在岩壑中的人是否都是"远畅而恬于荣辱"呢？梁楷画《李白像》，毫无背景，寥寥数笔，把李白那种"一生好入名山游"、"安能摧眉折腰事权贵"的旷达神态表现得很精到。诚然，肖像画不是绝对不能画复杂的背景，但关键是人物的精神状态和内心世界的刻画。以背景衬托，毕竟不是肖像画的根本。

其三，"画人尝数年不点目睛，人问其故，答曰：'四体妍蚩，本亡关于妙处，传神写照，正在阿堵之中。'"认识到点睛是传神的关键，无疑是对的，点睛要格外慎重，也是必要的，但数年不点，未免孟浪。我们看吴道子作画"数仞之画，或自臂起，或从足先，巨壮诡怪，肤脉连结"，"与乎庖丁发硎，郢匠运斤"（《历代名画记》）。张彦远认为"真画一划，见其生气。夫运思挥毫，自以为画，则愈失于画矣"（同上）。苏东坡谓吴道子："当其下手风雨快，笔所未到气已吞。"张怀瓘云："吴生之画，下笔有神。"再关键的地方，只要技巧纯熟，"点画信手烦推求"，岂需数年时间？当然技巧不高，那就要反复琢磨、试画，甚至要涂改，所需时间亦长，但欲得其生气，恐亦难矣，张彦远谓之"死画"。

顾恺之作为一个大理论家，作画的得失，他是十分清楚的，然而技巧上的拘限，给他的创作造成了逆境。以上三个故事，便是活证。所以，谢赫说他"迹不逮意"是言之有据的。

（四）顾恺之和六朝几位画家的比较

1. 顾恺之和戴逵的比较

戴逵和顾是同时人，据《晋书》卷九十四《戴逵列传》推算，戴年长顾至少十岁[①]。且戴少年时代书画等艺即有惊人的才华。与顾比：

其一，据《历代名画记》卷五所载："晋明帝、卫协皆善画像，未尽其妙，泊戴氏父子皆善丹青，又崇释氏，范金赋采，动有楷模。"戴画成为楷模，而同时的顾画却未成为楷模。这里说的楷模主要是佛教画。《宋书·戴颙传》："自汉世始有佛像，形制未工，逵特善其事。"晋以后中国画几乎被佛画所独占，戴逵创造的佛像楷模为绘画和雕塑家所师法，"其后北齐曹仲达，梁朝张僧繇、唐吴道子、周昉，各有损益……至今刻画之家，列其模范：曰曹、曰张、曰吴、曰周，斯万古不易矣"。由是观之，著名的"四家样"乃是在戴逵的"楷模"上发展起来的。戴逵首先把佛像的创造推向一个理想境界，风靡全国，直至曹、张出，其间一百五十余年，皆是戴逵的"楷模"。顾的佛画和他擅长的肖像画之影响，就没有这么大。

其二，谢赫评戴："情韵连绵，风趣巧拔。善图贤圣，百工所范。荀、卫以后，实为领袖。"但谢也把戴画评为第三品，不知是何道理。

---

① 《晋书·戴逵传》："太元二十（395）年，皇太子始出，……王珣又上疏。逵执贞历，含味独游，年在耆老。""耆老"是七十岁以上老人的通称（见《说文》）。又《尔雅·释诂·礼·曲礼》："六十曰耆。"故公元395年，戴逵至少六十岁，时顾恺之（345—406）只五十岁。

他说戴画为"百工所范"、"实为领袖"（可与张彦远评其为"楷模"相印证），决不会假。顾虽画冠冕胜戴（孙畅之语），因戴从来不画冠冕。但任何书中皆不见顾在绘画方面有领袖地位。

其三，顾恺之《论画》一文评戴逵：《七贤》"以比前诸竹林之画，莫能及者"。顾也画过"七贤图"，可能受了戴的影响，顾又称戴画的《临深履薄图》："兢战之形，异佳有裁"。戴画不仅为"百工所范"，连上层一些知识分子也是佩服的。谢安原只知道顾恺之，不了解戴逵，本很轻视他，但听到戴"说琴画愈妙"，也不得不佩服[①]。

其四，中国古代绘画遗存最多的是佛教画，实际上，从魏晋始至唐绘画也主要是佛教画。我们可以从中看到一个变化过程，就是人物造型及内心世界的刻画，渐渐世俗化，这是艺术的一条正确道路，戴逵是走在这条正确道路上的前导。《历代名画记》"戴逵"条下："戴安道中年画行像甚精妙，庾道秀看之，语戴云：'神犹太俗，盖卿世情未尽耳。'戴云：'惟务光当免卿此语耳。'"（《世说新语·巧艺》亦有同样记载，但庾道秀作庾道季。按以"季"为是）从庾道季评戴画话中可知，戴画已经世俗化了。在此之前的画恐怕大多都有点公式化（主要是外来样式）。庾说戴画的"人"太世俗气，是因戴本身世情未尽故，也就是说戴的精神气质反映到绘画中去了。戴不接受庾的批评，反驳说："惟务光当免卿此语耳[②]。"二人的意见是不相容的，但反映的实质是一致的，戴逵的画已经世俗化了，戴逵的精神气质已经反映到作品中去了。这是一个良好的开端，戴为艺术走向正确的道路建立了功勋。从记载来看，在绘画上对后世的重大影响，顾在几个方面都逊于戴逵。

---

①见《历代名画记》"戴逵"条。《世说新语》作："说琴书愈妙。"

②务光，夏代人，汤伐桀时，"谋于光，光曰：'非吾事也'……汤克桀，以天下让于光，光曰：'吾闻亡道之世，不践其土，况让我乎'，负石自沉于泸水"。此处言惟务光无世俗气。

西汉　《軑侯家属墓生活图》　长沙马王堆一号汉墓　帛画　纵205厘米　上横92厘米　下横47.7厘米　湖南省博物馆藏

"春蚕吐丝"式线条亦不始于顾，战国时已有，马王堆西汉帛画证明，这种线条到西汉已经成熟，历东汉，逾三国，经西晋，至东晋还是这种线条，顾恺之就没有改革它。

2. 顾恺之和陆探微、张僧繇的比较

陆、张对中国画线条发展的贡献

中国画中线条的地位是不言而喻的。

中国画发展到唐及唐以后，山水画占主流地位，其一派是金碧山水，如李思训之流用细匀无变化的线条勾勒出轮廓，填以青绿颜色，这派山水是魏晋以来的山水画形式发展到最高阶段的标志。另一派是水墨山水，始于吴道子。吴纯用墨线，磊落逸势，"嘉陵江三百余里山水，一日而毕"，"气韵雄壮，几不容于缣素"。这就打破了山水画中的精雕细刻的青绿形式。其后经王维、张璪等人的努力，水墨山水遂占山水画的主流。吴之后山水画技法渐渐丰富，勾、皴、点、染，表现力比吴之前的勾线填

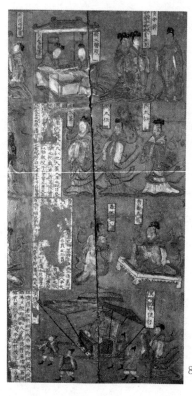

北魏　《屏风漆画列女古贤图》　木质漆绘
80×40厘米　山西省博物馆及大同市博物馆分藏

色强得多。虽然这一种山水到五代、宋才成熟，但变化改革的关键人物是
吴道子。吴改革山水画，首先打破了战国秦汉以来占画坛主流的所谓"春
蚕吐丝"一类的线条。"春蚕吐丝"如发丝一样细匀，无粗细变化，到了
李思训画中，其作用已尽，无法发挥更大的作用，不改革这种线条，山水
画恐怕就要停止在李思训的阶段，再要前进就缓慢了。

　　吴道子的人物画在西安碑林中尚有摹刻石碑"观音像"，用的是兰
叶描兼蚯蚓描，粗细随意，变化多端。如张彦远记载："离、披、点、
画，时见缺落。"只有这样的线条（包括点画），应用到山水画上才能
启示画家继续变化发展，继而产生多样的勾皴擦点，使山石的量块、质
感充分地表达出来。

　　吴的线条是继承张僧繇而有所发展。张怀瓘说吴是"张僧繇后身"，
张彦远谓此"可谓知言"。据文献记载，张僧繇最早解放了"春蚕吐丝"

Selected Works Of Chen Chuanxi

（传）唐 吴道子《送子天王图》（宋摹本）局部 纸本手卷 全图尺寸35.5×338.1厘米
日本大阪市立美术馆藏

式线条，开创了"点、曳、斫、拂"的形式。而张的"点、曳、斫、拂"
和"春蚕吐丝"之间乃是南朝宋的陆探微的"精利润媚"。陆的"精利润
媚"之所以"新奇妙绝"（张彦远语），因为它已不是"春蚕吐丝"式的
单调，其精而利，润且媚，乃是张僧繇改革传统线条的先声。

"春蚕吐丝"式线条亦不始于顾，战国时已有之，马王堆西汉帛画
证明，这种线条到西汉已经成熟。历东汉，逾三国，经西晋，至东晋还
是这种线条，顾恺之就没有改革它（这种线条格调高古，有其优点，但
勾勒山石、树木及所有人物、动物都用这一种线条就有缺憾）。

顾恺之也研究书法，常和大书法家论书，但他就没有把新的书法的
用笔用到绘画中去。"春蚕吐丝"线条近于篆但与晋及晋前的隶行草等
书法都无关。

《历代名画记》明确记载的第一个吸收书法用笔于绘画的乃是陆探
微，其次是张僧繇，"依卫夫人笔阵图，一点一画，别是一巧"。吴道
子"援笔法于张旭"，亦借鉴于书法，和陆、张一脉相承。我们看初唐
以后到五代、两宋、元、明、清的绘画，其中各种线描以及勾、皴、
点、染、破墨、泼墨，等等，各种各样的表现手法越来越丰富，而唐以
前，除极少数画（其中包括民间一些成熟的画法）外，大都是千篇一律
的表现手法。前者丰富，后者单调，而丰富的开始乃是吴道子，他于山
水、人物都有杰出的贡献，而启导吴道子画笔成功者乃是张僧繇，陆探

微又首先吸收书法用笔于绘画，为张的大变革作了桥梁作用。中国画的表现，主要是借用线条，六朝时代陆与张对线条的改革皆有杰出的贡献，对后人产生了极大的影响。顾的"春蚕吐丝"线条只是传统的继承，而不是变革和解放。

陆、张对塑造人物的贡献

《人物志》有云："能知精神，则穷理尽性。"陆探微画人"穷理尽性"，乃最传神。《历代名画记》记载正式师法顾恺之的仅陆一人，陆是宋明帝时人，距顾之死已六十年左右。大约顾提出的"传神论"，陆实践得最好。故谢评其为第一品第一人。《宣和画谱》称陆："真万代之蓍龟衡鉴也。"汤垕见了顾恺之画"初见甚平易，且形似时或有失"，尽管他也赞扬了顾的画，但最后的结论仍是："谢赫云，恺之画'迹不逮意，声过其实'，近见唐人摹本，果得其说。"但他认为陆探微"此卷行笔紧细，无纤毫遗恨，望之神采动人，真希世之宝也。"

张僧繇创造了"张家样"，贡献也不小，比张晚大约五十年的曹仲达又创"曹家样"，张、曹二家样一度并行，成为中国佛教画的典型，到了唐，吴道子在继承张僧繇的基础上形成了"吴家样"。"四家样"中张的影响最大，时间最长，形成也最早。"张得其肉"，又"张笔天女宫女，面短而艳"（米芾《画史》），可见"张家样"是比较丰满的，到了唐代只是更加丰满圆润而已。从各地美术遗迹可以证实，梁以后二百多年的佛画佛雕的造型，除了部分地区在北周前后有"曹家样"外，其他皆如"张家样"。唐开元以后的造型样式仍是"张家样"的延续和发展，而顾恺之在塑造人物上就未有如此重大之影响。

张僧繇的影响

梁以后，张僧繇的绘画形成一股巨大流派，成为二百多年间的主流。据《历代名画记》记载，追随张的著名画家梁至唐有张善果、焦宝愿、郑法士、孙尚子、李雅、阎立德、阎立本、范长寿、何长寿、吴道

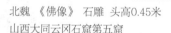

北魏 《佛像》 石雕 头高0.45米
山西大同云冈石窟第五窟

北魏 《佛像》 甘肃天水麦积山石窟第
一三一号窟 泥塑 头高0.47米 正壁主佛

子，其中有的是隋唐时代的代表画家，有的被称为百代画圣。唐武则天时代，李嗣真云："……独有僧繇，今之学者，望其尘躅如周、孔焉。"又说："天降圣人为后生则。"僧繇成了画家心目中的圣人和楷模，影响可谓大到极点。李嗣真的评论或有出入，他说的"张公骨气奇伟、师模宏远"、"六法精备"等等我们可以再考虑，他把张与顾、陆同论，"请与顾、陆同居上品"也未讲出具体内容，但他亲身经历的时代，张对画坛的影响程度之记录是不会有误的。

张彦远亲眼见过张的《定光如来像》、《维摩诘》并《二菩萨》，自云："妙极者也。"顾恺之名气固大，但其绘画作品的影响，何尝一日有张僧繇之大呢？且张创没骨法、凸凹法，也是顾所无的。

3. 山水画萌芽不始于顾恺之

有些论者确定顾是山水画始祖，其证据有二：一是顾写了《画云台

山记》；二是顾《洛神赋图》中有
山水成分。其实《画云台山记》一
文，固然谈到了山水布局之类，但
不能说明他最早画山水，也不能说
明他的山水画得最好，至于《洛神
赋图》被说为顾作，在元代之前的
任何著录中都不载，在顾诞生一千
多年中，没有任何根据说顾作过此
图，所谓据说，实则根本无据。目
前我们所见的《洛》图，最早见
于清代《石渠宝笈初编》，距顾已
一千四百余年，《石渠》作者是根
据图上所谓赵孟頫、李衎、虞集等
人的题跋和印章而定。但这一切经
鉴定："均伪"（连乾隆皇帝都看
出非顾之作）。"身份证"是伪造
的，身份必伪。

　　据《历代名画记》载：卫协、
司马绍、戴逵、戴勃等人都画过山
水。孙畅之《述画》云："《上林
苑图》，协之迹最妙。"（戴勃）
"山水胜顾"。可见画山水不但有
比顾早的画家，还有比顾画得好的
画家。

北魏　《佛像》　敦煌莫高窟第268窟壁
画（摹本）

4. 余论

　　顾恺之和谢赫一样，在绘画上尽管是他所处时代的一时之秀，但说他是六朝时代最杰出的画家，第七世纪以前的惟一大家，就未必公允。弄不好就会影响对画史的正确把握。从文献上看，顾的画风只代表六朝的普通画风和一般水平。我们现在所看到的六朝绘画，唐宋摹本和出土文物中绘画以及龙门等地一些类似绘画的美术遗迹（如礼佛图等）①，都不能代表六朝时代的先进水平。不但像陆探微那样的"如锥刀焉"，"亦作一笔画，连绵不断"，以及张僧繇"笔才一二，象已应焉"、"离披点画，时见缺落"的画法，我们未见到，就连卫协那样颇得壮气的画法，也未见到，所见皆是顾恺之式的"春蚕吐丝"类一种勾线画法②。这种画法在汉代已经成熟。今人至少不应该有这种短见，一看到线条变化多端，点曳斫拂和一气呵成的画法，就认为不是六朝画，或者一提到六朝画，脑子里只有那种细匀无变化的线条。这都是片面的看法。

很难确定顾恺之还有画迹存世，论者多以记载为据，而画史上见过顾画的人有记载在，一些可靠的大评论家有评语在，都不能证明顾是六朝最杰出的大画家，更不是"惟一大家"。

但顾恺之在画史上却另有伟大的贡献，强烈地震动着中国画坛一千多年，以下专文论述。

（五）顾恺之的贡献主要在画论

顾和谢赫一样，在绘画方面，虽为一时之秀，但在整个六朝时期，他们都还不能算是第一流大画家。但是他们都是六朝时代伟大的绘画理论家。

六朝绘画创作和绘画理论各有五大家，前者是曹（不兴）、戴（逵）、陆（探微）、张（僧繇）、曹（仲达），后者是顾（恺之）、宗（炳）、王（微）、谢（赫）、姚（最），后者在绘画上也都有一定

---

①六朝时代的敦煌壁画，外来成分居多，中国气派的佛教绘画至唐代方才成熟。

②近几年出土的魏晋墓室壁画不在此例，这些画出于民间画工之手，虽不成熟，但很生动，可能与张、陆改革线条的运动相互影响。

的成就。顾是第一位绘画批评家，谢是第一位绘画批评理论家，宗、王是山水画论之祖。

顾恺之，他是中国绘画理论的奠基人。在顾之前还未有一篇完整的、正式的画论。顾不但第一个开创了这个学科，而且提出了一系列正确的主张，其"传神论"成为中国绘画不可动摇的传统。他发现了绘画的艺术价值在"传神"，而不在"写形"，具有划时代的意义，标志着中国绘画的彻底觉醒。顾的画论之建立，乃是中国绘画艺术大发展的起点，从此，中国绘画日新月异，以超乎往昔的惊人速度登上高峰。

（六）关于顾恺之三篇画论问题

顾恺之画论，因《历代名画记》的收录，存有三篇，其题目曾一度被人误解。我这里先作一清理工作。

1.《论画》不误

顾恺之的《论画》和《魏晋胜流画赞》两篇文章，俞剑华先生以为题目误倒，在他的很多著作中反复提及，而且很多论者盲目相信，直至现在。其实，完全不误。

《论画》是顾恺之评论绘画作品优劣的文章，而且开始还有一段简短的论述："凡画，人最难，次山水……"颇见精义。所评《小列女》"面如恨，刻削为容仪，不尽生气"等等内容，我们看来，是道道地地的论画文章，顾的传神论主要在此文中阐明的，题目叫《论画》是很切实的，无可怀疑。

《论画》的内容不仅全文被收录，而且张彦远还引用过其中内容去介绍其他画家，并明确注明是《论画》中的语言。卷五·卫协条下，介绍过卫协之后，张彦远说："顾恺之《论画》云：'《七佛》与《大列女》皆协之迹，伟而有情势。《毛诗北风图》亦协手，巧密于情

（传）南朝梁　张僧繇《五星二十八宿神形图卷》（唐 梁令瓒摹）局部　绢本设色　全图尺寸27.5×489.7厘米　日本大阪市立美术馆藏

思。'"这正是顾《论画》中的文字。

又说："及览顾生集，有《论画》一篇，叹服卫画《北风》、《列女》图，自以为不及。"这里所提到的内容，在《论画》中都能找到印证，顾恺之在《论画》中，对卫协画《北风》、《列女》评价很高，确为"叹服"，前后内容是一致的。

总之《论画》的"题"与"文"是不误的。前前后后未有纰漏，这是很清楚的。

张彦远还不至于那么粗心，多次接触而不见其误。

2. 《画赞》的内容

《论画》是不误的，很清楚。问题出在《画赞》上面。张彦远所收的《画赞》内容实际是模写内容，所以必须弄清《画赞》的内容。否则，《论画》虽然站住了，有可能被人从外部推翻。很多论者把"画赞"理解为对前人绘画作品的赞扬或评论，是错误的。其实画赞不是对画的赞扬，也不是评论画，而是有画有文同时赞人。"赞"本是一种文体，以赞美为主，六朝时颇为盛行。《文心雕龙》有《颂赞篇》，梁萧统《文选序》有："美终则诔发，图象则赞兴。""赞"是赞人，而未有赞文和赞画的。《文选》中还专列《赞》篇（见卷四十七），选了

《东方朔画赞》和《三国名臣序赞》二文，皆赞的是人。《东方朔画赞》是三国人夏侯孝若所作，内容是记他见到东方朔先生的遗像时所发的一通赞语（"……想先生之高风……见先生之遗像……慨然有怀，乃作颂焉。"）。其中内容无一句赞画的好坏，而是赞画中人的高风。

"魏晋胜流画赞"就是画魏晋胜流的像，再作"赞语"以赞这些胜流。和"东方朔画赞"的内容形式相仿佛，皆非赞画。

还有一种"画赞"是根据文字记载的内容而作画以赞人，也是画和文同以赞人。《历代名画记》卷三："汉明帝……诏博洽之士班固、贾逵辈取诸经史事，命尚方画工图画，谓之'画赞'"。而且还有"五十卷，第一起庖牺五十杂画赞。"不论哪一种"画赞"，都不是赞画的优劣。

张彦远说顾恺之："著魏晋名臣画赞，评量甚多。"顾恺之确实著过此文（画赞）。距顾不远的刘义庆撰写《世说新语》及刘孝标的注引中很多内容皆可证实。其《巧艺》篇："顾长康画裴叔则，颊上益三毛"条下注："恺之历画古贤，皆为之赞也。"即是张彦远说的"著魏晋名臣画赞"这件事。顾恺之《画赞》的内容，我们还可以见到一部分。

《世说新语》卷三《赏誉第八》"羊公还洛"条下注："顾恺之画赞曰：涛无所标明，淳深渊默，人莫见其际而其器亦入道，故见者莫能称谓而服其伟量。"

（同上）"人问王夷甫，山巨源义理如何"条下注："顾恺之画赞曰：涛有而不恃，皆此类"也。

（同上）卷四《赏誉第八》（下）："王公目太尉，岩岩清峙，壁立千仞。"注"顾恺之夷甫画赞曰：'夷甫天形瓌特，识者以为岩岩秀峙，壁立千仞。"按王夷甫就是王衍，《晋书》有传（见卷四十三），其曰："衍字夷甫，神情明秀、风姿详雅……"，"王敦过江常称之曰，夷甫处众中，如珠玉在瓦石间，顾恺之作《画赞》亦称衍岩岩清峙，壁立千仞。"

"顾恺之作《画赞》"，看来不会假，《晋书》的作者还引用顾的《画赞》之文来赞晋之名臣，未尝把它作为赞画的优劣的文字。《晋书》是唐人所著，顾的《画赞》在唐代还有流传，张彦远也是唐代人，他既说"顾著……画赞"，可想是看过的。

由上可知，顾恺之的《画赞》，当时及其后确有流传，而且内容是赏誉魏晋名臣（胜流）的，而不是称赞魏晋名臣的画，那些名臣也很少有人会画，绘画的作者有的根本不是名臣。

《画赞》的内容清楚了，与论画无涉。便进一步保住了《论画》的"文"与"题"不误。

又《画赞》的全文，我们见不到了，《世说新语》《晋书》等书引用其中部分内容，大体还可以了解其内容性质，因赞词和绘画无关，所以张彦远未录及。因为"恺之历画古贤，皆为之赞"，其中有文有画，张彦远在《画赞》的内容中明明写着："凡将模者……"是说明模写方法也属于《画赞》的一部分内容，但模写方法也明明不是"画赞"，这正如《唐诗三百首》，里面却有"蘅塘退士"的内容，"蘅塘退士"既不是唐诗、也不是唐人，但他和此书有关。一本书中附有不是本题的直接内容，但和本题内容有关的文字，从古至今常见。模写之法虽不是"画赞"，但和模写这些名臣的画像有关。顾说："凡吾所造诸画，素幅皆广二尺三寸。"这是供临摹他的画的人作参考的。"其素丝邪者不可用"，因为"久而还正，则仪容失"，这也是提醒临摹者注意的。后面的文字谈作画时应该如何如何，读原文便知。

3."模写要法"及其他

《论画》和《画赞》的"题"与"文"不误，是明白了，但张彦远又说过顾："著魏晋名臣画赞，评量甚多，又有论画一篇，皆模写要法。""评量甚多"，从上引部分《画赞》内容，可证其实。《论画》实际上是顾恺之临摹学习前人作品时的心得记录，反映了他对绘画的认识水平，但当时他还是给临摹者以提醒注意的。《画赞》中所收的内容是模写要注意的方法；《论画》中内容才是要法，才是要注意的本质东西。

很多研究家实际上都明白地把模写要法只当作介绍工具的使用和操作的方法来理解，似乎顾恺之的时代，谈临摹，谈学习传统，只知道谈一些绢素的尺寸和对放，"笔在前运，而眼向前视"，以及用笔用墨的"上下、大小、浓薄"之类的内容（诚然这也是摹写方法或妙法）。似乎"不尽生气"、"伟而有情势"这些内容，不是临摹时所要注意的要点，这真是误解。

硬说《画赞》就是《论画》，"论×"的文章在顾前后都有，常见的曹丕《典论》二十篇之一的《论文》，和现在的论文形式无异，其中有论点有论据，立论说理甚清楚。而此文全是谈临摹，怎么能取名《论画》呢？何况《论画》问题，我上面已作分析，题与文都是未有纰漏的，已经清清楚楚。

再谈谢赫的《古画品录》（谢不称"画赞"），其序云："夫画品者，盖众画之优劣也……"这当然是评画的序言。细读顾《论画》序言："凡画，人最难，次山水，次狗马，台榭一定器耳，难成而易好，不待迁想妙得也。"这明明是告诫学画人的语言，和单纯的评画之关系又隔了一层，乃是给学画人的指教。

"顾恺之画论的中心是传神"。这是无可辩驳的，所以顾谈临摹的中心要点也在"传神"。诚然，《画赞》中也谈了"以形写神"等问题，但《论画》中，给予学习者、临摹者的指教更为具体，更为深刻。现在我们也可以明白了，张叙顾时只提到这两篇，而未提到《画云台山记》，恐怕是有原因的，因为这两篇一篇是模写要法，一篇是模写方法，而《画云台山记》则是他一幅创作构思的文字记录（云台山，可能真有其山，《抱朴子》书中也说："余昔游乎云台之山，而造逸民。"）但在后面，他倒把《画云台山记》全文收录了。

张彦远在卷二《论画体、工用、榻写》中也提到："顾恺之有摹榻妙法。"此文实际可分为三个部分。从开头到"岂可议乎画"，是第一部分，乃谈"画体"；从"夫工欲善其事"到"宋人善画，吴人善冶（冶），不亦然乎"是第二部分，乃谈"工用"；《画赞》的前部分有些内容实际上和"工用"有关。从"好事家宜置宣纸百幅"至最后是第三部分，乃谈"榻写"。"榻写"部分之"凝神遐想，妙悟自然，物我两忘，离形去智，身固可使如槁木，心固可使如死灰"，"有清羸示病之容，隐几忘言之状"等内容精神和《论画》的内容精神是差不多的。也未尝把"榻写"的内容只当作是工具的使用和操作的方法。

（七）中国绘画在艺术上的彻底觉醒

顾恺之的画论，强调以"传神"为中心，提出了"天趣"、"骨趣"等著名论点，以及"骨法、用笔、用色，临见妙裁，置陈布势"和临摹等具体的绘画方法。在传神的刻画上，他又特别强调眼睛的刻画，以及体态动势、人物关系、环境的衬托等等，乃至于用笔用墨的轻重、构图的效果等等。他还提出"迁想妙得"。"迁"字是变动不居、上升之意，古时称官职提升为"迁"；又《系辞》有云："变动以利言，凶吉以情迁。""妙"字就是《老子》书中"玄之又玄，众妙之门"的"妙"，顾恺之所谓绘画的奥妙就是"传神"。"四体妍媸，本亡关于妙处"，即无关于"传神"处，因"传神写照，正在阿堵之中"。"得"字老、韩书中常见。顾评《伏羲神农》："居然有'得一'之想。""得一"就是《老子》三十九章中"侯王得一以为天下贞"的"得一"，顾是赞美这幅作品的作者画出了"伏、神"这两位古代"侯王"有"天下贞"的气魄、神态。"之想"乃画作者之想，也即"迁想"的"想"。"迁想妙得"，指出画家在努力观察对象的基础上，根据"传神"的原则，反复思索包括对对象的分析理解，必得其传神之趣乃休。所以谢赫说他"深体精微"，"笔无妄下"。如果这样解释可以成立的话，那么顾恺之已经认识到画人、山水、狗马都可以"传神"，只有"台榭"难以"传神"（这一错误之论，也为后人所纠正）。

以上这些都说明顾恺之对绘画已有了相当的研究，这在顾之前是未有的。顾的理论标志着中国画的艺术理论上的彻底觉醒。这一意义非同

战国中期 《人物龙凤帛画》
31×22.5厘米 1949年出土于湖南省长沙市东南郊楚墓 湖南省博物馆藏
秦汉之前的战国绘画，已比以前大为进步，但所画的人物仍是一个简单的轮廓，大多侧面符号化的现象依然存在。

战国中晚期 《人物御龙帛画》
37.5×28厘米 1973年于湖南省长沙市子弹库一号墓出土 湖南省博物馆藏

小可。《东方朔画赞》中有"嘘吸冲和，吐故纳新，蝉蜕龙变，弃俗登仙"几句话，倘用以说明顾的画论影响，是很合适的。

我们可以作一比较，魏晋以前的绘画，我们不打算介绍得过远，张彦远说："图画之妙，爰自秦汉，始得而记。"其实秦汉绘画，不论是各种各样的画像石（砖），还是出土的墓室壁画，或者作为"升天图"的彩绘帛画，大都是简单的、外在的、形式化的。秦汉之前的战国绘画，已比以前大为进步，但所画的人物仍是一个简单的轮廓，符号化的现象依然存在，甚至用五根短线代表五对手指，作人面多侧面。西汉时代个别人才认识到"君形"在绘画中的作用，但不是在专门论画的著作中论述的，且是偶尔一提，在绘画界几乎未有什么反应，今日从石刻上看到的东汉绘画，大都是靠动势来表现的。

且魏晋以前的绘画，主要是由画的故事来表现其意义价值，其表现的是神灵、明君、贤相、忠臣义士、孝子贤孙，以达到"成教化，助人伦"，"恶以诫世，善以示后"的目的，出游图、牛耕图等也是为死者服务的，这是求意义价值在于绘画自身之外。汉画像石乃是靠表现忠臣孝子之类的故事而存在，它是牌坊的一部分，它的主要价值不在本身的艺术性。这和以后的绘画，虽然有的作品也属于依附性质不一样，因为一旦发现了绘画的艺术本质，明确了绘画自身的艺术任务，绘画的发展便有自律性，虽是依附品，艺术表现上却有一定的独立性，仍会按照艺术的规律去创作，它是以自身的艺术去表达一定的思想内容，和靠故事内容去决定其意义价值不同。魏晋前后的绘画就有这种蝉蜕龙变的差异（当然不是全部）。

艺术的规律是否被揭露出来，对艺术发展的影响是巨大的。

所以愈是早期的艺术愈是有其一致性，愈是后期的艺术愈是有其多样性。

魏晋之前还很少见到具有独立审美意义的绘画，绘画多属依附品，到了吴曹不兴画屏风、晋司马绍画《洛神赋图》，才真正有了独立审美意义的绘画作品。王充说："人好观图画者，图上所画，古之列人也，见列人之面，孰与观其言行，置之空壁，形容具存，人不激劝者，不见言行也。古贤之遗文，竹帛之所载粲然，岂徒墙壁之画哉？"（《论衡·别通》）艺术品的使用价值首先在于欣赏（艺术的社会功能必须在审美中得以完成），王充认为绘画无用，是不懂得绘画存在的基本价值是画的艺术。但当时的绘画也确实未有太高的艺术，所以，"形容具存，人不激劝"。

顾恺之总结前人绘画的经验，加上他自己深入的研究，指出人物画艺术的关键在"传神"，而外形、动势、服饰、用笔等等皆是为了达到或有助于"传神"而进行。这就突破了原来的绘画只是描写外形（尽管形中有时也包含一定的神），甚或是描写象征符号形式的外形，而发现了艺术描写的本质。

顾恺之这一发现代表了绘画艺术的彻底觉醒。

　　日人金原省吾所著《支那绘画史》一书中，在宋画部分提出画面上形体本有两个（见日文版第四节"宋画的特质"）。我曾因粗心，误译为第一形体和第二形体，倒成了我的"创造"，不妨郢书燕解下去，对人物画来说，第一形体乃是人的外形，第二形体方是存在于人体中的神。对于一个人来说，神是更重要的，躯体的本质是相同的，精神的本质却决不相同。艺术上的神是可以通过第一形体流露出来的，不仅有第一形体不同而第二形体不同，也有第一形体相同而第二形体不同，文学上的张飞、李逵、牛皋第一形体相差无几，而第二形体决不相同。沈宗骞也讲过一段有意思的话："今有一人焉，前肥而后瘦，前白而后苍，前无须髯，乍见之或不能相识，即而视之，必恍然曰：此即某某也，盖形虽变，而神不变也。"（《芥舟学画编》）

　　宋陈郁说得也好："写屈原之形而肖矣，傥不能笔其行吟泽畔，怀忠不平之意，亦非灵均，写少陵之貌而是矣……盖写其形必传其神，传其神必写其心，否则君子小人貌同心异，贵贱忠恶奚自而别，形虽似何益？"

　　诚然人的神是复杂的，略早于顾恺之时就有人说："夫貌望丰伟者不必贤，而形器尫瘁者不必愚，咆哮者不必勇，淳淡者不必怯。"（《抱朴子·清鉴卷二十一》）但反映在艺术上却有一定的典型。我们常说某人的作品概念化，人物刻画缺乏个性，内心世界未表达出来，就是说他只刻画了第一形体，这是不能称为艺术的；反之有个性，典型环境中的典型性格被再现出来了，就是说他注意到第二形体，注意到艺术的本质。艺术家如果不能从人或物中发现第二形体并把它表现出来，他的作品必是失败的。

　　但顾恺之之前的画人尚不能在理论上明白这些。顾的传神论出，使艺术家明白：艺术只能成立于第二形体之中。"以形写神"其实就是以第一形体写第二形体，而第二形体才是实质，才是目的，第一形体只是实现第二形体的手段，得"鱼"是可以忘"筌"的。陈去非《墨梅》诗云："意足不求颜色似，前身相马九方皋。"九方皋把马的牝牡骊黄都看错了，却发现了马的本质。犹如X光透视镜，略去人的皮毛骨肉，一眼看出内脏的质地是衰病的，还是健康的。

顾的"传神论"代表魏晋时代绘画的大飞跃，而且具有划时代的意义。顾指明绘画艺术的本质是传神，而不是写形，这样就为画家在进行艺术创作时指明了一条正确的道路，画家有了正确的努力方向。魏晋时，中国画起了翻天覆地的变化，当时的人物画不再是由画的故事来表现其意义价值，画的意义价值不只在画的自身，而是通过形以表现被画的人物之神来决定其意义价值，画的基本价值在本身的艺术性，这一基本价值得以保证之后，才能考虑其他的价值，否则便不是艺术品。

中国绘画在艺术上的彻底觉醒，才真正地有了美的自觉而成为美的对象。顾恺之之功不可谓不大。从此，中国画自觉地摆脱了附庸地位，其自身的规律和要求，日益起着重要作用。千百年来，顾恺之绘画理论在中国画的创作和欣赏上，起着指导作用，"传神"遂成为中国人物画不可动摇的传统。

（八）顾恺之传神论的产生

马克思说："每个原理都有其出现的世纪。"（《哲学的贫困》）顾恺之的"传神论"亦然。东汉末年，由于黄巾大起义的打击，东汉政权由名存实亡到名实俱亡，公元220年曹丕以魏代汉，265年司马氏以晋代魏。长期战乱，人口逃亡流散，土地荒芜，生产遭到严重破坏，地主豪强纷纷带着自己家兵转徙四方。社会的动乱引起了政治上的重要变化，即官僚选拔制度由汉代的乡举里选代之以"九品中正制"。《晋书·卫瓘传》有记："魏氏承颠复之运，起丧乱之后，人士流移，考详无地，故立九品之制。"当然"九品中正制"的确立还有其他一些原因（当时还不知用科举考试办法选拔人才）。"九品中正制"是由每州"大中正主簿"和每郡的"中正功曹"来主持人物的评选，他们把当地人物评为"上上，上中，……下下"九等，供政府选用。于是对人的品评议论便成为当时社会政治、文化谈论的中心。

议论在当时本有了传统，汉代通过地方察举和公府征辟取士，所以社会上品鉴人物已经风气大盛。汉末国家设立的太学到郡国设立的精舍配合党争引起了朋党交游活动，产生"清议"，"匹夫抗愤，处士横议，遂乃激扬名声，互相题拂，品覈（核）公卿，裁量执政，幸直之风，于斯行矣"（《后汉书·党锢列传》）。

魏晋时期，玄学清谈势力极大，结合"九品中正制"的实行，人伦鉴识之风本已大盛又增加了内容，二者互相趁助，在全国形成一股很大的风气。人伦鉴识之风虽是兴于汉末，但当时重在道德、操守、儒学、气节的品评。曹魏时代，由于儒学失势，于是人的才情、气质、格调、风貌、性分、能力便成了品评的重点。不是人的外在行为节操，而是人的内在精神性成了最主要的标准和原则。于是，讲求脱俗的风度神貌成了一代美的理想，不是一般的、世俗的、表面的和外在的，而是必须能表达出某种内在的、本质的和超脱的风貌姿容，方能成为人们所欣赏、所评价、所议论、所鼓吹的主要对象，这就导致"重神"的意识。实则从人伦鉴识兴起的东汉末年，人的精神就已经为鉴识者所注意，刘劭著《人物论》，其"征神见貌，则情发于目"，"物有生形，形有神情，能知精神，则穷理尽性"，对人的神就特为注意。《世说新语·容止第十四》有："魏武将见匈奴使，自以形陋，不足雄远国（原注：《魏氏春秋》曰：武王姿貌短小而神明英发），使崔季珪代，帝自捉刀立床头。既毕，令间谍问曰：'魏王何如？'匈奴使答曰：'魏王雅望非常，然床头捉刀人，此乃英雄也。'"这一故事说明三个问题：一、人伦鉴识对于人的风貌的重视，曹操都不能超脱于外；二、人伦鉴识之风影响之大，直至匈奴的使者都有这方面的功夫；三、识人以"神"，而不是"外貌"，曹操虽然"姿貌短小"，又作卫士打扮，然因其"神明英发"，还是被品为"英雄也"。《世说新语》虽为刘宋刘义庆（403～444）所作，然所记为东汉末年到东晋间事。其中有《容止》篇，是列记当时人物品貌的，特别重人的"神"。试举数例："嵇

北魏 线刻孝子石棺（局部） 河南洛阳出土

康身长七尺八寸，风姿特秀。”（注《康别传》曰：“康长七尺八寸，伟容色，土木形骸，不加饰厉……便自知非常之器。”）嵇康“风姿特秀”，乃指他的“神”，虽然其形骸如土木，不加饰厉，但因“神佳”，就被品为“非常之器”。

“裴令公目王安丰，眼烂烂如岩下电。”（注：“王戎形状短小，而目甚清熠……”）

“潘岳妙有姿容，好神情……”

“裴令公……双目闪闪若岩下电，精神挺动。”

“……庾风姿神貌，陶一见便改观，谈宴竟日，爱重顿至。”

“庾长仁与诸弟入吴，欲往亭中宿。诸弟先上，见群小满屋，都无相避意。长仁曰：‘我试观之。’乃策杖将一小儿，始入门，诸客望其神姿，一时退匿。”

此类记载甚多。上例中，陶侃本看不起庾亮，但一见到庾“风姿神貌”，立即改观，“爱重顿至”。庾亮之弟一入门，诸客“望其神姿”，由不退避而立即“退匿”。可见人们对“神”的欣赏和重视，一个人只要"神"得到人们的重视，他的"地位"声望和身份也便随之升高。裴楷因得到"俊朗有识具"的评品，而当上"吏部郎"，所以，"何平叔云：'服五石散，非唯治病，亦觉神明开朗。'"（《世说新语·言语》）服五石散是很痛苦的，鲁迅在《而已集》的一篇文中说得很清楚，但为了"神明开朗"，他宁可忍受痛苦而服药，魏晋间，士人服药普遍，有病也服药，无病也服药，恐怕主要是因为"非唯治病，亦觉神明开朗"之故。

在晋，人伦鉴识本由政治上的实用性而渐渐变成对人的欣赏。士人名流论人，言必神情风貌，这在《世说新语》中触目可见。

顾恺之也是当时的名流之一，出身于世族之家。其父悦之曾为扬州别驾，历尚书右丞，祖父名毗，在康帝时为散骑常侍，迁光禄卿，曾祖父等也都在吴晋做大官。他本人二十多岁就当上了大司马参军，一生和当时的名流文士士族官僚打交道，本人又好学、多才艺，对当时的哲学思想、风土人情无疑是深知的。他自己更直接参加评论人物，而且确实也是以"神"为标准的，有他的《画赞》为证，整个社会品评人物重神，而且风气极重，他自己品评人物重神，他的画论重"传神"，也就自然而然了。

汉人尚骨法，魏晋重神理。前面我提到汉末魏晋之际的哲学思想，虽不直接谈神形（哲学界直接辩论神形关系，盛于晋末南北朝），但其论"有生于无"，"天地万物皆以无为本"，"视之而无形，听之而无声，则道全焉"等等，直接为重神说奠定了理论基础，也必然引出重神轻形的思想。魏晋的哲学思想以玄学为中心，玄学名士分三派（正始、竹林、中朝），他们都祖述庄、老，都认定内在精神本体才是根本，才是无限和不可穷尽的，而一切物质的现实性的内容都在这种内在精神本体之后才能产生。这种哲学思想只能导致重神轻形。在玄学流行情况下，魏晋时期士大夫中间对于忘形重神，颇多议论，所谓"当其得意，忽忘形骸"（《晋书·阮籍传》），王羲之也叹息"放浪形骸之外"。甚至有人脱光衣裤接待客人还自以为荣。

另外，其他意识形态的影响也不无关系。汉魏之际音乐、书法都已提出"神"的问题，如《文选》卷二十九《古诗十九首·今日良宴会》："弹筝奋逸响，新声妙入神。"蔡邕《篆势》："体有六篆，要妙入神。"（见《全后汉文》卷八十）

玄学无疑是唯心论，对世界的解释是荒谬的。"九品中正制"导致了"上品无寒门，下品无世族"，无疑也是腐朽的，人伦鉴识中对人的风姿神貌的评议导致对人的风姿神貌的欣赏，无疑也是士人贵族的无聊风气，但其影响所产生的艺术上的"传神论"，对艺术却有极大的好处，它真正赋于艺术以灵魂。这腐朽化神奇的道理，真是必须用辩证法来解释了。

以上说的是"传神论"产生的理论基础之一部分。还有一个重要的基础，就是当时的绘画实践。

理论来自实践，在顾恺之的时代，出现了一部分传神的作品，这大约是"自发"的阶段，还未上升到理论阶段。这些传神的作品，受到了顾恺之的重视和支持。说明他注意研究当时的绘画，并注意总结前人的经验。他指出：

《伏羲神农》神属冥芒，居然有得一之想。

《醉客》……衣服慢之，亦以助醉神耳。

《壮士》有奔腾大势，恨不尽激扬之态。

《列士》……蔺生恨急烈，不似英贤之慨……于秦王之对荆卿，及复大闲，凡此类，虽美而不尽善也。

……

以上都是顾恺之之前的绘画实践，顾恺之认真临摹这些绘画作品，细心研究，注意总结，凡属优秀作品，皆在某种程度上注意传神，反之，凡不佳作品，皆在传神上有失。对其他作品的评议，也是围绕"传神"而发。在他对这些绘画作品发议评时，他已经对当时的有关理论和实践作了相当的研究，加上时代思潮的影响，于是"传神论"也便正式产生而成为绘画的标准。

（九）顾恺之画论的影响和评价

魏晋以降，无不把"传神"作为绘画表现的最高标准，本来人的神才是人的本质，"艺术创作乃是艺术家对于生活的本质特点从感情上加以领会之后对于生活的一种再现"[1]。人物画也必须通过人的形传达出人的神，方能达到真正的"再现"。"传神"自顾之后，一直成为中国人物画无可动摇的传统，直至今日，更至将来。这是毋容置疑的，也勿需赘言。六朝绘画注意传神，从遗迹和记载中都可得到证实。《洛神赋图》虽不是顾作，但作为晋画看待还是应该的，试看洛神将别曹植的瞬间刻画："若危若安，进止难期，若往若还，转眄流精，光润玉颜，含辞未吐。"洛神向前迈步，复又转首，回视曹植，含情脉脉，神态跃然；曹植乘车离开洛水时，又回首留恋，"怅盘桓而不能去"，神态凄然，都很感人。记载中受顾恺之"传神论"影响而实践得最好的画家陆探微作画，"穷理尽兴，事绝言象"，这在顾之前是不多见的。

肖像画是人物画的一部分，宋人苏东坡索性把人物肖像画叫做"传神"，他写《传神记》第一句话就是："传神之难在目，顾虎头云：'传神写照，都在阿堵中。'"

宋人陈造《江湖长翁集》也有《论写神》一文，他认为倘不能写人之"神"，虽"毫发不差……未必不木偶也。"

宋陈郁有《论写心》，谓"写形不难"，"写其形必传其神，传其神必写其心"，"神"和"心"意思差不多，"神"是"心"的反映。清蒋骥称人物肖像画法为《传神秘要》……顾恺之的"传神"主要指人物画。继顾之后，南朝宗炳和王微明确提出山水画"传神论"，"至于山水，质有而趣灵"，"嵩华之秀，玄牝之灵"，"应会感神，神超理得"（宗炳语）；"本乎形者融灵，而动者变心"（王微语）。顾恺之

---

[1]《论美和艺术》，（苏）波斯洛夫著，中译本第147页。

说"以形写神"；宗炳说"神本亡端，栖形感类，理入影迹"；王微说"止灵亡见，故所托不动"。

至齐梁，谢赫复把顾的"神"分解为"气"和"韵"，并作进一步的解释："气韵：生动是也。"一个人不生动便近于或等于死人了，一幅画不生动，便近于或等于死画了，张彦远说："死画满壁，曷如污墁，真画一划，见其生气。"画贵在于"真"，"不真"乃是艺术的死敌。荆浩的《笔法记》中心即"图真"，还有"六要"中的"一曰气、二曰韵"，皆是这一理论的发挥和发展。

谢赫分解"神"为"气韵"，并把它作为品评一幅画高下的最高标准，遂成为尔后中国画家所共认的法则，"六法精义、万古不移"。然"六法论"皆是在顾恺之画论中加以整理而成。谢赫自己也说："虽画有六法，罕能尽该"，明白揭露了六法是前人已有，"虽有"恐怕就是顾恺之"有"。

顾恺之的"神"或用谢赫的分解说为"气、韵"，其影响越来越大，不仅人物画，所有画都要传神，都要有气韵。邓椿《画继》云："画之为用者大矣……所以能曲尽者，止一法耳，一者何也？曰传神而已矣，世徒知人之有神，而不知物之有神……故画法以气韵生动为第一。"须知这"传神"、"气韵"，最早揭示者乃是顾恺之。

顾恺之的"传神论"不仅是绘画艺术的宝贵财富，其影响后来成为文学及其他艺术的共同财富，"传神阿堵"一词，早为整个文艺界所欣赏，千百年用之不衰。后人谈传神，习以为常而不觉然。正说明"传神"的影响之大、之广、之深。这里仅以文学接受"传神论"的影响为例说明。

今人谈文学创作，写形则死，写神则活，乃为一般常识，可是在顾恺之后数百年间，于理论上还认识不到这一点，文学理论很少直接强调神似，倒是以强调"形似"为能事。如《诗品》："晋黄门郎张协……又巧构形似之言……旷达高手。"又"宋临川太守谢灵运：故尚巧似"；又"兰英绮密，甚有名篇"；"宋参军鲍照：善制形状写物之词……贵尚巧似"。沈约《宋书·谢灵运传论》："相如巧为形似之言，二班长于情理之说。"（转引自《中国历代文论选》中册）。《文心雕龙》也未谈文学之传神，《物色》篇还称赞形似："自近代以来，文贵形似……故巧言切状，如印之印泥，不加雕削，而曲写毫芥。"刘勰虽设《神思篇》，讲的却是作者的构思。讲到刻画，仍是："物无隐貌"，"研阅以穷照"，"物以貌求"等等[①]。颜之推的《颜氏家训》中《文章篇》亦言："何逊诗，实为清巧，多形似之言。"唐代仍有把"形似"作为一种赞语者，《中兴间气集》评于良史诗云："工于形似。"（见《唐人选唐诗》）王昌龄也说："了然景象，故得形似。"（见《唐音癸签》卷三）唐以前优秀文学作品未必不写神，但在理论上尚未明确地认识到神似之重要。

到了宋代苏东坡通文晓画，"论画以形似，见于儿童邻，赋诗必此诗，定非知诗人"，他提出"诗画本一律"，明确反对以"形似"为最高标准，确认诗应该像画一样，重在传神，而不在形似，接着他便说："边鸾雀写生，赵昌花传神。"明白地要求诗要和画一样"写生"、"传神"（"雀写生"是写雀之"生气"，和"传神"同义，而非今之对景写生。注家多误）。

陶明濬《诗说杂记》卷八中说："得其精神而略其形似。"也就是顾恺之的"四体妍蚩，本无关妙处，传神写照，正在阿堵之中"的翻版。此时和以后的诗文中才明确地提出"传神"。

严羽《沧浪诗话》曰："诗之品有九……诗之极致有一，曰入神。诗而入神，至矣，尽矣……"

明代王士祯为了纠正明七子"貌袭"之弊，更提出"神韵"说：

---

① 《美术研究》1980年第3期85页："……将描绘对象的精神面貌提到首位，也即神道难摹，形器易写（刘勰《文心雕龙》）的思想。"这里把"神道"作为"对象的精神面貌"来理解，是错误的。"神道难摹"语出《文心雕龙·夸饰篇》，原句为："夫形而上者谓之道，形而下者谓之器；神道难摹，精言不能追其极，形器易写，壮辞可得喻其真。""神道"乃指神奇玄妙的道理，并非指"对象的精神面貌"。

北魏 线刻孝子石棺（局部）河南洛阳出土

"渔洋所以拈举神韵者，特为明朝李、何一辈之'貌袭'者言之。"（《坳堂诗集序》）"神韵"说一时影响甚大。神韵说反对"貌袭"，和顾恺之的"传神"意旨相同，然其实质内容不是一回事，它也未有什么积极意义。但"神韵"一词受了绘画上"神韵"的影响，却是很明白的。

唐宋之后，顾恺之的"传神论"遂扩大到文学艺术等各个领域中去，对文艺创作起到了明确的指导作用。虽然有些影响是直接的，有些影响是间接的，然追其根源，皆出于顾恺之。

顾指出传神刻画的最关键是眼睛，这一思想为历代文学家、艺术家所注意，为历代文艺理论家所阐释和发挥，直至鲁迅先生都特为重视。虽然顾自己技巧生疏，不能得心应手，甚至他为了表现一个人的精神状态，不得不借用其他办法加以衬托图解，乃至于"画冠冕而亡面貌"（孙畅之语），但这并不影响他成为伟大的绘画理论家。

此外，迁想妙得，临见妙裁，置陈布势，即形布施，巧密于情思以及一些具体的操作方法等等，显然都不是玄学和人伦鉴识所能左右得了的，而是顾恺之研究绘画的成就。

总之，从顾恺之始中国有了正式的、较为详细的绘画理论，这标志着中国艺术的彻底觉醒，中国画成为一门具有独立审美意义的彻底自觉的艺术，以顾的"宣言"为正式起点，迅速地发展，历南北朝，至隋唐而百科齐备，至五代已走向高度成熟。

顾恺之在绘画理论上所提出的一些著名的论点，都经得起时代的考验，围绕这些论点，他又作了具体的阐述，为中国古代绘画理论奠定了坚实的基础。中国古代绘画理论丰富多彩，都是在顾恺之画论的基础上逐渐发展积累起来的。顾恺之是实实在在的中国画论奠基人，是第一个系统的、明确的中国画的指导者。

著名画家潘天寿先生说："顾恺之……在绘画史上，他是六朝时代的杰出者，直如永夜中一颗晶莹发亮的明星，到现在还可见其灿烂光彩，辉映着我们祖国的画坛。"（见《画家丛书·顾恺之》）潘天寿先生这段话如果能改指顾恺之的画论而言，那就决非溢美之辞了。

二、《论画》点校注译

按：顾恺之三篇画论皆见《历代名画记》，校者系以明毛晋刻《津逮秘书》本作底本，主要用明王世贞刻《王氏书画苑》本、清《佩文斋书画谱》本以及张海鹏《学津讨原》本互校。其他版本如作者认为有一定参考价值者，也适当收入，另作说明。《佩文斋书画谱》本用南京师范大学美术系藏本，余皆用南京图书馆藏本。

（一）《论画》点校注释

论画 [1]

凡画，人最难，次山水，次狗马 [2]。台榭，一定器耳，难成而易好，不待迁想妙得 [3]。此以巧历不能差其品也 [4]。

《小列女》 [5] 面如恨，刻削为容仪，不尽生气 [6]。又插置大夫支体，不以自然 [7]。然服章与众物既甚奇，作女子尤丽，衣髻俯仰中，一点一画，皆相与成其艳姿，且尊卑贵贱之形，觉然易了，难可远过之也 [8]。

《周本纪》 [9] 重叠弥纶有骨法 [10]。然人形不如《小列女》也 [11]。

《伏羲、神农》 [12] 虽不似今世人，有奇骨而兼美好，神属冥芒，居然有得一之想[13]。

《汉本纪》[14]季王首也，有天骨而少细美[15]。至于龙颜一像，超豁高雄，览之若面也[16]。

《孙武》[17]大荀首也，骨趣甚奇[18]。二婕以怜美之体，有惊剧之则[19]。若以临见妙裁[20]，寻其置陈布势[21]，是达画之变也[22]。

《醉客》[23]作人，形、骨成，而制衣服慢之，亦以助醉神耳[24]。多有骨俱，然蔺生变趣，佳作者矣[25]。

《穰苴》[26]类《孙武》而不如[27]。

《壮士》[28]有奔胜大势，恨不尽激扬之态[29]。

《列士》[30]有骨俱[31]。然蔺生恨急烈，不似英贤之慨[32]。以求古人，未之见也[33]。于秦王之对荆卿，及复大闲[34]。凡此类，虽美而不尽善也[35]。

《三马》隽骨天奇，其腾踔如蹑虚空，于马势尽善也[36]。

《东王公》[37]如小吴神灵。居然为神灵之器，不似世中生人也[38]。

《七佛》及《夏殷》与《大列女》二，皆卫协手传而有情势[39]。

《北风诗》[40]亦卫手[41]。巧密于精思名作，然未离南中[42]。南中像兴，即形布施之象，转不可同年而语矣[43]。美丽之形，尺寸之制，阴阳之数，纤妙之迹，世所并贵[44]。神仪在心，而手称其目者，玄赏则不待喻[45]。不然，真绝夫人心之达[46]。不可或以众论。执偏见以拟通者，亦必贵观于明识。夫学详此，思过半矣[48]。

《清游池》不见金镐，作山形势者，见龙虎杂兽，虽不极体，以为举势，变动多方[49]。

《七贤》[50]唯嵇生一像欲佳，其余虽不妙合，以比前诸《竹林》之画，莫能及者[51]。

（传）东晋　顾恺之
《列女仁智图卷》（宋
摹本）局部　绢本设色
全图尺寸25.8×470.3厘
米　北京故宫博物院藏

《嵇轻车诗》[52]作啸人，似人啸。然容悴不似中散。处置意事
既佳，又林木雍容调畅，亦有天趣。[53]

《陈太丘、二方》[54]太丘夷素似古贤，二方为尔耳[55]。

《嵇兴》[56]如其人[57]。

《临深履薄》[58]兢战之形，异佳有裁[59]。自《七贤》以来，
并戴手也[60]。

校注：

〔1〕论画——评论绘画作品的优劣得失。

顾恺之之前，魏文帝曹丕曾作《论文》（载《典论》之中），吕向
说："文章《典论》二十篇，兼论古者经典文事。有此篇（按即《论
文》），论文章之体也。"（见六臣注《文选》）《论文》和《论画》
内容不同，形式相仿。可知顾恺之文章题名为《论画》，并非突然。有
人说《论画》题名有误，乃误者以不误为误也，详见本书《重评顾恺之
及其画论》中《关于顾恺之三篇画论问题》一节。

〔2〕凡画，人最难，次山水，次狗马——凡画，以人物为最难，其次是山水树石之类，再次是狗马禽兽之类。

唐以前山水、树石皆分门别类，并非一个概念。唐以后，树石归入山水门。此处山水指山水树石。狗马代指一切禽兽，非仅指狗与马也。又，狗马亦指贵族玩好之物。《史记·殷本纪》："益收狗马奇物，充仞宫室"。此处非此意。

〔3〕台榭，一定器耳，难成而易好，不待迁想妙得——台榭：台指高而平的建筑物；榭指在高土台的房屋，如舞榭、水榭。《书·泰誓上》："惟宫室台榭。"孔传："土高曰台，有木曰榭。"《公羊传·宣公十六》"宣榭"，徐彦疏引《尔雅·释宫》郭璞注："云无室曰榭者，但有大殿，无室内，名曰榭。"此处泛指一切建筑物，或即后之界画。

《宣和画谱·宫室叙论》有云："虽一点一笔，必求诸绳矩，比他画为难工。故自晋宋迄于梁隋，未闻其工者。"

迁想妙得——迁：变动不居。《系辞》："变动以利言，凶吉以情迁。"古时候官职调动亦曰"迁"，一般多指提升。想：思考、构思、联想。《吕氏春秋·知度》："故有道之主，因而不为，责而不诏，去想去意，静虚以待。"妙：即指神。按此字乃理解"迁想妙得"一词的关键，故特须证实。《老子》为东晋士人特尚之书，其第一章有云："玄之又玄，众妙之门。"此"妙"字之出典也。《老子》的"妙"即奥妙，亦即"道"。而顾恺之所谓绘画之奥妙或曰绘画之道是什么呢？顾首先发现绘画本质在"传神"而不在写形，所谓"以形写神"，写"神"是目的。现存顾的三篇画论之中心思想乃是传"神"。他的所谓画之"妙"，或曰画之道，即传神。顾恺之另一句名言则可证实无误，其曰："四体妍蚩，本亡（无）关于妙处，传神写照，正在阿堵之中。"是说四体妍蚩，本无关于传神处，因为"传神"在于眼睛。"妙"，此处指"传神"，立览可辨。得：即得到。《诗·周南·关雎》"求之不得，寤寐思服"。《孟子·告子上》："求则得之，舍则失之。"《老子》、《庄子》、《韩非子》诸书常见，兹不具引。

迁想妙得，意即要作家从各个方面反复观察对象，不停地思索、联想，以得其传神之趣。

以前注家解释"迁想妙得"："是把作者的思想迁入到所画的对象身上，以深切体会对象的思想感情，然后才能得到对象的奥妙之处。……掌握了对象的思想感情及主要特征，然后再把作者思想回到作品身上，……巧妙地含蓄了作者自己的思想感情。……然后看画的人才能把自己的思想迁入画中。……"又说："顾恺之时代山水画还没有独立，山水中必有人物，……故顾恺之以为也是很难画的。"（见《顾恺之研究资料》，俞剑华注。按：其他注家的理解皆同此说）。此种理解纯属望文生义、妄自发挥。

这句话意为：建筑物之类为固定之器（要一丝不苟地依照严格的规矩结构去画），难于完备但易于见好，因为它不需要你反复观察、反复思索而得其神。

〔4〕此以巧历不能差其品也——此：指"台榭"。巧历：语出《庄子·齐物论》："万物与我为一，……一与言为二，二与一为三，自此以往，巧历不能得，而况其凡乎。"（见中华书局版王先谦《庄子集解》。按：引文各版本有异同者注版本，无异同者不注，下同）《嵇中散集》："理已定而后借古义以明之耳，今未得于心而多恃前言，以为谈证，自此以往，恐巧历不能纪。""巧历"历来解释为：善于计算的人。此处作善于计算解。差：分别等级。读如参差不齐的差，义亦同。《荀子·大略》："列官职，差爵禄。"《孟子·滕文公上》："之则以为爱无差等。"品：等级。

这句话是说：画建筑物，（要依靠界尺）、依靠精密的计算，（不见传神之功），所以不能分别画的等级。

〔1〕—〔4〕是《论画》的序言，也是论画的准则。顾谓"凡画，人最难"，故下面评论当中便以人物画为主。"山水林木"，也在论述之列，如"林木雍容调畅，亦有天趣"。"狗马"也在论述之列，如

（传）东晋 顾恺之 《列女仁智图卷》（宋摹本）局部 绢本设色 全图尺寸25.8×470.3厘米 北京故宫博物院藏

"《三马》，隽骨天奇，其腾罩如蹴虚空，于马势尽善也"。又"《清游池》……见龙虎杂兽"等等。顾说：台榭"不待迁想妙得"，"以巧历不能差其品也。"所以，"台榭"不在品评之列，在《论画》中始终未品评"台榭"。

〔5〕《小列女》——列女：即很多妇女。西汉刘向尝撰《列女传》，一名《古列女传》，七篇七卷。分母仪、贤明、仁智、贞顺、节义、辨通、孽嬖等七门，共记一百零五名妇女事迹。汉魏六朝多以此为题材而作画。又列女同烈女，即重义轻生的女子。《史记·刺客列传》："非独（聂）政能也，乃其姊亦列女也。"顾恺之所评的"面如恨"之女可能即聂政之姊聂荣，她因其弟被杀名不称于世而恨。（列女）前冠一"小"字，俞剑华认为可能系画之大小。米芾《画史》谓顾恺之《列女图》皆三寸余人物，想即小《列女图》，现故宫博物院所藏传为顾恺之《列女图》，人高五六寸，可能是大《列女图》。俞说似可信。且此条下面亦有《大列女》。

〔6〕面如恨，刻削为容仪，不尽生气——恨：《王氏书画苑》作策，《佩文斋书画谱》作银，皆误。不尽：《王氏书画苑》、《佩文斋书画谱》均作不画，亦误。

此句意谓：列女的面似有恨意，但因画容仪过于刻削（有些呆滞），所以还没有穷尽其（恨）的生气。以前注家以为原句不通，"恨尚有生气，银则毫无生气可言……"故校注此句为："面如银……不画生气。"语皆不类，意亦不顺。按原句并无不通之处。恨故有生气。"如恨"，谓似有恨的样子。但恨的生气还没有穷尽，原因是画容仪过于刻削。何不通顺之有？

〔7〕又插置大夫支体，不以自然——大：《王氏书画苑》作丈。义胜之，以"丈"为是。以：《王氏书画苑》、《佩文斋书画谱》均作似。

丈夫：古之成年男子之称。《穀梁传·文公十二年》："男子二十而冠，冠而列丈夫。"

支体：即肢体。

此句谓：（女人的形相）又插置以男子的肢体，不合自然。

〔8〕然服章与众物既甚奇，作女子尤丽，衣髻俯仰中，一点一画，皆相与成其艳姿，且尊卑贵贱之形，觉然易了，难可远过之也——服章：衣服上的彩饰。髻：挽而冠于头顶上之发型（可参见顾恺之《女史箴图》中女人头型）。相与：共同。陶渊明《移居》诗："奇文共欣赏，疑义相与析。"觉然易了：一见即明。

此句谓：但是衣服彩饰与佩饰之物已经出色了，作女子（形象）尤其美丽。其衣髻于俯仰中，一点一画，皆相与成其艳丽之姿。而且人物的尊卑贵贱之形，一见即明。（一般的作品）很难超过这幅画的水平。

〔9〕《周本纪》——见《史记》卷四，记载周朝以帝王为主的事迹。此指以《周本记》中内容为题材的绘画作品。

〔10〕重叠弥纶有骨法——弥纶：包罗覆盖之意。语出《易·系辞》："易与天地准，故能弥纶天地之道。"及扬雄《法言·问法》指人体的骨骼结构所显现的人的形和特征。古人谓从骨法中可以看出一

个人的身份（尊卑贵贱）。汉人相人重骨法，晋人相人重神韵。《史记·淮阴侯列传》蒯通曰："贵贱在于骨法，忧喜在于容色，成败在于决断。"

此句意谓：（所画人物虽然被）重叠的衣袍所覆盖着，仍能见其骨法结构。

〔11〕人形不如《小列女》——人形：此处指人的尊卑贵贱之形。

此句谓：人的尊卑贵贱之形不如《小列女》（那幅画得好，因为那一幅"尊卑贵贱之形，觉然易了"）。

〔12〕伏羲、神农——此节《佩文斋书画谱》缺。

《白虎通·号》："三皇者，何谓也？谓伏羲、神农、燧人也。"伏羲即太昊，亦谓太吴，风姓，又名庖牺或包牺（见《易·系辞下》）。又作宓羲（见《汉书·古今人表》）、伏戏（见《庄子·大宗师》、《荀子·成想》、《淮南子·览冥》）。相传他始画八卦，教民捕鱼畜牧，以充庖厨。又传说他和女娲氏兄妹相婚而产生人类。神农：又称炎帝、烈山氏，相传始教民务农，故称神农。又尝百草为药以医病。伏羲、神农皆是古代神话中人物。

〔13〕虽不似今世人，有奇骨而兼美好，神属冥芒，居然有得一之想——属同瞩。冥芒：深邃幽远。居然：确实。《世说新语·言语》："袁彦伯为谢安南司马，都下诸人送濑乡将别，既自凄惘，叹曰：'江山辽落，居然有万里之势。'"得一：语出《老子》第三十九章："天得一以清，地得一以宁，神得一以灵，谷得一以盈，万物得一以生，侯王得一以为天下贞。"伏羲，神农有"得一之想"，亦即有侯王的神态和气魄。

此句是说：（画中伏羲、神农本是古代神话中的人物，）虽不似今世人，但有奇骨而兼美好，且其神视有深邃幽远之感。确实具有古代侯王的神气。

〔14〕《汉本纪》——本纪是帝王的传记。有如《高祖本纪》、《项羽本纪》等。《汉本纪》画的当是汉代皇帝自汉高祖刘邦至汉献帝刘协的群像。似《列帝图》那样。

〔15〕季王首也，有天骨而少细美——季：《王氏书画苑》、《佩文斋书画谱》均作李，乃误。

季王：指末世君王，嵇康《嵇中散集》八附缺名《宅无吉凶摄生论》："夫时日遣崇，古之盛王无之，而季王之所好听也。"汉代季王是汉献帝刘协，非常软弱无能。首：始也。天骨：皇帝的骨法。亦指天赋的风骨。《艺文类聚》五十东汉蔡邕《荆州刺史庾侯碑》："朗鉴出于自然，英风发乎天骨。"

此句谓：《汉本纪》这幅画中所画列帝，第一个是季王（刘协）的像（可能是从最末一位帝王画起），其形象有天骨但缺少细美感（因为季王软弱无能，应该画成"细美"而不能像高祖那样"超豁高雄"）。

按以前注家（如俞剑华）疑季王为高祖，乃误。高祖是汉朝始皇帝，非季王。高祖为一世之雄，亦不能画成"细美"。况且下句就评到高祖像。

〔16〕至于龙颜一像，超豁高雄，览之若面也——龙颜：指汉高祖刘邦。《史记·高祖本纪》："高祖为人，隆准而龙颜。"超豁高雄：超众、豁达（《史记·高祖本纪》："意豁如也。"又，潘岳《西征赋》："观夫汉高之兴也，非徒聪明神武、豁达大度而已也。"）、高大、雄伟。

此语意谓：至于汉高祖一像，表现了他超众、豁达、高大、雄伟（的形象），览之如面对其人。

〔17〕孙武——春秋时齐人，字长卿，著名军事家。曾以所著兵法十三篇见于吴王阖闾，被任为将，西破强楚，北威齐、晋，显名诸侯。

《史记》有《孙子吴起列传》，记云："孙子武者，齐人也。以兵法见于吴王阖闾。阖闾曰：'子（你）之十三篇，吾尽观之矣，可以小试勒兵乎？'（孙武）对曰：'可。'阖闾曰：'可试以妇人乎？'曰：'可。'于是许之（同意），出宫人美女，得百八十人。孙子分为二队，以（吴）王之宠姬二人各为队长，皆令持戟。令之曰：'汝知而（你）心与左右手、背乎？'妇人曰：'知之。'孙子曰：'前，则视心，左，视左手，右，视右手，后，即视背。'妇曰：'诺（好）。'约束（军纪）既布（申明），乃设铁钺（处斩违法者的刑具），即三令五申之。于是鼓之右（击鼓令向右行），妇人大笑。孙子曰：'约束不明，申令不熟，将之罪也。'复三令五申而鼓之左，妇人复大笑。孙子曰：'约束不明，申令不熟，将之罪也，既已明而不如法者，吏士（士伍之长，即二队长）之罪也。'乃欲斩左、右队长。吴王从台上观，见且（将要）斩爱姬，大骇。趣使使下令（急派使者传令）曰：'寡人已知将军能用兵矣。寡人非此二姬，食不甘味，愿勿斩也。'孙子曰：'臣既已受命为将，将在军，君命有所不受。'遂斩队长二人以徇（斩二队长之首巡行示众）。用其次为队长，于是复鼓之。妇人左右、前后、跪起皆中规矩绳墨（完全符合要求），无敢出声。……"

此图画的就是这个故事。

〔18〕大荀首也，骨趣甚奇——此句疑有误字。俞剑华以为大荀是画家荀勖，首乃手之误。然证之不确，未必公论。况下句"骨趣甚奇"又何附焉？

〔19〕二婕以怜美之体，有惊剧之则——剧：《王氏书画苑》作据。

二婕：指被孙武选为左右队长的吴王二宠姬。怜美：可爱而美丽。惊剧：惊恐到极点。则：此处可作达到某种程度解。

（听说要斩她们的头，）两个宠姬虽有可爱而美丽的身体，此时也惊恐到极点。

〔20〕若以临见妙裁——若：《佩文斋书画谱》作著；裁：《佩文斋书画谱》作绝。按以《津逮秘书》本为是。

临见妙裁：面对所见的内容加以巧妙的剪裁。裁：见后注〔59〕

〔21〕寻其置陈布势——寻：探求。置陈：即经营置位；构图。陈同阵。布势：分布气势（或体势）。势字是当时常用语，《文心雕龙》有《定势》篇。如："情交而雅俗异势"、"随势各配"、"并总群势"、"势有刚柔，不必壮言慷慨，乃称势也"、"循体而成势"。又

《诠赋》篇有"含飞动之势"。

〔22〕达画之变——达：通晓，明白。变：变通（含有一定的创新之意）。《文心雕龙》专设《通变》篇。其有云："变则其久，通则不乏。""凭情以会通，负气以适变。"等等。

〔23〕醉客——客：《佩文斋书画谱》误作容。魏晋士人嗜酒成风，阮籍尝醉数月不醒，刘伶一饮数斗，更作《酒德颂》，闻名于时（见《世说新语》及《晋书》）。

〔24〕作人，形、骨成，而制衣服慢之，亦以助醉神耳——慢：《王氏书画苑》、《佩文斋书画谱》均作幔。慢，古亦通漫。

此言：画人，形象和骨法毕具后，再作（醉汉式）衣服，漫而乱之，用以加强醉态。

〔25〕多有骨俱，然蔺生变趣，佳作者矣——蔺生是蔺相如，乃"列士"而非醉客。此句中"骨俱然蔺生"五字，俞剑华亦认为可能是下行《列士》一段中"骨俱然蔺生"五字误入。可从。

故此句应为："多有变趣，佳作者矣。"

〔26〕穰苴——春秋时齐国大夫，田氏，官司马，名穰苴，故一般称为司马穰苴。深通兵法。尝奉齐景公命击退晋、燕军队，收复失地。战国时，齐威王命大夫整理古司马兵法，并把他的兵法附在里面，称为《司马穰苴兵法》。《史记》有《司马穰苴列传》。

〔27〕类《孙武》而不如——（穰苴）这幅画类（孙武）而有所逊色。

〔28〕壮士——意气壮盛之士，犹言勇士。

〔29〕有奔胜大势，恨不尽激扬之态——胜：《王氏书画苑》作膳誊。

奔胜：指奔走之势十分突出。

恨：遗憾。《史记·商君传》："梁惠王曰：'寡人恨不用公叔座之言也。'"激扬：激动振奋。《后汉书·臧洪传》："洪辞气慷慨，闻其言者，无不激扬。"

此言画中壮士，虽有奔胜之大势（优点），但遗憾的是尚没有穷尽其激扬之态（不足之处）。

〔30〕列士——犹言诸意气壮盛之士。《列士》系谓一图中所画之"士"，非一人。如前之列女。

〔31〕有骨俱——犹言"俱有骨"。此图中所画列士俱有骨法。

〔32〕然蔺生恨急烈，不似英贤之慨——急烈：《王氏书画苑》《佩文斋书画谱》均作"意列"。慨：《佩文斋书画谱》作槩，按槩同概。慨、概，语义皆顺。蔺生：即战国时赵之大臣蔺相如。《史记》有《廉颇蔺相如列传》。赵国当时有一块著名的宝玉和氏璧，强秦之王许以十五城换此璧，蔺相如奉璧往使。秦王得璧，却无意偿赵城。蔺相如用计骗回此璧，当场斥责秦王，并欲以自己之头和璧共碎于柱，秦王被迫放弃夺璧之念。蔺相如不辱使命。赵惠文王二十年，赵王与秦王相会于渑池，秦王命赵王鼓瑟，蔺相如又一次怒斥秦王，以死相拼，逼迫秦王击缶抵消影响。

《列士》一图中所画蔺生故事当为以上内容之一。恨：遗憾。英贤之慨：古时英贤虽然振怒，亦不失其雍容大度（这当然是儒家的理想标准），否则便变成鲁莽。慨是不得志而激愤之貌。此言（《列士》画中人物，皆有骨法），但是蔺相如这个形象，遗憾的是画得太急烈，不似英贤人物（庄重威严）的慷慨激昂之貌。

〔33〕以求古人，未之见也——意思是说，把蔺生画得太急烈，不似英贤之慨，在古人的画中还未见到这样。

按此节最后有云"虽美而不尽善也"。但此画虽不尽善，仍有其美处，即"有骨"，汉以前的画鲜见骨法。故此画仍入品评之列。今见汉代画像中，蔺相如的像固然简单，但宽袍大袖，雍容有风度，颇能见其英贤之慨。可为顾说"以求古人，未之见也"之注脚。

〔34〕于秦王之对荆卿，及复大闲——于：《王氏书画苑》、《佩文斋书画谱》皆作然。及复大闲：皆作"及覆大兰"。

秦王：指秦始皇。荆卿：战国后期的著名勇士（刺客）荆轲，《史记·刺客列传》中有其小传。谓："荆轲者，卫人也……而之燕，燕人谓之荆卿。"荆卿曾藏匕首于地图中，谋刺秦王。"秦王发图（打开图），图穷而匕首见（现），（荆轲）因左手把秦王之袖，而右手持匕首（刺）之。未至身，秦王惊，……时惶急……荆轲逐秦王，秦王环柱而走……卒惶急不知所为……"（《史记·刺客列传》）。此图画的就是这个故事。

这幅画的缺点是：秦王面对刺客荆卿，本应十分"惶急"，但却画成十分安闲的样子。

〔35〕凡此类，虽美而不尽善也——美，在此处指形式，具体言之，指"有骨俱"。"善"，此处指人的精神内质、气韵、神态。"美而不尽善"典出《论语·八佾》："子谓《韶》：'尽美矣，又尽善也。'谓《武》：'尽美矣，未尽善也。'"其他注家亦皆以为孔子的"美"指声音（形式），"善"指内容。

此句意指：凡此类（指以上所评之画），虽在某些方面很美（"有骨俱"），（但于表现人的身份、神态方面）还不尽善。

〔36〕《三马》隽骨天奇，其腾罩如蹑虚空，于马势尽善也——隽：俊美、杰出。腾罩：《书画传习录》作腾踔，似可从。腾踔又同腾趠，跳跃、凌空之意。左思《吴都赋》："髍髍猱然，腾娜飞超。"蹑：踏也。《史记·淮阴侯列传》："张良、陈平蹑汉王足。"

此言：《三马》中马的俊美骨法十分出奇，其腾跃如踏虚空，画马之势尽善。

〔37〕东王公——亦称"东木公"、"东华帝君"。古代神话中的男神。《神异经·东荒经》："'东荒'山中有大石室，东王公居焉。长一丈，头发皓白，人形鸟面而虎尾，载一黑熊，左右顾望。"《名义考》："木，东方生气，有父道，故曰公。"《太平广记》载，东王公和西王母共理二（气），并分别掌管男仙、女仙的名籍。

〔38〕如小吴神灵。居然为神灵之器，不似世中生人也——小吴疑为天吴。《山海经·海外东经》："朝阳之谷神曰天吴，是为水

伯。……其为兽也，八首人面，八足八尾，皆青黄。"又《山海经·大荒东经》："有神人八首，人面虎身，十尾，名曰吴。"东王公"人形鸟面而虎尾"类之。居然：确实（见前注〔13〕）。

此语谓：东王公如小吴（天吴）神灵。确实为神灵之器，不似世中生人。

〔39〕《七佛》及《夏殷》与《大列女》二，皆卫协手传而有情势——《历代名画记》卷五"卫协"条下有："顾恺之《论画》云：《七佛》与《大列女》，皆协之迹，伟而有情势。《毛诗北风图》亦协手，巧密于情思。"义较胜，可从。

此句当为：《七佛》与《大列女》二，皆卫协手，伟而有情势。

七佛：部派佛教以后，认为过去有七佛。据《长阿含经》卷一载，释迦牟尼前有六佛，即：毗婆尸佛、尸弃佛、毗舍婆佛、拘留孙佛、拘那含侔尼佛、迦叶佛，加上释迦牟尼佛，通称"过去七佛"，简称"七佛"。夏殷：当是夏朝和殷朝。《大列女》：参见前注〔5〕。卫协：西晋著名画家，当时被称为"画圣"。南齐谢赫《古画品录》谓："虽画有六法，罕能尽该……唯陆探微、卫协备该之矣。"列卫协于第一品，并评曰："古画皆略，至协始精。六法之中，迨为兼善。虽不该备形妙，颇得壮气。陵跨群雄，旷代绝笔。"《历代名画记》卷五亦有卫协小传。按：顾恺之说卫协画"伟而有情势"，谢赫说卫协画"颇得壮气"，甚合。伟：壮大、壮美。《史记·留侯世家》："衣冠甚伟。"

此言：《七佛》及《大列女》二画，皆出自卫协之手，壮美而有情势。

〔40〕《北风诗》——"北风"：《诗经·邶风》篇名。其云："北风其凉，雨雪其雱。惠而好我，携手同行……"《诗序》："《北风》，刺虐也。卫国并为威虐，百姓不亲，莫不相携持而去焉。"《诗集传》："言北风雨雪，以比国家危乱将至，而气象愁惨也，故欲与其相好之人去而避之。"魏晋乱世，画家尤好以此为题作画。

〔41〕亦卫手——也出于卫协之手。

　　〔42〕巧密于精思名作，然未离南中——巧：《王氏书画苑》、《佩文斋书画谱》均作恐。

　　巧、密、精、思，皆六朝文论、画论中常用语。《文心雕龙》、《世说新语》等书触目可见。兹略举一二。巧：《文心雕龙·物色》："巧言切状。""因为借巧。"《论说篇》："览文虽巧，而检迹如妄。"《世说新语》有《巧艺篇》。曹丕《论文》："巧拙有素"。密：《文心雕龙·镕裁》："句有可剥，足见其疏；字不得减，乃知其密。"《物色篇》："功在密附。"精：《文心雕龙·镕裁》："精论要语，极略之体；游心窜句，积繁之体。"《书记篇》："随事立体、贵乎精要。"思：《文心雕龙·镕裁》："思绪初发，辞采苦杂。""思赡者善敷。"《养气篇》："思有利钝。"《物色篇》："思经千载。"其《神思篇》通篇皆论"思"："神思之谓也"、"文之思也"、"思接千载"、"苦思"、"文想"等等。名作：见称于制作。按：以前注家将"名作"解释为"著名的作品"，乃误。按此解语是今人语，六朝鲜作如是说。南中：原指地名，泛指南部地区；南方。《魏书·李寿传》："封建宁王，以南中十二郡为建宁国。"《陈书·武帝纪》："遣侯安都镇上流，定南中诸郡。"《北史·史万岁传》："南中夷叛，万岁至于南中，皆击破之。"谢朓《酬王晋安诗》："南中荣橘柚，宁知鸿雁飞。"《晋书·石崇传》："崇在南中，得鸠鸟雏。"

　　此言：虽以巧密于精思见称于创作，然并未能脱出南方画法的规范。

　　〔43〕南中像兴，即形布施之象，转不可同年而语矣——像、象二字在绘画术语上的区别："像"指已创作好了的人物形象，如"肖像"、"佛像"、某某之"像"。"象"含有一定的想象成分，如"形象"。"像"是具体而言，"象"则不十分具体。但不十分具体的"象"，形之于纸绢则曰"像"。此二字用法也有不严密之时。南中像兴：指南方画像风格兴起。按《古画品录》"戴逵"条云："情韵连

绵，风趣巧拔。善图贤圣，百工所范。荀、卫以后，实为领袖，及乎子
颙，能继其美。"从这一段记载可知，荀（勖）、卫（协）曾经是众人
的领袖，而后为戴逵的画风所代替。戴逵"实为领袖"。荀、卫是西晋
人，处北方。戴逵虽为北人，而居南中，其画风亦兴起于南中（善图贤
圣之像），故曰"南中像兴"，即形布施之象：根据形体（不同）而创
作（的不同）之形象。布施即布置施行，此处指绘画创作。

此言意谓：南中的人像绘画样式兴起后，以往那种拘泥于形似所创
作的形象，就不能和它相提并论了。

〔44〕美丽之形，尺寸之制，阴阳之数，纤妙之迹，世所并贵——
尺寸之制：长短宽狭的比例准则。"制"即准则。《左传·隐元年》：
"今京不度，非制也。"《荀子·王制》："明王始立而处国有制。"
阴阳：古代哲学家把万事万物相对的两个方面称为阴阳。《老子》：
"万物负阴而抱阳。"《易传》："一阴一阳之谓道。"此处指人体的
向背、性别等不同处。数：自然之理。《荀子·富国》："万物同宇而
异体，无宜而有用为人，数也。"

此言：美丽的形体，准确的比例，男女之别、向背之分的合埋，纤
妙的行迹，皆为世人所推重。

〔45〕神仪在心，而手称其目者，玄赏则不待喻——而：《王氏书
画苑》、《佩文斋书画谱》均作面。

玄赏尤同玄览。《老子》："涤除玄览，能无疵乎？"

此言：神态仪姿存于心，而手恰合于目（手能表现出目之所见）
者，深刻细微地观察则不用说了。

〔46〕不然，真绝夫人心之达——此句和上下句联系则不易理解，
疑有漏字、误字。姑妄解之曰：不然的话，真不能至人心的通达之处。

〔47〕不可或以众论。执偏见以拟通者，亦必贵观于明识——或：
《王氏书画苑》、《佩文斋书画谱》均作"惑"。义较胜，可从。通：
《王氏书画苑》、《佩文斋书画谱》作过。

此言：不可（缺乏主见）为众论所惑。同时执偏见而自以为通晓明

达的人，也必须向具有明智识见（明识）的人请教学习（贵观：贵是敬辞，如贵干等）。

〔48〕夫学详此，思过半矣——夫：《王氏书画苑》、《佩文斋书画谱》均作末。"末学"谓无本之学。《文选·张衡〈东京赋〉》："若客所谓末学肤受，贵耳而贱目者也。"李善注："末学，谓不经根本。"此处作"末学"，亦通。如作"夫学"，则夫为发语词，无意义，意似更胜。思：考虑问题。

此言：学习的人完全明了这些，应该思考的问题，就超过一半了。

〔49〕《清游池》不见金镐，作山形势者，见龙虎杂兽，虽不极体，以为举势，变动多方——金：《王氏书画苑》、《佩文斋书画谱》均作京。可从。

京镐：即京城镐，也称镐京。《诗·大雅·文王有声》："考卜维王，宅是镐京。"镐京是西周国都之一。故址在今陕西长安县韦曲乡西北。其后汉武帝在此凿昆明池，遂沦入池内。今丰镐村、镐京观一带发现有西周遗址。又，镐京有镐池，可能即"清游池"。举：行动；起行。《国语·鲁语上》："君举必书（记载）。"《周礼·地官·师氏》："凡祭祀、宾客、会同、丧纪、军旋，王举则从。"

此言：《清游池》这幅画中不见京镐（未画），画山石形势，当中点缀龙虎杂兽（按早期山水画中都有此类动物，且比例偏于大），其龙虎杂兽画得虽不十分合体，用以表示行动之势，且变动多方（按此句若和"迁想妙得"一段联系起来，更有意义）。

〔50〕七贤——三国魏末、晋初时七位名士，又称"竹林七贤"。《世说新语·任诞》："陈留阮籍、谯国嵇康、河内山涛……沛国刘伶、陈留阮咸、河内向秀、琅邪王戎，七人常集于竹林之下，肆意酣畅，故世谓'竹林七贤'。"

〔51〕唯嵇生一像欲佳，其余虽不妙合，以比前诸《竹林》之画，莫能及者——嵇生，即"竹林七贤"之一嵇康（224—263年），字叔夜。有奇才，远迈不群，学不师受，博览，无不该通，长好《庄》、

《老》，与魏宗室婚，拜中散大夫，故世称嵇中散。嵇康不满时政，拒绝和司马氏合作，又得罪钟会，遭其构陷，为司马昭所杀。嵇康是三国时著名文学家、思想家、音乐家、画家。有《嵇中散集》传世。鲁迅先生亦尝辑校出版过《嵇康集》。妙合：神合、恰到好处地符合。《老子》："故常无欲以观其妙。"王弼注："妙者，微之极也。"又"微之极也"，亦曰神。"前诸《竹林》之画"：当时画《竹林七贤》题材的作品特别多，史道硕等人都画过这个题材。影响所至，连民间画工也以此为题材。近年出土的六朝有关画迹可证其实。

此言：《七贤》一画中，唯嵇康一像画得好，其余虽不十分符合（他们的精神状态），但以前很多画"竹林七贤"的作品，都赶不上此幅。

按此句中"欲佳"二字不知何义。以前注家多避而不提。"欲"字疑为误字，姑释为"佳"。

〔52〕嵇轻车诗——嵇康的《轻车》诗，见《嵇中散集》或《嵇康集》。诗曰："轻车迅迈，息彼长林。春木载荣，布叶垂阴。习习谷风，吹我素琴。交交黄鸟，顾俦弄音。感悟驰情，思我所钦，心之忧矣，永啸长吟。"

〔53〕作啸人，似人啸。然容悴不似中散。处置意事既佳，又林木雍容调畅，亦有天趣——啸：撮口发出的长而清越的声音。《啸旨》："啸者，其气激于喉中而浊谓之言，激于舌端而清谓之啸。"啸是六朝时文人的一种风气。《世说新语·栖逸》："阮步兵啸，闻数百步。苏门山中忽有真人……籍因对之长啸。良久，乃笑曰：'可更作。'籍复啸，意尽退。还半岭许，闻上嗂然有声，如数部鼓吹，林谷传响。顾看，乃向人啸也。"《晋书·阮籍传》也记："嗜酒能啸，善弹琴。当其得意，忽忘形骸，时人多谓之痴。"又："……籍因长啸而退。至半坡，闻声若鸾凤之音，响乎岩谷，乃（孙）登之啸也。"容悴不似中散：《晋书·嵇康传》："康早孤，有奇才，远迈不群，身长七尺八寸，美词气，有风仪，而土木形骸，不自藻饰，人以为龙章凤姿。"《世说新语·容止》："嵇康身长七尺八寸，风姿特秀。《康别传》

曰：'康长七尺八寸，伟容色，土木形骸，不加饰厉，而龙章风姿，天质自然。正尔在群形之中，便自知非常之器。'见者叹曰：'萧萧肃肃，爽朗清举。'或云：'肃肃如松下风，高而徐引。'山公曰：'嵇叔夜之为人也，岩岩若孤松之独立，其醉也，傀俄若玉山之将崩。"嵇康"风姿特秀"，画成"容悴"，故不似。

此句谓：（根据嵇康《轻车诗》中"永啸长吟"的诗意）作啸人（当是嵇康）确似人在啸，且啸人容颜憔悴不似（"风姿特秀"，孤松独立，玉山将崩的）嵇康。此画处置人的意态及事理既佳，又林木雍容调畅，也有天然趣味。

〔54〕陈太丘、二方——指陈寔及其二子纪、谌。陈寔（104—187年）字仲弓。东汉颍川许县（今河南许昌东）人。初为县吏，曾入太学就读。后任太丘长，故人称陈太丘。党锢祸起，被连，余人多逃亡，他说："吾不就狱，众无所恃。"自请囚禁。党禁解，大将军何进，司徒袁隗招辟，皆辞不就。陈寔在乡间，平心率物，德望积高，"乡人有争讼，辄求判正"。其长子名纪，字元方；次子名谌，字季方。齐德高行，父子并著高名。陈卒时，海内来吊者三万余人，穿孝服者以百数，共刊石立碑，谥为"文范先生"。

〔55〕太丘夷素似古贤，二方为尔耳——太丘即陈寔，二方即元方、季方。尔：如此；这样。《晋书·阮咸传》："未能免俗，聊复尔耳。"

此言：太丘平易质朴似古代贤人，二方也如此（像太丘这样）。

〔56〕嵇兴——人名，不可考，或为误笔。俞剑华疑为嵇康子嵇绍，字延祖。不可信。因为：一、俞考无据；二、嵇绍官侍中，八王之乱时，从晋惠帝与成都王颖战，兵败，百官侍卫皆溃散，独绍以身护卫惠帝，乱兵至，被杀，血溅帝衣。其后乱平定，左右欲为帝洗衣，帝曰："此嵇侍中血，勿去。"（见《晋书·本传》）嵇绍因此得名。此画为戴逵所画，戴逵是隐士，一生拒绝和统治者合作，远离权贵，且鄙视之。他作画以古圣贤、佛像为主，赞美高人逸士。如《七贤》（"七

贤"集于竹林为逸士，其后部分人分离变质当另议）；《嵇轻车诗》、《陈太丘、二方》以及《历代名画记》卷五所载《高士像》、《濠梁图》、《尚子平（后汉隐士）》、《嵇阮像》、《渔父图》、《吴中溪山邑居图》等等。像嵇绍这样以死卫皇帝而得名的人，戴逵决不会画他。

〔57〕如其人——其画中人如嵇兴其人。

〔58〕临深履薄——语出《诗·小雅·小旻》："战战兢兢，如临深渊，如履薄冰。"

〔59〕兢战之形，异佳有裁——裁：剪裁。《文心雕龙》有《熔裁》篇，其有云："剪截浮词谓之裁。裁则芜秽不生……"

此言：（画中人物）战战兢兢的形态，异常好，剪裁也妙。

〔60〕自《七贤》以来，并戴手也——戴，即戴逵（？～396），字安道。东晋著名学者、画家和雕塑家。博学能文，性不乐当世，常以琴书自娱，孝武帝累征不就。武陵王晞闻其善鼓琴，召之，戴对使者破琴曰："安道不为王门伶人。"其传被列入《隐逸》（参见本书《古画品录》注〔76〕）。

此言：自《七贤》以下（的几幅画），并出自戴逵之手。

（二）《论画》译文

凡画，以人物为最难，其次是山水树石，再次是狗马禽兽之类。至于台榭之类的建筑物（界画），是具有严密比例和规范的固定之器，难于画成但也易于见好，不须依靠精到的构思来获得神妙的效果。这类画主要依靠周密的计算，并不能分别出绘画艺术的高低（因为绘画艺术的高低主要是依靠其传神水平的高低而定）。

《小列女》这幅画中所画女子面容似有恨的样子，但因其画人的容貌仪姿过于刻削，而在神态上还没有穷尽其"恨"的生气。（身体部分未掌握女子特点，）画得像男子汉的肢体，有失自然。然而所画衣服彩饰与佩饰之物已经很出奇，且女子形象尤其美丽，其衣髻于俯仰中，一点一画，皆相与成其艳丽之姿。而且人物的尊卑贵贱之形，一见即明，一般的作品还是很难超过这幅画的水平的。

《周本纪》这幅画，所画人物虽然被重叠宽大的衣袍所覆盖，仍能见其骨法结构。然其人形（表现人的尊卑贵贱之形）不如《小列女》那幅表现得好。

《伏羲、神农》这幅画中，所画伏羲和神农虽不是今世人，但有奇特骨法而兼美好，且其神视有深邃幽远之感。确实有古代侯王的神气。

《汉本纪》一图所画汉代的皇帝，第一个是末代皇帝刘协。画得有天子骨法但缺少（表现刘协特殊的软弱气质的）细美感。至于高祖刘邦一像，表现了他的超众、豁达、高大、雄伟，览之如对其人。

《孙武》一图，"大荀首也"。骨趣甚奇，图中二宠姬可爱而美丽的体形，有惊恐之至的样子。如果能以面对所见的内容加以巧妙的剪裁，然后再探求其构图，分布体势，才算是通晓明了画的变化。

《醉客》一图，画人，形象和骨法毕具后，画衣服，很随便地加在身上，亦颇能增加醉的神态。（按"骨俱然蔺生"五字当删）此画多有变趣，是很好的作品。

《穰苴》一图类《孙武》而略逊之。

《壮士》有奔胜大势，遗憾的是尚没有穷尽其激扬之态。

《列士》，此图中所画意气壮盛之士俱有骨法。然所画蔺相如，遗憾的是过于急烈，不似英贤气慨。在古人的画中，还未见到这样。秦王面对刺客荆卿，（本来应是十分惶急的）却画成十分安闲的样子。凡此类，虽在某些方面很美（有骨法），（但于表现人的身份，神态方面）还不尽善。

《三马》，马的俊美骨法十分出奇，其腾跃如踏虚空，在马的动势的表现方面是很好的。

《东王公》，画中东王公如小吴神灵。确实为神灵之器，不似世中生人。

《七佛》及《夏殷》与《大列女》（按"及《夏殷》"三字当

删），二画皆出自大画家卫协之手，壮美而有情势。

《北风诗》也出于卫协之手。虽以巧密于精思见称于创作，然尚未能达到南中画法的水平。南中人像的绘画样式兴起之后，以往那种根据具体形体所创作的形象，就不能和它相提并论了。美丽之形，准确的比例，男女之别、向背之分的合理，纤妙的行迹，皆为世人所推重。神态仪姿（被观于目而）存于心，而手恰合于目（能表现出目之所见）者，深刻细致地观察则不待说了。不然的话，真不能至人心的通达之处。不可（缺乏主见）惑以众论。执偏见而自以为通达的人，也必须向具有明智识见的人请教学习。学习的人完全明白了这些内容，应该思考的问题，就超过了一半。

《清游池》，画中未画京镐。画山之形势，当中有龙虎杂兽，虽不十分合体，用以表示行动之势，且变动多方。

《七贤》一画中，（所画七人）惟嵇康一像画得好。其余的（六贤）虽不十分符合（他们的精神状态），但用以和以前很多画"竹林七贤"的作品相比，莫能及此。

《嵇轻车诗》，所作啸人（嵇康）确似人在啸，然其容颜憔悴不似（"风姿特秀"的）嵇康。处置人的意态及事理既佳，又林木雍容调畅，也有天然情趣。

《陈太丘、二方》，陈太丘平易质朴似古代贤人，（陈太丘二子）陈元方、陈季方也如此（像陈太丘那样）。

《嵇兴》，画中人如嵇兴其人。

《临深履薄》，画中人物战战兢兢的形态，异常好，剪裁也妙。

自《七贤》以下（各图），皆出自戴逵之手。

三、《魏晋胜流画赞》点校注译

按：本篇所据版本见本书《〈论画〉点校注译》篇首按语。

（一）《魏晋胜流画赞》点校注释

魏晋胜流画赞[1]

凡将摹者，皆当先寻此要，而后次以即事[2]。凡吾所造诸画素幅，皆广二尺三寸[3]。其素丝邪者不可用，久而还正，则仪容失[4]。以素摹素当正掩，二素任其自正而下镇，使莫动其正[5]。笔在前运，而眼向前视者，则新画近我矣；可常使眼临笔止，隔纸素一重，则所摹之本远我耳[6]。则一摹蹉积蹉弥小矣[7]。可令新迹掩本迹而防其近内、防内[8]。

若轻物宜利其笔，重宜陈其迹，各以全其想[9]。譬如画山，迹利则想动，伤其所以嶷[10]。用笔或好婉，则于折楞不隽；或多曲取，则于婉者增折，不兼之累，难以言悉[11]。轮扁而已矣[12]。

写自颈已上，宁迟而不隽，不使远而有失[13]。其于诸像，则像各异迹，皆令新迹弥旧本。若长短、刚软、深浅、广狭，与点睛之节，上下、大小、酰薄，有一毫小失，则神气与之俱变矣[14]。

竹、木、土，可令墨彩色轻，而松、竹叶酰也[15]。

凡胶清及彩色，不可进素之上下也[16]。若良画黄满素者，宁当开际耳。犹于幅之两边，各不至三分[17]。

人有长短，今既定，远近以瞩其对，则不可改易阔促，错置高下也[18]。凡生人亡有手揖眼视而前亡所对者，以形写神而空其实对，荃生之用乖，传神之趋失矣[19]。空其实对则大失，对而不正则小失，不可不察也[20]。一像之明昧，不若悟对之通神也[21]。

校注：

〔1〕魏晋胜流画赞——魏晋：魏朝和晋朝。就时代论，所谓魏，乃从汉末曹操掌权始，包括吴、汉（蜀），至晋朝建立后吴国灭亡。晋朝，近代学者分之为西晋和东晋；古代学者分之为渡江前后，渡江后都建康（今之南京），即东晋。胜流：即名流，《历代名画记》叙述顾恺之时谓：著《魏晋名臣画赞》，评量甚多。"顾恺之的"胜流画赞"亦即"名臣画赞"。画赞："赞"本是一种文体，以赞美为主，六朝时颇为盛行。《文心雕龙》有《颂赞篇》，梁萧统《文选序》有："美终则诔发，图象则赞兴"。"赞"是赞人，而未有赞文和赞画的。《文选》中还专列《赞》篇（见卷四十七），选了《东方朔画赞）和《三国名臣序赞》二文，皆赞的是人。《东方朔画赞》是三国人夏侯孝若所作，内容是他见到东方朔先生的遗像时所发的一通赞语，其中无一句赞画的好坏，而皆是赞画中人的高风。陶渊明诗《扇上画赞》，是见到扇上画九人像，陶亦诗赞九人，亦非赞画（见《陶渊明集》中华书局逯钦立校本）。"魏晋胜流画赞"就是画魏晋胜流的像，再作赞语以赞这些"胜流"。《世说新语·巧艺》篇"顾长康画裴叔则，颊上益三毛"条下注："恺之历画古贤，皆为之赞也。"但因赞语皆和绘画无关（从《世说新语》和《晋书》中可知），故张彦远未收入文中，而将附在《魏晋胜流画赞》之后的谈论如何摹写"胜流"像的方法收入了。详见本书《重评顾恺之及其画论》第三节《关于顾恺之三篇画论问题》。

〔2〕凡将摹者，皆当先寻此要，而后次以即事——摹：将透明或半

透明的纸绢蒙在原作品上，完全按照原作的笔画钩描，基本不走样。是复制或初学绘画、书法的一种手段。《后汉书·蔡邕传》记有："及碑始立，其观视及摹写者，车乘日千余两（辆）。"寻：探求。即事：就事，犹言去工作。《列子·周穆王》："昼则呻呼而即事，夜则昏惫而熟寐。"

此言：凡将进行摹写者，皆要先探求这些要点，而后再以此就事（进行摹写）。

〔3〕凡吾所造诸画素幅，皆广二尺三寸——素幅：（魏晋时）白绢的宽度。《汉书·食货志下》："布帛广二尺二寸为幅。"和顾所言差不多。

此言：凡我所创作的诸画（所用）之白绢，皆宽二尺三寸。

〔4〕其素丝邪者不可用，久而还正，则仪容失——邪：同斜。

其绢素之丝倾斜者不可用，时间长了，斜丝还正，绢素上所画人的仪容便失去了本来的面目。

〔5〕以素摹素当正掩，二素任其自正而下镇，使莫动其正——以素摹素：前"素"指用以摹画的绢素，后"素"指原作已有画面的绢素。

正掩：不偏不斜地掩盖着。正，《论语·乡党》："席不正不坐。"二素任其自正：指二素在不偏不斜地掩盖时，不要用力拉扯，以免失去拉扯力时二素还原而不正。镇：重也；压也。

《国语·周语》："为挚币瑞节以镇之。"又《晋语》："社稷之镇也。"注皆训重。《说文·古本考》："重有压义，今时人犹言镇压。"

此句言：用准备摹画用的绢素去摹原来的旧画的绢素，当不偏不斜地掩盖着，二素皆要任其自正，且下面要用重物镇压着，莫使移动以影响其正。

〔6〕笔在前运，而眼向前视者，则新画近我矣；可常使眼临笔止，隔纸素一重，则所摹之本远我耳——临：以高视下曰临。止：同趾。《汉书·刑法志》："斩左止。"颜师古注："止，足也。"此处指笔

尖触纸处。

此句字义甚明，然仍须细心体会。比如摹一条横线（线总有一定宽度），眼向笔前（即远离自己的一侧）视时，为了看清下一层绢素上的线条，新摹的线一般都易于向内，即原画上的线条总会留下一丝边缘不被摹出。这样新画的线条就会略近于摹者（我）一侧。虽然差误十分小。相反，大多数摹者常是用眼看着笔尖触纸（绢）处（即着眼于笔向自己的一侧），但因隔着纸素一重，有一定厚度，由于眼睛的误差，则所摹之新画往往会向外偏，即远离摹者（我）。

〔7〕则一摹蹉积蹉弥小矣——蹉：差误。积：积累。弥小：应是"弥大"之误。弥大：越来越大、更加大。

此句意谓：（以上所言差误虽然很小）则一摹下来，差误积差误，差误就越来越大了。

〔8〕可令新迹掩本迹而防其近内、防内——新迹指新画的笔迹。本迹指原画的笔迹。防内二字可能有脱错，然不可测，姑依原文解之。

此句大意是说：（以上差误主要是新迹线条较本迹线条细，或新迹线条偏于本迹线条的一侧造成的）可令新迹掩盖着本迹而防止新迹近内侧，同时也防止了本迹在新迹之内侧。

按古代绘画作品主要靠一代一代的摹写而保存传世，所以摹写时要十分严谨，毫厘不能差误。

〔9〕若轻物宜利其笔，重宜陈其迹，各以全其想——此句大意是说：如果画轻物宜用流利的线条，如果画重物宜用沉着的线条。都要达到预料的效果。轻、重当指所画物象的质感、量感。按此句疑有脱错，姑作此解。

〔10〕譬如画山，迹利则想动，伤其所以嶷——动：《王氏书画苑》作敷。嶷：高峻貌。

譬如画山，线条过于流利则给人飘动之感，失去了山的高峻感。

〔11〕用笔或好婉，则于折楞不隽；或多曲取，则于婉者增折，不兼之累，难以言悉——婉：《文选·射雉赋》（潘岳作）："婉转轻

利。"注："婉转，绸缪之称。"此处指委屈随顺轻利的笔法。隽：本指鸟肉肥美。《说文·隹部》："隽：肥肉也。"隽又通俊。此处"不隽"，意指不俊美，无趣味。累：欠缺，负担。

此言：用笔或一味委屈随顺轻利，则于折楞（顿挫转折）处不俊美，无趣味；或一味曲取，则于委屈处增加折楞，两者不能兼顾的缺陷，难以用言语全部说清。

〔12〕轮扁而已矣——轮扁：《庄子·天道》："桓公读书于堂上，轮扁斲轮于堂下，释椎凿而上，问桓公曰：'敢问公之所读者何言邪？'公曰：'圣人之言也'。曰：'圣人在乎？'曰：'已死矣'。曰：'然之君之所读者，古人之糟粕已夫。'桓公曰：'寡人读书，轮人安得议乎。有说则可，无说则死。'轮扁曰：'臣也以臣之事观之，斲轮，徐则甘而不固，疾则苦而不入。不徐不疾，得之于手而应于心，口不能言，有数存焉于其间。臣不能以喻臣之子，臣之子亦不能受之于臣，是以行年七十而老斲轮。古之人与其不可传也死矣，然则君之所读者，古人之糟粕已夫。'"轮扁是制造车轮的人，名扁。轮扁这一段话的中心意思是以制造车轮作比方，说明干事情主要靠实践，而不是靠书本和传授。书本知识只不过是前人留下的糟粕而已。精华部分是无法付诸语言和文字的，惟赖自己在实践中的体会和经验。以后"轮扁"一词则代表"靠实践去体会"的意思。

〔13〕写自颈已上，宁迟而不隽，不使远而有失——此句疑有脱错。"不隽"二字可能系前行窜人。应为："宁迟而不使远而有失。"迟：缓慢迟钝。《汉书·杜周传》："周少言重迟。"颜师古注："迟，谓性非敏速也。"

此句大意言：画颈以上的部分（面部），宁迟缓一些不使快速而有失。

〔14〕其于诸像，则像各异迹，皆令新迹弥旧本。若长短、刚软、深浅、广狭，与点睛之节，上下、大小、酡薄，有一毫小失，则神气与之俱变矣——酡：《佩文斋书画谱》作酿。酡：通浓。厚也。《后汉

书·马援传》："明主酴于用赏，约于用刑。"与：于也。《诗·小雅》："虽无德与女，式歌且舞。"《史记·淮阴侯列传》："乃谋与家臣。"

此句言：如果一幅画中画有很多人像，则各像所用笔迹各不相同。皆要使新画之迹弥盖旧本上画迹。如果长短、刚软、深浅、广狭，尤其于点睛之节，上下、大小、浓薄，有一毫小失，则神气与之俱变矣。

〔15〕竹、木、土，可令墨彩色轻，而松、竹叶酴也——画竹木、陆地，可令墨彩色轻淡，但画松叶、竹叶要浓一些。

〔16〕凡胶清及彩色，不可进素之上下也——胶清：作画用的胶水。《历代名画记》卷二《论画体工用榻写》谓："工欲善其事，必先利其器……云中之鹿胶，吴中之鳔胶，东阿之牛胶。采章之用也。"《考工记·弓人》又谓："鹿胶清白，马胶赤黄，牛胶火赤……"

此言：凡是胶水和彩色，不可涂进绢素之上下。（古代人物画多以绢地为背景，实即空白。故不可以胶、色涂进素中空白处。）

〔17〕若良画黄满素者，宁当开际耳。犹于幅之两边，各不至三分——良画：优秀的绘画作品。此处指古代珍品。黄满素者：古画因时代久远而变旧发黄。《图画见闻志》卷五《八骏图》条下记："晋武时所得古本，乃穆王时画，黄素上为之。"开际：通开其处，即不再加工，一任原来。所以古画虽"黄满素者"，而新摹之画也不必用胶和颜色去"造旧"。顾恺之之后相当长的年代里，凡复制古画者，基本上不"作旧"。

此言：如果是古代珍品，因年代久远而绢地变旧发黄，新摹之画宁当保持原绢地之空白（也不必用胶、色加工作旧）。犹于画幅两边，（也保留空白——大约作画边、便于装裱时切裁，但）各不至三分。

按此语亦颇不易明了。俞剑华释"凡胶清及彩色，不可进素之上下也"为："胶水彩色等物不可摆在画幅的上下方，以免移动画幅时打翻，一般多放在右方。"此等解释已出离画论范畴（况且放在右方亦有被打翻的可能），将古代画论作庸俗化的解释，其法不可取。何况顾恺之在《画云台山记》一文中也提到"尽用空青，竟素上下……"（参见本书之《〈画云台山记〉点校注释》）。历来学者（包括俞剑华在内）解释为："全用空青颜料染绢素上下。"殊不知"竟素上下"和"进素上下"意思完全相同。只是《画云台山记》一文属顾恺之的假想，故其画法和当时画风可以有别。又，俞剑华释"若良画"句，以为"……（摹画时）不容易看清楚（原作）。应该把合起来看不清楚的地方揭开来看一看，但原来已镇好比正，不可移动，所以不能全部揭开，只能揭开一边，揭左留右，揭右留左，以免移动。究竟揭多少，留多少，也要看具体情况，所以'三分'一词应活看"（见一九六三年上海人美出版俞剑华注《历代名画记》）。此说全不可取。其一，"良画"变黄并不影响摹画时所用新绢的透明度，新绢蒙在上面自能看清。其二，如新绢蒙上看不清，揭看亦无多大益处。因为当揭看后新绢复蒙上依旧看不清。其三，如揭看，只能于"幅之两边各不至三分"，主要部分依旧看不到。顾恺之清楚写着"各不至三分"，岂能"活看"？其四，最重要的一点，此文至"有一毫小失，则神气与之俱变矣"属上段，乃论摹勾。此时新绢尚蒙在画绢上。自"竹、木、土可令墨彩轻，松、竹叶酞也。凡胶清及彩色，不可进素之上下也"始，属下段，着色阶段。此时新绢已揭开。着色时，新画是不能蒙在旧画上的，新画置案上，旧画已悬壁上。因之不存在揭看问题，所以下文有"人有长短……不可改易阔促"，是说置案上和悬壁上会造成长短不一的错觉，但"既定"，"则不可改易"。俞剑华解释为"人的身体，有长有短"（同上），此理人谁不知？这等于不说了。

〔18〕人有长短，今既定，远近以瞩其对，则不可改易阔促，错置高下也——阔促：宽窄。

此句意思是：勾摹后的画置案上——近，原画另放——远，这样会造成同一个人有长短不同的错觉，今既定，远、近对照着观看，则不可改易阔促，错置高下也。

〔19〕凡生人亡有手揖眼视而前亡所对者，以形写神而空其实对，

荃生之用乖，传神之趋失矣——生人：活生生之人。《文选》孙楚《为石仲容与孙皓书》："生人陷荼炭之艰。"这里指摹画的人。亡：同无。

手揖：揖通辑，通壹。《诗·周南·螽斯》："螽斯羽，揖揖兮。"《史记·秦始皇纪》二十八"琅邪台石刻"："普天之下，抟心揖志。"《索隐》谓抟揖即《左传》之"专壹"。又作"专一"。顾恺之时代对"道家使人精神专一"（《史记·太史公自序》语）是非常服膺的。揖不论通辑还是通壹，在这里"手揖"都是"手中专一地摹画"之意。手在专一地摹画，眼还在视，是前面必有所对的原画，否则"眼视"什么呢？这就是"也有手揖眼视而前亡所对者"的本意。以形写神：此词在此句中本义是，新画中被摹勾出的人形（当然也会有一定的神），要达到完全传神的目的，还要实对着原画（此时已放另处），小心地收拾。即以此为基础（以形），再认真加工，达到传神目的（写神）。

按今人所用"以形写神"一词，实则多数不合顾恺之的本意。且"传神论""气韵论""迁想妙得"等等作为绘画批评的标准，古人常加阐说。然古人从来没有把"以形写神"作为绘画批评的标准来看待。因为它本就不是一个法则或标准。今人（包括我在内）郢书燕解，另生他意，亦有意义，我并不反对。然如果说要以今人之意强加于顾恺之，则大可商榷。

荃生之用乖：荃生即"荃的价值"。生乃《诗·邶风·谷风》中"既生既育"的"生"，《笺》："生谓财业也。""荃生之用乖"典出《庄子·外物》："荃者所以在鱼，得鱼而忘荃；蹄者所以在兔，得兔而忘蹄；言者所以在意，得意而忘言。"荃是捕鱼的笼子。荃的作用是用来捕鱼，得了鱼便忘掉荃。此处把原画比作荃，新画比作鱼。依据原画得到新画，犹如依据荃得到鱼。实对着原画加工以达到传神的目的，如果"空其实对"，原画"荃"的价值就失去了。此处强调摹写古画要忠实于原作、依靠于原作。趋：趋向；旨趣。统而观之，此句意谓：凡摹画的人没有手中专一作画（的同时）眼向前看而无所对的（简言之，眼看着前面的原作，手中专一摹写）。以（摹出的）形写（出其）神而没有实对（着前面的原作），原作依据作用便乖戾了，传神（和原作相同的神）的旨趣也就失去了。

按俞剑华先生释"生人"为"一般生人"，释"手揖眼视"为"两手作揖，两眼前视"（同上）。于字义似乎通顺。然而顾恺之文章谈的是摹写，怎么能忽然谈到"生人"、"两手作揖"呢？离题太甚，故余不敢苟同，而作此解。且前后相联，文义亦通。俞解甚支离，忽而"以免移动画幅时打翻（胶水）"，忽而"揭开来看一看"，忽而"两手作揖"，依此则不成文体。且与论摹写之趋失矣。又"筌生"的意思本来十分清楚，以前注家多将"筌生"毫无根据地改为"全生"，并说"全生与传神正相对"。其实毫无道理，弄得"筌生"或"全生"为何物，至今无人可索解；再，前人的解释，由"生人"、"两手作揖"演绎出的以下直至文章结束的一大段注解文字，余皆不取。

〔20〕空其实对则大失，对而不正则小失，不可不察也——对而不正：虽对而不完全对。

此言：空其实对则大失，不完全对则小失，不可不注意啊（所谓"失"，仍指失去和原作相同的神气，即使画得很好，只要不和原作正对，就失去了摹写的价值，此处和后来为学习传统而临摹的意义不同）。

〔21〕一像之明昧，不若悟对之通神也——明昧：明指明亮；昧指昏暗，此处指优劣得失。悟对：心悟面对。犹言"悟"。正应其"迁想妙得"之说。通神：通到神化的境界。此处可释为高妙、神妙。

此言：一像之得失，不若领悟到"对"的神妙啊。（只要所得新画之像和原作正对，便谓之得、或谓之神，否则便谓之失）。

"对"字多次出现，意思基本一致。但小有区别："前无所对者"，谓面对之原作；"空其实对"，含有"对临"之意（对临，习画专用名词，指面对原作进行摹写，"背临"与之相反，指先看原作，然后凭记忆来）。"不若悟对之通神"亦谓所对之原作，且含有与原作相合之意。

按此篇开始便言："凡将摹者，皆当先寻此要"。文中自始至终谈摹写，即谈新作如何忠实于原作，所以最后反复提到"对"，即新作对原作。离开"摹写"的文义而读原文或注释原文，甚至扯到"作揖""打翻（胶水）"等等，皆是不符合顾恺之本义的。至于将"迁想妙得"、"以形写神"等词，孤立地解释，断开原句，另生意义，又当别论。但原文的本义，必须弄清。这是不言而喻的。

（二）《魏晋胜流画赞》译文

凡是将要进行摹写者，皆当先探求以下要点，然后再依此就事（进行摹写）。

凡我所作诸画而用的素幅，皆广二尺三寸。其素丝倾斜者不可用，时间长了，斜丝还正，则绢素上所画人的仪容反而失去了本来面目。以准备摹画用的绢素去摹原画的绢素，当不偏不斜地掩盖着，"二素"皆要任其自正，且要在下方用重物压着，莫使其移动而影响其正。笔在前运，而眼向前（笔的外侧）视者，则所摹得的新画线条易偏近于我这一边。可常使眼看着笔尖触纸处，但因隔着纸素一重（有一定厚度，眼睛产生误差），则所摹得新画线条又往往远于我。（差误虽然很小）则一摹下来，有了差误，再摹一遍，差误积差误，差误就越来越大了。可令新摹之画的笔迹掩盖着本来画的笔迹而防其近内，同时也防止了本迹在新迹之内。

如果画质轻之物，宜用流利的线条；如果画质重之物，宜用沉着的线条，都要达到预料的效果。譬如画山，线条过于流利则给人以飘动之感，失去了山的高峻感。用笔或一味地委屈随顺轻利，则于折楞处不俊美，无趣味；或一味曲取，则于委屈处增加折楞。二者不能兼顾的缺陷，难以用言语全部说清。须靠实践而亲自去体会。

画人体颈部以上之头部，宁迟缓一些而不使快速以致有失。如果于一幅画上有很多的人像，则其像所用笔迹各不相同，皆要使新画之迹弥盖旧本上的画迹。如果长短、刚软、深浅、广狭，尤其于点睛之节，上下、大小、浓薄，有一毫小失，则神气与之俱变矣。

（以上谈"二素"掩在一起摹钩；以下谈二素揭开各放一处，对照着着色、加工）。

画竹、木、土，可令墨彩色轻淡，但画松叶、竹叶要浓重一些。凡是胶水和彩色，不可涂进绢素之上下。如果其画是古代珍品，绢地变黄了（新画也不必用胶水和彩色涂染作旧），宁当保持绢地之空白。犹于画幅两边，（也保留一些空白——大约作画边和便于装裱时裁切，但）各不至三分。

（勾摹后的画置案上——横看且距离近；原画悬壁上——竖看且远，这样会造成同一个）人有长短不同的错觉。现既定，远、近对照着观看，则不可改变宽窄、错置高下。凡摹画者，没有手中专一地摹写、眼看着新画而前无所对（之原作）。以（勾摹出的）形写（出具有原作水平的）神，而没有实对着（面前的原作），那么，原作的依据作用便乖戾了，传神旨趣也失掉了。空其实对则大失，不完全对则小失。不可不注意啊。一像之得失，不若领悟到"对"的神妙啊。

四、《画云台山记》点校注译

按：本篇所据版本见本书二《〈论画〉点校注译》篇首按语。

（一）《画云台山记》点校注释

画云台山记[1]

山有面，则背向有影[2]，可令庆云西而吐于东方清天中[3]。凡天及水色，尽用空青，竟素上下以瑛日[4]。

西去山：别详其远近[5]。发迹东基，转上未半，作紫石如坚云者五六枚[6]。夹冈乘其间而上，使势蜿蟺如龙，因抱峰直顿而上[7]。下作积冈，使望之蓬蓬然凝而上[8]。次复一峰，是石，东邻向者峙峭峰，西连西向之丹崖[9]，下据绝磵[10]。画丹崖临涧上，当使赫巘隆崇，画险绝之势[11]。天师坐其上，合所坐石及廪[12]。宜磵中，桃傍生石间[13]。画天师瘦形而神气远，据磵指桃，回首谓弟子[14]。弟子中有二人临下，到身大怖，流汗失色[15]。作王良（按应为王长）穆然坐答问，而超升（按应为赵升）神爽精诣，俯眄桃树[16]。又别作王、赵趋。一人隐西壁倾岩，余见衣裾，一人全见室中，使轻妙泠然[17]。凡画人，坐时可七分，衣服彩色殊鲜微，此正盖山高而人远耳[18]。

中段：东面丹砂绝崿及廆，当使嶻峨高骊，孤松植其上[19]。对天师所壁以成磵，磵可甚相近，相近者，欲令双壁之内，凄怆澄清，神明之居，必有与立焉[20]。可于次峰头作一紫石亭立，以象左阙之夹，高骊绝崿[21]。西通云台以表路，路左阙峰，似岩为根，根下空绝，并诸石重势岩相承以合临东磵[22]。其西，石泉又见，乃因绝际作通冈，伏流潜降，小复东出，下磵为石濑，沦没于渊[23]。所以一西一东而下者，欲使自然为图[24]。云台西、北二面，可一图冈绕之[25]。上为双碣石，象左右阙[26]，石上作狐游生凤，当婆娑体仪，羽秀而详，轩尾翼以眺绝磵[27]。

后一段[28]：赤岓，当使释弁如裂电[29]。对云台西凤所临壁以成磵，磵下有清流[30]。其侧壁外面作一白虎，匍石饮水[31]。后为降势而绝[32]。

凡三段山，画之虽长，当使画甚促，不尔不称[33]。鸟兽中时有用之者，可定其仪而用之[34]。下为磵，物景皆倒[35]。作清气带，山下三分倨一以上，使耿然成二重[36]。

已上并长康所著，因载于篇，自古相传脱错，未得妙本勘校[37]。

按：对于《画云台山记》的研究，从中国到日本，有关文章、书籍甚多。在中国，以傅抱石先生对此文研究付力最著，其次是俞剑华、马采、伍蠡甫、潘天寿诸先生，皆各有卓见。尤其是对文中的故事内容——张天师七试弟子的考证，颇为中的。

本文在前人研究的基础上，复作探索，以前各家的见解多大同小异，故本文参考前人的研究成果时，不再一一注明。

校注：

〔1〕《画云台山记》——云台山：称云台山的地方甚多，本文所言云台山应是蜀地苍溪县东南、接阆中县界的云台山，因为相传张天师

在这里修炼、飞升。《郡国志》："云台山天柱岩有一桃树，高五尺，皮是柳，心肉似柏。张陵与王长、赵升试法于此。四百余年，桃迄今不朽。有小碑记之。"（参见下注〔12〕）和顾恺之同时的道教著名人物葛洪也说："余昔游乎云台之山，而造逸民。"（见《抱朴子》）

实际上顾恺之构思此图时，乃出于假想，不必求之真有其山。

《画云台山记》并不是写生或创作《云台山图》之后的追想和评论，乃是准备创作抑是根本不打算创作的一种假设构图和假设画法。故文中多用"可令"、"当使"、"宜"、"又别作"、"凡画人"、"可"、"当"、"欲使"等假设、探讨的口气。同时文中山水的构图，一方面并未完全脱离山水画初期的习惯，另一方面却出现了很多新的设想，完全脱离六朝山水画的形式。顾恺之写了此文后，是否将他的"云台山图"付诸实践，不得而知。但知在他死后很长时间内，他的很多设想，在山水画创作中并无印证。直到北宋后期，复古风气极为浓烈时，他的"倒景"法、"凡天及水色尽用空青"法才出现于很多画家的作品中。

〔2〕山有面，则背向有影——此句中"面"、"背向"应当理解成：承受天光的凸处、光亮处为"面"，天光所照射不到的凹处为"背向"。若理解为面对作者一方为"面"，反之为"背向"，于字义亦顺，然"背向"终为作者所不见，且画中亦难形。沈宗骞《芥舟学画编》："石已分出，为顶为面，为腰为脚，而其凹处天光所不到，石之纹理晦暗而色黑。至其凸处，承天光，非无纹理，因其明亮而色常浅。"可作理解此句之参考。

又郭熙《林泉高致集》："山正面如此，侧面又如此，背面又如此，每看每异，所谓山形面面看也。"乃是从几个大的方向观看而分面、背，亦可参考。

〔3〕可令庆云西而吐于东方清天中——庆云：一种彩云，古人以为祥瑞之气。《汉书·天文志》："若烟非烟，若云非云，郁郁纷纷，萧索轮囷，是谓庆云。"又《礼乐志》："甘露降，庆云集。"

此语谓：可使庆云向西，但是自东方清天中吐出（一吐字，言云之动势也）。

〔4〕凡天及水色，尽用空青，竟素上下以暎日——空青：一种矿物质颜料，色青。《历代名画记》卷二《论画体工用榻写》："越嶲之空青，蔚之曾青，武昌之扁青。"越嶲在四川省西昌县西南，那里产的空青甚佳。竟素上下：此处指用空青涂满绢素的上下，因为上是天、下是水，尽用空青去表现。暎日：同映日，反映有日光的晴朗天气。

此言：凡天及水色，全部用空青颜色，染满绢素的上下以暎出有日光的晴朗天气。

按因此文是假想的构图及画法，故与传统画法有别。在摹制绘画作品时，"凡胶清及彩色，不可进素之上下也"（参见本书《魏晋胜流画赞》点校注译）。传统绘画中"素上下"是不"尽用"颜色的。此处可见顾恺之大胆创新的设想。

〔5〕西去山：别详其远近——别详：分别清楚地、详细地画出。

此言：由东向西延续的山，要分别清楚地、详细地画出其远近之势。

本文所设想的云台山为三段，其一"西去山"；其二是"中段"；其三是"后一段"。最后又总说"凡三段山"。以此顺序分析，十分清晰。

〔6〕发迹东基，转上未半，作紫石如坚云者五六枚——枚：（王氏书画苑）作文。

发迹：一般喻指人由隐微而得志通显。《史记·太史公自序》："秦失其政，而陈涉发迹。"《晋书·石勒载记》："（刘琨）遗勒书曰：'将军发迹河朔，席卷兖豫。'"此处有开始作画，从无到有，从有到渐趋完整的意味。

此言谓：（画西去山，）从东边基础开始（向上及向西画），转而向上未到一半处，作紫色石如凝固不动的云一样，约五六块。

〔7〕夹冈乘其间而上，使势蜿蟺如龙，因抱峰直顿而上——夹

冈：两边有较高的山势、当中所夹之冈。又，夹通狭，《后汉书·东夷传》："其地东西夹，南北长。"因释为狭窄的山冈亦通。二义本亦有同处。冈者，"山脊也"（《说文》）。《山水纯全集》："山冈者，其山长而有脊也。"蜿蟺：本为蚯蚓别名。崔豹《古今注·鱼虫》："蚯蚓，一名蜿蟺。"引而为屈曲盘旋意。王延寿《鲁灵光殿赋》："虬龙腾骧以蜿蟺。"因：犹如。《国策·楚第四》："夫雀其小者也，黄鹄因是以。"

此言：狭长的山冈乘其（五六枚紫石）间而上，要画得其势屈曲盘旋如龙。犹如抱峰直顿而上。

〔8〕下作积冈，使望之蓬蓬然凝而上——积冈：很多山冈杂乱如积（累）。蓬蓬然：《诗·小雅·采菽》："其叶蓬蓬。"《传》："蓬蓬，盛貌"。又《庄子·秋水》："风曰：'然。予蓬蓬然起于北海而入于南海也。'"

凝：《易·鼎卦》："君子以正位凝命。"注："凝，严整貌。"

此言：下作山冈乱杂如积，使人望上去既有气势，又严整地向上发展。

〔9〕次复一峰，是石，东邻向者峙峭峰，西连西向之丹崖——是石二字，可能属脱错。姑依原文解。"抱峰直顿而上"的峰是画中自东向西的第一峰，"次复一峰"即为第二峰。这第二峰的"东邻向者"即第一峰，此峰"直顿而上"，故又称峙峭峰，谓其耸峙而峭立也。丹崖：红色的崖。崖者，高峻之山壁也。《笔法记》："峻壁曰崖。"

此句云：次复一峰，峰画如大石壁，东邻向者即峙峭峰；西连着西向之丹崖。

〔10〕下据绝硐：硐与涧通。两山夹水之谓涧也。

〔11〕画丹崖临涧上，当使赫巇隆崇，画险绝之势——势：《王氏书画苑》作赫。

丹崖：即第二峰"西连西向之丹崖"。赫：显赫、突出。又赫亦指红色，丹崖即红崖，亦通。按以前解为当。巇：小山。《诗·大雅·公刘》："陟则在巘,复降在原。"《毛传》;"巘小山,别于大山也。"又解作大山上累小山。同上《疏》:"小山别于大山者,《释山》云:'重甗隒'。郭璞曰:'谓山形如累两甗……'"按释文:"甗隒"。此处释为山峰可矣。隆崇:突出而高峻。

此语谓:画丹崖临于涧上,当使之十分显赫突出而高峻,即要画成险绝之势。

〔12〕天师坐其上,合所坐石及廱——天师:一指汉张道陵后裔的封号。此处指张道陵,原名张陵(公元34～156年),东汉沛国丰(今徐州市西)人。曾任江州令。顺帝(126～144年)时与弟子前往四川鹤鸣山修道。永和六年(141年)作道书二十四篇,并用符水咒法为人治病,创立道派,为道教定型化之始。入道者须出五斗米,时称五斗米道。诸弟子尊称曰"天师"。有关记载甚多,仅选和本文故事有关者附此。

《真诰》:"张陵字辅汉,沛国丰人也。本大儒,晚学长生之道,得九鼎丹经。闻蜀中多名山,乃入鹤鸣山,著道书二十篇,仙去。"。

《仙鉴》:上清真人(即张天师)符令玉女二人引陵与夫人雍氏,于云台峰,白日升天。"

葛洪(284～364年)《神仙传》:"张陵,沛人也。""陵语诸人曰:'尔辈多俗态未除,不能弃世……其有九鼎大要,唯付王长,而后合有一人从东方来:当得之。'……至时,果有赵升者从东方来。……乃七度试升,皆过,乃授升丹经。七度试者,一、到门不纳;二、夜遣美女;三、道见遗金;四、入山遇虎;五、脱衣偿绢;六、疮病乞食;至第七试,陵将诸弟子登云台绝岩之上,下有一桃树如人臂,傍生石壁,下临不测之渊,桃大有实。陵谓诸弟子曰:'有人能得此桃实,当告以道要。'于时伏而窥之者二百余人,股战汗流,无敢久眩视之者,莫不退却而还,谢不能得。升一人乃曰:'神之所护,何险之有?圣师在此,终不使吾死于谷中耳。'……乃从上自掷投树上,足不蹉跌。取桃实满怀,而石壁险峻,无所攀缘,不能得返。于是乃以桃一一掷上,正得二百二颗。陵得而分赐诸弟子各一,陵自食一,留一以待升。陵乃以手引升，众视之，见陵臂加长三二丈，引升，升忽然来还，乃以向所留桃与之食……后陵与升、长三人，皆向日冲天而去，众弟子仰视之，久而乃没于云霄也。”

本文所构思的人物故事情节即为张天师七试弟子的故事。

合：应该。白居易《与元九书》：“文章合为时而著，歌诗合为事而作。”蔭：本义是覆盖、庇护。《文选》南朝宋谢灵运《拟魏太子邺中集诗》：“列坐蔭华禳，金樽盈清醑。”此处当指树荫或弟子所打的遮盖等。

此言：天师坐在险绝的丹崖上，且应坐在石上及蔭下（应该，正是设计构图时商量的口气）。

〔13〕宜磵中，桃傍生石间——宜於磵中，画桃树傍生于石间。

〔14〕画天师瘦形而神气远，据磵指桃，回首谓弟子——画天师清瘦形象而其神气超远。据磵上，指着磵中桃树，回首给弟子们讲话。

〔15〕弟子中有二人临下，到身大怖，流汗失色——临：以高视下曰临。到：通倒。《庄子·外物》：“草木之到植者过半，而不知其然。”卢文弨注：“到、倒，通。”

大怖：极其恐怖。

弟子中有二人倒身下看，极其恐怖，流汗失色。

按据《神仙传》：天师命弟子下磵中取桃，二人下临绝磵，生怕粉身碎骨，故大怖而流汗失色。

〔16〕作王良（按应为王长）穆然坐答问，而超升（按应为赵升）神爽精诣，俯聤 桃树——《神仙传》等记载均为王长、赵升，故此句中“王良”、“超升”当为王长、赵升。

聤：当为眄。《王氏书画苑》、《佩文斋书画谱》均作盼。

神爽精诣：和“穆然”相反，即十分有精神。诣是至的意思，亦可解释为聚精会神。《左传·昭公七年》：“用物精多，则魂魄强，是以有精爽至于神明。”孔颖达疏：“精亦神也，爽亦明也。”眄：斜视也。《战国策·燕策一》：“冯几据枚，眄视指使，则什已者至。”

此言：作王长穆然坐着回答天师所问，而赵升却十分有精神，俯身斜视碉中桃树。

〔17〕又别作王、赵趋。一人隐西壁倾岩，余见衣裾，一人全见室中，使轻妙泠然——趋：快步而行。《论语·微子》："孔子下，欲与之言，趋而避之，不得与之言。"倾：侧；斜。裾：衣服的前襟，亦称大襟。又衣袖亦称裾。泠：轻妙貌。《庄子·逍遥游》："夫列子御风而行，泠然善也。"画神仙"趋"，似飘于空中，故使轻妙泠然。

此言：又别作王长、赵升快步而行，一人隐于西山壁侧的岩石后，但能见到衣裾飘于外，一人全见于室中（"室中"难解，疑为"空中"之误，然无据），使他们都有轻妙泠然的感觉。

按：王长、赵升在一幅图中多次出现，正是早期画卷连环式的特色。传为顾恺之《洛神赋图卷》即如此。五代《韩熙载夜宴图》亦然。

〔18〕凡画人，坐时可七分，衣服彩色殊鲜微，此正盖山高而人远耳——七分：指人坐时是立着时高度的十分之七。殊鲜微：微乃徽之误。徽：美也。《诗·大雅·思齐》："大姒嗣徽音。"郑玄注："徽，美也。"衣服鲜，彩色美，正符。因为山高人远，衣服彩色如不画鲜美些，则不易突出。

此言：凡画人，坐时可为立时高度的十分之七。衣服彩色十分鲜美，此正因为山高而人远的缘故。（否则画面上人物就不易被观者所注视）。

〔19〕中段：东面丹砂绝崿及廲，当使嵥峨高骊，孤松植其上——崿：《王氏书画苑》、《佩文斋书画谱》均作崿，乃误。

此文构思三段山，前面所云"西去山"乃为第一段；此第二段山，乃曰：中段。中段山仍从东向西叙述。丹砂：红中略有黄意的颜色。绝崿：险绝的山崖。同崿。山崖也。《文选·张衡〈西京赋〉》："坻崿鳞峋。"李善注："坻，除也。崿，崖也。"

廲：此处当指大树之廲。嵥：险峻貌。《文选·潘安仁〈西征赋〉》："金墉郁其万雉，峻嵥以绳直。"《注》："嵥，谓栈嵥，险貌也。骊：本指纯黑色的马。又指并驾。《文选·张衡〈西京赋〉》："骊马四鹿。"薛综注："骊，犹罗列骈驾之也。"此"丹砂绝崿"与大师所坐"丹崖"、"赫巘隆崇""礀险绝之势"相对，中只有一礀，且"甚相近"（下文），故有并驾（骊）之势。廫：即"孤松"所成之廫。

此言：中段：东面画一丹砂险绝山崖及廫，当使其险峻高耸和天师所坐之丹崖成并驾之势。山顶还要画一孤松。

〔20〕对天师所壁以成礀，礀可甚相近，相近者，欲令双壁之内，凄怆澄清，神明之居，必有与立焉——澄，《佩文斋书画谱》缺此字。

神明：此处指神仙。《左传·哀公十四年》："爱之如父母，仰之如日月，敬之如神明，畏之如雷霆。"与立：此处指与之相应。

此言：（和天师所坐丹崖并驾的丹砂绝崿之山壁）对天师所据山崖之壁以成礀，礀可甚相近。之所以要使其相近，是欲令双壁之内，有凄怆澄清的气氛，因为神仙之居处，必然有与之相应的境界。

〔21〕可于次峰头作一紫石亭立，以象左阙之夹，高骊绝崿——立：《王氏书画苑》、《佩义斋书画谱》均作丘。崿：同上均作蓐。乃误。

次峰：指中段第二峰，即"丹砂绝崿"西边一峰。

阙：《说文》："阙，门观也。"徐锴《说文解字系传》卷二十三："盖为二台于门外，人君作楼观于门上，上员（圆）下方。以其阙然为道，谓之阙。"古代宫殿、祠庙和陵墓前的高建筑物，通常左右各一，建成高台，台上起楼观，以两阙之间有空缺，故名阙或双阙。"左阙"即左面一个。高骊绝崿：见前注〔19〕。此处骊，指"紫石亭立"的"次峰"和前"丹砂绝崿"成并驾之势。

此言：可于次峰（即中段"丹砂绝崿"西边一峰）头作一紫色，长石亭立，以象左阙之夹（右阙即"丹砂绝崿"，两阙之间谓之夹），此峰也要画得高峻而和"丹砂绝崿"成并驾之势，并有险绝之感。

〔22〕西通云台以表路，路左阙峰，似岩为根，根下空绝，并诸石

重势岩相承以合临东碉——西通云台以表路：此图自东发迹，开始交待详细，更多的山还在后面，云台主峰现在才出现。西通云台之路在"紫石亭立"的"次峰"之东已出现，依顺序论，应先见此路，后见"次峰"，但这路绕到"次峰"的后面，在"次峰"之西又出现了，而且表示它西通云台。"次峰"即"左阙"，路自其东而绕其后，故此阙在路左。"路左阙峰"即"象左阙"的"次峰"。此峰下承岩为根。似：嗣、承。《诗·小雅·裳裳者华》："是以似之。"《传》："似，续也。"又《诗·小雅·斯干》："似续妣祖，筑室百堵。"《传》："似，嗣也"。

根下空绝，即这一块留有空白，或云雾相遮。"并……合"二字特要联合起来读。即"空绝"下画有"诸石重叠相叠"的岩相承（承其"空绝"和"岩为根"），"岩为根"并"诸石重势"都下临东碉。换言之，即"紫石亭立"的"次峰"、"象左阙"，之下"岩为根"。再下"空绝"，再下"诸石重势"，再下"东碉。"合临"即以上相合，皆临（东碉）。碉统而观之，此句谓：画一路表示西通云台，路左即阙峰，下承岩以为根，根下空绝，并与诸石重叠相叠之势的岩相承，共临于东碉之上。

〔23〕其西，石泉又见，乃因绝际作通冈，伏流潜降，小复东出，下碉为石濑，沦没于渊——石泉的高度，根据前后文推测，当在"空绝"及"诸石重势"之际。石泉下临绝际，前面作一通冈遮住泉水，泉水于通冈之后流、降，谓之"伏流潜降"。此流意中所有，而画中所无。但马上于东面复出，下至碉为石濑。濑：从石上流过的急水。《论衡·书虚》："溪谷之深，流者安洋，浅多沙石，激扬为濑。"黄公望《画山水诀》："山下有水潭谓之濑。"

此言：其西，画一石泉，（石泉下临绝际）乃于绝际处作一通冈，泉水伏于通冈之后向下降，马上又复自东而出，下至碉处为石濑，再流而沦没于渊。

〔24〕所以一西一东而下者，欲使自然为图——然：《王氏书画

苑》、《佩文斋书画谱》均作欲。乃误。

"一西一东"指泉水本在西，经"伏流潜降"，又流自"东出"。
此言：所以要一西一东而流下者，是要使图中水流像自然中水流一样。

〔25〕云台西、北二面，可一图冈绕之——一图冈：即图一冈。云
台山西、北二面，可画一冈围绕之。

〔26〕上为双碣石，像左右阙——碣：圆顶的碑石。《后汉书·窦
宪传》："封神丘兮建隆。"李贤注："方者谓之碑，员（圆）者谓之
碣。"

此言：（冈）上画一对圆顶的碑石，象左右阙那样。

〔27〕石上作狐游生凤，当婆娑体仪，羽秀而详，轩尾翼以眺绝
碣——狐：《王氏书画苑》、《佩文斋书画谱》均作孤，义较胜，可
从。

生凤：即凤。同"生人"即人一样。体仪：形体仪姿。轩：
《诗·小雅·六月》："戎车既安，如轾如轩。"郑玄笺："戎车之
安，从后视之如挚（轾），从前视之如轩，然后适调也。"车顶前高如
仰之貌谓之轩。引申为高扬、飞举。钟会《孔雀赋》："舒翼轩峙"。
王粲《赠蔡子督诗》："归雁载轩"。皆然。

此言：（碣）石上作一只孤游的凤，应当画得婆娑体仪，羽毛秀丽
而详细，其尾翼呈飞扬貌，以远眺绝碣。

按早期山水画中作禽鸟比例皆大，翼羽皆清晰可辨。敦煌壁画及汉
画皆可证其实。

〔28〕后一段——此图中三段山的最后一段。

〔29〕赤岅，当使释弁如裂电——岅：山旁之石。释弁：释，分
解也。弁，颤抖也。《汉书·严延年传》："吏皆股弁。"颜师古注：
"股战若弁，弁谓抚手也。"电：空中闪电。

此言：赤色的山旁之石，当使上面分解、颤抖的线条犹如裂电。按
顾恺之本意是用释弁的线条画出山旁的碎石，"如裂电"的线，其效果
也许似后世的"荷叶皴"。

〔30〕对云台西凤所临壁以成碅，碅下有清流——赤岍对着云台山西边那只孤凤所临山崖之石壁以形成碅。碅下有清清的流水。

〔31〕其侧壁外面作一白虎，匍石饮水——匍石：伏于石上。其侧壁外面作一白色虎，伏于石上饮水。

〔32〕后为降势而绝——降势：山由高峻到低矮之势谓降势，即山势渐渐低。绝：尽头；结束。

此言谓：后面的山势渐渐低而至结束。

〔33〕凡三段山，画之虽长，当使画甚促，不尔不称——凡三段山：指前面所叙东、中、西三段，即文中"发迹东基"、"中段"、"后一段"三段山。

此言：凡三段山，画之虽然很长，但当使所画甚紧促（而不松散），不如此就不足称为好画。

〔34〕鸟兽中时有用之者，可定其仪而用之——山水中时时可以画一些鸟兽，可根据其体仪而用之（即如凤画在山顶石上，虎画于侧壁下，等等）。

按早期山水画中都画有很多鸟兽，敦煌壁画和汉画中山水部分皆可证其实。王微《叙画》谓"犬马禽鱼，物以状分"，亦和此句义同。

〔35〕下为碅，物景皆倒——碅中倒的物景乃影也。

此言：下面画碅，碅中物景之影皆是倒的（即倒影）。

〔36〕作清气带，山下三分倨一以上，使耿然成二重——倨：蹲坐也。《庄子·天运》："老聃方将倨堂。"又《说文·先训》："古文居处之居从宀作宭，今之居乃倨也。"则倨亦同居。耿然：明显地。

作清气如带，位于山下三份居一以上，明显地将山截为二重。

〔37〕已上并长康所著，因载于篇，自古相传脱错，未得妙本勘校——已上（指《论画》、《魏晋胜流画赞》和本篇《画云台山记》）皆为顾恺之（字长康）所著，因载于此篇，自古相传脱错，未得妙本勘校。

按此句是辑者张彦远附于本篇之末的说明，其实也是三篇文章之末的附记。通观前文可见此说甚当。如"王长"误为"王良","赵升"误为"超升",皆"未得妙本勘校"之故也。

（二）《画云台山记》译文

画云台山记

山有面，则背向有影，可画一片瑞祥的彩云吐于东方青天中向西延展。凡天及水色，全部用空青颜色，染满绢素的上下，以暎出有日光的晴朗天气。

由东向西延续的山，要分别清楚地、详细地画出其远近之势。先从东边基础部分开始（向上向西画出），转而向上，未到一半处，作紫色石如凝固不动的云一样，约五六块。狭长的山冈乘其（五六枚紫石）间而上，要画得其势屈曲盘旋如龙，犹如抱峰直顿而上。其下作杂乱如积的山冈，使人望上去既有气势而又严整地向上发展。次复一峰（即东段山的第二峰）如大石壁，东邻向者即峙峭峰（亦即第一峰）；西连着西向之丹崖。下据绝硐。这个丹崖，要画在涧上，还要使之十分显赫突出而高峻，也就是要画成险绝之势。张天师坐其上，应该坐在石上及荫下。宜于硐中，画桃树傍生于石间。画张天师形象清瘦而神气超远。广荫上指着硐中桃树，回首给弟子们讲话。弟子中有二人倒身下看，极其恐怖，流汗失色。再作王长穆然坐着回答张天师所问。而赵升却十分有精神，俯身斜视硐中桃树。又别作王长、赵升快步而行。其一人隐于西山壁侧的岩石后，尚余衣裾于外，一人全见于室中（疑为"空中"），使他们都有轻妙泠然的感觉。凡画人，坐时可为站立时的高度的十分之七。衣服彩色十分鲜美，此正因为山高而人远的缘故。（衣服彩色如不鲜美，就不易被人注视）。

中段。东面画一丹砂险绝山崖及麓，当使其险峻高耸和天师所坐丹崖成并驾之势。山顶还要画一孤松（即麓）。此"绝崿"要对天师所据山崖之壁以成硐，硐可甚相近。相近者，欲令双壁之内，有悽怆澄清的

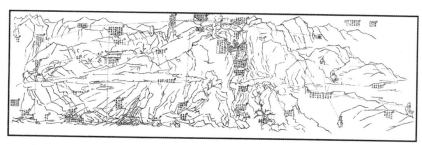

傅抱石拟《云台山图》

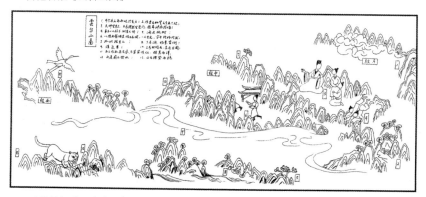

王伯敏拟《云台山图》

气氛也。神仙之居处，必有与之相应的境界。可于次峰，（即中段"丹砂绝岏"西边一峰）头作一紫色长石亭立，以象古阙之夹，此峰也要画得高峻而和"丹砂绝岏"成并驾之势，并有险绝之感。画一路表示西通云台主峰，路左即阙峰，下承岩以为根，根下空绝。再下，并与诸石重叠相叠之势的山岩相承，共临于东磵之上。其西，画一石泉（石泉下临绝际），乃于绝际处作一通冈，泉水伏流于通冈之后降下，忽又复自东而出，下至磵处形成石濑，再流而沦没于渊。所以要一西一东而流下者，是使图中所画之水流像自然中水流一样。云台山西、北二面，可画一冈围绕之。（冈）上画一对圆顶的碑石，像左右阙那样。碑石上作一只孤游的凤，应当画得体仪婆娑，羽毛秀丽而详细，其尾翼呈飞扬貌，以远眺绝磵。

后一段。画赤色的山石，当使上面分解、颤抖的线条犹如空中裂

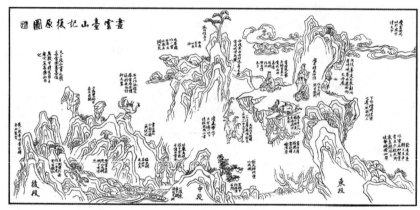

李霖灿拟《云台山图》

电。（后一段山）对着云台山西边那只孤凤所临山崖之石壁以形成碉，碉下有清清的流水。其侧壁外面作一白虎，伏于石上饮水。再后面的山势则渐渐低下而至结束。

凡三段山，画之虽然很长，但当使所画甚紧凑（而不松散），不如此就不足称为好画。鸟兽也时有可以画进山水画中去者，可定其体仪而用之（什么样的鸟和兽，宜于画在什么地方，要有考虑）。下面画为碉，碉中物景的影子皆是倒的。作一清气带于山下三份居一以上，使山之上下明显被截成二重。

（张彦远附记）已上（指《论画》、（魏晋胜流画赞》和《画云台山记）三篇文章）皆为顾恺之所著，因载于此篇，自古相传脱错，未得妙本勘校。

附录：顾恺之介绍

顾恺之，字长康，小字虎头，晋陵无锡人。东晋永和元年即公元345年生，义熙二年即公元406年卒。其父顾悦之，字君叔，官扬州别驾，历尚书左丞卒，列传《晋书》卷七十七。恺之少时便博学有才气。尝作《筝赋》成，谓人曰："吾赋之比嵇康《琴赋》，不赏者必以后出相遗，深识者亦当以高奇见贵。"在恺之二十岁左右时，释慧力曾在建业（今南京）建造一座瓦官寺，寺成，僧众设会，请朝贤鸣刹注疏，据说其时士大夫捐款没有过十万者，长康直打刹注百万。后来，顾恺之在寺壁上画一维摩诘像，光照一寺，观者如堵，不久即得施钱百万。

顾恺之二十一岁时，桓温引为大司马参军，甚见亲昵，直至公元375年桓温卒，这一段时间里，顾恺之的生活较为安宁和得意。他经常陪桓温论书画，竟夕忘疲。桓温征西治江陵城甚丽，会宾僚出江津望之云："若能目此城者有赏。"顾长康时为客在坐，目曰："遥望层城，丹楼如霞。"桓温即赏给顾恺之两个婢女（见《世说新语》）。顾恺之对桓温也十分有感情，桓温死后，恺之拜温墓，并赋诗云："山崩溟海竭，鱼鸟将何依。"

顾恺之五十岁时，又作过荆州都督殷仲堪的参军。殷、顾的关系也十分密切。《晋书·顾恺之传》记："……亦深被（殷）晋接。仲堪左荆州，恺之尝因假还，仲堪特以布帆借之，至破冢，遭风大败，恺之与仲堪笺曰：'地名破冢，真破冢而出。行人安稳，布帆无恙。'""还至荆州，人问以会稽山川之状，恺之云：'千岩竞秀，万壑争流，草木葱笼，若云蒸霞蔚。'"

殷仲堪后来和桓温的儿子桓玄发生冲突，为玄所逼而自杀，顾恺之又投奔桓玄，这时他已接近晚年。桓玄酷嗜书画，天下法书名画必使归己。他对待顾恺之，从各种记载来看，也是十分亲昵的。不过，桓玄有时也戏弄顾恺之。桓玄后来篡安帝自立，被刘裕、刘毅等兴兵讨伐，失败而被杀。但顾恺之并未遭到连累，而且在桓玄被诛后的第二年（405年），升任散骑常侍，一年后，卒于官。

顾恺之在当时，被传为有三绝：才绝、画绝、痴绝。才绝是指他的文才。据记载，顾恺之有《启蒙记》三卷，集二十卷。据目前尚可见到的《全上古三代秦汉三国六朝文·全晋文》中还有一二十篇。如

《雷电赋》《观涛赋》《冰赋》《湘中赋》《湘川赋》《筝赋》《凤赋》《四时赋》《拜员外散骑常侍表》《与殷仲堪笺》《虎丘山序》《嵇康赞序》《王衍画赞》《水赞》《祭牙文》《启蒙记天台山记》等等。钟嵘《诗品》亦谓顾恺之的诗："文虽不多，气调惊拔。"评品甚高。画绝：顾恺之是画家，当时陆探微等大家尚未出世，卫协等人已死，他的画也还是很出色的。最有趣的是他的痴绝，本传记载：

"恺之尝以一厨画，糊题其前寄（存）桓玄，皆其深所珍惜者。玄乃发其厨，后窃取画而缄闭如旧以还之。绐云未开。恺之见封题如初，但失其画，直云：'妙画通灵，变化而去，亦如人之登仙。'了无怪色。"

"义熙初，为散骑常侍，与谢瞻连省，夜于月下长咏，瞻每遥赞之，恺之弥自力忘倦。瞻将眠，令人代己，恺之不觉有弃，遂申旦而止。"

"桓玄尝以一柳叶绐之曰："此蝉所翳叶也，取以自蔽，人不见己。恺之喜，引叶自蔽，玄就溺焉，恺之信其不见己也。甚以珍之。"

还有顾恺之梢食甘蔗的故事，流传至今："恺之每食甘蔗，恒自尾至本，人或怪之，云：'渐入佳境。'"

魏晋时文人名士装痴成风，所以，顾恺之在桓温府时，温常云："恺之体中，痴黠各半。"

五、宗炳《画山水序》研究

（一）最早的山水画论

宗炳（375～443年）和顾恺之（345～407年）同时代而略晚。他的《画山水序》是我国正式山水画论的第一篇。和宗炳同世而略晚的王微（415～453）接着写出第二篇山水画论。在西方国家，十八世纪方有正式的风景画，而我们国家早于它十几个世纪，不但有了山水画，而且有了很像样的山水画论。这也是值得我们自豪和认真研究的。

（二）"道""理""神""灵""圣"

宗炳的《画山水序》中，屡次提到"道"，"圣人含道暎物"，"圣人以神法道"，"山水以形媚道"等等。道是古人哲学中的最基本概念，即今之"真理"、"原理"。指的是天地万物的总规律、总法则。儒、道、释各家俱言"道"，"道也者，不可须臾离也"（《中庸》）。然各家的"道"内容不一样。宗炳对儒、道、释各家的"道"都有研究，这些"道"对他都有不同程度的影响。但在此文中，他说的"道"主要指老庄之道。

在宗炳的意识中：佛国最伟。但真正左右他的思想和行动的乃是老庄的道家思想。儒家思想，在他认为主要在"治迹"、"养民"，他有时甚至表现不满于儒的情绪，也常常用佛、道精神意义解释或修正儒学，当然儒学痕迹也不是完全不存的。不过，儒学一到宗炳手里，便道家化了。这也不是宗炳的创造，晋末的葛洪就是以道为本，以儒为末，又以道化儒的。

宗炳绝意仕途，一生好游山水，是道地的隐士，又是虔诚佛教徒（出家者称和尚，不出家者称居士，宗被称为居士）。本传记他："乃下入庐山，就释慧远考寻文义。"《全宋文》还载有他的文章《明佛论》，乃是阐明佛教宗义的文章，其主旨就是谈佛家的"因果报应"。但他对佛教的崇信，主要是注重于死后，即灵魂（宗炳称为精神）不灭，轮回报应。《明佛论》中说："神既无灭，求灭不得，复当乘罪受身"，因而"唯有委诚信佛，托心履戒，已援精神，生蒙灵援，死则清升"。他又说："佛国之伟，精神不灭……亿劫乃报。"在《又答何衡阳书》中他强调，"人是精神物"，"昔不灭之实，事如佛言，而神背心毁，自逆幽司，安知今生之苦毒者，非往生之故尔邪"。慧远在庐山成立"白莲社"，近在庐山脚下的陶渊明拒绝入社，宗炳却不远千里跑到庐山，在阿弥陀佛像前宣誓死后要往生弥陀净土。佛道的影响对宗炳来说就是轮回报应。

但人要得到一个好的报应，就要注意"洗心养身"，只要认真"洗心养身"，"往劫之纣桀，皆可徐成将来之汤武"。这方面他又归于道家、仙家之力量，《明佛论》中他明确指出："且坟典已逸，俗儒所编，专在治迹，言有出于世表，或散没于史策，或绝灭于坑焚。若老子、庄周之道，松乔列真之术，信可以洗心养身。""洗心"和他的"澄怀"是一致的，便是他对生活的态度，他反复强调"洗心"和"澄怀"，就是要胸无尘浊杂念，和庄子强调的"斋以静心"是一致的，所以宗炳虽然"家贫无以相赡，颇营稼穑"（见本传），也像庄子拒绝楚王礼聘一样决不去做官，而是"迹拟巢由"，全力去"澄怀观道"和"洗心养身"。要"洗心"，他自己说得清楚，必须遵奉老子与庄周之道，他甚至解释佛理，也用道家的话，《明佛论》中他说，"圣无常心"，"玄之又玄"，"禀日损之学，损之又损，必至无为"，"有神理必有妙极，得一以灵，非佛而何？"这些都是《老子》、《庄子》的话。由是观之，他虽崇释，而其人生哲学为老庄的道家思想所左右的成分还是居多。实则他也是一个忠实的道教徒。打个比方：佛国是他的目标、理想境界，但通往佛国乃是用道家之路。他驾着道家的车，沿着道家的路方能到达佛国。所以说他的思想和行动实际上还是道家的。这也和当时的社会思想是一致的。老、庄是宗炳心目中的圣人，《全宋文》卷二十宗炳《答何衡阳书》中有所谓"众圣庄老"，并把他们的话奉为金科玉律。上面我已分析宗炳信佛只注重轮回报应，下一节我将分析"圣人含道暎物"是老、庄之道映于物，而非儒道映于物，为了解决这个问题，我这里再释宗炳的"圣"，把"圣"解释清楚后，再来释"道"。

圣：宗炳对儒道仙佛皆有研究，他心目中圣人很多，本文中提到"轩辕、尧、孔、广成、大隗、许由、孤竹（伯夷、叔齐）之流"，在他的其他文章里，也曾多次提到如来、菩萨，而本文中却未提到一位佛家的圣人，所以宗炳虽崇释，本文的圣却不是指释家之圣，是很清楚的。

从现存的几篇宗炳文章看，宗炳对儒家的态度有点暖昧，宗炳是不反孔的，但他对儒又有不满情绪（宗炳文章中，儒、孔似有别。这可能是由于当时儒佛斗争的影响所致。宗炳提到孔的地方，是取肯定态度的，但他又骂"俗儒"，又说儒家学说被秦皇烧光了。（《明佛论》："……绝灭于坑焚"），"洗心养身，而亦皆无取于六经，而学者唯守救麤之阙文，以书、礼为限断，不亦悲乎"（《明佛论》）。因此宗炳这种态度值得研究。其一宗炳崇释尊道，他所感兴趣的是仙、道、佛，是"洗心养身"、"愧不能凝气怡身"（以不能凝气怡身而愧）。而他认为儒学"专在治迹"和"养民"，对此兴趣不大，所以他"亦皆无取于六经"。其次，他崇释尊道胜于儒，有时对儒学采取实用主义态度，比如儒家的"仁者乐山，知者乐水"就和道家主张的精神解放的"逍遥游"相和谐，于是便利而用之。甚至以佛、道学说解释（曲解）儒学，比如孔子是怀疑鬼神而重人的因素的，所谓未知生，安知死，未知事人，安知事鬼。而信鬼神不疑的宗炳却解释为"生死鬼神之本……不可得闻"（见《明佛论》）。复次，孔、儒、道问题还有一段混乱的悬案，我也附说于此，道家是非儒的，非的是以曾参为代表的儒（"非乎，而曾、史是已"《骈拇》）。道家是把孔子放在儒家之外的（详见郭沫若《庄子的批判》）。《庄子》书中常提到"孔"，庄子之徒尚称孔子是"北方之贤"（老子是南方之贤）。再者，我是不赞成目前及以前一些对道家"绝圣去知"的简单化看法，老庄都盛称古代圣人，都大谈过"圣人之道"，"绝圣去知"并不绝去三代以上之圣、之知。他们极力宣扬的就是小国寡民之治。"子独不知至德之世乎？昔者容成氏……轩辕氏……若此之时，则至治已。"（《庄子·胠箧》）孔子要恢复到西周之治，老子要恢复到小国寡民，庄子要恢复到轩辕氏。庄子是个玩世不恭的人，且《庄子》一书不是他一人写成，混乱地方很多，但对"尧舜让而帝"、"三代殊继"皆未加攻击。这里有一个问题要说清的，黄帝是庄子树立起来的古代圣王，孔子是不知有黄帝的。"尧舜禅让说经墨的鼓吹渐渐成熟，流入了儒家的学说中……"（见《古史辨》第七册下编）尧舜还不算儒家最理想的人物，《论语》："修己以安百姓，尧舜其病诸。"周公才是儒家最理想的人物："周之德，其可谓至德也已矣。"（《论语·泰伯》）

庄子对待尧舜，有两个方面，他虽说"其尘垢秕糠，将犹陶铸尧舜"（《逍遥游》），这仍是对尧舜取肯定态度的。"尧治天下之民，平海内之政，往见四子藐姑射山，汾水之阳，窅然丧天下焉"，老子主"无为"，尧连天下都忘了，可谓无为到家了。《天运》篇写尧与舜对话说，治天下当法天地自然，又说："夫天地者，古之所大也，而黄帝尧舜之所共美也，故古之王天下者，奚为哉？天地而已矣。"《庄子》很多地方都把尧舜和庄子所树立的古圣王黄帝并称，《在宥》"昔尧之治天下也，使天下欣欣焉，人乐其性"，"尧让天下于许由"；《胠箧》"田成子有乎盗贼之名，而身处尧舜之安"等等，皆对尧舜有一定的肯定成分。庄子所攻击的圣、君乃是他在《秋水》、《在宥》等篇反复声明的"自三代以下者是已"。《天运》篇中他大骂的三皇，据王先谦等注乃是夏、商、周开国之君。

但是庄子对尧舜之治，显然是不满的，有些地方是持反对态度的，他所反对的乃是尧舜的仁义之治，以至导致了"儒墨皆起"，"民心变"（《天运》），"自三代以下，匈匈焉"（《在宥》）。

庄子肯定尧舜其人，又否定尧舜之治，应该如何解释呢？《庄子·大宗师》中女娲自称"有圣人之道而无圣人之才"，这也就是庄子对尧舜的看法。通览《庄子》全书，庄子认为尧舜之前的君、王是有圣人之道也有圣人之才的，尧舜之后的君、王无圣人之道也无圣人之才，因此对前者赞美不已，对后者大骂不休。尧舜处二者之间，仍为圣人，但治理不理想。再次，尧舜在儒家和道家的学说中性质不一样。《论语》书中，尧出现五次，舜出现九次，皆和山水丝毫不相干，而《庄子》书中的尧舜便和山水相关，和游相关。

因此宗炳所提"轩辕、尧、孔、广成、大隗、许由、孤竹"，除"孔"外，都是道家仙家的人物，退一步说，须是道家感兴趣的人物或者是道教化的儒圣。决不提周公，因为周公是道地的儒家圣贤，道家对之不感兴趣。而"孔"字，我怀疑是误字。孔不宜在尧之后，尧舜并称，且舜为"无为"之君，尧亦自愧不如："子，天之合也，我，人之合也。"（《天道》）舜正是道家理想中人物，而且下面提到崆峒等地，也未有孔子所游之地。再者上提到八人中，除广成、大隗为仙人外，余皆按时间先后排列，"轩辕、尧、孔、许由、孤竹"，"孔"字若是，亦应排在孤竹之后。《庄子·天道》中"黄帝、尧舜"并提，宗炳在《明佛论》中也一连串提到轩辕、尧、舜、广成、大隗、鸿崖、巢、许等人，也可以和此处相印证，故疑"孔"是"舜"之误。以上宗炳所提到的"黄帝、尧、舜〔孔〕、广成、大隗、许由、孤竹"在《庄子》中都多次出现，都是和山水有关、和"游"有关。

　　总之，宗炳说的圣贤主要是道家的圣贤，是游山水的圣贤，而不是热心救世、积极进取的儒家圣贤。这里还有二位仙家，正符合宗炳所说的"老子庄周之道，松乔列真之术，信可以洗心养身……而亦皆无取于六经"之论。

　　再重申一遍，宗炳的道和圣，主要是道家的，但不排除他受儒家思想的影响。

　　下面再释"道"：这个"道"主要是老庄之道，似可明白。庄子之道"其要本于老子之言"（《史记》），虽然老、庄之学也有很多地方距离很大，但宗炳明白地说，"若老子、庄周之道"、"众圣庄老"，也就不好再具体地分是"老"，还是"庄"了。老庄之道就是从一切具体事物中抽象出来的自然规律或法则，其特征是"不争"、"柔"、"弱"、"处下"、"无为"、"任自然"等；其目的在效法自然规律来治国、保身。道和自然的关系，老子说得明白："人法地，地法天，天法道，道法自然。"道纯任自然，又在万物上有反映，这就是宗炳说的"道暎物"。例如《老子·十一》："三十辐共一毂，当其无，有车之用。埏埴以为器，当其无，有器之用。凿户牖以为室，当其无，有室之用"。这些"道"都纯任自然，又都映于物，岂有车轮无轴孔，房屋无门窗无空间呢？正是这空处（无）才是有用的地方，所以"有之以为利，无之以为用"。

　　道"先天地生"，本来就存在，但不为人知，圣人从自然万物中发现总结了道，方为人所知，也可以说道发自圣人，这叫"圣人含道"。圣人之道在物上有体现，贤者品味由圣人之道所显现之物像而得"道"，这叫贤者"味像"，也叫"味道"。因像乃道之显现，"味像"要"澄怀"，有污浊之心是不行的，叫"澄怀味像"或"澄怀味道"。"含道"也好，"味道"也好，都来自自然界，"是以轩辕……之流，必有崆峒……之游"。

　　"至于山水，质有而趣灵"，山水的形质有了，必然会显映圣人之道（详下文）。贤者及次于贤者的人，游于山水、观于物还不能发现总结出道——不具这个能力，但学习了圣人之道，经其指点再去观察物，二者结合，就通了。圣人发现总结出道，不是靠肉体，宗炳是重神轻形的（详《明佛论》等文），"圣人以神法道"，道是靠圣人体内的神总结出来的，此处"法道"的"法"不是"道法自然"的"法"，而是"制造"的意思，《易·系辞》："制而用之谓之法。"宗炳所说的"法道"，实则是"总结发现"，用"法"强调圣人之功（《全宋文》作"发道"，即道由圣人的精神发出，亦通）。贤人是圣人之道的最先接受者和最好的实践者，所以"贤者通"。

再说"理"：道本体是形而上者，是可知其本然，而不可知其所以然的，庄子："已而不知其然谓之道。"可知其所以然者则为"理"。比如老子的道是"任顺自然"，我们可知其本然，但为什么要任顺自然，就要作具体的解释，要落实到具体物上，这叫"理"。理由道生，道因理见，道是万事万物的各种规律的总和，无数具体规律的总依据，老子说："道者，万物之奥（主宰）"（《老子》六十二章）。"理"是每个事物所以构成的具体规律，特殊规律，如《庄子·知北游》所云，"万物有成理而不说"，"圣人原天地之美而达万物之理"。《天下篇》亦有云："析万物之理。"《管子·心术上》："理者谓所以舍也。"《韩非子·主道》："道者万物之始。"《解老》："道者，万物之所以然也，万理之所稽也。理者，成物之文也。道者，万物之所以成也。故曰：'道，理之者也。'物有理，不可以相薄。物有理不可以相薄，故理为物之制，万物各异理。万物各异理而'道'尽。稽万物之理，故不得不化，不得不化故无常操……"什么叫"常"和"不常"呢？"夫物之一存一亡，乍死乍生，初盛而后衰者，不可谓常。唯夫与天地之剖判也俱生，至天地之消散也不死不衰者谓常。""而常者，无攸易，无定理。"这里说"道"，常，是不可变的，绝对的；理不可谓常是变化着的。又说："凡理者，方圆、短长、粗靡、坚脆之分也"，"凡物之有形者易裁也，易割也……有形则有短长……短长、大小、方圆、坚脆、轻重、白黑之谓理。"总之在古代思想家看来，"道"是万物之始，是总统万物之规律的，绝对不变的，本身"无定理"；"理"是创生，是相对的，可变的，本身"有定理"，可知其所以然的。理又成物之文，故理因物而见，是具体的，必具因果对待，言"理"必及其"所以然"或"必然"。故理由道生，道因理而见，依理而行道。

所以宗炳说"理绝于中古之上者，可意求于千载之下"，而不说"道绝……"，又说"应目会心为理者"，"神超理得"，而都不用"道"字。这里的"理"，都是"道"生而能知其所以然的，是不同于形而上的"道"的。

再说"神"、"灵"：宗炳所说的"道"、"神"、"灵"是互有联系而不可分的整体，其中又有区别。

老、庄都是泛神论者，实则不信神，他们所说的神人，不是主宰人世的神。"若有真宰，而特不得其朕"（《齐物论》）。

宗炳信道又崇释，是形神分殊说的坚信者和推行者，他认为圣人、贤人、普通人、万物皆有神。神不可见，寄托于形体之中，但主持驱动形体。神和道的关系极密，"道"靠圣人之神发现、总结，"道"就在圣人的神中，道和神为二而居一体，《明佛论》有云："自道而降，便入精神。"其实，所谓"道"，就是一些有知识、有修养的人总结出来的，当然是靠其聪明才智（神），而不是靠肉体了。

老子："神得一以灵。"含道的神在物（山水）上反映出来，便谓之"灵"。"神无以灵将恐竭"（《老子》三十九章），神如不能显其灵则是消散的，是无所寄托的，神在物上有所寄托，有所显现，则称为"灵"。所以宗炳说"神本亡端"。有了具体对象时便说"玄牝之灵"，"质有而趣灵"，而不用"神"、"道"二字。

"质有而趣灵"的"趣"，是进取、接受的意思，此处作"受"解，《庄子·秋水》："然则我何为乎？何不为乎？吾辞受趣舍，吾终奈何？"郭象《齐物论注》："万物万情，趣舍不同。"

"灵"是神得一之谓，神中又含道，所以"质有而趣灵"，仍然是"质有而趣道"。圣人含道暎物，山水质有而受道，在山水上显映出来又称为"灵",逻辑是很严密的,用词是很讲究的,上面说的"道"、"理"亦然。怪不得《宋书》说宗炳"精于言理"。

(三)山水画功能论

宗炳认为"圣人含道暎物"、"山水以形媚道",所以这位"澄怀味像"、"洗心"的信徒,游览山水和制作山水画,并非"偷闲学少年"而去游玩。他心中另有乐处,就是通过游览或"卧游"山水,更好地品味圣人之道。

圣人的道是如何"暎物"的,贤者又是如何"味像"的?游山水怎么能品味圣人之道呢?这问题如不弄清,对宗炳思想的研究,就不能深入。

老、庄之"道"是形而上的,我们可以知道它崇尚自然,也可以知其目的在于效法自然治国、驭众、固位、保身。这仍然是抽象的,看不见,摸不着的,老子做了一个比喻,说"道"像水一样,"上善若水,水善利万物而不争,处众人之所恶,故几于道"(第八章)。水"几于道",理解水也可以理解"道"了,观水也就是观"道"。宗炳"西陟荆巫"等地,经过的水路和观水恐怕最多。他从故乡南阳到江陵(江陵属南平,其兄宗臧任南平太守,为他在江陵立宅),经汉水和长江,他"西陟荆巫",走的是漳水和长江;他"南登衡岳"走的是长江、洞庭湖、湘江;他"眷恋庐、衡",还是顺流下长江至九江;他"伤跕石门之流",经过的是澧水;从嵩山至华山,走的是洛河。水性柔、弱,去低洼处。老子"道"的特点,"柔"、"弱"与"无为"、"不争"、"处下"、"为下"(皆老子语),其性确如水,庄子主张无拘无束、顺性而行亦类水。故道"几于水"。老、庄谈水的内容最多,所谓"上善若水……几于道",因为"水善利万物而不争,处众人之所恶"(八章),像水一样,"天之道,利而不害,圣人之道,为而不争"(八十一章),是说天道、圣道都效法自然。"天之道,不争而善胜,不言而善应,不召而自来,繟然而善谋。"(七十三章)亦类于水。老子又说："江海所以为百谷王者，以其善下之，故能为百谷王。"所以从此处悟出："欲上民，必以言下之，欲先民，必以身后之……以其不争，故天下莫能与之争。"（六十六章）老子又说："天下莫柔弱于水，而攻坚强者莫之能胜。"因而又悟出："弱之胜强，柔之胜刚。"又悟出"天下之至柔，驰骋天下之至坚"，"大国者下流"，"为下……或下以取"（六十一章），"弱者道之用"（四十章），"守柔曰强"（五十二章），"柔弱胜刚强"（三十六章），"骨弱筋柔而握固"，这都是老子"无为而无不为"的根据。人犹要学水，"洼则盈，敝则新……不自见，故明；不自是，故彰……夫唯不争，故天下莫能与之争"，都是老子反复阐说的内容。

以上的"道"本来就存在，水从来都是汇聚到下处，一般人见而不知，《易·系辞上》有云："百姓日用而不知，故君子之道鲜矣。"经圣人发现、总结上升到理论，为道，而"显诸仁，藏诸用。"（《易·系辞上》）。但坐在家里，怎么能理解呢？宗炳顺水而游，迹满天下，他理解了"天下之至柔，而驰骋天下之至坚"。确像圣人说的那样，道也便在其中了，这就叫"味像"，在像上（譬如水）正反映着圣人之道。味像通道，虽然自然如此，江海本来存在，若无圣人指点，未必明白"江海所以为百谷王者，以其善下之"。未必进一步明白"欲上民，必以言下之"。这就叫"含道暎物"，即圣人之道在物上表现出来。

老、庄之"道"，往往是借自然来说明其中真谛的。比如《老子》七十六章："人之生也柔弱，其死也坚强；万物草木之生也柔脆，其死也枯槁。"这是自然的现象，但圣人从中发现"道"："坚强者死之徒，柔弱者生之徒"（刚强的人总是吃亏）、"兵强则灭，木强则折"。又总结出："坚强处下，柔弱处上。"圣人之道"暎物"，言之精当，贤者味像，更为明了，大约含有今日的"形象思维"在内。

游于水已可得道，"道之在天下，犹川谷之于江海"（《老子》三十二章），还要游山干什么？山有山之美，山中亦映有圣人道。宗炳说："山水以形媚道"，"媚道"一词古籍多见，一般指争宠，以求皇帝多施恩幸的意思，如《史记·外戚世家》："陈皇后挟妇媚道。"
《汉书·外戚传》："许皇后宠益衰，而后宫多新宠，后姊平安刚侯夫
人等为媚道。""媚"作倾身希承解，亦作敬重解。此句"媚道"虽
是媚于道的意思，但亦含有旧典中"媚道"之意。宗炳把山水拟人化
了，"圣人含道暎物"，道映于万物，但山水因为形美，能和万物"争
宠"，圣人之道更多更集中地反映在上面，所以要游山水。

　　宗炳见"嵩华之秀，玄牝之灵"，人为的美是不可比的。张彦远所
谓"玄牝亡言，神工独运"，"玄牝"乃老子常用语，此语本自老子
"行不言之教，万物作焉"。所谓神工，游名山的人皆有此赞。宗炳毕
竟是一位文人雅士画家，不欣赏人为雕琢的世俗之美。老子说"五色令
人目盲"，庄子亦云"五色乱目，使目不明"（《天地》），五颜六
色的世俗之美，只能刺激感官，非真美，"天下皆知美之为美，斯恶
矣"（《老子》），"令人目盲"、"使目不明"还不恶吗？宗炳观
"峰岫峣嶷，云林森眇"，故，"天地有大美而不言"（《庄子·知北
游》），不去游览山水，能深刻地理解圣人这些"道"吗？

　　又"大美而不言"的山水处于"天励之薮"、"无人之野"，有何
人为之？虽"无为"而非人为可致，可谓"无不为"，"无为而无不
为"，治国驭众亦然，君主"无为"而百姓自"有为"。故"味像"又
知"道"矣。

　　"味像"的先决条件是"澄怀"，也就是老子说的"涤除玄览"
（十章），庄子"斋以静心"和"斋戒，疏瀹而心，澡雪而精神。"
（《知北游》）道家特别主张"静知"，《老子》十六章："致虚
极，守静笃"，"归根曰静"。《庄子》："故静也，万物无足以挠
心。""水静犹明，而况精神。"山林和烦浊的闹市相反，是最合于道
家"静知体道"的地方，《庄子》书中说的有道之士大都和山林有关：
"尧……往见四子藐姑射之山"（《逍遥游》），"黄帝将见大隗于具
茨之山"（《徐无鬼》），"黄帝……闻广成子在空同之上，故往见
之"（《在宥》），孤竹"二子北至于首阳山"（《让王》）等等。

　　"澄怀"就是要涤荡污浊势利之心，遁于空静的山林最理想，远离尘浊世俗，"独与天地精神相往来"（《庄子·天下》），静静地思索，深沉地入静，方能得道。有世俗名利之心的人，一心想发财，一心想做官，还能"不争"、"处下"、"无为"吗？还能像庄子一样拒绝礼聘吗？奔走于势利之途、名利之场的人，还有时间和心思去"逍遥游"，"独与天地精神相往来"吗？

　　所以宗炳不去做官，"每游山水，往辄忘归"，他对"道"味得越深越不入世，"屡辟不就"，并说"栖丘饮谷，三十余年"，他的传记被列入《隐逸》。

　　因为贤者必须品味由圣人之道所映之物象，对道才知之深刻。圣人能"法道"，也要依顺自然，"是以轩辕……之流，必有崆峒……之游焉"。因而宗炳的游览山水，不是游玩，乃是一生中重要的"工作"而不能放松，所以他"眷恋庐、衡，契阔荆、巫，不知老之将至"。但人老了，病了，不能再游山水了，岂不中断了对圣人之道的学习，"洗心"不也受到损失吗？那就必须想办法弥补这一损失，于是他要"卧以游之"，就是要躺在床上游览山水，所以这办法就是将山水画出来，挂在墙上，或干脆画在墙上，卧在床上，看着山水画也一样地"游览"，一样地从中体道。而且即使到了真山水境内去游览求道，还不比这强呢（"虽复虚求幽岩，何以加焉"）。宗炳之所以鼓吹画山水，决不是为了消遣，而是要调动一种最好的形式，去体现和学习圣人之道。"存形莫善于画"（陆机语），要再现山水于卧室之内，同样莫善于画了。

　　宗炳"披图幽对"时，比身入幽岩还强，文中说："坐究四荒，不违天励之藂，独应无人之野，峰岫峣嶷，云林森眇。"[①]意思是说披阅图画，坐究四荒景致，触目所见，不会避掉天际荒远之丛林，尚能应接

————————————

　　① "不违"的"违"是"避"的意思。《易·乾》："忧则违之。"注："知难而避也。""天励"即天的边际。"励"同"厉"，藩界也。《周礼》地官山虞："掌山林之政令，物为之厉而为之守禁。"注："物之为厉，每物有藩界也。""藂"，同丛，聚木曰丛。"独"：尚也。刘向（汉）《说苑·杂言》："圣人独见疑，而况于贤者乎？"

杏无人烟之野，峰岫峣嶷那样悬崖峭壁，云林森眇那样妙境。这就比真实之景还全面。所以他接着便说："圣贤暎于绝代，万趣融其神思。"①古圣贤的思想照耀于荒远的年代，"万趣"和自己的精神相融洽，引发人以无限神思。对古圣贤的道，体味得更深刻了，尽管"圣贤暎于绝代"，这里因山水画的作用，也就理解了。所以他感到特别愉快："余复何为哉？畅神而已，神之所畅，孰有先焉。"

很多人认为"畅神说"是仅仅对山水画的欣赏而感到的，这只看到了问题的现象，其实本质还是"观道"，是通过山水画的形式，实现了观道和对道理解更深刻的目的，才"畅神"的。这样就把山水画的功能提高了。

（四）写山水之神

顾恺之第一个提出绘画"传神论"，而他的"传神论"只指人物。宗炳把"传神论"应用到山水画，他说："嵩华之秀，玄牝之灵，皆可得之于一图"。而不说："嵩华之形，玄牝之体。"王微说得更为明确："本乎形者融灵。"但宗炳说的"神"和顾、王的"神"恐怕有点区别。宗炳是著名的神形分殊论者，他认为世界上一切物象皆神的显应，《明佛论》中他甚至说："若使形生则神立，形死则神死，则宜形残神毁，形病神困……病之极矣，而无变于德行之至，斯殆不灭之验也。"群生虫豸等皆然。

他认为圣人能"法道"，山水能受道，皆神的作用，"质有而趣灵"，"以形媚道"，形质只是载道、载神的体。他说："夫以应目会心为理者，类之成巧，则目亦同应，心亦俱会，应会感神，神超理得。"意思是说，山水的景致，应于目，会于心而上升为"理"，如果画得巧妙（《广雅》："画，类也"），则观画者在画面上看到的和理

---

①绝代：荒远的年代。郭璞《尔雅序》："总绝代之离词。"

解到的，亦和作画者相同（同应、俱会）。"应目"、"会心"都感通于由山水所托之神，作画者和观画者的精神都可超脱于尘浊之外，"理"也便随之而得了。这里宗炳认为山水画之所以能使人精神得以超脱于尘浊之外，也是因为感通于画上的山水之神，只有如此，才能起到"观道"的作用，所以他的意思很明白，写山水要写山水之神。

张彦远说："意存笔先，画尽意在，所以全神气也。"正因为"应目会心为理"，所以才能"意存笔先"；正因为"应会感神，神超理得"，所以才能"画尽意在"，才能"全神气也"。

山水画也要以形写神，宗炳认识到神是无形的，必须有所依托才能显现，形质就是神的寄托之体，画了山水的形，从形中才能得到山水之神。他说"神本亡端，栖形感类（画），理入影迹"，意思是说，山水之神，本无端绪，无从把握，它栖于山水形内而感通于所绘之景（感类），神也就进入了山水画（影迹）中了。宗炳虽是唯心论者，但他说出的"神本亡端，栖形感类"就比宋代文论家严羽的"无迹可求"之意义更为重大。宗炳不直说"神入影迹"，而说"理入影迹"，第一节已分析过"道"、"理"、"神"的关系，说"理入"实际就是"神入"，但比"神入"更深刻。如果画得好，山水画也肯定能穷尽其神、其理、其道。就是宗炳所说的"诚能妙写，亦诚尽矣"。

宗炳所说的山水神，其实是他发现了山水的美，这种美可以陶冶人的性情，改变人的灵魂，开扩人的心胸。而他无法理解其中道理，便以佛道合流的意识去解释它，但它对于后世绘画的影响却是积极的。

明董其昌《画旨》有云："……读万卷书，行万里路，胸中脱去尘浊……随手写出，皆为山水传神。"也和宗炳的理论相契。"读万卷书，行万里路"，不是技巧的学习，而是借书中的知识和山水之灵气来开扩心胸，使"胸中脱去尘浊"，这和宗炳的"澄怀味像"以及"神超理得"相通。明人李日华《紫桃轩又缀》有云："绘事必以微茫惨淡为妙境，非性灵廓彻者，未易正入。""性灵廓彻"也就是宗炳的"澄怀"、"神超"。清周亮工《读书录》卷一李君实（日华）条下又引他

《与董献可札子》云："大都古人不可及处，全在灵明洒脱，不挂一丝，而义理融通，备有万妙，断断非尘襟俗韵，所能摹肖而得者。以此知吾辈学问，当一意以充拓心胸为主。"他们的话是站在封建士大夫立场上讲的，有些应该批判。但这些观点都和宗炳的"澄怀"、"神超"之议一脉相承，都是宗炳为山水传神的"总纲"所掣。

（五）以形写形，以色貌色

既然"神本亡端，栖形感类"，因而要画山水还须从形人手。宗炳提出"以形写形，以色貌色"，即是以山水的本来形色写作画面上的山水之形色，这乃是后来的"外师造化"的先声，实际上就是提倡写生。战国时诸子论画，所谓犬马难、鬼魅易等，固然也反映了师造化的一点信息，但明确提出"以形写形，以色貌色"的写生方法者还是宗炳。

要"以形写形"就要认真观察真实的山水，要深入，宗炳说"身所盘桓，目所绸缪"，才能"以形写形，以色貌色"。闭门造车是出不了优秀作品的，所以宗炳"西陟荆巫，南登衡岳"，"凡所游历，皆图于壁"（宗炳传），本文中也说："余眷恋庐、衡，契阔荆巫，不知老之将至。"

深入生活亦不能畏惧艰苦，宗炳"老之将至"时，"愧不能凝气怡身"，但他仍然"伤跕石门之流"。还"画象布色，构兹云岭"。

（六）远小近大原理之发现

要写生、创作，必须善于处理空间，我们看敦煌壁画中早期的山水画"群峰之势，若钿饰犀栉"，毫无空间感，连远小近大的基本原理都不懂，可见当时能发现这一原理，真是不简单的事。宗炳提出："且夫昆仑山之大，瞳子之小，迫目以寸，则其形莫睹。迴以数里，则可围于寸眸，诚由去之稍阔，则其见弥小。"宗炳虽未直接提出透视原理，但根据"去之稍阔，则其见弥小"的理论，是可以看到透视原理的。这个问题论者很多，在此不再赘述了。

不过有一句话我还要作一辩解，宗炳说："竖划三寸，当千仞之高，横墨数尺，体百里之迥。是以观画图者，徒患类之不巧，不以制小而累其似。"这里并不含透视意味。如以小图表现大景解，则无甚意义，因历来画与物等大者极少。山水画尤其如此。

姚最《续画品》中评萧贲："尝画团扇，上为山川，咫尺之内，而瞻万里之遥，方寸之中，乃辨千寻之峻。"杜甫诗云："尤工远势古莫比，咫尺应须论万里。"[①]王夫之论说："论画者曰：'咫尺有万里之势'，一'势'字宜着眼，若不论势，则缩万里于咫尺，直是《广舆记》前一天下图耳"！[②]可以帮助我们对"不以制小而累其似"的理解。宗炳的"似"，乃指"千仞之高"、"百里之迥"之势，是说不因画幅小而缺乏气势，否则与地形图何异？所以宗炳接着说，"此自然之势如是"，一"势"字宜着眼。

（七）道家思想的浸入——对后世画论和画的影响

在中国，儒、道两家的思想对后世文人的影响最大。儒家"为国为民"，求官拜职，奔走呼号，惶惶不可终日，旨在"治国平天下"。道家则拒绝做官，静静地遁入山林，求得自我解脱，"自喻适志"。所以后之文人，在儒家思想占主流时，反应在文艺上是"文以载道"、"有补于世"，在道家思想占上风时，便主张"怡悦情性"、"自我陶冶"。或者二者兼有，自相矛盾又互相补充。唐以后，山水画占画坛主流，重要画家大多都是隐士思想的人，作画多自娱，所以，道家思想对于古代绘画的影响很大，其中宗炳是一个关键人物。他最早将老庄道家

---

①见《戏题王宰画山水图歌》。
②《船山遗书》卷六四《夕堂永日绪论》内编。

思想，贯彻到画论中去，这对后世的影响实在太大，太深。宗炳的山水画论出现之后，古代山水画家，大抵都未有脱离道家思想的影响。

张彦远虽然冠冕堂皇地说："画者，成教化，助人伦。"但通观全书，他对逸士高人及其画何等地欣赏，他对宗、王"高士也，飘然物外情，不可以俗画传其意旨"等等是何等的倾心。《历代名画记》一书，贯穿道家思想十分明显，甚至连语言、典故皆出自《庄子》。在道家崇尚自然思想的影响下，张彦远第一个树立了"自然"为画中"上品之上"的标准。

老庄对于色彩也主张素朴玄化，反对错金镂彩，绚丽灿烂，老子"五色令人目盲"，"知其白，守其黑，为天下式"。庄子"五色乱目"（《天地》），"故素也者，谓其无所与杂也"（《刻意》），"朴素而天下莫能与之争美"（《天道》）。影响所至，早期具有隐士思想的画家也摒去绚丽灿烂的"五色"，代之而起的是"素朴"的水墨山水画。千余年来成为中国山水画的优秀传统。

张彦远之后的画论著作或多或少地都具有道家思想，只要细心阅读都可以发现。在绘画和理论上都具有很深造诣的郭熙，也是一个"澄怀味像"者，他说"君子之所以爱夫山水者，其旨安在？丘园养素……"，"与箕颖埒素，黄绮同芳"云云，皆是道家思想的体现。所以他把自己的画论谓之《林泉高致》，他说："轻心临之，岂不芜杂神观，溷浊清风也哉。"乃是"澄怀味道"的忠实注释。

郭熙更以"玄"的眼光，发展了宗炳的"远暎"，发现了山有"三远"，玄，幽远也，远的归宿是"无"，道家思想（无）在山水画上有了更清晰的体现。由远而观山水，则形质和颜色浑同一体，便如老子所说："混而为一，其上不皦，其下不昧，绳绳不可名，复归于无物……是谓惚恍。"也就是"玄"，玄之又玄，众妙之门，郭熙可谓得其妙哉！后世画家具有道家思想者举不胜举，连赵佶也自称道君皇帝，崇尚老、庄。

直至明清，老庄的思想对绘画影响未减，虽然一部分画家自称参佛，有人大写参禅诗，有人把自己画室名曰"画禅室"，而实际对他们影响的大部分是道，而非佛。佛道的思想虽然不一样，但反映在知识分子生活中，却有某些一致性，只是佛更过分一些。譬如道家主"忘"，佛家主"灭"；道家主"静知"，佛家主"涅槃"；道家主"物我两忘"，佛家主"四大皆空"。庄子妻死，鼓盆而歌，佛家干脆不要妻室。道、佛都讲斋戒，都讲解脱，都入山林，而道的解脱乃是摆脱污浊的社会，求得精神上的安静，佛则干脆要求摆脱"腐臭"的躯体，早入"净土"，求得更"彻底的解脱"。后世文人自称参佛，实则只到"道"的一步，惜其不自知而已。

有人说："日本著名的色彩大师东山魁夷游黄山，竟解决了中国美学史上的一个重要问题，即水墨画的起因，他一直不理解中国画家为什么喜欢用水墨作画，可是到了黄山……改用水墨写生。"（《学林漫步》初集214页）这真是怪事，东山魁夷一到黄山就悟出"非用水墨表达不可"（同上），那么中国画家在唐以前看了几百年的山，为什么就未悟到呢？东山用水墨画山水本有中国传统水墨画法的启发，见到黄山，他味像通"道"（"画道之中，水墨最为上"的道），倘无中国古代画家数百年的实践探索而创立的水墨画法，他能"顿悟"此"道"吗？水墨代替五色，本有老庄的道家精神从中鼓动。

又如中国的书画都特别重视布白，有人甚至强调一幅画的最妙处全在空白。空白就是"无"，也是"有"（有空白），"有无相生"，画的"无"处正是"有"处而生。老子说轮、器、屋，正是毂、空和门窗这些"无"的空处最重要。"有之以为利，无之以为用"（《老子》十一章），真和中国书画的尤重空白处息息相通了。老子又强调"专气致柔，能婴儿乎？""复归于婴儿"、"比于赤子"，"如婴儿之未孩"，"复归于朴"，中国画家求"复归于朴"，有人又主张画家白首童心，作画有稚拙味，无形中又和道家的精神相通。中国艺术未必处处套用老、庄一套，正因为早期艺术家接受老、庄精神的熏染，其主要精神相通，所派生的产物也就很容易一致。中国画的散点透视，不受定点约束，也正和道家的精神自由之思想相契。

再如明以后，崇南宗画而贬北宗画，诚然这是两种审美情趣的不同，南、北宗画一个重要区分，即北宗画的线条刚劲，李思训画派及马、夏辈画最为明显，《老子》七十六章"坚强者死之徒"，刚劲的线条犯了老子的恶。而"南宗画"一变钩斫为水墨渲淡，线条柔软，符合老、庄"柔"、"弱"旨意，符合老子"柔弱者胜刚强"、"柔之胜刚"、"守柔曰强"的精神[①]。

……

老、庄精神浸入中国绘画领域，在理论上：

宗炳发其宗，后人弘其迹。

因此研究老庄精神对中国绘画的影响，必须重视宗炳这篇画论。

---

①分别见《老子》三十六章、七十八章、五十二章。

六、《画山水序》点校注译

按：《画山水序》原文是以明毛晋刻《津逮秘书》本作底本，主要用明王世贞刻《王氏书画苑》本，清《佩文斋书画谱》本，严可均辑《全宋文》本（影印本，载《全上古三代秦汉三国六朝文》）互校，近现代的一些版本除极个别字外，皆不采用。毛本、王本皆用南京图书馆藏本。《佩文斋书画谱》用南京师范大学美术系藏本，余皆用南京师范大学图书馆藏本。

（一）《画山水序》点校注释

画山水序[1]

圣人含道暎物[2]，贤者澄怀味像[3]。至于山水，质有而趣灵[4]。是以轩辕[5]、尧[6]、孔[7]、广成[8]、大隗[9]、许由[10]、孤竹[11]之流，必有崆峒[12]、具茨[13]、藐姑[14]、箕[15]、首[16]、大蒙[17]之游焉。又称仁智之乐焉[18]。夫圣人以神法道，而贤者通[19]；山水以形媚道，而仁者乐[20]。不亦几乎[21]？

余眷恋庐、衡[22]，契阔荆、巫[23]，不知老之将至[24]。愧不能凝气怡身[25]，伤跕石门之流[26]，于是画象布色，构兹云岭[27]。

夫理绝于中古之上者，可意求于千载之下[28]。旨微于言象之外者，可心取于书策之内[29]。况乎身所盘桓[30]，目所绸缪[31]。以形写形，以色貌色也[32]。

且夫崑仑山之大[33]，瞳子之小[34]，迫目以寸[35]，则其形莫覩[36]，迥以数里[37]，则可围于寸眸[38]。诚由去之稍阔，则其见弥小[39]。今张绢素以远暎[40]，则崑、阆之形[41]，可围于方寸之内[42]。竖划三寸，当千仞之高[43]。横墨数尺，体百里之迥[44]。是以观画图者，徒患类之不巧[45]，不以制小而累其似[46]，此自然之势。如是，则嵩、华之秀，[47]玄、牝之灵[48]，皆可得之于一图矣[49]。

夫以应目会心为理者[50]，类之成巧，则目亦同应，心亦俱会[51]。应会感神[52]，神超理得[53]。虽复虚求幽岩，何以加焉[54]？又，神本亡端[55]，栖形感类[56]，理入影迹[57]。诚能妙写，亦诚尽矣[58]。

于是闲居理气[59]，拂觞鸣琴[60]，披图幽对[61]，坐究四荒[62]，不违天励之藂[63]，独应无人之野[64]。峰岫嶤嶷[65]，云林森眇。

圣贤暎于绝代[66]，万趣融其神思[67]，余复何为哉[68]，畅神而已[69]。神之所畅，孰有先焉[70]。

校注：

〔1〕序——于安澜辑《画论丛刊》本作"叙"。其他各本均作"序"。按：序亦作叙，本同。

序：文体名，陈述作者之意趣。

〔2〕圣人含道暎物——暎：《王氏书画苑》、《全宋文》及《佩文斋书画谱》均作"应"。纵观全文，当以"暎"为是。暎，同映。

理解此句，关键要解决"道"的含义。宗炳经常提到"道"。本文中就有"圣人以神法道"、"山水以形媚道"等等。我国古代儒、道、法、佛诸家皆言"道"。《中庸》有云："道也者，不可须臾离也。"
但各家"道"的内容实质不一样。根据《宋书·宗炳传》和《全宋文》
中所载的宗炳的几篇文章以及其他和宗炳有关的一些资料，可以知道，
宗炳是一虔诚的佛教徒（宗炳当时被称为居士，《弘明集》所载宗炳的
友人和论敌的文章中，皆呼宗炳为居士。佛教徒出家者被称为僧人，在
家者被称为居士）。当释慧远在庐山成立"白莲社"时，近在庐山脚下
的陶渊明拒绝入社（参见《莲社高贤传》及《陶渊明集》），宗炳却不
远千里跑到庐山入社，"就释慧远考寻文义"，并在阿弥陀佛像前宣誓
死后要往生弥陀净土。不过，宗炳对佛教的崇信只注重死后即灵魂不
灭，轮回报应。他认为要得到一个好的报应，未死之前就要认真地"洗
心养身"，只要认真地"洗心养身"，"往劫之纣桀，皆可徐成将来之
汤武。""洗心养身"又要依靠道家、仙家的力量。他在《明佛论》一
文中说："且坟典已逸（遗），俗儒所编，专在治迹，言有出于世表，
或散没于史策，或绝灭于坑焚。若老子、庄周之道，松乔列真之术，信
可以洗心养身。"（见《全宋文》）由是观之，宋炳的人生哲学，仍
归于道家之说。（详本书《宗炳〈画山水序〉研究》）而晋宋之时，
也正是老庄思想盛行的时代，宗炳所阐述的内容，都离不开老、庄的道
家思想。

　　宗炳所说的"道"乃是老、庄的"道"。"道"即今之"真理"、
"原理"，是老、庄哲学体系中的最高范畴，"先天地生……可以为天
下母……字之曰'道'"（《老子》第二十五章）。老庄认为"道"是
不可抗拒的规律性，是天地间从人君至百姓都要遵循的绝对化法则。

　　这句话是说"道"内含于圣人生命体中而映于物。

　　按道怎样映于物的呢？例如《老子》第十一章有云："三十辐共一
毂，当其无，有车之用。埏埴以为器，当其无，有器之用。凿户牖以为
室，当其无，有室之用。"这些"道"正映于物。岂有车轮无轴孔，房
屋无门窗空间，器皿无空灶呢？正是这些空处（"无"）才是有用的地
方，所以"有之以为利，无之以为用"。又如（老子）第七十六章有

云："人之生也柔弱，其死也坚强（僵尸）；万物草木之生也柔脆，其死也枯槁。"这本是自然现象（映物），但圣人悟出："坚强者死之徒（吃亏），柔弱者生之徒（顺利）。"

又"暎物"一作"应物"，亦通。"应物"是适应事物变化的意思。《庄子·知北游》有云："其用心不劳，其应物无方。"《史记·太史公自序》："与时迁移，应物变化，立俗施事，无所不宜。""应物"，在庄子之徒认为是圣人的本领。《庄子·天下篇》："以天下为宗，以德为本，以道为门，兆于变化（变化不测，随物见端），谓之圣人。""含道应物"就是"以道为门，兆于变化"的意思。这样解释也符合宗炳崇庄的思想。按以上一种解释符合全文之意。

〔3〕贤者澄怀味像——古人把圣和贤同列，但贤者次于圣人，贤者有相当的道德修养，是圣人思想的主要实践者和宣传者。澄：澄清，清净之意。怀：怀抱、情怀、胸怀、意念之意。味：品味、玩味、琢磨、研究之意。像：具体的物象。此处指由圣人之道所显现之具体物象。"道"是抽象的，所谓"形而上者谓之道，形而下者谓之器"（《易·系辞》），器即像，乃是具体的，也即"暎物"之"物"。

这句话是说：贤者澄清其怀抱以品味由圣人之道所显现之物象。按：味像即味道，《宗炳传》中就直言"澄怀味道"。味老、庄之道，心不可有杂念。老庄之道的中心就是"不争"、"无为"、"处下"。利欲熏心，一心想做官的人，还能"不争"、"无为"和"处下"吗？故味老庄之道必须"澄怀"，老子称为"涤除玄览"（《老子》第十章），庄子称为"斋以静心"和"斋戒，疏瀹而心，澡雪而精神"（《庄子·知北游》）。

〔4〕质有而趣灵——趣：《佩文斋书画谱》作"趋。"诸本多作"趣"，以"趣"为是。

释"灵"：

理解此句，要把"灵"的含义弄清。首先要知道宗炳在中国思想史上占有一定地位。读过宗炳的文章的人，可以知道宗炳精通"老庄"思想。《宋书》也说宗炳"精于言理"。《老子》第三十九章有："神得一以灵","神无以灵将恐歇",神如果不能显其灵则是消散的,是无所寄托的,神在物上有所寄托,有所显现,则称为"灵"。所以宗炳在本文中说："神本无端。"有了具体对象时便说"玄牝之灵","质有而趣灵"。那么,宗炳开始言"道",此句又言"灵",二者有无关系? 宗说："自道而降,便入精神。"(《明佛论》)庄子甚至说："精神生于道。"(《庄子·知北游》)可知"道"含于"神"之中(参见下面的"以神法道"),"神"之显现又称为"灵",是故宗炳所说的"灵"的核心仍是"道"。"趣灵"实即"趣道"。

质有:形质的存在。趣:此字同取。有时作进取、接受解。《庄子·秋水》："然则我何为乎? 何不为乎? 吾辞受趣舍,吾终奈何?"郭象《齐物论注》："万物万情,趣舍不同。"又王羲之《兰亭序》："虽趣舍万殊,静躁不同。"

此句意思是说:(山水)形质存在,必能从中发现道之所在。(所以圣贤皆游山水。)

按:"道"既"暎物","物"亦必应"道",物之形质存在,必"趣道",必接受"道"之"暎"。比如《老子》第六十六章："江海所以能为百谷王者,以其善下之(处下)。"此道映于江海,江海的存在,也必然能发现此道之所在。

〔5〕轩辕——即黄帝,上古圣人,三皇五帝之一。《史记·五帝记》："黄帝姓公孙,名轩辕。"《索隐》"皇甫谧曰:'居轩辕之丘,因以为名,又以为号。'"按轩辕丘故址在今河南省新郑县西北。

〔6〕尧——圣人,也是五帝之一,帝喾之次子,初封陶,后迁唐,故称陶唐氏,其号曰尧,又称唐尧。

〔7〕孔——即孔子,名丘字仲尼。

按:"孔"字疑为"舜"字之误。其一,宗炳所提到的"轩辕、尧、广成、大隗、许由、孤竹"皆是道家和仙家中著名人物。尧舜虽是儒家之圣,亦是道家之圣。然儒家之尧舜是热心救世者,《论语》书中，尧出现五次，舜出现九次，皆和游山水丝毫不相干。道家的尧舜是积极出世者，是忘天下的人。《庄子·逍遥游》："尧……往见四子藐姑射之山……窅然丧（忘）天下焉。"《庄子》书中的尧舜多次出现，皆和山水有关，和"游"有关。其二，"孔"不宜在"尧"之后，尧舜并称，且舜为"无为"之君，尧亦自愧不如，"子（舜），天之合也，我，人之合也"（《庄子·天道》），正是道家理想人物。而且下面提到崆峒等地，也没有孔子所游之地。其三，宗炳提到的八人中，除广成、大隗为仙家外，余皆按时间先后排列，"轩辕、尧、孔、许由、孤竹"，"孔"字若是，亦应排在孤竹之后。其四、《庄子·天道》"黄帝、尧舜"并提。宗炳在他的《明佛论》中也有一联串提到"轩辕、尧、舜、广成、大隗、鸿崖、巢、许"等人，未尝言"轩辕、尧、孔"，也可以和此处相印证。故疑"孔"字是"舜"字之误。

〔8〕广成——广成子，上古仙人，隐居崆峒山石室中，黄帝曾问以治身之要，广成子曰："善哉问乎。来，吾语女至道。至道之情，窈窈冥冥。至道之极，昏昏默默。无视无听，抱神以静。形将自正，必静必清。无劳女形，无摇女精。乃可以长生。"（见《庄子·在宥》）

〔9〕大隗——隗：《王氏书画苑》本作"块"，乃误。《全宋文》本作"魄"，亦误。

大隗：姓苑，上古仙人。

〔10〕许由——上古高士，贤者。尧欲让天下给许由，许鄙而逃往箕山，躬耕自食。尧又请他做九州长，他跑到颍水之滨洗耳朵，表示这话污染了他的耳朵。

〔11〕孤竹——伯夷和叔齐，乃贤者。孤竹君的两个儿子名伯夷、叔齐，本是商朝的臣子，商亡于周，二人隐居于首阳山，耻食周粟而饿死。

〔12〕崆峒——亦作空同。在今甘肃平凉，传说为广成子所居。《庄子·在宥》："黄帝立为天子，十九年，令行天下。闻广成子在于空同之上，故往见之。"（四川、山西、甘肃等地亦有崆峒山之名，不

具考）。

〔13〕具茨——具茨山，在河南禹县之北，一名大騩山。《水经注》："黄帝登具茨之山。"

〔14〕藐姑——藐姑射山，又叫姑射山，在山西临汾、襄陵、汾城三县界。《庄子·逍遥游》："藐姑射之山（简文云：在北海中），有神人居焉，肌肤若冰雪，绰约若处子……"又云："尧……往见四子藐姑射之山。"考《山海经》本有两姑射山。

〔15〕箕——箕山，在河南登封县东南。为许由隐居之地，又名许由山。《庄子》等书皆记其事。

〔16〕首——首阳山，亦名首山。据说在山西永济县南。首阳山是伯夷、叔齐隐居之地。

〔17〕大蒙——西方边远之地。《尔雅·释地》有："西至日所入为大蒙。"

〔18〕仁智之乐——语出《论语·雍也篇》："智者乐水，仁者乐山。智者动，仁者静。智者乐，仁者寿。"（乐，读yāo，喜好也）正因为智者动，故爱动的水；仁者静，故爱静的山。智者、仁者各从动的水、静的山中得到启发，故乐水、乐山，各得其道也。

〔19〕圣人以神法道——法：《全宋文》作"发"。其余诸本皆作"法"。

此处"法"本意是"制造"、"产生"之意。《易·系辞》："制而用之谓之法。"宗炳所说的"法道"，实则是"总结发现，"用"法"强调圣人之功。

此句是说：圣人以其内在精神（或曰聪明才智）总结发现了"道"（若依《全宋文》作"发道"，则更易理解：道由圣人发出。"道"当然是靠思想〔神〕产生，而决不会靠肉体产生。用今天的话说，道就是靠一些有知识、有修养的人从一切具体事物中抽象出来的某种规律或法则。它能够为大多数人所反复作用）。

贤者通——贤者因澄怀味像而通于道。

〔20〕山水以形媚道——媚道：本是一个词，古籍多见，一般指美人争宠，以求皇帝多施"恩幸"的意思。如《史记·外戚世家》："陈皇后挟妇媚道"；《汉书·外戚传》："许皇后宠益衰，而后宫多新宠，后姊平安刚侯夫人等为媚道。""媚"作倾身希承解，亦作敬重解（参见《论语》）。此句"媚道"本是媚于道的意思，但亦含有旧典中"媚道"之意。宗炳把山水拟人化了，"圣人含道暎物"，"道"施暎于万物，但山水因为形美，能和万物"争宠"，圣人之道更多更集中地反映在上面。所以要得"道"，最好游山水。

全句是说：山水以其形质（之美），更好地体现圣人之道。

仁者乐——即孔子所说的"仁者乐山"。

因为"山水以形媚道"，仁者游览山水，能从中更好地得到"道"，故乐。注意是得道而乐，非玩山水而乐。孔子曰"学而时习之，不亦说（乐）乎。"是说学习了才乐，意思正同。

〔21〕不亦几乎——不就是这样吗？

〔22〕庐、衡——庐山和衡山。

庐山在江西九江县南。古有匡俗者结庐此山，故曰庐山，又曰匡山、匡庐等等。为避暑、游览胜地。衡山即五岳之一的南岳。在湖南衡阳市北。山有七十二峰。

〔23〕契阔——和眷恋同义，此处指久别后的眷恋之情。《毛诗正义·击鼓》："死生契阔，与子成说，执子之手，与子偕老。"《南史·恩倖传》："内外纷扰，珍之（人名）手抱至尊。口行处分，忠诚契阔，人谁不知？"《晋书·后妃传》上左贵嫔《杨皇后诔》："惟帝与后，契阔在昔。"《全晋文》卷一〇三陆云《弔陈永长书》曰："契阔分爱，恩同至亲。"曹操《短歌行》："契阔谈宴，心念旧恩。"皆此义。契阔亦有他解，不辨。

荆、巫——荆山和巫山。

荆山在湖北南漳县西，为漳水所出，自江陵北上可至。《元和志》："荆山三面绝险，惟东南一隅通人。"（卞和得玉于楚荆山即此。）

巫山在四川巫山县东南，长江流经其中，成为巫峡，山有十二峰，以神女峰最为秀拔。

据《宋书·宗炳传》："（宗炳）好山水，爱远游，西陟荆巫，南登衡岳。因而结宇衡山，欲怀尚平之志。"可知他先游荆、巫，而后结宇衡山。故曰："契阔荆、巫。"

〔24〕不知老之将至——语出《论语·述而篇》。原文是："子曰：……发愤忘食，乐以忘忧，不知老之将至云尔。"

此句意思：不知不觉地便迫近老年。

〔25〕愧不能凝气怡身——凝气怡身：调养气息，使身体健康。

按汉末晋宋时期，士人中好神仙成风，甚至炼丹服药，希图长生不老。宗炳崇释好道慕神仙，他在《明佛论》中所说的"老子庄周之道，松乔列真之术，信可以洗心养身。""松乔列真之术"就是赤松子、王子乔等神仙之术，然自然规律不可抗拒，他年老多病，并不能如仙家那样"凝气怡身"，故以不能成仙而自愧。

〔26〕伤跕石门之流——伤：伤损，这里指患病。跕：音帖。拖着鞋走路，谓指由于身体多病，体疲神衰，艰于行路。石门：此处，石门指湖南省石门县西的石山，中有道，两崖壁立如门，因名。《宋书·宗炳传》："……有疾还江陵。"从他结庐之所衡山还湖北江陵，必经此处石门。

此句是说：身体多病，艰于行路，仍然坚持游于石门等地。又：《论语·宪问》："子路宿于石门，晨门曰：'奚自？'子路曰：'自孔氏。'曰：'是知其不可而为之者乎？'"宗炳以多病之身，强作山水之游，是知其不可而为之，故用此典自做解嘲，此解亦通。

〔27〕画象布色，构兹云岭——构：相当于今日之"创作"一词。《后汉书·班固传》有："构造文辞。"

此句是说：于是设色写画山水之形，创作此云岭。

按《宋书·宗炳传》叙宗炳："有疾还江陵，叹曰：'老疾俱至，名山恐难遍睹，唯当澄怀观道，卧以游之。'凡所游履，皆图之室。"即指此。

〔28〕理绝于中古之上者，可意求于千载之下——古圣人的思想虽然隐没于中古之上，但千载之下的人可通过心意去探索到。

释"理"：

宗炳先说"道"，此处又说"理"，下文还有"应目会心为理"，'神超理得'、"理入影迹"等。宗炳是"精于言理"（见本传）的。"理"和"道"既有联系又有区别，凡是用"理"的地方皆不可用"道"代。因之必须弄清"道"和"理"的关系，否则便不能真正理解。

"理"由"道"生，"道"因"理"见。道本性是形而上者，是可知其本然，而不可知其所以然的。《庄子》："已而不知其然谓之道。"可知其所以然者则为"理"。比如老子的道是"任顺自然"，我们可知其本然。但为什么要任顺自然，就要作具体的解释和分析，要落实到具体物上，这叫"理"。"道"是万事万物的各种规律之总和，无数具体规律的总依据。《老子》云："道者，万物之奥（主宰）"（第六十二章）。而"理"则是每个事物所以构成的具体规律、特殊规律。如《庄子·知北游》所云，"万物有成理而不说"，"圣人原天地之美而达于万物之理"。《庄子·天下篇》亦有云："析万物之理。"落实至物皆用"理"而不用"道"。《管子·心术上》解释说："理者谓所以舍也。"韩非子对"理"与"道"的关系解释最为清楚：《韩非子·主道》云："道者，万物之始。"《韩非子·解老篇》又云："道者，万物之所以然也，万理之所稽也。理者，成物之文也；道者，万物之所以成也。故曰：'道，理之者也。'物有理，不可以相薄；物有理不可以相薄，故理为物之制，万物各异理。万物各异理而'道'尽。稽万物之理，故不得不化，不得不化故无常操……"什么叫"常"与"不常"呢？"夫物之一存一亡，乍死乍生，初盛而后衰者，不可谓常。唯夫与天地之剖判也俱生，至天地之消散也不死不衰者谓常"。

"而常者，无攸易，无定理"。这里说"道"，常的，不可变的，绝对的；"理"，不可谓常，是变化着的。又说，"凡理者，方圆、短长、粗靡、坚脆之分也"，"凡物之有形者易裁也，易割也……有形则有短长……短长、大小、方圆、坚脆、轻重、白黑之谓理"。总之在古代思想家看来，"道"是万物之始，"道生一、一生二、二生三、三生万物"（《老子》第四十二章）。道是总统万物的规律，绝对而不变的总规律，本身"无定理"；"理"是创生，是相对的，可变的，本身"有定理"，可知其所以然的。"理"又成物之文，故"理"因物而见，是具体的，必具因果对待，言"理"必及其"所以然"或"必然"。故"理"由"道"生，"道"因"理"见，依"理"而行"道"。

所以宗炳说"理绝于中古之上者，可意求于千载之下"，而不说"道绝……"又说，"应目会心为理"，"神超理得"，"理入影迹"，而都不用"道"字。这里的"理"都由"道"生，而能知其所以然的，可变的，不同于形而上的"道"。

〔29〕旨微于言象之外者，可心取于书策之内——微：《全宋文》本作"徵"。余诸本皆作"微"。以"微"为是。

言象：六朝哲学中常用语，此处可作物象解。心取：用心研究后所得：书策：古无纸张，载文于简策，故谓书籍之属曰"书策"。《礼·曲礼》："先生书策琴瑟在前，坐而迁之，戒忽越。"

此句和上句同意。是说：古人思想和言论的深义隐微不显于物象之外，但可通过研究书策去了解到。

〔30〕身所盘桓——身入其境。盘桓：来往反复意。

〔31〕目所绸缪——细察其景。绸缪：缠绵意。

〔32〕以形写形，以色貌色——以山水本来之形，绘为画面上的山水之形，以山水本来之色，绘为画面上的山水之色。

〔33〕崑仑山——亦作"昆仑山"，我国最大的山脉。西起帕米尔高原东部之葱岭，横贯新疆、西藏间，东延入青海境内。长约二千五百公里。古籍所称昆仑山，一般指新疆、甘肃等地的一部分。亦作大山之

代名词。成玄英："昆仑是高远之山。"（见《庄子·知北游》疏）

〔34〕瞳子——瞳：《王氏书画苑》本作"睛"，乃误。

瞳子：眼中之瞳人。此处作眼睛解。

〔35〕迫目以寸——迫近眼睛只一寸远。极言距离之短。

〔36〕觌——同睹。见也。

〔37〕迥——远。

〔38〕寸眸——指眼睛。

〔39〕诚由去之稍阔，则其见弥小——实在是因为距离越远，则所见之形越小。

〔40〕张绢素以远暎——张：展开。绢素：用生丝织成的绢。古人无纸，或少纸，或纸不能作画，多在绢上作画。

此句是说：展开绢素，使远处山景落到上面来。

〔41〕昆、阆——昆仑山和阆风岭。

阆风岭为昆仑山之岭，相传为仙人之居。《离骚》："登阆风而緤马。"《十洲记》云："昆仑上有三角，其一角正北，名曰阆风巅。"

〔42〕方寸——一寸见方。言面积之小。

〔43〕竖划三寸，当千仞之高——仞：古以周尺八尺为一仞。此言竖划三寸，可以表现千仞之高。

〔44〕横墨数尺，体百里之迥——用墨横划数尺，可以体现出百里之远：

〔45〕徒患类之不巧——类有两解：其一，画也。《广雅》："画，类也"；其二，形象。《淮南子·真训》："又况未有类也"。高诱注："类，形象也"。宜从后说。此谓就怕其形象不巧（不佳、不理想）。

〔46〕不以制小而累其似——制：规模式样，《考工记·弓人》："弓长六尺有六寸，谓之上制。"此言：不会因形制之小而影响其气势之似。

释"似"：

"似"字，一般应释为"相似"、"类似"。但此处似不可简单地作如是解。如解释为："不因绘制成小幅而影响其与原山水相似"的话，则无甚意义，历来画山水，画与真山水相当大者绝无，其他画和原物相当大者亦极少，故这话毋须宗炳来讲。姚最《续画品》评萧贲云："尝画团扇，上为山川，咫尺之内，而瞻万里之遥，方寸之中，乃辨千寻之峻。"杜甫诗《戏题王宰画山水图歌》云："尤工远势古莫比，咫尺应须论万里。"故王夫之《船山遗书》卷六十四《夕堂永日绪沦》内编有云："论画者曰：咫尺有万里之势，一'势'字宜着眼，若不论'势'，则缩万里于咫尺，直是《广舆记》前一天下图耳。"此语可以帮助我们对"不以制小而累其似"的理解。宗炳的"似"，联系上下文一看，便觉了然，乃指"千仞之高"、"百里之迥"之势。是说不因画幅小而缺乏"千仞"、"百里"之气势，否则与地形图何异？所以宗炳接着便说："此自然之势"。一"势"字宜着眼。

〔47〕嵩、华——嵩山和华山。华：《王氏书画苑》误作"笔"。（古体字"华"、"笔"形近）。

嵩山是五岳之一的中岳。位河南省登封县北。又名嵩高，有三尖峰，中曰峻极，东曰太室、西曰少室。华山是五岳之一的西岳，道教之山。在陕西省东华阴县内。山有五峰，似莲花，古"花"与"华"通，故曰华山。

〔48〕玄、牝之灵——玄：幽远。牝：母。玄牝：《老子》第六章："谷神不死（太空之神永存），是谓玄牝。玄牝之门，是谓天地根。"河上公注："玄：天也……牝：地也。"朱熹谓玄牝乃神化之自然。此处"玄牝"当含二说，释为：天地间神化之自然。

灵：《老子》第二十九章："神得一以灵"。此处"灵"当理解为"神的显现"（参见前注〔4〕）。

〔49〕皆可得之于一图矣——皆可以在一幅图画中得以表现出来。

〔50〕应目会心为理者——应目：通过眼睛去观察，从外界摄取的印象。会心：心中有所会悟。理：见前注〔28〕"释'理'"部分。此

句是说：应于目，会于心而形成"理"者。

〔51〕类之成巧——如果画得巧妙。

则目亦同应，心亦俱会——则观画者在画面上看到的和想到的，亦和作画者相同。即引起了共鸣。

〔52〕应会感神——眼所见到的，心所领会到的都感通于由山水所显现之神。

〔53〕神超理得——（作画者和观画者的）精神可得超脱于尘浊之外（亦即"澄怀"），"理"也便随之而得了。理：见前注〔28〕。按：依"理"而行道也。

〔54〕虽复虚求幽岩，何以加焉——虚求：即"澄怀"以求。先秦思想家特别是道家把"虚"作为"求"或知的先决条件。《老子》："致虚极，守静笃……吾以观其复。"《庄子·人间世》："惟道集虚，虚者，心斋也。"又云："虚室生白。"其注云："室，比喻心，心能空虚，则纯白独生也。"《荀子·解蔽》："心何以知？曰：虚壹而静。"宗炳用"虚求"表示是认真以求，心无杂念地求。幽岩：山深处为幽，悬石者为岩。此处借指山水。

此言虽认真地求道于真山水（游览），也不比看画中的山水（卧游）强。

按：此句指学习圣人之道而言，非指为写生山水而言。游览于山水之间，可以"味道"，卧游画中的山水更可以"味道"，而且不比游真山水差。（此论绘画之社会功能也。）

〔55〕神本亡端——亡：同无。神本是无形的，所以无从把握。

〔56〕栖形感类——神寄托于形中，感通于绘画（类）上。

〔57〕理入影迹——理：见注〔28〕。影迹：此处指山水画作品。《南齐书》卷二十三（中华书局点校本二册433页）《王俭传》："俭与褚渊及叔父僧虔连名上表谏曰：'乾华外构，采椽不断，紫极故材，为宣阳门，臣等未之譬也。夫移心疾于股肱，非良医之美，畏影迹而驰骛，岂静处之方？'"《世说新语·文学》"殷中军"注："故设八卦

者，盖缘化之影迹也。"

此言：（因为"神"感通于画之上）"理"也就进入山水画作品之中。

〔58〕诚能妙写，亦诚尽矣——此句应理解为：诚能巧妙地画出来，也就真正能穷尽山水之神灵以及与神灵相通的道了。

〔59〕闲居理气——闲居：宗炳反复强调"澄怀"、"洗心"，因而他的"闲居"，乃是去除一切名利爵禄之庸俗的干扰，使胸怀澄清。理气：本义是养身之道的调理呼吸，潘岳赋："先嘔咸而理气。"也即孟子之谓："我善养吾浩然之气。"引申为学道时的认真态度。《管子·内业》："心静气理，道乃可止……修心静音，道乃可得。"古人强调虚静。理气者，使心安静也。

〔60〕拂觞鸣琴——拂：此处指端起。觞：酒器。端着酒杯，弹着琴。

〔61〕披图幽对——展开图卷，雅静地对着上面的山水画。

〔62〕坐究四荒——四荒：即四方荒远之处。《尔雅·释地》："觚竹、北户、西王母、日下，谓之四荒。"此处指画面上的景致。此句是说："坐着便可以穷究四荒（按：此和宗炳的"卧游"思想一致。可称为"坐游"）。

〔63〕不违天励之藂——违：避掉。《易·乾》："忧则违之"。注："知难而避也"。天励：天的边际。"励"同"厉"，藩界也。《周礼·地官·山虞》有云："掌山林之政令，物为之厉而为之守禁"。注："物为之厉，每物有藩界也"。藂：同丛。聚木曰丛。

此句是说不会避掉天际之丛林。

〔64〕独应无人之野——独：尚也。汉刘向《说苑·杂言》："圣人独见疑，而况于贤者乎？"

此句和上句以及下句都是"坐究四荒"的补充说明。是说：清闲之时，翻展图卷，从图卷中，可以穷究四方的山水景色，不会漏掉天际荒远之丛林；尚能见到杳无人烟之野景；既有悬崖峭壁，又有云林森眇。

〔65〕峰岫峣嶷——岫：音袖。山有穴称岫。峣：音尧。高峻之山。嶷：音逆，高大之山。

〔66〕圣贤暎于绝代——绝代：荒远之年代。郭璞《尔雅序》："总绝代之离词。"即指荒远之年代。此句是说：圣贤的思想（道）照耀着荒远的年代。

〔67〕万趣融其神思——此句是说：山水画中无穷的景致之灵和自己的精神相融洽，引发人无限的感受、向往和思索。

按因为山水以形媚道，所以画山水，观山水画，对古圣贤之道就味得更深刻。尽管"圣贤暎于绝代"，这里因为山水神灵之引导作用，也就理解了。

〔68〕余复何为哉——我还要干什么呢？

〔69〕畅神而已——使精神愉快罢了。

〔70〕神之所畅，孰有先焉——使精神愉快，还有什么能超过山水画呢？

按：因为通过画山水和观山水画，对圣人之道理解得更深刻，所以精神特别愉快。并非因为纯粹的游山观画而愉快。宗炳此文通篇都是围绕"道"而言的。

（二）《画山水序》译文

画山水序

道内含于圣人生命体中而映于物，贤者澄清其怀抱，使胸无杂念以品味由道所显现之物象。至于山水，其形质存在，必能从中发现道之所在。所以轩辕、唐尧、孔子（疑为舜）、广成子、大隗氏、许由、伯夷、叔齐这些圣贤仙道，必定有崆峒、具茨、藐姑、箕山、首阳、大蒙（等名山）的游览活动。这又叫"仁者乐山，智者乐水"。

圣人以自己的聪明才智总结发现了"道"，贤者则澄清情怀品味这由道所显现之像而通于道。山水又以其形质之美，更好、更集中地体现

"道"，使仁者游山水得道而乐之。事实不就是这样的吗？

我眷恋庐山和衡山，又对久别的荆山和巫山十分怀念。不知不觉中，便迫近了老年。愧不能像神仙家那样凝气怡身。身体多病，艰于行路，但我仍坚持游览于石门等地，真是知其不可而为之啊！于是画像布色，创作此云岭。

古圣人的学说虽然隐没于中古之上，距今已千载了，我们仍然可以通过心意去探索到；古圣人的思想意旨，虽然很奥妙，又隐微难见于物像之外，我们仍然可以通过用心研究书策而了解到。况且是亲身盘桓于山水之中，又是反复地观览，以山水的本来之形，画作画面上的山水之形；以山水的本来之色，画成画面上的山水之色呢？

但昆仑山那么大，眼睛那么小，如果眼睛迫于昆仑山很近很近，那么昆仑山的形状，就不得而见。如果远离数里，整个山的形状，便会全部落入眼底。实在是因距离山水愈远，则所见之形愈小，山水之景也就尽为眼睛所收了。现在我们展开绢素，让远处的山景落到上面来，那么，昆仑山阆风巅之形，也可以在方寸之大的绢素上得到表现。只要竖划三寸，就可以表达千仞之高；用墨横画数尺，就可以体现出百里之远。所以观看所画的山水图画，就怕画上的山水形象不理想，不会因为其形制之小而影响其气势之似。这是自然之势如此。所以，嵩山和华山之秀，天地间自然之灵，都完全可以在一幅图画中得以表现出来。

我们通过眼睛去摄取山水之形象之神灵，心中有所会悟，这就得到了"理"。所以，如果画得很巧妙，很高明，则观画者和作画者在画面上看到的和想到的，也会相同。眼所见到的和心所领悟到的，都感通于由山水所显现之神。作画者和观画者的精神可得超脱于尘浊之外，"理"也便随之而得了。即使再去认真地游览真山水，也不比观览画中的山水强啊！又山水之神本来是无具体形状的，所以无从把握，但神却寄托于形之中，而感通于绘画之上，"理"也就进入了山水画作品之中了。确能巧妙地画出来，也确能穷尽山水之神灵以及和神灵相通的"道"。

于是闲居理气，饮着酒，弹着琴（排除一切庸俗的干扰），展开图卷，幽雅相对，坐在那里穷究画面上的四方远景，可观看到天际荒远之丛林，亦可看到杳无人烟之野景。既有悬崖峭壁，又有云林森眇。

尽管古圣贤的思想照耀荒远的年代，但我们观看画中山水的无穷景致，其中的灵气和人的精神相融洽，引发人以无限感受、向往和思索（对深奥的古圣人之道也就理解了）。我还要干什么呢？使精神愉快罢了。使精神愉快，还有什么能比山水画更强呢？

附录：宗炳介绍

宗炳（375～443年），字少文，南阳湟阳（今之河南省镇平县南）人。

宗炳祖上是做官的，"祖承宜都太守"，"父繇之，湘乡令，母同郡师氏，聪辩有学义，教授诸子"。可知宗炳从小有一个很好的学习条件，但他一直不愿做官。东晋末年，刘毅、刘道怜等先后召用，皆不就。入宋后，朝庭多次征召，皆不应。大约在他二十八岁左右，曾不远千里跑到庐山，在阿弥陀佛像前宣誓死后要往生弥陀净土。并"入庐山，就释慧远考寻文义"。五个月后，因他的哥哥宗臧反对，逼他下了山。宗臧当时任南平太守，于是就在南平附近的江南（今湖北江陵）给他"立宅"。他在这里，"闲居无事"。后来，"二兄蚤（早）卒，孤累甚多"，他的生活发生了困难，"家贫无以相赡，颇营稼穑"，仍不去做官。

宗炳"每游山水，往辄忘归"，"好山水，爱远游"。他所居住的江陵之地，西有巫山，荆山，南有石门，洞庭湖，衡山，东有庐山，北便是他的故乡南阳，再向北便是嵩山和华山。江陵面临长江，交通甚便，他游览了很多名山大川。其妻罗氏死后，他又只身远游，"西陟荆、巫，南登衡岳，因而结宇衡山"，"欲怀尚平之志"。后来因病和年老，又回到了江陵故宅，并"叹曰：老疾俱至，名山恐难遍睹，唯当澄怀观道，卧以游之。凡所游履，皆图之于室，谓人曰：抚琴动操，欲令众山皆响"。他把山水画出来贴在墙上，或者就在墙上画上山水，躺在床上观看，谓之"卧游"。宗炳几乎游览终生，正如他在《画山水序》中所说的"余眷恋庐、衡，契阔荆、巫，不知老之将至"。《南史》说他："妙善琴书图画，精于言理。"古有《金石弄》乐曲，至恒氏而绝，赖宗炳传于后世。所以，他晚年无力再去游山时，便在江陵故宅弹琴作画。元嘉二十年，宗炳六十九岁，结束了他的隐居生活，也永远停止了他的画笔（据《宋书·宗炳传》、《明佛论》、《南史·宗炳传》、《莲社高贤传》等书）。

宗炳晚年所作的山水画未有流传下来，倒是他画的人物画如《嵇中散白画》、《孔子弟子像》、《狮子击象图》、《颍川先贤图》、《永嘉邑屋图》、《周礼图》、《惠持师像》等传于后。他的文章，据《隋书·经籍志》著录有十六卷，今已佚。现存于《全宋文》中尚有《明佛论》、《答何衡阳书》、《又答何衡阳书》、《寄雷次宗书》等七篇，和绘画有关的文章有《狮子击象图序》、《画山水序》。

七、王微《叙画》研究

（一）王微思想简说

据《宋书·王微传》以及《全宋文》所载王微几篇文章可知，王微思想中儒、道两家的影响都存在，他年轻时曾做过官，所以他的传记未能和宗炳一样列入《隐逸》部分。他叙说绘画功能时，也按儒家传统习惯比附于儒家经典。但儒家是主张积极进取、积极入世的，他又"素无宦情"，曾"常住门屋一间，寻书玩古，如此者十余年"（《本传》）。他的好友吏部尚书江湛举他为吏部郎，遭到他的斥责和嘲讽（见《本传》及《全宋文》）。《全宋文》卷十九载有他《与从弟僧绰书》，其中说："奇士必龙居深藏，与蛙蝦为伍。"他临死时"遗令薄葬，不设辒旐鼓挽之属"（见《本传》），亦颇类庄子。《庄子·列御寇》："庄子将死，弟子欲厚葬之，庄子曰：'吾以天地为棺椁……吾葬具岂不备邪，何以如此。"宗炳是著名的神形分殊说者，相信佛、道、仙，也必相信超度之类。从王微"遗令薄葬"看来，他是不同于宗炳的。在晋末宋初的思想界，他必属于神形一体、形死神灭一派者。又，颜延之和王微、陶渊明是志同道合之友，思想属一系。陶渊明和宗炳的思想完全相反，慧远在庐山成立白莲社，近在庐山脚下的陶渊明表示反对，"忽攒眉而去"，并写了很多诗驳斥慧远的"形尽神不灭"

论，阐述形神一体、形尽神灭之说（见《陶渊明集》）。宗炳却不远千里去庐山参加白莲社，在阿弥陀佛像前宣誓死后要往生弥陀净土，并对慧远崇拜备至（见《明佛论》）。宗炳妻死，虽很悲伤，但一想到是其神离去，便停止了悲伤。而王微弟死，他只认为自己医术过错，致使他悲痛至死，本传记其哭弟语云：“吾素好医术，不使弟子得全，又寻思不精，致有枉过……吾罪奈何。”

宗炳好神仙术，他“愧不能凝气怡身”。王微“尤信《本草》”，“自将两三门生，入草采之”，“世人便言希仙好异”，王微对此还表示不满（以上皆见《本传》和《全宋文》）。

但有一点，王微和宗炳是一样的，即都受庄、老思想影响。王微虽不像宗炳那样称“众圣庄老”而崇拜甚重，但他也称赞：“庄生纵潆滢之极”（见《本传》）。晋宋期间，多数文人受道家思想影响，王微也是其中之一。以上所论王微思想的基本特征，我们从下文分析他的画论时，还会发现更大量的例证。

（二）考王微《叙画》写于宗炳《画山水序》之后

宗、王画论一向并提，二文写作年代各书俱不载，然仍能考出其大概。

查《宋书·宗炳传》，知宗炳死于443年，时六十九岁。又他的《画山水序》中说他：“不知老之将至。”据《文献通考·户口考》：晋以六十六岁以上为“老”，宗炳是晋末宋初人，可知他写《画山水序》，时在六十五岁之前，即《画山水序》写作时间的下限之年为439年（如按一般情理推测，六十六岁的人应说“吾老矣”而不再说“老之将至”，姑按六十五岁计算）。

王微《叙画》第一句“辱颜光禄书”，可知此文实是给颜光禄的回信，光禄大夫是当时的高级官员，颜光禄就是颜延之，他和王微同朝做过官，都当过太子舍人。《叙画》写于颜延之得光禄官号之后，是无疑的。据《宋书·颜延之传》记载："元凶弑立，以为光禄大夫。"又据《宋书·二凶传》，"刘劭（元凶）弑立"在453年。又颜延之本传云"世祖登阼，以为金紫光禄大夫"，亦在453年。如果王微称颜延之为光禄大夫是在此时，则《叙画》写于453年，即王微临死之前。其时宗炳已死去十年。

又旧说王微享年二十九岁，新出《中国美术家人名辞典》仍之，皆按《宋书·王微传》："元嘉二十年卒，时年二十九。"实误。应为元嘉三十年卒，时年三十九"（见孙彪《宋书考论》。新版《宋书·王微传》已改正）。即王微死于453年。

又颜延之在"为光禄大夫"之前曾为光禄勋，光禄大夫可简称光禄，如御史大夫可称御史，光禄勋是否可称光禄，则不知，若光禄指光禄勋而言，则《叙画》写作可能早于453年。但不会早于443年。本传有："刘湛诛，起延之为始兴王濬后军谘议参军、御史中丞。在任纵容，无所举奏。迁国子祭酒，司徒左长史，坐启买人田，不肯还直。"有人上奏说他为此事"垂及周年，犹不毕了"，并"请以延之讼田不实……免所居官"。颜果然被罢官，罢官后不知多长时间，"复为秘书监，光禄勋，太常"。这是颜最早得光禄勋。这一段中，仅为"买人田，不肯还直"，就纠缠一周年，其余起官、改任、升官、罢官、复官到光禄勋七段时期，其中"罢官"和任"御史中丞、在任纵容、无所举奏"都不会太短时间，因之这七段时间决不会低于一年，加起来便最少是二年。

据《宋书·刘湛传》，刘湛被诛当在441年初，因而颜延之初为光禄勋上限之年是443年。亦即王微作《叙画》时间的上限之年为443年。故知王微《叙画》晚于宗炳《画山水序》至少四年（即使减去上面推测的时间一年，还要最少晚三年），至多十五年。

我甚至怀疑王微对宗炳的某些说法表示不满，有些地方又嫌宗炳说得不清楚，试看：

宗炳："质有而趣灵"。

王微："本乎形者融灵"。

宗炳："迫目以寸……可围于寸眸"。

王微："目有所极，故所见不周"。

宗炳："以形写形，以色貌色"。

王微："而动变者心也"，"明神降之"。

宗炳："身所盘桓，目所绸缪"。

王微："拟太虚之体"，"画寸眸之明"。

宗炳："今张绢素以远暎"，"此自然之势如是"。

王微："横变纵化，故动生焉，前矩后方出焉"。

宗炳："披图幽对，坐究四荒，不违天励之丛，独应无人之野"。

王微："以判躯之状"，"披图按牒，效异《山海》"。

诚然，宗、王也有相合之处。

宗炳（375—443年），王微（415—453年）同为晋宋期间人。王微《叙画》虽晚于宗炳《画山水序》，但仍不失为早期的山水画论，研究它，对了解古代绘画，仍有相当的意义。

（三）山水画功能论

文艺属于上层建筑的范畴，在现在是不会有异议的。但在曹丕之前，却被视为"俳优博奕"、"雕虫小技"，连大文人蔡邕都说："夫书画辞赋，才之小者"。司马相如处俳优犬马之间。绘画的地位更是低下，绘画是奴隶们的事，是比方伎、杂役、卜巫还要低下的小伎。汉以前士大夫阶层中是无人从事这方面工作的。汉末少数文人士大夫业余作画，他们主要还是以"官"的面貌出现在社会上。魏晋时期文人士大夫大量加入绘画队伍，提高了绘画的社会地位。

王微在《叙画》第一句便指出，"图画非止艺行，成当与《易》象同体"。意思是：图画不居于技术的行列，成当与圣人所作《易》象相同。对这句话的理解，关键在于对"艺"的解释。这个"艺"不是今日艺术的"艺",而是技术的"技"的意思。《论语》中的"游于艺"的"艺",实际是驭、射、投壶之类的技术,《周礼》称礼、乐、射、御、书、数为六艺,实乃技的含意之扩大,与艺术的"艺"无涉。《二十五史》中的《艺术列传》,在唐之前,列的皆是阴阳、卜筮、占候、技巧(巧匠)等人,是没有画家的。而唐之前的士大夫画家中,画名高于官名者则列于《文苑传》,"逸士高人"中的画家则被列入《隐逸传》,决不列入《艺术列传》的。当时书法比绘画地位高,即王微说的:"工篆隶者,自以书巧为高。"后于王微的姚最也讲过:"今莫不贵斯鸟迹,而贱彼龙文。"但仍有人称书法为"伎",赵壹《非草书》:"草书之人,盖伎之细者耳","岂若用之于彼圣经"。技术人在当时地位很低。和王微同时代的刘义庆(403~444)写有《世说新语》,他就把"艺"作为绘画、书法、弹棋游戏等的总称,《巧艺》第一段便是"弹棋";稍后的颜之推作《颜氏家训》,把绘画、书法、卜筮、巫礼等等总称为"杂艺"。但他们实际上都把"艺"作为"技"看待,而不是作为今之艺术的概念来看待的。正因为当时有人把图画列入"艺(技)"的行列,王微才明确地反对,对当时流行的说法给以反驳,声明图画不居于技术的行列,"图画非止艺行"。止:居也(《诗经》"邦畿千里,维民所止")。《易》乃是封建社会统治阶级极为推崇的经典,《易》象即是通过八卦形式推测自然和社会的变化,所谓言天道和人道而被称为六经之一。王微把图画的地位提高到和圣人经典同体的地步,图画的功能就不言而喻了。王微之前,论说画的功能者有之,如曹植、王延寿等,但都未有像王微这样直接地把画和圣人经典同体之明确。画和圣人的经典同体,而作画的人似乎也可以是非圣则贤了。朱景玄说:"伏闻古人云,画者,圣也。"古人当亦包括王微在内吧!实际上,宗炳说的山水画可以体现圣人之道,也是把画和圣人之道联系起来的。

宗、王对绘画的社会功能的论述,给后世画史画论家的影响极大。张彦远说"画者……与六籍(六经)同功",实乃本于王微的"与

《易》象同体"。又说"岂同博奕用心，自是名教乐事"，也和"非止艺行"的意思差不多。以后历代皆有此类论述。

要补充说明的是，前面提到魏晋时期大量文人加入绘画队伍，提高绘画地位，主要是提高了文人绘画的地位。文人士大夫是不愿和工匠平列的，他们既要掌握这门由工匠发展起来的技术，又要和工匠相区别，所以士大夫们一参加绘画，不久便闹分裂，提出了匠体和士体的标准。谢赫评刘绍祖："伤于师工，乏其士体。"谢赫还说"跨迈流俗"、"横逸"、"逸才"、"高逸"，都是和"舆皂"（俗下）相对立的。彦棕也说郑法轮"不近师匠，全范士体"。唐以后，士大夫作画，言必称士体了。

（四）山水画是独立的艺术画科论

魏晋时期山水画虽已萌芽，如吴王赵夫人"进所写江湖九州山岳之势"及"五岳列国地形"之类，其实是军事指示图或其他地形图。地形图属实用性，一般作为军事、行政或经济建设等方面指示地形之用，只是"案城域、辩方州、标镇阜、划浸流"而已。古之地图类画，由《汉书》所记，可知当时地图安排比例都很严格，不能随便为之。山水画乃艺术品，它不必根据实用的需要去安排，而是按美的规律去创造，乃是艺术家对于生活的本质特点从感情上加以领会之后，对于生活的一种再现，它给人不是实用，而是精神上的享受。

王微在此文中首先排除了山水画作为地形指示图的实用价值，指出"夫言绘画者，竟求容势而已"这一不正确的说法，况且古人作画已不如此。绘画"非以案城域……"，山水画既是一门艺术，应和地形图分道扬镳，各自发挥作用。只有这样明确地区分，山水画的发展才有正确的目标。否则和地形图混为一谈，便很难脱离其实用性，很难独立成科，而且很难成为一门艺术，更谈不上有其艺术上的自律性。

山水画当然以山水为主体，也就是说不能作为人物画的附庸。而人物、动物之属只能作为山水的点缀，以增加山水画的情致。王微在谈到如何描绘山水美景之后说："然后宫观舟车，器以类聚；犬马禽鱼，物以状分。"山水画大体画好之后可以加上一些庙宇、道观、车船，当然不能乱画，要"器以类聚"，即宫观要画在山腰里，舟要泛在水中，还可以画一些"犬马禽鱼"，也要根据情状加以区分。由此可知，早期山水画点缀物实多。顾恺之《画云台山记》中也有此类记载。敦煌同时代壁画中的山水大多都有此类点缀物，且比例多不当。

王微在本文中所表现的一大功劳就是把山水画和地形图分开了，他反复强调："披图按牒，效异《山海》。"看看画好的山水画，效果大异于地形图经啊！"山海"不是自然界中的山海，当时"山海"二字一般不连用，有说"山川河流"，有说"天地山川"、"五岳"、"江海"、"山谷"。《山海》是晋宋时期流行的《山海经》，是战国和西汉初期涉及到地理方面的著作，内有介绍山川地理的有关文献，有《山经》：《北山经》、《西山经》等，以及《海外经》、《海内经》等等，故称《山海经》。宗炳《明佛论》中有"述《山海》天毒之国"之语。晋郭璞（276—324）为之作注，《海外》以下多为图说之词。晋陶渊明（365—427）有诗云"泛览周王传，流观山海图"，即指此。

"效异《山海》"是说山水画给人的精神享受的效果大异于"山海图经"。当然，这是因为山水画本身是和图经不同的缘故。

《山水松石格》中就明确指出："远山大忌学图经。"郭熙在《林泉高致》中说："千里之山，不能尽奇，万里之水，岂能尽秀……一概画之，版图何异？"恐怕也是受了王微的启示才说出来的。

前面我已说过宗炳的"披图幽对，坐究四荒，不违天励之藂，独应无人之野"，一张画上什么都有，版图何异？王微可能对此不满，提出"以判躯之状，画寸眸之明"，只要画出一部分（详解见第六节）当然要是最得意的一部分，艺术就要以少少许，胜多多许，将千山万水、村庄平野俱罗列于一张画上，则成何体统？所以他特别提出"效异《山海》"，反复说明。

山水画只有严格地和这些图经及军事指示图分开，才能有其自律性，才能按照艺术的规律去发展，才能成为独立的画科。王微这一宣布，使他成为山水画的"开国元勋"。

（五）写山水之神

顾恺之的"传神论"出现后，宗炳和王微都把它应用到山水画中去，强调画山水也重在传神，而不在写形。宗炳的"以形写形"只是强调画面上形体与对象之形体相应，不可任意想象为之，但写形还要神栖于内，"山水质有而趣灵"，写形为了寓神，"神本亡端，栖形感类，理入影迹，诚能妙写，亦诚尽矣"。王微说得更干脆："本乎形者融灵。"宗炳的"质有而趣灵"是把神、形分成二体，这和他的思想是相一致的。王微认为形神本是一体，不可分割，"灵亡所见，故所托不动"（《津逮秘书》本作："止灵亡见，故所托不动"意思也很清楚），这句话似非而是，上下联起来一看便很明了，是说灵和形一体，岂有不见形而见灵的呢？和宗炳话貌似相同而不同，但对绘画要求的本质却又是相同的，即要"写山水之神"。王微说的山水之灵，实是他发现了山水的美的代名词，也可以说是山水的精神。清人方士庶论画要"炼金成液，弃滓存精"，①绘画当然要存精不能存滓，精就是灵。

王微说"动变者心也"，有两重意思：一是因为山水"融灵"，和死的地形图不一样，画山水怎样在形中显现出灵，怎样"弃滓存精"，"遗形得似"，这动变者，要靠心的作用；二是山水和山水画因为"融灵"，必有一种动变之势，这也和死板的地形图不一样，这也要靠心去体会。前者基于创作角度而理解，后者基于欣赏角度而理解。动变之势实则也就是灵。但要写灵，还要从形入手，因为"灵亡所见，故所托不动"。顾恺之提出的"以形写神"的著名论点，王微又作了详明的阐说。

宗、王的山水画传神论打破了以前只有人物画传神的概念，对后世

_____

①见《天慵庵笔记》。

画万物皆要传神的理论有很大影响。唐元稹："张璪画古松，往往得神骨。"宋苏轼："边鸾雀写生，赵昌花传神。"（"雀写生"是写雀之生气，即传神）又说："老可能为竹写真，小坡今与竹传神。"人物、山水、花鸟、竹石皆要传神，所以宋邓椿在《画继》卷九中说："画之为用大矣……能曲尽者，止一法耳，一者何也，曰传神而已矣。世徒知人之有神，而不知物之有神。"这是和宗、王的理论一脉相承的。

关于传神问题，还要作一补充说明：人物传神论是很好理解的，自然物何神之有？所谓为山水传神，就是山水的"美"给人的感受在画上的落实。对此，马克思有一段精辟的解说："植物、动物、石头、空气、光等等，部分地作为自然科学的对象，部分地作为艺术的对象，都是人的意识的一部分，都是人的精神的无机界。"[1]在人类产生之前，自然界无所谓美、丑，美、丑是客观存在在人的头脑中的反映，所谓自然美绝非一种脱离人类社会的自在之物。马克思又谈到了"人化了的自然"。"人化了的自然"实质是人自身本质的对象化，而自然美正是人类的社会本质力量在自然界的一种感性的显现，是人类社会属性与自然的物质属性在具体形象上的统一。马克思说的"人化了的自然"，不单是指经由生产劳动加工改造了的那部分自然，更重要的指非经人之工，而在人之意识中改变了的那部分自然。"人的眼睛和原始的、非人的眼睛得到的享受不同……"[2]比如梅花、松柏、三峡、峨眉对今天的人可以成为审美的对象，但对原始人却未必如此。孤立地看这些东西似乎依然是自在的存在，但从它与人的关系的历史发展过程来看，它们的差异却是很大的，而这是被"直接""人化"的程度所决定的。我们说山水美，具体地说是雄、是幽、是奇、是秀，说松柏傲立、梅菊高洁，实质就是人的本质的对象化。在生活上，人靠自然界，把整个自然界变成"人的无机的身体"。[3]在精神上，人以自然界为食粮，把自然界变成"人的精神无机界"、"人的意识的一部

---

[1]见马克思《一八四四年经济学——哲学手稿》。
[2]《马克思恩格斯全集》卷42，第125页。
[3]《马克思恩格斯全集》卷42，第95页。

分"，部分地作为艺术的对象，用以丰富人的本质，充实人的精神，在感情和意识中复现人自身，表现和确证人的本质力量。而"激情、热情是强烈追求自己的对象的本质力量。①

被艺术家描写的自然物都有其一定的客观存在的外部形状，但作为审美对象，其外部形状又显现着一种内在的本质力量，即它所对象化的人的某种本质和本质力量：艺术家通过对物的外部形状的描写，能写出人的某种精神状态（包括画家笔下的线条墨色），表现出人的某种精神品质，这就叫"传物之神"。当然较差的艺术品是不能作到这一点；不明乎这个道理和缺乏相当艺术修养的人，甚至不能欣赏——包括那些力的化身的线条，随意自然的笔墨情趣——真正的传神之作。

绘画本属于意识形态，本是精神的产物。物之神要靠人来传，实质是传人的神，物之神乃人之神的形象显现。同样的物，随传其神之人的神之不同而显现出不同的神。中国的优秀的画家，并非录像式地描写物的外形，而一直是把要表现的物化为自己的意识（庄子称为"物化"），注入自己的感情，再反映到画面上去。这其中起重要作用的，"动变者心也"。王微对心的作用特别重视，请看下节"明神降之"。

（六）明神降之（上）

绘画要"明神降之"，这也是王微第一次提出来的，它是对宗炳"以形写形"说的修正和重要补充，道出了艺术构思活动和精神活动对于艺术创作的重要作用。如果把"以形写形"和"明神降之"结合起来，即今之"生活基础"加"创作构思"，就更为完善。

"明神"即"神明"，乃六朝时期及六朝前后的常用语。人的智慧、天才、精神、情感、思想活动等等皆属神明的范畴，人的想像力亦属"神明"的内容之一，古希腊的阿波罗尼阿斯指出"想像"是"指

---

①《马克思恩格斯全集》卷42，第169页。

导"艺术家"造形"的特殊智慧。略晚于王微的刘勰所著《文心雕龙·神思篇》说得更为清楚。

图画之所以不居于技术行列，主要靠心思。《易》象就是圣人心造，圣人想象出来的，汉王符就说："圣人以其心来造经典，后人以经典往合圣心也。"（《潜夫论·赞学》），因之图画也应是画者心造，光靠目见所记，不动心思仍不免流于地形图之列。《叙画》主旨在说图画不同于地图（"非以案城域……"，"效异《山海》"），之所以不同于地图，有"动变者心也"（按此依《王氏书画苑》本）、"明神降之"的作用。《素问·灵兰秘·典论》云："心者，生之本、神之变也。"又云："心者，君主之官也，神明出焉。"《孟子》："心之官则思。"庄子此类论述亦不少。可见心的作用，王微之前已被人重视。但在绘画上还是王微说得明白。

因此"目有所极"一段应解释为：依靠目去观山水景致，依然有一定限制，这不是目的视力限制，而是目的功能所限制。比如"方丈"为神仙所居，幻想中的境界，都不是目所能见，故所见不周至，但可以存在于想象之中。于是乎以一管之笔，拟出想象中的山水之体。"太虚"的解释很多，《庄子》"不游乎太虚"，被释为"深元之理"或"气"等，还作"太空"解，总之太虚就是虚。成玄英疏："太者，广大之名。"虚，非实体也。后人曰太虚幻境。此处"太虚"和"所见"相对，它是见不到的，而只是心之所思之境，存在于人的想象中。地形图是实用的产物，艺术是精神的产物，是意识形态。马克思曾说过："……它是某种和现存实践意识不同的东西，它不用想像某种真实的东西，而能够真实地想象某种东西。"（《德意志意识形态》）"想象某种真实的东西"存在于想象者的思维之中，眼不可见，但想象者如果是画家，便可以把想象的东西画出来，为目所见，是所谓"以判躯之状，画寸眸之明"。"判"，分也。《淮南子·俶真训》："天地未剖，阴阳未判。"《韩非子·解老》："与天地剖判也俱生。"《庄子·天下》："判天地之美，析万物之理（注：各用其一曲，故析判）"。

躯，《说文》："躯，体也。"即"太虚之体"的"体"。因为想象中的山水之体比目见周至，但不可能也不必全部画出来，要分其"体"之一部分，当然要以最能表达自己理想、情感的一部分，以部分之状，画出由目见之明，使想象中的山水，变成目见中的画上山水。

王微叙述了在想象中应该以什么样的笔法表现什么样的山水之后，说："横变纵化，故动生焉。前矩后方出焉。"（按后一句和前句相对，则"出焉"之前疑脱二字，或为"前矩后方，由形出焉"。然即使脱二字，亦还讲得通，以原句为是。）"横变纵化"指的是想象的精神活动，即顾恺之的"迁想"，它是可以无限飞越的。《文心雕龙·神思》有："文之思也，其神远矣，故寂然凝虑，思接千载，悄焉动容，视通万里。"可作此语的最好注脚。因为横变纵化的构思，山水的动变之势也即"融灵"之灵在心中产生了（"故动生焉"），然后根据想象的结果画出来，叫"前矩后方出焉"，"方"即是按"矩"的工具画出来的，也即一般所说的前有矩后有方，刘勰称为"规矩虚位，刻镂无形"。近现代美学家和艺术理论家都懂得：艺术家的创作活动，包含着两个不可以分离地相互联系的方面，即通过对生活的能动反映在观念中产生艺术形象的活动，以及通过物质材料的运用，把观念中艺术表象外化为实际存在的，可为感官把握的艺术形象，即形成艺术作品的创作活动。这一道理王微早就阐述得十分清楚。"横变纵化，故动生焉"是前一活动，"前矩后方出焉"则是后一活动，也即由"太虚之体"变成"寸眸之明"，由心之想象变成眼之可见之画的活动。

唐符载有一段记载张璪画松的话可以帮助我们对此段话的理解，也可以帮助我们了解王微这一精神的意义和影响。"观夫张公之艺，非画也，真道也。当其有事（作画），已知夫遗去机巧，意冥玄化，而物在灵府，不在耳目，故得于心，应于手，孤姿绝状，触毫而出。气交冲漠，与神为徒。若忖短长于隘度，算妍媸于陋目，凝觚舐墨，依违良久，乃绘物之赘疣也……"（《唐文粹》九十七）张璪之作画"若流电激空，惊飙戾天，摧挫斡掣，撝霍瞥列（运笔状），毫飞墨喷，捽掌如裂，离合惝恍，忽生怪状……"（同上）张璪作画之所以能如此，乃所画之物先融于灵府（心）中，在灵府中经过"动变"，去渣存精，所以他画的时候并不要临时到客观世界中去用目耳捕捉对象（"虚求幽岩"），而是以自己的手写自己的心，即由"太虚之体"变成"寸眸之所明"。张彦远论气韵："古之画或能遗（原文"移"，恐误）其形似，而尚其骨法"。"今之画，纵得形似，而气韵不生。"现实的山水万物有一定的形质，用目耳去临时捕捉，拘于现实，往往对画家所要表现的"灵"有一定限制，融入灵府（心）之后，就把这种限制解除，由画家的心上"动变"。若所画之物不从灵府中出，而仅从"陋目"中出，所得就有可能仅是对象的形骸，所画出的可能仅是"物之赘疣"。因之宗炳的"以形写形"，必须有王微这一修正和补充，方能正确地指导创作。否则便易流于自然主义。

唐朱景玄作《唐朝名画录》序云："伏闻古人云，画者圣也，盖以穷天地之不至，显日月之不照。挥纤毫之笔，则万类由心，展方寸之能，而千里在掌……无形因之以生。"也主要是和王微这一思想契合的。强调绘画万类由心，补天地、日月之所不至，而非仅仅是对自然的模仿。姚最强凋"立万象于胸怀"，亦然。

王微的"太虚之体"论，在叙述上似有片面，实际上也不是毫无现实基础的想象：想象本来就是"人在反映客观事物时，不仅感知当时直接作用于主体的事物，而且还能在头脑中创造出新的形象，即是没有直接感知过的事物的形象：这种特殊的心理能力，称为想象"（《美学概论》第二章）。"想象与记忆有密切的联系。没有记忆就没有想象，想象凭借记忆所供给的材料进行活动。它是在人的头脑中改造记忆中的表象而创造新形象的过程，也是过去经验中已形成的那些暂时联系进行新的结合的过程。所以，它虽然具有很大的创造的性质，但实质上仍是对现实反映的一种特殊形式"（同上）。王微的记忆功夫特别深，他的想象也特别丰富，这在《宋书》本传中都可得到佐证。据《宋书》所载，王微不像宗炳那样一生浪迹江湖，奔走山岩，但他"盘纡纠纷，或纪心目，故兼山水之爱，一往迹求，皆仿像也"。所以王微并不排斥"写生"，并不排斥对客观世界的研究，只是不需要像西洋画那样选择固定的地点，固定的光线，对景刻画，而是强调"心"的作用，"神明"的作用。"盘纡纠纷，或纪心目"也一直成为中国画传统的写生方法：唐吴道子画嘉陵江三百里，五代顾闳中画《韩熙载夜宴图》，都是不用当场勾粉稿，而是"或纪心目"，回来后一挥而成，不是把手中粉稿变成画，而是把心中稿（经过"横变纵化，故动生焉"）变成图画，"心者……神明出焉"，这不也就是"明神降之"吗？石涛的"夫画者，从于心者也"就更为明了。

在山水画刚一兴起的时候，王微就明确地反对自然主义的写生和创作方法，为中国画创作奠下了一个正确的基础虽然他的说法还不能说是十分严密和科学的，但比起西方十八世纪才正式有了以风景为主题的画，却要先进得多。

（七）明神降之（下）

近现代心理学家的研究成果证明：想象有形象的特点，并经常与人们实践活动中的一定的需要、愿望和情感相联系。这当然是很符合实际的。王微在设想应以各种笔法表现各种山时，已带有一定的愿望和情感，其实都属"明神"的内容。"明神"对运笔的影响，论之者甚多。前人有所谓"喜气写兰，怒气写竹"，皆"明神降之"而如是也。

"明神降之"不仅在作画中发挥作用，欣赏作品时尤为重要。早在十八世纪，即有美学家认为审美中感觉并不重要，"想象"的愉快才是审美的特征。王微欣赏山水画是"望秋云，神飞扬，临春风，思浩荡"，就是这种"想象的愉快"，他还想象到"虽有金石之乐，珪璋之琛，岂能仿佛之哉"。

但画家毕竟不光是欣赏家，还要把自己的感受传达出来，当然也不能排斥手的作用。王微说得很全面："岂独运诸指掌，亦以明神降之。"郑板桥的"眼中竹"到"心中竹"，毕竟还要到"手中竹"，才能成为作品。前引符载记张璪画松"物在灵府，不在耳目，故得于心，应于手"，也没有忘记手的作用，但心的作用还是重要的。而由张璪本人总结出的"外师造化，中得心源"一语，实乃画家之三昧，"中得心源"必以"外师造化"为基础，造化经过心的"动变"，神明的陶铸，造化的形象乃上升为心源的形象（即"横变纵化，故动生焉"），而后以己手写己心，所以张璪画"非画也，真道也"。画"真道也"，故称为艺术，而不称技术，因为它和道一样本是精神的力量，也是精神的结晶。古人称山水画是"精神还仗精神觅"[1]，"江生精神作此山"[2]。绘画之所以不同于图经，之所以能画出山水之神灵，本是作者神明使之然，没有神明，何来艺术？何来艺术家？艺术成家之说，源于曹丕的"成一家言"。什么叫画家？作画者有自家风格，便是画家，绘画风格成熟的便是成熟的画家。风格即人，更清楚地说，即人的神明。很多人掌握了相当的技巧，而不成为画家，即是在他的画上仅见技巧而不见神明，亦即没有风格。大艺术家的艺术并不以技巧的面貌出现，而是借技巧之功使其"神明"在画上反映出来，我们在作品上看到的乃是他的神明和修养，甚至忘掉了还有技巧。荆浩《笔法记》有云："忘笔墨而有真景。"没有笔墨还能成画吗？但作画者只为笔墨所驱使，便出不了"真景"，张彦远谓之"死画"。"真景"要靠"真情"，"真情"的流露，乃"神明"使然。笔墨乃随"明神"的波动而波动，画家只觉得自己的感情在流露，而忘却还有笔墨，正如郭熙所云："面不见绢素，手不知笔墨，磊磊落落，杳杳冥冥，莫非吾画。"（《林泉高致集》）这就是"明神降之"。

画家，各家有各家的面貌，正是各家的"神明"不一样，"降"到画上的反映也不一样，就形成了各家的面貌，而不仅仅是靠指掌的工

---

①宋汪藻《浮丘集》卷三十。
②虞集《江贯道江山平远图》，见《道园学古录》卷二十八。

夫。否则，千篇一律，千画一面，艺术将成何体统，将怎么去发展？

再次，若从美学的观点来看，马克思主义是从心物关系去探索美的规律的。马克思就把美的规律直接同人的本质联系起来，并以人的本质为中介，使美的规律置于生产实践的基础之上。马克思认为人的本质对象化产生了美。美的创造包括感觉、需要、情感、想象、思维等过程。就艺术创作而言，若排斥了心（即神明）的作用，仅从物的方面去探索，对象的形体、色彩、线条等等就可能成为所谓美的本质的规定。或把这种规定看作对象自身的自然结构，或把这种规定看作客观精神的感性显现。皆是把美的对象的发现看作机械的反映，或者如西方所说的直接观照的结果。只抓住现象，未抓住本质。而这种规定未必构成美，违反它也未必不美，乃因看不出美是人的事物，实际上那种所谓规定也是不存在的，马克思说："被抽象地孤立地理解的，被固定为与人分离的自然界对人说来也是无。"[1]

如上一节所说，虽然王微的"明神降之"不是很严密很科学的，但他对艺术的规律却有一定的认识。它的提出，为中国古代画家的成长起到相当的作用。即在现在来说，仍有继承的价值。

诚然，"明神降之"，还要有多方面的修养。《宋书·王微传》："微少好学，无不通览，善属文，能书画，兼解音律……"不正透露了此中消息吗？

（八）对后世文人画的影响

王微虽然说绘画和圣人的经典同体，其目的是为了提高绘画的地位，但他在其后的论述中还是重在"怡悦性情"方面，所谓金石硅璋也不能比。《叙画》中两大段文字，"……此画之致也"，"……此画之情也"，都有点"怡悦情性"的味道。这对后世文人画产生了巨大的影响。

---

[1]《马克思恩格斯全集》卷42，第178页。

"画之致也"一段中，他说："曲以为嵩高，趣以为方丈；以犮之画，齐乎太华，〔以〕枉之点（按和上句对义，疑脱一"以"字），表夫隆准。"这一段话接在"以一管之笔……画寸眸之明"的后面，是谈如何用笔把"判躯之状"变成"寸眸之明"的。

"曲以为嵩高"，"曲"是"～～～"卷曲，弯曲的"曲"，当然不可机械地理解为画曲线，乃是运笔的大概，是说用笔上下挥动，可以画出嵩山之峰（嵩山有三尖峰，犹如曲线之起伏，古人多作小幅，用笔曲画三遭，三尖峰即出）。

"趣以为方丈"，是说用笔纵横奔放，可以画出神仙境界那样的美景。

"以犮之画，齐乎太华"，是说用笔急骤挺拔，可以表现出华山那样险峻。犮音拔，疾犷也，又如犬奔貌；太华即华山，华山天下险，南峰、西峰皆拔地而起，直插云表。用笔急起疾犷，易于表现其险峻之势。

"（以）枉之点，表夫隆准"，是说用笔邪曲一点，可以表达出山崖上突出的大石壁，犹如山的"鼻梁子"（此句姑作此解，疑有误字）。

以上说的是用不同笔法表现不同的山水之境，虽然还只是王微的想象，但表达了他对于作画用笔也应"怡悦性情"的态度。后世文人画家称作为"墨戏"，"墨趣"，虽然那是用墨成熟的表现，但也表现了作画用笔时一定的情趣，早在王微的画论中已有萌发。张彦远论说王微谓："图画者所以鉴戒贤愚，怡悦情性，若非穷玄妙于意表，安能合神变乎天机。""鉴戒贤愚"指的当是王微山水画社会功能论，"怡悦情性"，应该是包括王微谈到的作画情趣之美吧！诚然也包括画中山水的拟人之美。

王微继续说："眉额颊辅，若晏笑兮；孤岩郁秀，若吐云兮。"这是说山的景致，其高、平、低、洼、深、浅、突、邪，犹如人的眉、额、颊、辅，又若少女面上含笑的酒窝（按原文"晏"，当为"靥"。"笑"字原文为"笅"，乃误字。《楚辞》："靥辅奇牙，宜笑嗌只。"当为此语之所本）。孤岩苍郁秀美，似在喷吐云雾。

王微将山水拟人化了，这一拟人化值得引起注意。将自然景物拟人化乃是中国画的一个重要特点，中国画家以后则把自然景物作为人的情态的寄托，画面上物的精神就是人的精神，传物之神也就是传我之神，或者叫传我之道。画上物形是载作者之道的，因而不可称为"赘疣"。画面上物凡不能载作者之道的便是"赘疣"，这也叫"以形媚道"，画之形如不能媚作者之道，画之何益？见花开会"溅泪"，闻鸟鸣会"惊心"，八大山人画的鱼和鸟也便会怒目而视，都是人的精神、情态借物而现。《庄子》的"物化"，王微的"拟人化"，在后世绘画中，都有相当的市场，或者以物寓情，或者以情寓物。梅、竹、松、菊为什么成为后期文人画最喜爱的题材，正因为从这些物中看出人的性格，这叫以物寓情；花之怒放，山之含笑，这叫以情寓物。后世的山水画，有的残山剩水，有的金碧辉煌，有的萧散简远，三五株枯树，一二间草房，有的厚重，有的简淡，都是画家意识的反映。所谓"江山本是无情物，写到荒残亦可怜。"[1]在王微之后，自然拟人化的思想不断地出现。《画山水赋》："定宾主之朝揖，列群峰之威仪。"《笔法记》："古松……翔鳞乘空，蟠虬之势，欲附云汉"（拟动物）。《林泉高致集》将自然拟人化的地方最多："春山澹冶而如笑，夏山苍翠而如滴，秋山明净而如妆，冬山惨淡而如睡。""大山堂堂，为众山之主……其象若大君，赫然当阳，而百辟奔走朝会……若君子轩然得时，而众小人为之役使。"《山水纯全集》："或如醉人狂舞者，或如披头仗剑者。"等等。皆是在王微之后对山水拟人化的进一步阐发。其对后世文人画的影响也就不言而喻了。

在宗炳《画山水序》的研究中，我说过儒道对后世文人的影响，一是文以载道，一是自我陶冶。或者二者并存于一人，互相矛盾又互相补充。王微思想中，儒、道并存，他既要把画比附于儒家经典，又要怡悦

---

[1] 明末方文（尔止，方以智之叔）题明代遗民画家半山画诗句。原画现藏安徽省博物馆。

情性。他后期，已由半官半隐变成全隐，道家思想占了上风，因而他的画更多是为了"自喻适志"，"欣欣然而乐与"（庄子语）。古代山水画真正有鉴戒作用的并不多。

王微的"或纪心目"的写生方法，"拟太虚之体"的创作态度，追求用笔趣味，传达强烈的个人感情等作风都或多或少、有意无意地为后世文人画所继承和发展。

最后一段"此画之情也"，文意甚明，而它和后世文人画家作画情趣、审美情趣，以及艺术精神的相契，也很清楚，就无须多说了。

八、《叙画》点校注译

按：《叙画》原文是以明毛晋刻《津逮秘书》本为底本。主要用明王世贞刻《王氏书画苑》本、清《佩文斋书画谱》本互校。近、现代的一些有关版本，除极个别字外，皆不采用。毛本、王本用南京图书馆藏本。《佩文斋书画谱》用南京师范大学美术系藏本。其他参考本皆用南京师范大学图书馆藏本。

（一）《叙画》点校注释

叙画

辱颜光禄书[1]。

以图画非止艺行[2]，成当与《易》象同体[3]。而工篆隶者，自以书巧为高[4]。欲其并辩藻绘[5]，霬其攸同[6]。

夫言绘画者，竟求容势而已[7]。且古人之作画也，非以案城域[8]、辩方州[9]、标镇阜[10]、划浸流[11]。本乎形者融灵[12]，而动者变心[13]。止灵亡见[14]，故所託不动[15]。

目有所极，故所见不周[16]。于是乎，以一管之笔拟太虚之体[17]；以判躯之状[18]，画寸眸之明[19]。曲以为嵩高[20]，趣以为方丈[21]。以反之画，齐乎太华[22]。枉之点，表夫隆准[23]。眉额颊辅，若晏笑兮[24]；孤岩郁秀，若吐云兮[25]。横变纵化，故动生焉[26]。前矩后方，出焉[27]。然后，宫观舟车，器以类聚[28]；犬马禽鱼，物以状分[29]。此画之致也[30]。

望秋云，神飞扬，临春风，思浩荡[31]，虽有金石之乐[32]，珪璋之琛[33]，岂能髣髴之哉[34]。披图按牒[35]，劢异《山海》[36]。绿林扬风，白水激涧[37]。呜呼[38]，岂独运诸指掌[39]，亦以明神降之[40]。此画之情也[41]。

校注：

〔1〕辱颜光禄书——自此句至"覩其攸同"句，《佩文斋书画谱》无。

辱：屈也，为应酬语，如辱蒙、辱赐等皆是。颜光禄：姓颜名延之，字延年（384～456），官太子舍人、光禄勋、光禄大夫、金紫光禄大夫。故称其为颜光禄。琅邪临沂人，文章词彩冠绝当代，与谢灵运齐名，都是晋、宋之际名声最大的诗人。《宋书》卷七十三有传。史称："自潘岳、陆机之后，文士莫及也，江左称颜谢焉。"书：信函也。

这一句客套话是说：承蒙颜光禄大夫赏信。

〔2〕以图画非止艺行——以：因为。止：居也。《诗·商颂·玄鸟》："邦畿千里，维民所止。"艺：古之"艺"，同于今之所谓"技"，不同于今日艺术的"艺"。《论语》："游于艺"，"求也艺"；《庄子·在宥》："说圣耶，是相于艺也。"皆指某些技巧。称礼、乐、射、御（驭）、书、数为六艺，乃是艺（技）的观念之扩大。《二十四史》中《艺术列传》所列之人，皆医巫、方伎、占卜、巧匠等，技术人在当时是不被统治者看重的。文人中的画家被列入《文苑传》或《隐逸传》。行：音杭。

（以前注家释此句为：图画不只是一种艺术的行为。——恐望文生义也。）

此言：图画不居于技术的行列。

　　按：当时有很多人把绘画也列入技术的行列（详见书七《王微〈叙画〉研究》），所以王微加以反驳。

　　〔3〕成当与《易》象同体——《易》：儒家的经典著作，也是儒家的思想本源。《易》象即八卦。《文心雕龙·原道》："幽赞神明，《易》象惟先。"《易》乃通过八卦形式推测自然和社会的变化，用以言所谓天道和人道。封建社会从上层统治者到一般士大夫，都极其重视这本书，奉为行动指南。

　　此句是说：画成当与圣人所造《易》象相同。

　　释"《易》象"：

　　儒家经典甚多，王微何以单说画与《易》象同体，二者本质之联系，知"《易》象"可释耶。

　　《易》象即八卦，乃《易》中的八种基本图形，名称是乾（☰）、坤（☷）、震（☳）、巽（☴）、坎（☵）、离（☲）、艮（☶）、兑（☱），象征天、地、雷、风、水、火、山、泽八种自然现象。天是一个整体，即画作"—"来表示；地上有人、兽的双双足迹，就画作"☷"来表示（八卦中又以乾、坤二卦占特别重要地位）；雷是产生在天上的道道闪光，故画作"☳"；风是在天下，卷起尘沙，既能阻断视线，不见天际，也能湮迷前途的足迹，故画作"☴"；水是中间映有天，两旁是地，故画作"☵"；火是因中间焚烧而隔断，两旁可以通行，故画为"☲"；山是上面接天，下面接地，当中阻隔，故画作"☶"；泽是地面微露在上，但下面映出深远的天空，故画作"☱"；为求八卦之一致，把天"—"亦画作"☰"。《易》（因是周朝的著作，故亦称《周易》；又因被后人奉为经典，故亦称作《易经》）乃借这八个符号演绎写成。《易》含有修、治和形象变化之意，即借八卦的形象，阐发修身、齐家、治国、平天下的行动准则；在形态万千、变化不尽的复杂情况下，指导人们如何随机应变，恰当对待。《易》运用对立统一的道理去分析事理、阴阳、刚柔、奇偶、虚实和义利等等，揭示出对立统一的矛盾。《易》分上经和下经。上经共三十卦，以阐述国家大政方针为主；下经共三十四卦，以讲个人修身、齐家、察时处世之道为主。有些书中介绍，《易》和《易》象完全是用于占卜、算命之工具，恐不完全符事实。八卦，虽然是用于卜筮的，但关键在于人的解释，若结合事理加以推断，便可以有益于人生和社会。重人而不重鬼神的孔子就曾恨读《易》之晚："子曰：'加我数年，五十以学《易》，可以无大过矣。'"（《论语·述而》）

从以上简单介绍可知：一、《易》是儒家思想的本原，以言天道和人道为主；二、《易》象是模仿天地间自然现象而创造成，这和图画的本源是一致的。所以王微说图画"成当与《易》象同体"，而不言其他，就是这个意思。

〔4〕工篆隶者，自以书巧为高——此句是说：擅长篆书和隶书的人，却自以为书法高妙而高人一等。

按当时贵书贱画的记载很多，姚最《续画品》亦有云："今莫不贵斯鸟迹（书法），而贱彼龙文（画）。"

〔5〕欲其并辩藻绘——辩：争论是非曰辩。《孟子·滕文公》："予岂好辩哉，予不得已也。"藻绘：比喻文饰、材采之美。《文心雕龙·原道》："龙凤以藻绘呈瑞。"陆游诗："我初学诗日，但欲工藻绘。"

"欲其并辩藻绘"，犹"欲并辩其藻绘"。"其"指"图画"和"篆隶"。

此句意思是：要并辩书法和图画的光辉价值。

〔6〕覈其攸同——覈：考验以求其实。攸：所（助词）。《文选·与陈伯之书》："夫迷知返，往哲是与？不远而复，先典攸高（古代典籍所推崇）。"又《左传·襄公四年》："民有寝庙，兽有茂草，各有攸处。"

此语意为：考核书法和绘画之相同。

〔7〕夫言绘画者，竟求容势而已——容势：形容局势。指客观世界中的物状。

此言：一般谈绘画的人，竟只追求客观世界中的外形局势而已（这种认识是有局限的）。

〔8〕非以案城域——案与安同。

此言：并非用以安排城域。

〔9〕辩方州——辩通辨。

此句谓：指辨地方州郡。

〔10〕标镇阜——标：《王氏书画苑》误作摽。

镇：大山之谓。阜：高地之谓。

此言：标注大山和高地。

〔11〕划浸流——浸：《王氏书画苑》作"漫"。

此言：划分湖泊河流。

〔12〕本乎形者融灵——融：融和，融洽。灵：《老子》："神得一以灵。"此处"灵"即传神之"神"。（参见本书《〈画山水序〉点校注译》注〔4〕

这句话是说：本来形和神就是一体。

〔13〕而动者变心——《王氏书画苑》、《佩文斋书画谱》作："而动变者心也。"按以此为是。

此言：能够动变的是心的作用。

此语有二重意思：古人的"心"，即今之思想。《素问·灵兰秘·典论》："心者，生之本，神之变也。"又："心者，君主之官也，神明出焉。"《孟子》："心之官则思。"因为地图是固定的，不能随便变动，而山水画非地图，可以依靠作者的"心"，剪裁加工（变动），想象为之。又山水动变之势（灵）亦靠心去体会。

若依《津逮秘书》本："而动者变心"，当解作："动者"即"灵"，和下文的"不动"即"形"相对。"变心"即改变人的心情，譬如一个人的心情本来是平静的，看到一幅好画变得激动起来，这就叫做"变心"。

画之所以能使人"变心"，是"形者融灵"中的"灵"的作用。

"灵"是"动者",才具有这种作用。地形图是形内无灵,是死板的形,就无法使人"变心",所以地图是实用物,而绘画是精神物。此解亦通,但义稍逊之。

〔14〕止灵亡见——《王氏书画苑》本、《佩文斋书画谱》本均作"灵亡所见"。按和上文相联,可从。

亡:同无。

此言"灵"是见不到的(即是说灵不能单独存在)。

〔15〕故所託不动——:託同托(简体)。寄也。《孟子·万章》:"士之不託诸侯,何也?"注:"託,寄也。谓若寄公食禄于所託之国也。"不动:在此处指实在的形体。

此言:灵(神)寄托于不动的形象之内。

按自"本乎形者融灵"至"故所不动"这一段,王说和宗炳的"栖形"说不同。王微意:神、形一体,不可分;宗炳意:神、形二体,可以分,也可以合。王微和颜延之、陶渊明等思想属一系,是反"形神分殊"说者(当另文讨论)。宗、王之论貌似相同而实不同,但对于绘画要求的本质却又相同,即要"写山水之神",可谓殊途而同归也。

〔16〕目有所极,故所见不周——此言依靠眼睛去欣赏山水景致,依然有一定极限,所以所见之景则不能周全。

按:"目有所极",不是指眼的视力有限,而是指眼的功能有限。下文谈到的想象中的山水之景,比如"方丈"是神仙所居,非目所能见,目观则不及想象之丰富,故所见不周。

〔17〕于是乎以一管之笔,拟太虚之体——拟:摹仿、相似之意。太虚之体:指想象中的山水之体。太虚:《庄子·知北游》有"不游乎太虚",一释为"深元之理",一释为"气"。太虚在它处也作天空解。"太虚"就是虚。成玄英疏:"太者,广大之名。"虚者,非实体也。后人曰"太虚幻境"。此处"太虚"和上文"所见"相对,是"见不到",而存在想象之中。

此言:(因为目见不周全)于是乎以一管之笔,模拟出虽不客观存在而却存在于想象中的山水之体（更理想）。

〔18〕以判躯之状——判：分也。《淮南子·俶真》："天地未剖，阴阳未判。"《韩非子·解老》："与天地剖判也俱生"。《庄子·天下》："判天地之美，析万物之理（注：各用其一曲，故析判）。察古人之全，寡能备于天地之美。"皆可帮助对"判"和此句的理解。躯：《说文》："躯，体也"。即"太虚之体"的"体"。

按因为想象中的山水之体比目见丰富，但不必也不可能全部一下子都画出来，要分其"体"（躯）之一部分（最理想的一部分）以部分之状（画出寸眸之明）。

〔19〕画寸眸之明——寸眸：眼睛。明：《国语·周语》："在目为明。"（转引自阮元《经籍纂诂》）《庄子·外物》："目彻为明，耳彻为聪，鼻彻为颤，口彻为甘，心彻为知，知彻为德。《疏》彻，通也……"（《诸子集成》本郭庆藩《庄子集释》404页）。

此语是说：画出由眼所见之明。

按上一句"太虚之体"即幻想中、想象中的山水之体，本是虚的，不可见的。画家的任务就是要把头脑中构思的（姚最称为"立万象于胸怀"）形象，反映到纸、绢等物质材料上去，画出由目所见之明的画上山水。简言之：把想象中山水，画成目见中山水。

〔20〕曲以为嵩高——曲：弯曲如锯齿之状，此言用笔上下左右挥动，如画曲线之自然。嵩高：五岳之一之中岳嵩山，一名嵩高。在河南省登封县之北，山有三尖峰（中曰峻极、东曰太室、西曰少室）。

嵩山呈三尖峰之状，曲画三遭，其形即出。

按嵩山之形，正符曲以为之之状，张彦远论六朝山水"若钿饰犀栉"，敦煌壁画中山峰多"曲以为之"之状。

〔21〕趣以为方丈——趣：此处指用笔纵横奔放。方丈：神仙之境。《史记·封禅书》："蓬莱、方丈、瀛洲，此三神山者，在渤海中。"

此言：用笔纵横奔放，可以画出神仙之境那样的美景。

〔22〕以犮之画，齐乎太华——犮：或为"犮"，音拔，犬奔貌。又通拔，疾也，猝也。太华：华山，五岳之一之西岳。在陕西省华阴县，以其西南有少华山，故称太华。华山天下险，南峰、西峰皆拔地而起，直插云表。

此言用笔急起疾猝，易于表现华山那样险峻挺拔之势（此句姑作此解，疑有误字）。

〔23〕枉之点，表夫隆准——"枉之点"，疑为"以枉之点"，和上文"以犮之画"对义，恐脱一"以"字。枉：邪曲。隆准：本意是指高鼻子。《史记·高祖纪》："高祖为人隆准而龙颜。"注："应劭曰：'隆，高也；准，颊权准也'；文颖曰：'准，鼻也。'"此处指山崖上突出的象高鼻子形状的大石头。

此言用笔邪曲一点，可以表现出山上突出的大石头。（此句亦姑作此解，疑有误字）

〔24〕眉额颊辅，若晏笺兮——笺：《王氏书画苑》本作"芰"；《佩文斋书画谱》本作"笑"。《津逮秘书》本作"笺"，应是"笑"之误：

辅：同酺，颊也。晏：当为"靥"之误，犹今俗谓颊边之酒涡也。《楚辞》："靥辅奇牙，宜笑嫣只。"当为此语之所本。

此语把山水画的景致拟人化了。说山水的高、低、平、洼、深、浅、突、邪，犹如人面的眉、额、颊、辅，又似少女面上带酒涡的含笑。

〔25〕孤岩郁秀，若吐云兮——孤岩苍郁秀丽，似在喷吐云雾。

〔26〕横变纵化，故动生焉——横变纵化，指复杂的艺术构思活动。似不可以今人作画用笔横纵变化来理解王微。六朝时代，对于文艺创作构思的复杂活动，如此类阐述者极多。故动生焉：动即前"动变者心也"的"动"，亦即"融灵"的山水动变之势。

此言：通过复杂的艺术构思，融灵的山水动变之势在心中产生了。

〔27〕前矩后方，出焉——后：《王氏书画苑》作彼。按旧写

"后"为"後"，与"彼"形近，乃误。以"后"为是。

考此句和上句对义，则"出焉"之前疑脱二字。或为"前矩后方，则形出焉"。然即使脱二字，亦还讲得通，且不去追究，以原句为是。

矩：乃画"方"所用之工具；方：乃依"矩"画出的形。即一般说的"前有矩后有方"。《周髀算经》："方出于矩。"

此句是借"方出于矩"的道理，衬托说明画面上的山水形状，是根据前面"横变纵化"的构思画出来的。故曰"前矩后方，〔则形〕出焉"。

〔28〕宫观舟车，器以类聚——宫：宫殿，此处指山上的佛寺、禅院，和尚居处。观：道观，道士居处。"宫观"在这里泛指一切建筑物。"舟车"在这里泛指一切交通工具。器以类聚：《系辞》："方以类聚。"意为适当配合。

此言：（根据大的构思，把山水的大体画好，）然后加上一些寺庙、道观、车船之类，但不能乱画，要"器以类聚"，即庙寺、道观要画在山腰里，舟要"泛"在水中，车要"行"在路上，要注意合理性。

〔29〕犬马禽鱼，物以状分——"犬马禽鱼"在此处泛指一切飞禽走兽以及游鱼之类。此句和上句意同，即画面上还可以画一些犬马禽鱼之类，但也要根据情状加以区分。

按早期山水画点缀物实多，而且比例不当。顾恺之《画云台山记》亦有此类记叙，敦煌壁画早期山水亦可证其实。

〔30〕此画之致也——致：大致；大概。

以上就是画山水的大致情况。

〔31〕望秋云，神飞扬，临春风，思浩荡——此指望着画面上的秋云，神情飞扬，面临画面上的春风，思绪起伏。

〔32〕金石——古代乐器有金（钟）、石（磬）、丝（琴）、竹（箫）、匏（笙）、土（缶）、革（鼓）、木（柷敔）八种。金石即钟磬。《礼记·乐记》："金石丝竹，乐之器也。"此处指优美的音乐（按：金石不是普通的乐器，多属皇宫王室，一般家庭多丝竹之乐）。

〔33〕珪璋之琛——珪璋：各国聘问时的宝玉，诸侯朝王，手中执珪，朝后，手中执璋。上圆下方为珪，半珪为璋。琛：珍宝之称。

〔34〕髣髴——同仿佛。

〔35〕披图按牒——牒：《王氏书画苑》误作"牌"。

披：翻开。牒：音蝶，札册。

〔36〕効异《山海》——効：《学津讨原》本作"效"。効同效。《山海》指的是晋宋时期流行的著作《山海经》。其书是古代涉及到地理方面的重要文献。约成于战国和西汉初年，晋人郭璞（276-324年）曾为之作注。《山海经》共十八卷，分《山经》（五卷）和《海经》（十三卷），故称《山海经》。《山海经》本有图，称图经，尤其是《海外》以下多图说之词，郭璞又为之作"图赞"，今图佚，郭氏"图赞"尚存。宗炳《明佛论》（见《全上古三代秦汉三国六朝文·全宋文》）中有云："述《山海》天毒之国。"（按《山海经·海内经》："天毒，其人水居。"《注》："天毒即天竺国。"）晋陶渊明（365～429年）有诗云："泛览周王传，流观《山海》图。"宗、陶、王所说"山海"皆指《山海经》。宗炳《又答何衡阳书》："刘向称禹贡九州，盖述《山海》所记。"更明。

《山海》二字，过去注家释为自然界中真实的山海，甚陋。其一"山海"二字，当时一般不连用，或说"山川河流"、或说"五岳"、"江海"等等。如前所云，《山海经》乃《山经》、《海经》之合称，故云。其二，本文主旨在说绘画不同于图经（"非以案城域"等等），而不是大谈绘画不同于自然，当时人在理论上尚不能认识到这一步。

此言绘画给人的精神享受异于《山海经》中的"图经"。

〔37〕绿林扬风，白水激涧——此言画面上景致很生动，栩栩如活。绿色之林似在扬风，白色之水似激荡于山涧。（此不同于《山海图》也。）

〔38〕呜呼——感叹语，犹今之诗人激动时发出的"啊！"

〔39〕岂独运诸指掌——诸：于。此言岂独是运于指掌的工夫。

〔40〕明神降之——明神：又作神明。六朝常用语。人的智慧、天才、聪明、想象力、精神、思想、感情等皆属"明神"的范畴。《庄子·列御寇》："明者唯为之使，神者徵之，夫明之不胜神也。"又《庄子·天下》："神何由降，明何由出。"《国语》："则神明降之，在男曰觋，在女曰巫。"恐为此语之所本。

此言：倾注了画家的想象、精神和思想感情等等。

〔41〕此画之情也——情：情实。

以上就是绘画的情实啊。

（二）《叙画》译文

叙画

承蒙颜光禄大夫赐信。

因为图画不居于技术的行列，画成当与圣人的经典《易》象同体。但是擅长篆书和隶书的人，却自以书巧为高。我这里要并辩它们的光辉价值，考核书法与绘画是相同的。

一般谈绘画的人，竟只追求客观世界中物象的外形局势而已（这是不够的）。况且古人作画，就不是用以安排查寻城域，指辨方州，标注大山和高地，划分湖泊和河流。本来形、神是结合着的一体，不可分。而动变者是人心的作用，神无所见，所以寄托于不动的形内。

由眼睛欣赏景致，是有一定的限制的，所以所见之景是不能周至的，（譬如"太虚幻境"、"方丈"等理想境界，非目能见，为了解决这个缺憾）于是乎，以一管之笔，模拟虽不客观存在但存在于想象之中的山水之体。以想象的山水景致中的一部分形状，画到画面上，变成眼见之明。用笔上下挥动，曲状以表达嵩山之峰；用笔纵横奔放，可以表达出神仙境界那样的美景；用笔急起疾猝，易于表现华山那样险峻挺拔之势；用笔邪曲一点，可以表现出山上突出的大石头。山的高、低、平、洼、深、浅、突、邪，犹如人的眉额颊辅，又像少女面上含笑的酒涡。孤岩苍郁秀美，似在喷吐云雾。

通过横变纵化的苦心构思，动变之势在心中产生了。"前有矩后有方"，根据前面各方面的构思画出来，山水的大体便出现了，然后点缀些寺庙、道观、车、船。但不能乱画，要器以类聚，即庙寺、道观要画在山腰里，车要画在路上，船要画在水中。还可以点缀些犬马禽鱼，也要根据情状加以区分。

以上便是绘画的大概情况。

望着画面上的秋云，神情飞扬；面临画面上的春风，思绪起伏。即使有最高级的音乐，最珍贵的宝玉，怎么能比得上图画之万一呢？翻阅图册，效果大异于《山海经》里面的图经。（画面上）绿树遇风似扬起林涛，白水似激荡于山涧。

啊！难道仅仅是运用手掌的工夫，也更是画家的构思、想象、精神、智慧、思想、感情等等倾注到画面上来的缘故啊！

这就是画的情实啊！

附录：王微介绍

王微（415～453年），字景玄。琅邪临沂（今山东临沂）人。王微仅活了三十九岁，且"常住门屋一间，寻书玩古如此者十余年"。王微的身体多病，虽然经常在山中采药，却没有像宗炳那样游历各地名山大川。但他和宗炳一样的是不喜欢做官。王微也出身于一个官僚家庭，父亲王孺是光禄大夫。《宋书·王微传》记载，"微少好学，无不通览，善属文，能书画，兼解音律、医方、阴阳术数"，"年十六，州举秀才，衡义季右军参军，并不就"。但他到底做过几期不大不小的官，始为司徒祭酒，转主簿，后任太子中舍人，始兴王友。因父丧去职，后屡召皆不就。《本传》说他"素无宦情，称疾不就"，"并固辞"。一直幽居独处，所以，他实际上也是一位隐士。后来他的好友江湛（吏部尚书）举他为吏部郎，反而遭到他的斥责和嘲讽。《本传》记他"不好诣人，能忘荣以避权右"，"性知画缋

（绘），盖亦鸣鹄识夜之机。盘纡纠纷，或纪心目，故兼山水之爱，一往迹求，皆仿像也"。他虽然"不好诣人"，但却喜和人通信。通信的内容中谈画的不少，他的《叙画》一文也是给他的好友——当时著名文人颜延之的复信。

王微弹琴赋诗，作画著文，其生平既简淡又丰富。

王微又善医术，其弟僧谦生病，他"躬自处治"，然而"僧谦服药失度，遂卒"。僧谦死后，王微极其痛苦，"深自咎恨，发病不复自治"，于其弟死后四旬时间，也便去世了，年仅三十九岁。

王微的人物画，据谢赫《古画品录》所记，是继承荀勖和卫协的。并说他"得其细"，但《历代名画记》所记为"王得其意"，从王微的绘画思想分析，应该是《历代名画记》记载的正确些。王微的山水画，当时还不见品评。

王微的诗，在当时和稍后影响颇大。锺嵘称其诗是"五言之警策者也"，"其源出于张华"，"殊得风流媚趣"。当时，他的诗被誉在班固、曹操、曹丕之上（见《诗品》。传本或有出入，不辩）。后世王夫之评他的诗谓"寄托宛至，而清亘有风度"（《古诗评选》卷五）。王微的诗、文集，在他的传记中和《隋书·经籍志》中都有记载，惜已佚。保留至今的诗在《全汉魏三国南北朝诗》中可以看到，保留至今的文在《全上古三代秦汉三国六朝文·全宋文》中可以看到。

九、论中国画之韵

中国画主"气"，尤主"韵"。黄山谷云："凡书画当先观其韵"（《豫章黄先生文集》卷二十七，第六页）。北宋范温（"山抹微云"女婿）云："……尝诵山谷之言曰：'书画以韵为主。'"又云："独韵者，果何形貌耶？……韵者，美之极。"（《永乐大典》卷八〇七）元黄子久特强调画之"有韵"，他之所以佩服曹知白的画，因为"至于韵度轻越，则此翁当独步也"（见《山水诀》或《题曹知白山水轴》）。明文征明认为赵松雪、高房山、"元四家"以至明沈石田的画"品格在宋之上，正以其韵胜耳"。和文征明同时的何良俊欣赏画"盖惟取其韵耳"（《四友斋丛说》）。明末清初论画主韵者更多，不胜枚举。每一画种皆有其"个性"，"韵"乃是中国画最特出的"个性"。失去了"韵"，便失去了中国画。

本文分七章，一、原"韵"〔补注〕；二、韵和神的关系；三、韵用于画之意义；四、韵含义之发展；五、以气取韵为上；六、"南宗画"尚韵说及韵与人格之修养；七、结语。

（一）原"韵"

画之"气韵"一词，是南齐谢赫最早陈述出来的，乃是当时社会很多人体验之积累和艺术自身的一种存在。谢赫在其《古画品录》中自云："虽画有'六法'，罕能尽该。"可见"六法"本已存在，至谢赫而著明之矣。

"气韵"本是一词，然原为二义。犹如"勤俭"一词，实乃勤与俭之二义。又如下面我将提到"声韵"一词，声与韵实有别。考谢赫《古画品录》所评历代名人画中，所用"气"六处：

卫协，"颇得壮气"。

张墨、荀勖，"风范气候，极妙参神"。

顾骏之，"神韵气力，不逮前贤"。

夏瞻，"虽气力不足，而精彩有余"。

晋明帝，"颇得神气"。

丁光，"乏于生气"。

用"韵"四处：

陆绥，"体韵遒举"。

顾骏之，"神韵气力"（神韵与气力二义）。

毛惠远，"力遒韵雅"。

戴逵，"情韵连绵"。

可见"气"、"韵"皆各一义，没有连用者。

文艺批评中首先使用"气"的概念者是曹丕。他在《典论·论文》中说："文以气为主。"但曹丕还没有提到"韵"。

南梁刘勰著《文心雕龙》[①]，用"气"数十处，如："秀气成采"（《征圣》）；"索莫乏气"（《风骨》）；"文辞气力"（《通变》）；"能气往轹古"（《辨骚》）；"慷慨而多气"（《时序》）"列御寇之书，气伟而采奇"（《诸子》）；"气扬采飞"（《章表》）；"气盛而辞断"（《檄移》）等等。其次还有："气有刚柔（《体性》）；"宁或改其气"（《体性》）；"气以实志"（《体

---

①刘勰，史称南朝梁人，然其书《文心雕龙》著于齐。谢赫，史称南朝齐人，然其书《古画品录》著于梁。

性》）；"气倍辞前"（《神思》）；"慷慨以任气"（《明诗》）；"阮籍使气以命诗"（《才略》）；"气实使之"（《杂文》）；"气盛于为笔"（《才略》）等等。刘勰几乎未有用"韵"以论文。其《声律》篇有用"韵"字，"异音相从谓之和，同声相应谓之韵。韵、气一定，故余声易遣……"等等，谈的是声律，而非论文；韵气虽连用，亦二义。

和谢赫差不多同时的锺嵘著《诗品》，用"气"字九处。曹植："骨气奇高"。刘桢："仗气爱奇……气过其文"。陆机："气少于公幹。"张华："儿女情多，风云气少"。刘琨、卢谌："自有清拔之气"。郭泰机等："气调警拔"。谢庄："气候清雅"。袁嘏："我诗有生气"。用"韵"二处，张协："音韵铿锵"。顾恺之："长康能以二韵答四首之美"。亦无气、韵连用。且用"韵"二处，皆音韵之韵，亦非论文。谢赫前后，偶有文论中用"韵"字皆指声韵、篇章者也。

气和韵本二义，古人亦有特别分清的。如荆浩《笔法记》中"六要"："一曰气，二曰韵。"又评张璪画："气韵俱盛。"又云："无形之病，气韵俱泯。"郭若虚《图画见闻志》卷五评张璪画："气韵双高。"夏文彦《图绘宝鉴》叙述"六要"："气韵兼力，格制俱老。"俱、双、兼，皆气韵二义之明证。秦祖永《桐阴论画》云："作画能深着松灵，则不患无气，不患无韵矣。"亦明。

经籍无韵字，诸子亦无韵字。韵字最早使用于音乐，其次用于人体。蔡邕《琴赋》"繁弦既抑、雅韵乃扬"，恐怕是最早的韵字。乃指声音中一种和谐的味道，这只是靠体会而知的。晋陆机《演连珠》："赴曲之音，洪细之韵。"就是这个意思。韵用于文学之上则称声韵或音韵，当然是声之韵，音之韵。上所引刘勰《文心雕龙·声律》："异音相从谓之和，同声相应谓之韵。"韵是靠声音而存在的、而体会出来的。但音韵的韵和绘画中的韵无直接关系。人的性情亦有韵，《晋书·郄詹传》："性方韵质。"陶渊明诗："少无适俗韵，性本爱丘山。"这也和谢赫听说的韵无直接关系。

　　谢赫所说的韵和顾恺之说的传神的神，皆是魏晋玄学风气下人伦鉴识的概念。人伦鉴识本也是政治的产物，开始是以儒学为鉴识的依据，考察一个人的品行和学识。及正始，竹林、中朝名士出现后，学风渐变，政治观念也渐淡。其后人伦鉴识便转向对人体气韵的欣赏。《晋书·王坦之传》记王坦之给谢安书有云："人之体韵，犹器之方圆。方圆不可错用，体韵岂可易处。"谢赫《古画品录》评陆绥所画人物"体韵遒举"。姚最《续画品》评刘璞画："体韵精研"。体韵本义是人的形体中流露出一种姿态美。前时看一本书上描写一位婀娜多姿的女郎："风流韵味，令人消魂。"其实，"韵味"在六朝玄学风气下，本指人体所流露的风姿。这在《世说新语》及刘孝标注引中触目可见。

　　《任诞》："阮浑长成，风气韵度似父。"

　　《赏誉》注引《语林》："有人目杜弘治……初若熙怡，容无韵。"

　　《任诞》："襄阳罗友有大韵。"

　　《品藻》："冀州刺使杨淮，二子乔与髦……颙（裴颙）性弘方，爱乔之有高韵。谓淮（杨淮）曰：乔当及卿，髦少减也。广（乐广）性清淳，爱髦之有神检……论者详之。以为乔虽高韵而检不匝……"

　　《言语》注引《向秀别传》："秀字子期，少为同郡山涛所知，又与谯国嵇康、东平吕安友善，并有拔俗之韵。"

　　《言语》注引《卫玠别传》："玠颖识通达，天韵标令……娶乐广女。裴叔道曰：'妻父有冰清之姿，婿有璧润之望。'"

　　《言语》注引《高坐别传》："和尚天姿高朗，风韵遒迈。"

　　《识鉴》注引《王彬别传》："彬……爽气出侪类，有雅正之韵。"

　　《赏誉》注引《中兴书》："孚（阮孚）风韵疏诞，少有门风。"

　　《雅量》注引《阮孚别传》："孚风韵疏诞，少有门风。"

　　《赏誉》注引《王澄别传》："澄风韵迈达，志气不群。"

　　《赏誉》注引《晋阳秋》："充（何充）……思韵淹济，有文章才情。"

《赏誉》："孙兴公为庾公参军，共游白石山，卫君长在坐。孙曰：'此子神情都不关山水，而能作文？'庾公曰：'卫风韵虽不及卿，诸人倾倒处亦不近（浅）。'孙遂沐浴此言。"

由上可知，用韵状人，本是玄学风气下人伦识鉴所用的观念。韵本指一个人形体中所显露出的神态、风姿、气质的美感。体韵是体之韵，依附人体而给人的感受，所谓"拔俗之韵"，"天韵标令"，"风韵道迈"，"风韵迈达"，等等，皆可感受，而无法具体触及，它不是物质的存在，不可单独成立。因此，进一步全面地解释韵，本义是指一个人的精神状态、个性情调、体态风貌所显露的美。这种美是给人的感受，而不可具体指陈。方植之《昭味詹言》："韵者，态度风致也。"说的也是对的。

这不仅在《世说新语》一书中触目可见，在六朝及其前后的其他书中也可以得广其例：

王羲之《又遗谢万书》："以君迈往不屑之韵……"（见《全晋文》卷二十二）

葛洪《抱扑子·汉过》："嘲弄嗤妍，凌尚侮慢者，谓之肖豁远韵。"

《晋书·桓石秀传》："风韵秀彻。"

《晋书·庾恺传》："雅有远韵。为陈留相，未尝以事婴心。"

《晋书·郄鉴传》："乐彦辅道韵平淡，体识冲粹。"

《晋书·曹毗书》："会无玄韵淡泊。"

《南史·柳琰传》："风韵清爽。"

《南史·孔珪传》："风韵清疏。"

《宋书·王敬传》："敬弘神韵冲简。"

《宋书·谢方明传》："自然有雅韵。"

《齐书·周颙传赞》："彦伦辞辨，苦节清韵。"

《梁书·陆杲传》："舅张融有高名。杲风韵举动，颇类于融。"

《南史·刘祥传》："祥少好文学，情韵疏刚。"

《南史·嗣衡阳·王钧传》："其风清素韵，弥高可怀。"

《南史·谢弘微传》："康乐（谢灵运）诞通度，实有名家韵。"

后来的张震《蓦山溪·春半》词亦云："小立背秋千，空怅望娉娉韵度。"

韵皆指一个人的形体中显现出的清远、高雅、放旷等某种情调美和令人敬慕的气度。

韵还可以指人的品质、行为的高尚、清雅、通达、放旷、气派等意。这在当时的文献中和《世说新语》中也是不难见到的。兹不赘。

后世的画家对韵的本义多忘记了，但大学问家还是清楚的。如明人胡应麟《少室山房笔丛》谓："读其（指《世说新语》）语言，晋人面目气韵，恍然生动，而简约玄澹，真致不穷。"宋黄山谷《题杨道孚画竹》谓："观此竹可知其人有韵。"（《苏黄题跋》卷八）李廌《济南集》卷八《答赵士舞德茂宣议论弘词书》："凡文之不可无者有四："一曰体，二曰志，三曰气，四曰韵……文章之无体，譬之无耳目口鼻，不能成人。文章之无志，譬之虽有耳目口鼻，而不知视听臭味之所能，若木土偶人，形质皆具而无所用之。文章之无气，虽知视听臭味，而血气不充于内，手足不卫于外，若奄奄病人，支离憔悴，生意消削。文章之无韵，譬之壮夫，其躯干枵然，骨强气盛，而神色昏瞀，言动凡浊，则庸俗鄙人而已。"《南田画跋》："潇洒风流谓之韵。"

结论：韵本是魏晋玄学风气下品藻人物的概念。指的是一个人的形体（包括面容）所显露出的神态、风姿、仪致、气质等等精神状态的美，这种美给人的是感受，而不可具体指陈。绘画讲求气韵的韵，当时指的是画上的人物不仅要画出人的形体，更重要的是要画出人的形体中显露出的这种精神状态的美。艺术不能把刻画人的形体作为目的，而是以形体表现人的精神状态，这是艺术的进步。

中国绘画至顾恺之彻底觉醒之后，至谢赫进一步发展，而玄学的催动之力不可忽视。

南朝 供献画像砖 河南邓州学庄村出土 河南省博物院藏

（二）韵和神的关系

郭若虚《图画风闻志·论气韵非师》一节中说："人品既已高矣，气韵不得不高。"把气韵高低和人品高低联系起来，这是十分精深的。又说"所谓神之又神，而能精焉"。以气韵为"神之又神"，这并不错。宋邓椿《画继》谓："世徒知人之有神，而不知物之有神，……故画法以气韵生动为第一。"显然，邓椿把神和气韵视为同义，这也是对的。元人杨维桢在《图绘宝鉴·序》中说得更为清楚："故论画之高下者，有传形，有传神。传神者，气韵生动是也。"又说："写人真者即能得其精神，若此者岂非气韵生动机夺造化者乎？"杨维桢认为传神就是气韵生动，也是正确的。但传神和气韵的更复杂关系，他们似乎都未曾披露。

谢赫的"六法"论基本上是从顾恺之的画论中条理出来的。但谢赫何以要把传神论改为气韵论呢？细而察之，气韵论比传神论更加全面，更加精密。研究这个问题就要从顾恺之论画和当时的人物画谈起。

顾恺之画论的突出处是传神。在传神刻画上，他又特别强调眼睛的刻画。他强调说："与点睛之节，上下，大小、酽薄，有一毫小失，则神气与之俱变矣。"虽然顾恺之也重视体态动势、环境衬托等等，但传神论给人的印象仍是以眼睛为主的。他甚至说："四体妍蚩，本亡（无）关于妙（传神）处，传神写照，正在阿堵之中。"这样，往往给人一种误会，传神论指的是眼睛传神，四体妍蚩和传神竟无关系。

再从当时的人伦鉴识来看，以气和韵状人，包括人的体态、神情、个性、情调等等，当然也包括面容，如"容无韵"。若仅以神鉴识人物者，也主要是指眼睛所流露出的神。早在东汉的刘劭，著了一本《人物志》，其云："征神见貌，则情发于目。"（见《九征》）也是把神和眼睛相连。他还举例说："故仁，目之精，悫然以端；勇，胆之精，晔然以强。"刘昞注云："目为心侯，故应心而发。""心不倾倚，则视不回邪，""志不怯懦，则视不衰悴。"（皆见《人物志·九征》）再如《世说新语·容止》篇有：

"裴令公有俊容姿，一旦有疾至困，惠帝使王夷甫往看，裴方向壁卧，闻王使至，强回视之。王出语人曰：'双目闪闪，若岩下电，精神挺动……'"注引《名士传》曰："楷病困，诏遣黄门郎王夷甫省之，楷回眸属夷甫云：'竟术相识？'夷甫还，亦叹其神俊。"

裴楷（令公）身姿佳否？因病卧床，王夷甫是无法了解的。但见到他的"双目闪闪"，因而说他"精神挺动"。上举《赏誉》篇："此子神情都不关山水。"神情当然主要指眼神。《容止》篇还有"庾风姿神貌，陶一见便改观。"风姿和神貌并用，则神貌主要是指眼神。

倘若如今日之肖像画，主要以刻画一个头部为主，那么，把眼神表现好，也就差不多了。而古代的人物画，南宋之前，还未有见到半身像（南宋之后，亦少见半身像，仅梁楷的《八高僧故事卷》有之）。从近几十年出土的人物画来看，战国的《人物夔凤帛画》、《马王堆轪侯家属帛画》等等，凡能见到的肖像画都是全身像。那么，单是把眼神刻画好，还嫌不够。虽然眼神是主要的，但真正地做到"尊卑贵贱之形，觉然易了"（顾恺之《论画》语），或细腰多姿，或雍容矜持，体态风姿是不可不加强调的。战国时，楚王好细腰，对于身姿的要求看来比面容还要讲究些。毛延寿为汉元帝画美女像，供汉元帝选挑，当然也画的是全身像。王安石诗云："意态由来画不成。"意态的表现，眼神很重要，然而身姿也决非次要。汉代画像石、砖主要表现一个身姿。顾恺之《论画》："有奇骨而兼美好。""重叠弥纶有骨法。""有天骨而少细美。""骨趣甚奇。二婕以怜美之体，有惊剧之则。""作人，形、骨成，而制衣服慢之。""有骨俱。""隽骨天奇。"等等。几乎每一幅画中的人物，都要论到骨（气）。而谢赫品评绘画："观其风骨""虽不该备形妙，颇得壮气。""体韵遒举，风彩飘然。""纤细过度，翻更失真，然观察详审，甚得姿态。"早期的人物画对于身姿的要求还是很重视的。早期的文学作品描写人物，对于身姿神态的描写都很注意。曹植《洛神赋》写洛神之美："骨像应图"，即其体态犹如图画中人。"其形也，翩若惊鸿，婉若游龙……浓纤得衷，修短合度，肩若削成，腰如约素。延颈秀项，皓齿呈露……云髻峨峨，修眉联娟，丹唇外朗，皓齿内鲜，明眸善睐……"《诗经·硕人》写庄姜"手如柔荑，肤如凝脂，领如蝤蛴，齿如瓠犀，螓首蛾眉，巧笑倩兮，美目盼兮。"《登徒子好色赋》中那个东家之子，"增一分则太长，减一分则太短……肌如白雪，腰如束素……"皆然。

顾恺之发现了人物画的本质不在写形，而在传神。到了谢赫提出更高更全面的要求，同时为了避免片面性，谢赫特用"气韵"代神，韵者，神情风貌，态度风致也。既强调了眼睛，又不容忽略体态。

比如一个人，双目炯炯，灵动非常。则不可说她（他）无神，但倘若这个人矮如侏儒，身圆体肥，驼胸凸背，残缺不全，则不可说她（他）有风度，有气派，即不能说她（他）有气韵。

《世说新语·容止》篇有一则颇有名的故事最能说明传神和气韵的关系。兹录如下：

"魏武将见匈奴使，自以形陋，不足雄远国（原注：《魏氏春秋》曰："武王姿貌短小，而神明英发"）。使崔季珪代，帝自捉刀立床头。既毕，令间谍问曰：'魏王何如？'匈奴使答曰：'魏王雅望非常

（原注：《魏志》曰：'崔琰，字季珪，清河东武城人。声姿高畅，眉目疏朗，须长四尺，甚有威重'）。然床头捉刀人，此乃英雄也。'魏武闻之，追杀此使。"

曹操"神明英发"，为什么还要"使崔季珪代"呢？就是"自以形陋"而且"姿貌短小"。当然不可能有气派，但他"神明英发"，这是从眼睛中流露出来的。眼睛是灵魂的窗户，但却不能代表其人身姿威武，这在女性更明显。一个少女，虽然双眼有神，但如果身阔腰粗，团如肉球，或像《东周列国志》八十九回中那个丑女锺离春样："广额深目，高鼻结喉"，"驼背肥项，长指大足，发若秋草，皮肤如漆。"那是决不美的，就是说未必有气韵。但有气韵者必有神明英发。

结论：强调气韵，就是传神，是传神的更全面、更精密、更具体的说法。传神的重点在眼睛，而气韵则包括眼睛、面容、四肢、身躯，即整个人体的神情姿态。

（三）韵用于画之意义

在谢赫时代，绘画以人物为主，"六法"主要针对人物画而言。所言画中的人物要有气韵。人物画中的人物有无气韵是人物画成败的关键。我在《重评顾恺之及其画论》（参见本书）一文中已经说过，汉末以降中国画是一门独立的艺术，而不像魏晋之前那样仅是政治的工具和功利的附庸。魏晋之前的人物画，或作为宣传忠臣孝子的牌坊之一部分，或作为导引死者升天的灵符等等，皆是以画的故事内容来表现其意义价值的，画的价值在本身艺术性之外。魏晋时代借玄学之功，却发现了艺术的本质，顾恺之传神论出，正是其结果。从此，绘画自觉地摆脱其附庸地位，画的意义价值不只在画的自身之外，而是通过形以表现被画的人物之神来决定其意义价值，画的基本价值在本身的艺术性，艺术品的使用价值首先在于欣赏，艺术的社会功能必须在审美中得以完成。这一基本价值得以保证之后，才能考虑其他的价值，否则便不是艺术

南朝 贵妇出游画像砖 河南邓州学庄村出土 河南省博物院藏

品。因之，人物画能否传达被画对象之神，能否表现对象之特有身份，是个性化还是概念化，这是人物画作品艺术高低的"龙门"。所以谢赫把"气韵"放在"六法"之首。谢赫评画也总是以画中人物的气韵的表现程度如何定其优劣，这在谢赫品评的画家中可以得到验证。陆探微的画"穷理尽性，事绝言象"，穷尽了人物的理和性，就是把人物的内在精神气质彻底传达出来了（刘劭《人物志》："物有生形，形有神情，能知精神，则穷理尽性。"）。"事绝言象"则是决不在外形上下功夫。评卫协的画"古画皆略，至协始精"，这个精是精到的精，指的是气韵，非指形体，因为卫协画人物"不该备形妙，颇得壮气"。卫画虽形似不妙，但得气韵，故列第一等。评张墨、荀勖的画"风范气候，极妙参神，但取精灵（气韵），遗其骨法（此指用笔造型），若拘以体物（形似），则未见精粹⋯⋯"虽在形体和用笔上有欠缺，但因气韵可取，仍列第一品[①]。二品至六品的画，也皆以画中人物的气韵得失定其优劣。

①谢赫品评的第一品画家中，前三名是陆探微、曹不兴、卫协。但在序言中仅言"虽画有'六法'，罕能尽该⋯⋯惟陆探微、卫协，备该之矣。"这里却未提第二名曹不兴。谢说陆画："非复激扬，所能称赞。"说卫协："六法之中，迨为兼善。"而曹不兴名次在卫协之上，为什么不提呢？殆因其画仅"一龙而已"。谢的"六法"指人物画，故曹画"一龙"不在"六法"之列，是可明证。所以序中未有说曹不兴备该之矣。

　　"气韵"在当时指的是画中人物，而不包括用笔、用色，这就是"韵"用于画上的最初意义。

　　后来的方薰（清）《山静居画论》所谓"气韵有笔墨间两种"。唐岱《绘事发微》："气韵由笔墨而生。"张庚《图画精意识》云："气韵有发于墨者，有发于笔者。"等等。凡是笔墨上论气韵者，在谢赫的本意中尚且不存。虽然实际上也已存在了。如戴逵画的人物"情韵连绵，风趣巧拔"，为了表现这样的人物精神状态，他的用笔则不可能是刚健粗壮、剑拔弩张式的。卫协所画人物"颇得壮气"，他的线条不可能是软绵绵的。用不同笔法表现不同对象，在顾恺之《论画》中已有论述，王微论述更生动，谢赫也有论述，如"一点一拂，动笔皆奇"、"用笔骨梗"、"笔迹困弱"、"纵横逸笔"、"笔迹超越"、"笔迹历落"、"笔迹轻羸"等等。但就气韵而论，仅指画中人物的精神状态。因为当时他们都不能摆脱玄学的影响和限制。

　　人物画艺术的本质在传神而不在写形，这一发现和创立，顾恺之早于谢赫，但谢赫整理研究，制造为法，使后世画家更加明了，更加注意，所谓"六法精义，万古不移"，谢赫功劳不可磨灭。

　　本节开始，我就谈到人物画中的人物刻画有无气韵是人物画成败的关键。而"气韵"能作为绘画之法制定出来，而且作为"六法"之首，它代表了中国艺术进一步的自觉和理论的迅速发展，并进入到十分成熟的时期。

　　我在本书《重评顾恺之及其画论》第七章中说过，日人金原省吾所著《支那绘画史》之"宋画部分"，他提出画中形体有两个（见日文版《支那绘画史》第四节《宋画的特质》），我当时因粗心，误译为第一形体和第二形体，后来觉得倒成了我的"创造"，不妨郢书燕解下去，对人物画来说，第一形体乃是人的外形，第二形体方是存在于人体中的神（包括所流露出的风姿）。第二形体是人的感受，不可能单独存在，但它却是艺术成立的基本条件，也是最高条件。由我这一翻译上的错误所引起的"创造"，倒也使我解决了画史上不少难以理解或理解了却无法表达的内容，也使我明白"气韵"说出现之后，古代艺术家都能注意到第二形体的描写。请广其说。晁补之《鸡肋集》卷二有云："画写物外形，要物形不改。""物外形"是什么呢？长期不得解。这"物"便是第一形体，"物外形"便是第二形体。乃是绘画所要描写的主要任务。《历代名画记》："以形似之外求其画，此难可与俗人道也。""形似"便是第一形体，是可以具体指陈的。"形似之外"便是第二形体，是只可感受的，一张画的优劣就是要从第二形体上追求。这当然是不懂艺术的人或浅薄的画匠所无法理解的了。又云："以气韵求其画，则形似在其间也。"按上云"以形似之外求其画"，此云"以气韵求其画"，可见"形似之外"即"气韵"。有了第一形体未必有第二形体；有了第二形体，必有第一形体，否则第二形体无法成立，而且第一形体不理想也不能产生第二形体。顾恺之提出"以形写神"，张彦远这里实际提出了"以神治形"。欧阳修诗云："古画画意不画形"，"忘形得意知者寡"（见《欧阳文忠公文集》卷二）。"画意"就是画第二形体。"得意"就是得第二形体，不是真的不画形，画形为了表意，形只是"筌"，意才是"鱼"，其实是画意而非画形了。晁补之《鸡肋集》卷三十二《跋李遵易画鱼图》有云："然尝试遗物以观物，物常不能废（音搜，匿也）其状。""遗物以观物"即遗第一形体而观第二形体，无异于说：物的第一形体是如何的，且不必管它，主要看其神姿、气韵。有了气韵，形状（第一形体）"在其间也"。经常被画家所引用的九方皋相马的故事，出自《淮南子·道应训》。九方皋相马，不看马的第一形体，"所观者，天机也。得其精而忘其粗，在其内而忘其外。见其所见，而不见其所不见。视其所视，而遗其所不视。若彼之所相者，乃有贵乎马者"。九方皋因不把注意力放在第一形体上，所以把马的牝、牡、骊、黄都遗弃了，秦穆公问他那些十分简单但非本质的问题，他竟答错了。但他却发现了马的本质——千里马，其实也就是九方皋把注意力皆集中在第二形体上。透过第一形体寻找第二形体，第一形体则视而不见，这正是艺术家舍形求神的功夫。所以，画家对九方皋相马这一故事特感兴趣，它道出了艺术发现的真髓。陆探微作画"穷理尽性，事绝言象"也是这个意思。还有更为大家所熟悉的苏东坡诗"论画以形似，见与儿童邻"，无异于说论画只在第一形体上讲究，忘记了第二形体，真是儿童的见识了。葛立方《韵语阳秋》中有一段话是深知苏东坡及欧阳修这两段话的底蕴的："欧阳文忠诗云：'古画画意不画形，梅诗写物无隐情；忘形得意知者寡，不若见诗如见画。'东坡诗云：'论画以形似，见与儿童邻，赋诗必此诗，定知非诗人。（按应为"定非知诗人"）……非谓画牛作马也，但以气韵为主尔。"谢赫云："卫协之画，虽不该备形妙，而有气韵，凌跨雄杰，其此之谓乎？"

结论："韵"用于画，最初指的是人物画上人物的精神状态，不包括笔墨技巧等。画人的任务在于求韵而不在写形，"韵"用于画乃是中国绘画在艺术上进一步自觉和理论上非常之进步。古代大艺术家无不知晓"韵"，无不在画上追求"韵"，而把形作为取韵的手段。这是中国画艺术的生命和"个性"。

（四）韵的含义之发展

韵，愈发展到后来，其内涵愈丰富，不仅指人的神态，人的气质，又指笔墨，或者指人的主观情绪在作品上的反映，或指作品的艺术风格，有时几种意思兼而有之。就作品风格而论，一幅画以气胜者，乃偏于阳刚之美；一幅画以韵胜者，乃偏于阴柔之美。阴与阳、刚与柔是古代思想家必论的概念。美与艺术风格之区分亦不能脱离其影响，孔颖达（生于北朝而后为唐初大学问家）在《周易正义》中解释："拟诸形容"就是"拟度诸物形容"，"象其物宜"就是"若象阳性宜于刚也；若象阴性宜于柔也；是各象其物之所宜"。清姚姬传谓文有"得于阳与刚之美者"，有"得于阴与柔之美者"（《惜抱轩文集》六《复鲁絜非书》）。我们今日看到一幅画中，大笔挥洒，气势磅礴，或主要的几根线条连贯流畅，力能扛鼎，便谓之有气，或谓之有气势。这主要是线的效果，笔的效果。它给人的美感是阳刚性的。一幅画中，如果线条柔静，清雅润淡，情趣连绵，浑化超脱，便谓之韵味足。它给人的美感是阴柔性的。一幅画中，笔也妙，墨也精，给人的感觉是阳刚的力感中流露出阴柔的性趣，便谓之气盛韵足。于是韵的观念由人的精神状态发展而为笔墨效果。研究这一发展过程，十分有趣。

"气韵"的"韵"借玄学之功而成立，亦借玄学之功而发展。这首先表现在山水画上。随着山水画占据中国画之主流，也主要表现在山水画上。理清这一问题，还要从魏晋玄学谈起。"得意忘象"，"寄言出意"是魏晋玄学认识论和方法论的中心课题，也是魏晋以来士大夫们观察、思考问题的独特方式。这对当时人们的精神活动的产品——诗歌和绘画也产生了深刻的影响。从正始中，何晏一派就想通过诗歌的形式把哲理的内容表达出来，于是创建了"玄言诗"。《文心雕龙·明诗》曰："正始明道，诗杂仙心。"由于玄学盛行，两晋时玄言诗更加发展，锺嵘《诗品·总论》谓："永嘉时贵黄老，稍尚虚谈，于时篇什，理过其辞，淡乎寡味。及江表（东晋）……诗皆平典似《道德论》（老子）。"诗歌变成了政治说教，变革便势在必然。从宋初谢灵运开始，由玄言诗转向山水诗。《文心雕龙·明诗》有一段著名的话："宋初文咏，体有因革，庄、老告退，而山水方滋。"山水诗的出现仍和玄学有关，孙绰《庾亮碑》有云："方寸湛然，固以玄学对山水"（其时此类记载甚多）。山水与玄理在人们的主观意识中相通，因此魏晋以来的士大夫们迷恋山水以领略玄趣，追求与道冥合的精神境界。游之不足，还要直接用诗歌和绘画描状"以形媚道"的山水，把山水形象作为表达玄理的工具。几乎和谢灵运（385～433年）山水诗产生的同时（或略晚）也产生了第一篇山水画论——宗炳（375～443年）的《画山水序》。早期的山水诗还带有"玄言尾巴"，早期的山水画论则自始至终阐述着山水画和游山水一样，可以用来"味道（品味老庄之道）"、"媚道"。

宗炳说：“应会感神，神超理得，虽复虚求幽岩，何以加焉。”是说画中山水应于目，会于心，精神超脱而“理”得之，就是真的再去山水中追求与道冥合的精神境界，还不比看山水画强哩。和宗炳同时而略晚的王微接着写出第二篇山水画论——《叙画》。他不满于宗炳之说，提出自己新的见解。但宗、王都强调画山水要传山水之神（参见本书《宗炳〈画山水序〉研究》）及《王微〈叙画〉研究》）。

人物画传神论还好理解，山水何神之有？从玄学——玄言诗——山水诗（玄言尾巴）——山水画（澄怀味道）的发展看来，其根源仍在玄学。由玄学的认识论和方法论——“得意忘象”、“得意忘言”必然发展到重神忘形（参阅汤用彤《魏晋玄学论稿·言意之辨》）。事实上玄学家们总是通过各种途径夸大和宣传精神性的本体，而否定物质性的内容，所谓“形恃神以立”，宗炳更是强调万物有灵说（参阅宗炳《明佛论》）。因而宗炳、王微的山水画论中，都极其强调神的作用，极其强调写山水要写山水之神。这是受玄学影响而理所当然的事。但宗炳、王微都还未有用“韵”字状山水，而是用顾恺之传神论中的“神”字（顾死时，宗炳已三十岁）。到了谢赫，易神为韵，谢赫论的是人物画，山水画如果发展的话，当然也应该提倡写其韵了。可是山水画在南朝宋后至唐初这一段时间里，基本上处于停滞阶段。然而，宗、王画论中，把画山水要传山水之神作为主要目的，已形成很难动摇的传统了。

唐代山水画大发展，第一个将气和韵用于山水画的是唐末的荆浩。他在《笔法记》中提出“六要”：“一曰气；二曰韵；三曰思；四曰景；五曰笔；六曰墨。”有人说，荆浩所谓气、韵，指的是笔墨效果。说错了。“六要”中“五曰笔，六曰墨”才是谈笔墨，岂有“六要”中有“四要”两相重复呢？这里的气和韵同谢赫“六法”论中的气韵本义完全相同。只是他继承宗炳、王微为山水传神说而用于山水而已。谢赫的“气”实指人的“骨”，这“骨”当然不是孤立的骨头或骨架，而是能显示人体风度气派的骨骼结构。如《世说新语·赏誉》注引《文章志》"羲之高爽有风气"，《晋书·尹纬传》"魁梧有爽气"等等便是。人的形体靠骨骼决定，有怎样的骨，便可流露出怎样的韵致，所以董其昌不称气韵而称骨韵①。

荆浩所谓"气、韵"本指能显示山水生气的山水之骨及其韵致也就是传神。他用"图真"二字来陈述。并说："似者，得其形遗其气。"这是有形无神的作品。"真者，气韵俱盛"（今本作"气质俱盛"，乃误。质岂可言盛？荆浩《笔法记》中两次提到"气韵俱盛"，又"气韵俱泯"，又"气韵高清"）。有气有韵，乃可为"真"，即传神也，而非指笔墨。如上所云，"六要"中另有"笔、墨"。荆浩说：'松之气韵"（荆浩语皆见《笔法记》，下同），实指松之精神，便是明证。但山水毕竟不是人，其骨，其神怎么表现呢？只好在笔墨上论取，这问题是宗炳未有论述的。荆浩说"气者，心随笔运，取象不惑"，就是勾皴点等长长短短的线条。这是构成山水画之象的骨，也是显示山水精神的关键。因之下笔要流畅坚定，不能迟疑不决，否则很难见其精神。"韵者，隐迹立形，备仪不俗"（今本《笔法记》有脱误，此句校以《山水纯全集》引荆浩文为准）。"隐迹"是说第二形体（神）本不能单独成立，隐于第一形体之中，即宗炳的"栖形"。"立形"是第一形体中显露出来的第二形体，乃是备其仪姿而不俗的。山水中的"隐迹"即隐于墨骨之中，"立形"实指山水所显露的秀气。这秀气也只是一种感受而无可指陈，也就是宗炳、王微、荆浩心目中的神或韵。

荆浩所说的"四势"："筋、肉、骨、气"，实则皆属"六要"中"气"的范畴。"四势"中的"骨"是用笔骨鲠的骨，不是山水之骨。"气"是画面上气势的气，不是"六要"中的"一曰气"的"气"，但"四势"都是用笔而实现的。"笔者，虽依法则，运转变通，不质不形，如飞如动。""墨者，高低晕淡，品物浅深，文采自然，似非用笔。"这里的"笔者"正好和"气"相应，"墨者"正好和"韵"相

---

① 《画旨》："友云淡宕，特饶骨韵。"

应。因而在山水画中，笔墨和气韵摄合了。于是乎，以笔取气，以墨取韵，便成了以后笔墨和气韵不可分割的内容。欣赏画者也多在笔上观气，墨上观韵。荆浩之后，气韵也就多指笔墨了，笔墨也以能否显示气韵而论优劣。直至今日，观画言气韵者，多以笔墨论。

宋韩拙《山水纯全集》："凡用笔先求气韵，次采体要。"

宋董逌《广川画跋》书李营邱山水图："故曰：'气生于笔，笔遗于像。'夫为画而至相忘画者，是其形之适哉。"

明唐志契《绘事微言》："盖气者有笔气、有墨气、有色气，俱谓之气。而又有气势、有气度、有气机。此间即谓之韵。"画面上的气势、气度、气机是由笔气、墨气、色气的作用而显示，韵亦在其间了。也可以说由笔气、墨气、色气所形成的画面上的气势、气度、气机给人的总的感受便称为韵。

张庚《图画精意识》："气韵有发于墨者，有发于笔者，有发于意者，有发于无意者。"实则发于墨者为韵，发于笔者为气，发于意者为气，发于无意者为韵。所以张庚又说："发于无意者为上。"但是这种"发于无意者"的韵，也仅为中国画所独占，其他画种很难达到的。

清王原祁《麓台题画稿》："声音一道，未尝不与画通，音之清浊，犹画之气韵也……音之出落，犹画之笔墨也。"音有出落方有清浊，犹画有笔墨方有气韵。

清方薰《山静居画论》："气韵有笔墨间两种。墨中气韵，人多会得；笔端气韵，世每少知。"不论方薰怎么分法，他总是认为气韵是笔墨的效果。

明汪珂玉《珊瑚网》："墨生气韵。"清笪重光《画筌》："皴已足，轻染以生其韵。"又"墨以破用而生韵"；"宜浓而反淡，则神不全；宜淡而反浓，则韵不足"，皆各从各个角度论韵与墨色之关系。其间，恽格《南田画跋》中说得最为清楚："气韵藏于笔墨，笔墨都成气韵。"

不过，在荆浩之前，气韵都作神解，把气韵说成笔墨者尚无。以唐末伟大的理论家张彦远的《历代名画记》为例，是书用到"韵"的地方大约二十一处，有二处不知所指，其余十九处皆指人物精神，引用他人评语中有"韵"者八处（其中有误字）。这里要说明的是卷八郑法士条下："李云：气韵标举，风格遒俊"。"气韵"、"风格"皆指人。风格，人的风气骨格也。同节评陈善见："固未及于风格，尚汲汲于形似。"说的是陈善见画人未及于人的风气骨格，仅得形似，故知风格即指人。卷一《论画六法》中用韵八处："一曰气韵生动。""今之画纵得形似，而气韵不周。""以气韵求其画，则形似在其间矣。"（此句是说：画中人物有神必有形，岂有无形而有神呢？但这个形是表达神的形。例如表达一人傲慢的神态，形必是昂首挺胸；一个沮丧的神态，其形必垂头丧气。这叫以神求形）"至于台阁、树、石、车舆、器物，无生动之可拟，无气韵之可侔（无神可求）。""至于鬼神人物，有生动之可状，须神韵而后全。"（此谓有神方可生动）"若气韵不周，空陈形似……非谓妙也"（此言若无神态，空画形似……不是好画）。"吴道玄之迹，可谓六法俱全……气韵雄状（精神威武之状），几不容于缣素。笔迹磊落，遂恣意于壁墙"（上半句谈人物精神，下半句谈用笔磊落）。"然今之画人，粗善写貌，得其形似则无其气韵。"斥今（唐）人画人物，得其形似失其精神。

以前论者凡以笔墨注气韵者，皆误。

结论：韵用于画的含义，在荆浩之前，指的是画中人物的韵，非指其他；由玄学、玄言演变而成的山水诗、山水画，还保存玄学根源，于是山水画传神论建立。唐末五代之际出现了荆浩的山水画论，继承了晋宋山水画传神论和采用了谢赫的气韵说，于是从荆浩开始，气韵多从笔墨上论取，为中国画笔墨技巧受到特别重视和迅速发展铺下了基础。

（五）以气取韵为上

气韵本是人伦鉴识的观念，我这里再以人喻画。一个人（尤其是女性）的风姿如何，关键在其骨骼结构，一个具有短而宽的骨骼结构的人决不会有苗条的身姿；其次是附于骨骼上的肌肉和皮肤；再次是衣着打扮。前二者只要很美，不论穿什么衣服，甚至是越简淡的衣服越美；前二者只要很丑，不论穿什么衣服都丑，甚至越穿华丽的衣服越是丑。前二者如不十分美，衣着打扮也可以增加一些美，但这不是理想的美，或者不是本质的美。喻于画，则气（以组成画面上的各种线条为主，包括类于线的用笔）好比人体的骨骼结构。韵分三种，一是气本身的韵，好比人的骨骼结构中显露出的人的姿态，这是主要的。一种是"隐迹立形"辅衬气的韵，即墨色，这好比人的肌肉和肤色，它是以一定的骨（气）为基础的，但有气必有韵，犹如有骨必有肉，这里说的是更加丰腴的韵（肉）和色（肤），此二条只要美，画就美，然终以第一条为最重要。此二条只要丑，画就丑，而且越是染色越丑，即以韵取韵，犹如穿衣，这是第三种。因之一幅画如果气骨好，甚至可以不染色或染极淡的色，犹如一位极美的人，越是简淡的衣着越能显示其风姿的美，穿多了，反掩盖她的美。一个人终究以在骨骼结构中所显示出的风姿之美为最美，画亦如之。

气韵概念由人物的精神状态转向笔墨，此时气韵有四义：气、韵、气之韵、韵中气。气与韵不可能绝对分殊，其中常有偏至。如上所云，一幅画以气为主便是偏于阳刚性的，以韵为主便是偏于阴柔性的。吴道子的画"只以墨踪为之"（《唐朝名画录》）。荆浩说他："亦恨无墨。"这是偏于阳刚性的。吴道子作画只以几根墨线取其气势，所以他画"嘉陵江三百里，一日而毕"。真可想象其"未曾下手风雨快，笔所未到气已吞"了。《宣和画谱》说："吴道玄有笔无墨。"荆浩又说"吴道子笔胜于象，骨气自高"，"墨迹为之"，"无墨"，"有笔无墨"到"骨气自高"，正可以看出吴的画主要是线条，主要是以"气"为主。苏东坡说"道子实雄放"，所以，乃是偏于阳刚性的。骨气奇高，固是优秀的作品，但他的画有气而少韵，到底不太理想。所以，苏东坡虽然很佩服吴的画，但以韵衡量，又"犹以画工论"了。反而佩服王维。王维的画水墨渲淡，荆浩说他"笔墨宛丽，气韵高清"。其实是气高韵清，"宛丽"不同于雄放。东坡说："摩诘本诗老，佩藏袭芳荪，今观此壁画，亦若其诗清且敦。"王维的画乃是以韵胜的作品。以韵胜的作品，必须有清、雅、淡、远的感觉才算是好画，这就必须有一定的墨骨为支持，再以水墨渲淡，使之丰腴。水墨渲淡又叫破墨，王维始用破墨和今日所说的破墨意思不一样。破墨是用水把墨分（破）成浓淡不等的墨色，《图画见闻志》卷一及《山水纯全集》所谓破墨即"意该深浅"就是这个意思。所以王维的画是慢慢地画。虽然他的画"笔迹劲爽"，但不像吴道子那样"下手风雨快"，所以有一股文雅气，而被董其昌推为"南宗"之祖，盖非无故。但王画和项容的画又不一样，项容的画"有墨无笔"，荆浩说："项容山人……用墨独得玄门，用笔全无其骨。"《宣和画谱》说"项容顽涩"。这个"顽涩"并非今日所谓勾线之涩，乃是用墨太滥，缺乏线条为骨，画面不明朗，乃是以韵取韵的作品。所以，项容的画成就不高，比不上吴道子。

中国画不是水彩画（水彩画不是"韵"，而是"润"），以韵取韵历来不足称道。中国画以线条为造型的基本特点，但这个线不是画铅笔画的那个轮廓线，它一画之间，变起伏于峰杪，一点之内，殊衄挫于毫芒。"观夫悬针垂露之异，奔雷坠石之奇；鸿飞兽骇之姿，鸾舞蛇惊之态；绝岸颓峰之势，临危据槁之形；或重若崩云，或轻如蝉翼；导之则泉注，顿之则山安"（《书谱》语）。它处处反映着作者的感情、胸怀、气质，线条的本身就具有一定的精神状态（韵致）。吕凤子先生说："凡属表示愉快感情的线条，无论其状是方、圆、粗、细，其迹是燥、湿、浓、淡，总是一往流利，不作顿挫转折，也是不露圭角的。凡属表示不愉快感情的线条，就一往停顿，呈现一种艰涩状态，停顿过甚的就显示焦灼和忧郁感。有时纵笔如'风趋电疾'、如'兔起鹘落'，纵横挥斫、锋芒毕露，就构成表示某种激情或热爱、或绝念的线条。"（《中国画法研究》）傅抱石先生亦有类似说，这就是气之韵。某种线呈现出某种精神状态，也就是说某种气呈现出某种韵。一幅画中所有的线条组成的总的结构，显示出总的精神状态，就是画面总的韵。这是以气取韵的作品。近人黄宾虹、潘天寿的画是以气取韵的典型。

但是以线条为主的画未必皆有韵。未有变化，不能表达作者精神状态的线条，或者如破草索一样的枯燥无味线条是无韵的。无韵的线条也不能很好地反映形象，更不能很好地反映作者的情怀。张彦远说："骨气形似皆本于立意而归乎用笔。"骨气形似及立意皆靠用笔来表现。近来画家常说，高古游丝描可以表现古代仕女，而不宜表现现代的钢铁工人，讲得也有道理。

五代北宋的山水画以气骨胜，是以气取韵的作品，范宽一派山水画点、线浑厚沉重，董源一派画也以线为主，喜用披麻皴和密点法，用笔圆润简朴，给人苍郁秀润之感。李成、郭熙一派则居二者之间，清润雄壮。三派画家作画皆以线为主，用笔皆变化多姿，故多韵。元人的绘画"无一笔不繁"，点线反映画家深沉复杂的感情。元人的画全以气立，又全以韵显，所以元画是中国古代山水画的一个高峰。明末清初的山水画多受董其昌影响。董其昌赞扬秀媚，他的书和画都强调一个"韵"字，佳是很佳的，理论也不错，但也非绝无弊病，比如韵胜于气，以阴侵阳，违反了宇宙的规律。犹如一个多姿秀媚的女子，但弱不禁风，缺乏气质（也许明清人欣赏这种弱不禁风的女性美。唐人则欣赏健硕的女性美，艺术亦如之）。以韵胜，这是好的，但显示这个韵的气太秀太柔，所以韵也显得媚媚，则生气不足。斯是不十分了解"以气取韵"的道理所致。石涛的画是以气取韵的画，气强韵盛，故桂枝一芳，独秀江南。八大山人的画从董其昌来，但八大山人气质非同一般，胸中的无限块垒，发泄于画，他的画精力内含，感情丰富，气聚于内，韵呈于外，是最高的艺术。吴昌硕的画以"气"盛，从"气"中流露出的"韵"高超雄壮。宋郭若虚《图画见闻志》卷一《论徐黄异体》："大抵江南（指徐熙一派）之艺，骨气多不及蜀人（指黄筌一派），而潇洒过之。"亦即：徐熙一派绘画以韵胜，所以他们的画，"翎毛形骨贵轻秀"。黄筌一派绘画以气胜，"翎毛骨气尚丰满"。尚丰满，说明以气取韵，韵亦不近。

这里有一个问题特须注意，没骨画和大写意（二者有时是一回事）往往没有线条，是不是违反了中国画的艺术特点了呢？当然没骨写意画中水平很差的作品是不足论的。优秀的没骨写意画，以饱满的激情，揉气、韵于一笔，一笔下去，气中有韵，韵中有气，所以大写意画须是笔笔写出，而不是染出或涂出。染出的画是以韵取韵，则有肉无骨，和以气取韵、以肉附骨不一样。有一些以西法画中国画的人，用毛笔染素描，甚至用很多颜色层层染出，有人评为太死板，有人评为无笔墨，总之不太像中国画了，原因就是违反了以气取韵的原则，故决非中国画艺术发展的方向。但中国画也有层层积染的，那是以层层之"气"，以取层层之"韵"，和生硬地学习西法而缺乏气骨的染法完全异趣。

以下品评近、当代绘画大师中几位，以见其对以气取韵原则运用的得失。

李可染先生作画，1960年代初，多以气取韵，甚佳。1970年代后期以后，他的画个人风格更为突出独特，然美中不足的是略失于板滞。其画气骨非不佳，然有些画层层积染而失于气，近乎以韵取韵。往往阳侵于阴，气掩于韵。以气取韵的画，皴处亦写，擦处亦写，染处亦写，韵是在气中流露出来的。中国画和"道"是契合的。《易》曰："一阴一阳之谓道。"阴阳含糊则失于道——中国画皴擦处倘近于染，即失于以气取韵。有人说可染先生画牛及人物比他的山水好，有道理，盖以气取韵也。诚然，可染先生山水画成就在当代是极高的，只是说其画虽妙而终非无可指摘者。

傅抱石先生的画好，好就好在以气取韵，生动异常。但抱石先生作画，有时感情过于激烈。过于激烈，在一个方向上超乎寻常，而在其他方面则淡乏甚至简单，内涵不丰。钱钟书在《旧文四篇》中举过一个例子说："逼真表演剧中人的狂怒时，演员自己绝不认真冒火发疯。"知言哉。问题就在于要把感情控制住。过于激烈会失之草率，草率则损韵。但抱石先生之画生动处非草率。我说的是他个别的用笔之处，决非多数，更非全部。

黄宾虹先生的画妙，先生的画使萎靡数百年的中国山水画为之一振，其妙也在以气取韵，铁骨铮铮，苍苍茫茫，而韵致逼人。其画或者纯以气立，或者气立而韵辅，气中有韵，韵以衬气，或者就是以层层之气，显层层之韵，妙极者也。当然他的画也不是完全无可指摘者。有些画气略闷，有些画气略散，但只是极少数。

齐白石老人的画以气取韵，气清韵高，气与韵有机化合而成一体，其画中物象即使是一个面，或树干，或石头，或花叶，也全以线或扩大了的线写成，其气清爽不含糊，而所显之韵高雅不俗。白石的画是气韵双高的作品。

潘天寿先生的画被誉为白石之后又一个高峰，决非过誉。他的画是以气取韵的典型。画中线条积聚着无穷的力量，是气的凝固。其画山石、松梅，皆气聚而痕露，入木三分。其画大荷叶，气贯笔头，如石碾压地，铁水凝池，率皆韵致逼人。然潘天寿先生画之韵和古人所称道的清韵、稚韵、远韵、淡韵、逸韵皆不同，可谓一空依傍。

陈子庄先生的画是文人画的一个高峰（我在四川见到他的很多原作）。他的画以韵胜，然其韵以气取。他的画风骨绝美而流露出的韵致迷人。画中小鸟、鸭子，几根简练的线条毫无修饰，气到便成。树、屋、山石等等，几根随意的线条婀娜多姿，韵味横溢。

有人作画，乍一看，亦殊不恶，然不耐人寻味，细品之，线条全靠墨色扶衬，去掉墨色，则线条不足观也。然陆俨少先生作画本乎气，发乎韵，笔墨有秩，各自争美，着墨色亦美，抽掉线条内墨色，线条尤美，观变于阴阳而立，发挥于刚柔而生，可谓画道高手，盖以气取韵焉。

中国画最要紧的是一个"韵"字。无"韵"则无味。线条干湿，浓淡，有首有尾，有波有折，有弹性，可跃动，皆是为了表现它的"韵"。所谓"死墨"、"活墨"之分，死墨无韵感，活墨方有韵味，有韵味则生动。而整个画面的线条又要有疏有密，有重有轻，齐而不齐，乱而不乱，目的在表现整个画面的韵味。不是用笔乱画便有气，更不是墨汁乱涂便有韵。如前所引："气韵有笔墨间两种，墨中气韵，人多会得，笔端气韵，世每少知……人见墨汁淹渍，辄呼气韵，何异刘实在石家如厕，便谓走人内室。"张庚《图画精意识》论气韵谓"发于墨者下矣"，"何谓发于墨者，既就轮廓，以墨点染渲晕而成者是也"。这是简单的缺乏功夫的画法，不懂画的人用墨或色一染也似乎有韵，但缺乏感情意义的韵，则韵而不神，实则非韵。发于笔的韵就不太容易了。"何谓发于笔者？干笔皴擦，力透而光自浮者是也"。唐岱在《绘画发微》中则强调气与韵的有机统一，"六法中原以气韵为主。然则有气则有韵，无气则呆板矣"。此说在某种程度上看，有一定道理，然到底不太精确，其实还是方薰另一句话对以气取韵说阐述得较为舒畅："气韵生动为第一义，然必以气为主，气盛则纵横挥洒，机无滞碍，其间韵自生动矣。"气为主，气盛而韵自生动，可谓知言。

结论：中国画不论怎样变化，怎样创新，然则必须掌握"以气取韵"这一原则，否则便会误入歧途。

（六）"南宗"画尚韵说及韵与人格之修养

韵是中国画之性、之理，问题是怎样使画面上的韵高妙过人呢？这恐怕是画家们最关心的事。此节，我用三引法，卒章显其志，最后抉出画面上的韵自何处求的根源问题。先从"南宗"画尚韵说引起。

中国画理论上，北宋之后至明之间，皆无甚大发明。明末董其昌研究画史，发现了中国画有两种不同的指导思想和艺术风格，于是倡"南北宗"论[①]，乃是一大发现（虽然董其昌尚不能彻底了解这两种艺术风格形成的根本原因）。可惜很多论者不能明白董其昌"南北宗"论的深意，常以自己的分宗法猜臆董其昌的分宗法。或云董其昌为了标榜门

---

①关于"南北宗"论的研究，我已另著《董其昌和南北宗论》一书，此处不评。

南朝　商山四皓画像砖　河南
邓州学庄村出土　河南省博物院藏

户，打击"浙派"，抬高"吴派"，其实董其昌并不满于"吴派"，
他说过"事吴装，亦文（征明）、沈（沈周）之剩馥耳"（《画禅室
随笔》）；或以为董其昌的"南北宗"论是从师承关系上分，从"水
墨""青绿"上分，或谓按南北地理关系分，或谓按画家籍贯、身份
分，等等，皆漏洞百出①。其实，董其昌的"南北宗"论皆非按以上分
法，他自有相当的道理，可谓言之有据，持之有故。

　　此处仅以艺术风格论，董其昌的所谓"南宗"画是以淡为宗，崇
尚柔润秀媚的；"北宗"画则是刚强坚硬的，并不在"水墨"、"青
绿"，写意、工笔之分。董其昌自己的画如《昼锦堂图卷》（此图《艺
苑掇英》第六期中有清晰的彩色图版），就是青绿着色并杂以赭红颜
色，几乎无墨，倪瓒的画也有青绿着色者。而"北宗画"的中心南宋院
体（尤其是马、夏）画多是水墨，便是明证。

　　"南北宗论"是以王维为"南宗"之祖，而以李思训为"北宗"之
祖的。"南宗"画中，董其昌认为米芾、倪瓒之画为最优，他说"纵横
习气即黄子久未能断"；又说："而（吴仲圭、黄子久、王叔明）三家
皆有纵横习气，独云林古淡天然，米痴后一人而已。"（《画禅室随
笔》卷二）他所极力推崇的"南宗"中的"元四家"，其中三家他还觉

---

　　①诚然，董其昌的受批判，还有一定的历史背景。清代，安徽怀宁有一位画家名叫陈
庶，初法王石谷，后来他抛弃了王法。陈庶的儿子陈独秀，是五四运动前后一位极有影响
的著名人物。陈独秀受其父影响加之自己的研究，提出美术革命必须打倒"四王"，"四
王"都是崇尚董其昌的，年龄最大的王时敏就是董其昌的弟子；批判"四王"运动一深
入，当然就批判到董其昌头上了。详见拙作《陈庶和瞿世玮》。

得有些不理想。"北宗"一系中，又以马远、夏圭为最，董氏著作中多次提到"马、夏辈"。为了叙述之简练，我主要分析董其昌心目中的几位代表人物，其他则"存而不论"。

"北宗"李思训一派的画至今尚能见到者如《明皇幸蜀图》、《春山行旅图》等，大抵皆用挺劲的细匀无变化的线条勾勒，刚性而缺之一定的"柔"，马、夏之画尤甚，常见的马远《踏歌图》、夏圭《溪山清远图卷》等皆可证明，其线如折钢，皴如斧劈。董其昌所言"北宗"各家，均是此类线条，如赵千里、戴进等，他们的画都可以见到，尤其是赵千里的《江山秋色图》（《艺苑掇英》第十五期有清晰的图版），董佩服得五体投地，但因为其线条是刚性的，仍列为北宗画家。董所列"北宗画家中六人——李思训、赵干、赵伯驹、赵伯骕、马远、夏圭，画俱在，线条全是刚性的，刚劲挺拔、宁断不弯而毫无柔性，这种挺拔的线条和坚硬的斧劈皴法显示了阳刚性的美。

董其昌的欣赏趣味是偏极于阴柔性的，"南宗则（王）摩诘始用渲染，一变钩斫之法"。所谓渲淡，即用淡墨渲染，所以王维的画"峰峦两面起"，能分出阳阴向背；所谓"一变钩斫"，即改变刚性线条的勾和斫。我们现在仍可看到传为王维画的很多作品（董其昌也就是以这些传为王维之作为据的），几根柔软而富于变化的线条勾出大概形体，余皆用淡墨渲染。唐人张彦远就亲见其"破墨"。郭熙说："师王维者，缺关全之风骨"（《林泉高致集》），也可以看出王维的画是缺少关全那样的风骨的。所以王维的画给人以阴柔的美感，而乏于阳刚之感。米芾的画以湿润淡雅的墨水点成，一片云山，绝无刚性的线，被称为"墨戏"，是阴柔极致，韵味最盛的作品。"米痴后一人"的倪瓒之画，更是无一根刚劲线条，它是以极其松蓬柔弱而有弹性的笔写出，可谓萧散简远。倪瓒的画静柔、含蓄而无刻露和纵横习气。董其昌本人的画更以清淡为宗，柔媚为尚（董对柔媚、俊媚、媚气皆正面赞扬，而作为追求目标。后人批董，则反媚，崇野），他的画既没有浓重的墨，也没有刚劲挺拔的线，今人多说董其昌的传承派"四王"的画皆萎靡，实则是他们忌讳刚猛之气的结果。

　　董其昌的同乡好友陈继儒有一段话说得最为明白："写画分南北派，南派以王右丞为宗……所谓士大夫画也；北派以大李将军为宗……所谓画苑画也。文则南，硬则北，不在形似，以笔墨求之。"（《白石樵真稿》）文则南，硬则北，并未说水墨南，彩色北，更未说写意南，工笔北。"笔墨求之"。笔墨是感情之物，是人心的外状，石涛说："以心使腕，以腕操笔。"心的刚、柔、静、躁，使腕驭笔而呈现出轻重缓急的痕迹，复给人以刚、柔、静、躁，"文"、"硬"之感觉，故然。上所言有两个问题值得注意：一、南派画是士大夫画，董所列的一大堆"南宗"画家大抵皆隐士或具隐士人物思想的，其画皆以自娱为目的；"北宗"画派被称为"画苑"画，或叫作为"政治"服务的宫廷画，北派画家中李、刘、马、夏等皆宫庭画家或类于宫庭画家者，北派画家多数不以自娱为主要目的。二、"文则南"，则"南宗"派的画皆文雅、静柔、淡泊、多韵；"硬则北"，即北宗派画皆刚硬挺拔，有纵横气。以内容论，李唐的《伯夷、叔齐采薇图》、《晋文公复国图》、马远的《踏歌图》皆有政治意味自不必说，以艺术风格论，从李唐晚期作品（早期属北宋时期）到马、夏，多一角特写。《明画录》卷二郭纯条下："有言马远、夏圭者，纯辄斥之曰，是残山剩水，宋偏安之物也。"汪珂玉《珊瑚网》载《马远鹤荒山水图》："评画者谓远多残山剩水，不过南渡偏安风景耳，又世称马一角。"朱竹垞谓："马远水墨西湖，画不满幅，人号马一角……宋家画院马一角是也。"在他们笔下的线条、皴法皆刚劲坚硬。南宋画院中尤以梁楷（人号梁疯子）的大泼墨画（如《泼墨仙人图》）等如猛雨飘风，气势逼人，这决非一般人所认为的院画皆工细而华丽那样作风。

　　南宋的院画如此构图，如此笔墨，这恐怕不完全是他们自己有意追求，乃是时代的脉搏和他们内心的感情产生了共鸣，而在笔下自然流露。请看事实：

　　宋代的版图本来就大大小于汉唐，统治者对于外族侵扰无能为力，又经常丧师失地，以至统治者对外政策愈变愈卑逊，从"奉之如骄子"到"敬之如兄长"，最后"事之如君父"，宋人的内心都抱有不可忍耐的遗憾。南宋偏安，金兵压境，面对破壁山河，有志之士更是"怒发冲冠"，"狂呼猛叫"，"拔剑砍石"。愤恨不平之气，压塞胸中，时时表现的是剑拔弩张之势，哪里还有什么柔弱之情？所以爱国主义的作品在南宋特别突出，刚猛豪壮之气在南宋也特为突出。反映在文学上是辛弃疾的"醉里挑灯看剑"，"沙场秋点兵"，是陆游的"塞上长城空自许"，"铁马秋风大散关"，是陈亮的"推倒一世之豪杰，开拓万古之心胸"。皆慷慨淋漓，气势豪纵，骨干磊落，而"不作妖言媚语"。反映在绘画上，则如李、刘、马、夏之刚劲坚硬，宁断不曲，或如梁楷一路的不可一世之豪气，这是时代精神的需要，也是时代精神的结果。所以，"北宗"画中以李、刘、马、夏成就最高，因为他们的画出自他们的真性情，他们的性情又是整个时代精神的"一曲"，也就是说他们的画，他们的精神中跃动着时代精神的脉搏，这就是孙过庭所说的："阳舒阴惨，本乎天地之心①。"

李唐们基于山河破碎，失地未收，作《采薇图》、《复国图》等，皆有一定的政治目的。而"南宗"画家的画清淡和平，全无政治目的②，完全为了自娱③。董其昌就是一个典型的悠闲高卧之徒，他既没有国家、民族的责任感，也没有时代风云的压迫感，他没有豪气、猛气，有的是

---

①语出《书谱》，但我的理解和以前论者有别。

②若认真地计较，完全没有政治目的的作品也是不存在的，作家本人可以不关心政治，但其作品必受政治的影响。董其昌所称的"文人画"，是以"自娱"为目的的，后世称之为"玩艺"，这正是一定政治影响的结果。此处是指对国家、对人民有一定责任感的政治。

③今人（如俞剑华，见《中国美术家人名大辞典》王维条）有根据王维的作品中有《捕鱼图》、《运粮图》之类，认为王维喜画劳动题材，表现了他对劳动人民的深厚感情，这实出于误会。王维的人物画多作禅佛内容，山水多作雪景，至于他的画《捕鱼图》之类，乃是表现他的隐居情趣，尤如其诗《终南别业》："偶然值林叟，谈笑无还期。"《终南山诗》："欲投人处宿，隔水问樵夫。"等等，皆是其闲居生活的点缀，并非出自热爱劳动人民。

平和温润之气，所以他学不了"北宗"的画。只好叹息："非吾曹可学也。"

再说董其昌所欣赏的"南宗"画画家。王维"晚年唯好静，万事不关心"，他很早就过着半官半隐的生活，对政治和国家的前途极端冷漠，"安史之乱"给国家带来那么大灾难，造就了杜甫那样伟大的"诗圣"，而他除了那首"百官何日再朝天"之外，竟一无反应。尔后，又认真地隐居辋川，和大批佛教徒交往，弹琴作画，浮舟往来，啸咏终日，而且最终成了"南宗禅"的忠诚信徒。

米颠虽挂一官号混饭吃，实则是一个玩世不恭的疯颠，爱洁成癖，见石下拜，对国家没有半点责任心，并高唱什么"固有时命"。

倪云林和他们所处的时代不同，他有他的苦衷。倪画完全出自他的真性情——复杂的、不可名状的性情。"南宗画"中，倪画成就最高。倪画虽简，无一笔不繁，正是其复杂性情的外状。但倪云林毕竟是一位著名的处士，"所居有阁，名清閟，幽迥绝尘……杖屦自随，逍遥容与，咏歌自娱，望之者识其为世外人，客至，辄笑语留连，竟夕乃已。"（《元处士云林先生墓志铭》）他自己的诗也说："欲借玄窗学静禅。"他的《答仲藻书》有云："不过逸笔草草，不求形似，聊以自娱耳。"在《跋画竹》中云："聊以写胸中之逸气耳。"《明史》卷二百八十八有董其昌传，记载他"坐失执政"，"移疾归"，"拜疏求去"，"深自远引"，"请告归"。《无声诗史》卷四记他，"日与陶周望望龁，袁伯修中道，游戏禅悦，视一切功名文字，黄鹄之笑壤虫而已……高卧十八年"，是个道道地地不关心政治，只求自娱的人（董做官是南京的礼部尚书，不管事，管事的尚书在北京），在他的胸中是没有时代的风云的，反映在他的画上，竟那样"安谧"、"柔静"。

可以看出，"南宗"派的画家们，身份相仿，思想一致，所持审美观也不谋而合，而反映在他们作品上的笔墨情趣也那么一致。在他们的画上找不到刚劲的线，寻不到磅礴的气势，甚至没有浓重的笔墨，流露出的是一种清淡和平、萧疏宁静的韵致。这也不是一种有意的追求，而是共同的理想情调、人格修养在他们笔底的自然流露。

这里引出一个大问题，即画的格调和人格修养问题。"南宗"一派画家思想人格差不多，作画风格也差不多；"北宗"一派画家思想人格差不多，作画风格也差不多。"南北宗"的画家思想情怀相反，艺术风格也相反。当然，以上所谈的皆是最高的艺术（"南北宗"画皆是高超的艺术品），凡是艺术的情调和作者人格不符的，便不是最高的艺术，最高的艺术必自人的性情品格中来。所以临摹抚写决不能出最高的艺术，因为别人的性情不会完全合于临摹者的性情[①]。

我在另一篇文章中曾说过：什么是画家？一个人绘画风格的成熟，有自家面貌便是画家。中国人说的"诗如其人，书如其人，画如其人"，外国人对这个道理也是懂的，并且说得更简练：风格即人。黑格尔对此语也特别欣赏，并且作了解释说："法国人有一句名言：风格就是人本身。风格在这里一般指的是个别艺术家在表现方式和笔调曲折等方面完全见出他的人格的一些特点。"（《美学》第一卷）费夏更认为："观念愈高，便含的美愈多。观念的最高形式是人格，所以最高的艺术是以最高的人格为对象的东西。"

八大山人的艺术是最高的艺术，他一股怨气、郁结之气洒在纸上。他的鸟，他的鱼，他的石皆是他自己的化身，反抗不是，顺从不是，欲生不得生，欲死不得死，痛苦万状而无可奈何。范宽的画是最高的艺术，他为人宽厚，画亦雄浑宽厚。倪云林的画是最高的艺术，他的画古淡天真，雅逸不俗，画简笔繁，正其人格也。有谁能举出某人的作品和他的人有距离吗？倘有，那么，这个人的作品决非最高的艺术，或者是你曲解了这个人。

最高的艺术并非全由客观对象决定，主要是由作者的人格决定，或者叫主观能动性，作者以自己胸中之韵去观物之韵，再以物之韵化为己

---

①从这一点看，仿造他人之画真正能乱真者亦不可能。画面上的不同效果，是和作者用笔的速度有关（所谓"空间艺术"确是以时间为基础的），速度受作者的感情控制，这都是仿造者所无法掌握的——鉴赏家察之。

之韵，再变而为画上之韵。郭若虚云："人品既已高矣，气韵不得不高，气韵既已高矣，生动不得不至……凡画必周气韵，方号世珍。"他把气韵看成是画家人品在作品上的必然流露，这是对的。但他又说"如其气韵，必在生知"，这句话就有很大毛病，实际上应该说："气韵并不是靠技巧的锻炼所能达到的。"董其昌就说过："然亦有学得处，读万卷书，行万里路，胸中脱去尘浊，自然邱壑内营，成立鄞鄂，随手写出，皆为山水传神。""读万卷书，行万里路"，不是技巧的学习，而是对心灵的开扩、涵养。韩拙《山水纯全集》有云："然作画之病众矣，惟俗病最大。""俗病"最大，大在根深于人的心灵，必须"洗心"、"澄怀"（宗炳语），"涤除玄览"（老子语），升华人的精神，涵养人的品格，人格不俗，画自不俗。蒋骥《传神秘要》有云："人品高，学问深，下笔自然有书卷气，有书卷气，即有气韵。"这是对人物画而言的。画人物画不是不能到山水中去涵养心胸，更重要的是要到人物中去。而且你画什么人就要到什么人物中去，就要对什么人物有感情，否则就画不好。苏东坡诗云："丹青久衰今不艺，人物尤难到今世，每摹市井作公卿，画手悬知是徒隶。"（《子由新修汝州龙兴寺吴壁画》）宋代的人物画为什么久衰了呢？画家不愿了解对象，描摹市井（百姓）作公卿，虽然把市井画成公卿模样，但精神状态不似，得其形，遗其神，画焉不衰？郭若虚又云："凡画，气韵本乎游心。"心为技巧不及之地，但技巧必为心所役。黄山谷《题摹锁谏图》有云："陈元达，千载人也，惜乎创业作者胸中无千载韵耳……使元达作此嘴鼻，岂能死谏不悔哉……"（《豫章黄先生文集》卷二十七）。作画者本人无千载韵，他画千载人亦只能徒具其形，也无千载人之气韵。因之，一个伟大的艺术家必以人格的修养为第一要义。苟苟蝇蝇，以名利为重的人是出不了伟大的艺术品的。人格的修养必须和时代合拍，用整个时代作为支柱，否则便一鸣不鸣。当今之世决出不了倪高士，也不会有倪高士的艺术。

　　近几年来，哲学界出现了不少震动时代的作品，如真理标准的讨论；文学界也出了不少震动时代的作品，如《人妖之间》《人到中年》。他们的作品是他们的才华和时代跳动的韵律相一致而共同产生的，各个时代有各个时代的艺术风格，道理就出在这里。一个人即使具有伟大艺术家的"细胞"，倘无时代土壤的哺育，他的"细胞"是不得发展的。但近几年来，美术界如何？尤其是山水画、花鸟画，如果不从名利、市侩的关系中挣脱出来，加入时代前进的队伍中去，如果作者自己"胸中无千载韵"，要画出时代需要的韵味来，是不可能的。连封建文人都知道"笔墨当随时代"（石涛语）。山水和花鸟画如果要想出伟大的作家和伟大的艺术品，不了解人格之修养与韵之重要意义，而在其他方面费力①，那纵使是应该的，也不过是枝节上的企求。我想借用在一九八二中日书法联展中看到的一幅联语，作为这一节的结束：

为求笔底生气足，

常怀天下苦人多。

结论：最高艺术作品上的韵（也即最高的韵），是作者人格的流露，是作者胸中韵的流露。而作者的人格，胸中韵必须合于作者的时代，使作者之韵和时代之韵共鸣而产生巨大的韵律，方能产生伟大的艺术品。

艺术格调的提高须是人品的提高，精神的升华，否则，艺术格调的提高便无从说起。

（七）结语

论画先论韵，人们说笔墨的韵味而不说笔墨的气味。"韵"本是魏晋玄学风气下人伦识鉴的概念，它和"传神论"一样都是时代的产物。魏晋时代，由于玄学的影响，人开始认识到自身的价值，人的形体也成

---

①诚然，对线、墨、色等作技巧上的探索也是必要的，但不可怪想生造，必备"技"、"道"两个基础，而最终以"道"的面貌出现，本文篇末还要论及。

为欣赏对象。开始，欣赏人体主要对象是男人，如《世说新语》："世目李元礼：谡谡如劲松下风"（《赏誉》）。"时人目王有军：飘如游云，矫若惊龙"（《容止》）。有人叹王恭形茂者，云："濯濯如春月柳。"（《容止》）。"时人目夏侯太初朗朗如日月之人怀，李安国颓唐如玉山之将崩"（同上）。"稽康风姿特秀……见者叹曰'萧萧肃肃，爽朗清举'，或云'肃肃如松下风……'"还有第一节所举的例子皆然。魏晋之后，对人体美的欣赏和揭露逐渐转向女人，齐梁最甚，皇帝都写过赞美女人身姿之美的诗赋，绘画上也不乏裸体和接近裸体的形象。有关文献记载甚多，不过后世是把它作为"下流"看待的。人体美在西方，从它被发觉时起，一直成为美的欣赏对象。在中国，因孔孟之道的影响，不可能继续发展，人体美不可能被彻底披露，于是借助道家力量转向山水。士人们不但要得山水之体，还要得山水之神、之气韵。不但要山水可行、可望，还要可居、可游，人们要在山水中得到尽情的满足。所以，气韵便在山水画中得到发展。

中国古代的士人们是讲道的，"道也者，不可须臾离也"。士人作画，也称之为道，而不称之为艺（技）。唐符载称张璪画："非画也，真道也。"（《唐文粹》卷九十七）宋《广川画跋》"书李成画后"："由一艺已往，其至有合于道者。"《山水纯全集》："凡画者……与道同机。"《宣和画谱》："画亦艺也。进乎妙，则不知艺之为道.道之为艺。"又评李思训："技进乎道。"《林泉高致集》："志于道"、"从道家之学，吐故纳新。"《小山画谱》："览者识其意而善用之，则艺也进乎道矣。"《画鉴》中，王石谷、恽寿平评曰："精微之理，几于入道。"外国研究家也有深知其中三昧者，如哈·奥斯本："西方艺术家的目的，是要典型地塑造现实的复制品，实际的、理想的或想像的复制品。中国的画家，虽然事实上他也可能这样做，但他首要的目的，却是要使他自己的人格与宇宙原理相一致，这样，道就可以通过他表现出来。因此，在他的绘画中，他应当与自然秩序谐和、协调，他的作品应当渗透着道，反映着道。"（转引自《江苏画刊》1982. 3）

中国古代绘画终和老、庄之道契合得更紧密。我在《宗炳〈画山水序〉研究》一文中介绍得很清楚。中国画因道而生，生而媚道。《老子》曰："道生一（气），一生二（阴和阳），二生三，三生万物（阴阳合之为三、生万物）。万物负阴而抱阳，冲气以为和。"（见第四十二章）。这真是中国画气韵为先的最好注脚。有了道才有画，或者叫意在笔先，画由气立（道生一），阴阳刚柔皆一气之变化，亦即以气取韵。一根线条，一个墨点下去，应该有阳刚和阴柔之美（一生二），即使略有偏至。由二种极至之美而产生画面上万物（三生万物），李日华云："一墨得摄山河大地。"（《画媵》）也就是说中国画艺术由道而生，由气韵而立，而又归乎气韵。不能有气而无韵，也不能有韵而无气，即不能有笔而无墨，也不能有墨而无笔，有笔有墨，有气有韵，这叫"负阴而抱阳，冲气以为和"。这就是中国画的艺术之道，也可以说中国画的艺术传统。

西洋画有西洋画之道，我们不能否认它。但它和中国画的距离太远，早在姚最时候，他看三个外国画人的画，和中国画完全不同，就说"既华、戎殊体"，所以"无以定其差品"（《续画品》）。邹一桂也说："西洋人善勾股法，故其绘画于阴阳远近……与中华绝异……但笔法全无，虽工亦匠，故不入画品。"（《小山画谱》）郑绩更说："或云夷画（西画）较胜于儒画（国画）者，盖未知笔墨之奥耳，写画岂无笔墨哉？然夷画则笔不成笔，墨不成墨，徒取物之形影像生而已。儒画考究笔法墨法，或因物写形，而内藏气力，分别体格，如作雄厚者，尺幅有泰山河岳之势，作澹逸者，片纸而有秋水长天之思。又如马远作……论及此，夷画何尝梦见邪？"古人之论正确与否，姑且不辨，但可以肯定地说，西洋画虽有其道理，但缺乏中国画道之道，它不具有中国绘画气韵之内涵。中国画怎样借鉴西洋画，还值得研究，但画上气韵只能从中国画传统中求，从自然中求，最主要的是从人格修养中求，与西洋画无涉。古今大画家、八大山人、石涛、吴昌硕、齐白石无一从西洋画中翻出。中西绘画不是要不要接近距离，而是无法接近，只能拉大。关键就在于中国画独具的、复杂的、既无法代替又不可削弱的"韵"。正如马克思所论民族文学和世界文学之关系时所云，越具有民族性就越具有世界性。

最后还要补充说明者，本文所论如何取韵、如何提高绘画的格调是对具有一定创作能力的画家来说的。如果根本没有绘画技巧或技巧尚不过硬，又当另议。任何艺术的提高必须具有最踏实的技术基础，否则便成空中楼阁。但艺术是精神的产品，所以，任何艺术的最后成功，当是艺术家的精神之高尚，思想之伟大，气质之不凡，以及人格之锻炼，涵养之扩充和学识之丰富。苏东坡即谓"技进而道不进则不可"（《跋秦少游书》），但又说："有道而不艺（同于技），则物虽形于心，不形于手。"（《书李伯时仙庄图后》）所以，他总结艺术的成功要"有道有艺"（同前）"技、道两进也"（同前）。但技艺进到一定程度必待"道"的指引，也必待"道"方有结果。所以中国画被称之为道，而不称之为技（艺），更不称为"科学"。也许"科学"并不发达，无法证实"上帝"的存在。只有老子明白"道"，"象帝之先"、"先天地而生"，"大法道"而有万物。然而，"明道若昧"，又"惟恍惟惚"，只有在"窈兮冥兮"之中，才有"其精甚真，其中有信。"读者倘能得意忘言，则浑沌自开。

补注：本文写毕后，我读到海外研究家一些有关著作，根据提供的线索，我又阅读了更多的古籍。于第一节《原"韵"》部分，复加探索，补充了部分资料，特此声明。

附录：原"气"

我在《论中国画之韵》一文中，实际也论了"气"。

中国古典文献中，《尚书》、《易经》以降言及气者甚多，可谓举不胜举。"六法"中"气韵"之"韵"既原于当时玄学风气下的人伦鉴识，"气"亦如之。故本文于人伦鉴识之外的文献资料，则少作列举。

　　《广雅·释官》有云："风，气也。"《庄子·齐物论》："大块噫气，其名为风。"皆谓风就是气。言风有风力，言气有气势，风也好，气也好，都含有一种刚正骨鲠的力感，人伦鉴识中常和骨联系在一起。《颜氏家训·文章》云："文章当以……气调为筋骨。"《宋书·谢灵运传》："……以气质为体。"亦皆以气喻骨和体。因之气、风、骨三字常是同义。《文心雕龙》特列《风骨》篇，风骨即气骨，范文澜先生注释谓"本篇以风为名，而篇中多言气"，是为的言。

　　玄学风气下的人伦鉴识中常以风、气、骨论人，所谓风气、风骨、气骨、壮气、风格、气格等词比比皆是，义亦十分相近，前篇谈到韵有"体韵"，则气亦有"体气"，《世说新语·品藻》，第九"汝南陈仲举"条注引姚信《士纬》曰："陈仲举体气高烈，有王臣之节。"又，《世说新语·赏誉》第八下："王夷甫语乐令"条注引《王澄别传》曰："澄风韵迈达，志气不群。"

　　同上"蔡司徒在洛"条注引《文士传》："……机（陆机）清厉有风格。"风格即气骨。

　　同上："庾公目中郎：神气融散，差如得上。"

　　同上"王平子迈世有隽才"条注引《珧别传》曰："琅邪王平子高气不群，迈世独傲。"

　　同上："王平子与人书，称其儿：'风气日上，足散人怀。'"

　　同上《识鉴》第七"王大将军既亡"条注引《王彬别传》："彬爽气出侪类，有雅正之韵。"

　　同上："卫珧"条注引《珧别传》："珧有虚令之秀，清胜之气。"

　　同上："殷中军道王右军"条注引《文章志》："羲之高爽有风气，不类常流也。"

　　同上："……道祖士少，风领毛骨，恐没世不复见如此人。"同上："殷中军道右军'清鉴贵引'"注引《晋安帝纪》曰："羲也风骨滑举也。"

同上："王右军目陈玄伯：叠块有正骨。"

同上"王子敬语谢公：'公故萧洒'"注引《续晋阳秋》曰："安（谢安）弘雅有气，风神调畅也。"

同上"张天锡世雄凉州"条："天锡见其（王弥）风神清令，言话如流。"

同上："时人道阮思旷，骨气不及王右军。"

同上《任诞》："阮浑长成，风气韵度似父。"

此外，梁陶弘景《陶隐居集·寻山志》有云："心容旷朗，气宇调畅。"

《文选》谢惠连《西陵遇风献康乐诗》："萧条洲渚际，气色少谐和。"

汉王充《论衡·无形》："人以气为寿，形随气而动，气性不均，则于体不同。"

《三国志·吴·朱然传》："然长不盈七尺，气候分明，内行修絜。"

《南史·蔡廓传》附蔡撙："撙风骨鲠正，气调英嶷，当朝无所屈让。"

《宋书·王玄谟传》："玄谟幼而不群，世父蕤有知人鉴，常笑曰：此儿气慨高亮，有太尉彦云之风。"

《宋书·武帝纪》："刘裕风骨不恒，盖人杰也。"

《艺文类聚》五十东汉蔡邕《荆州刺史庾侯碑》："朗鉴出于自然，英风发乎天骨。"

在人伦识鉴风气下，举凡以气或同于气的骨、风题目人者，大都是形容一个人由有力强健的骨骼而形成的具有清刚之美的形体，以及和这种形体所相应的精神、性格、情调的显露。

凡论气，大抵以气为基调，也必有一定的韵。否则，如枯骨死草，无韵之气，是为死气，亦可谓"无气"矣。犹如韵一样，凡韵，必有一定的气为基础，否则，如瘫肢痪体，则无韵可言也。所以，谢赫在"六法"中并不采取偏一的说法，即并不专以气为一法，更不专以韵为一法，而言"气韵"，将气和韵合而为一词一义，这样就更准确、更科学。我们弄清气和韵的单义，尔后对"气韵"之合义，也就很容易清楚了。

绘画作品也一样，真正的"气"，必显示出韵；成功的"韵"，也必有气为基础。所以气和韵合而为一词曰"气韵"乃是最圆到的说法，它所涵括的意义才是更加准确而无偏颇的。诚然，具体论到一幅画时，会有一定的偏至，这些我在《论中国画之韵》中已经谈过了。

以上所论气和韵，只限于"六法"中的专用义。气和韵出现在不同的场合，又各有其专用义，并有其普通义，如曹丕《论文》中所说的"文以气为主"，陆机《文赋》中所说的"收百世之阙文，采千载之遗韵"，还有中医中所说的"气"，音乐中所说的"韵"，《古画品录》中所说的"天和气爽"的"气"，"气力不足"的"气"等等和绘画"六法"之"气韵"既有着一定的内在共性，又有着明显的外在区别，此处不再赘言。

十、谢赫与《古画品录》的几个问题

（一）《古画品录》的原书名问题

"古画品录"，顾名思义，应该是品评古代绘画作品之记录。可是书中所评画家及画，最早是三国吴之曹不兴，最晚是梁人陆杲，大部分画家是宋、齐人，其次是晋人。谢赫是齐梁时代人，他大约生于宋。因而所评画家大部分和谢赫约略同时代。而所谓"古"，按照汉代人的说法，伏羲为上古，文王为中古，孔子为下古，那么下古也要有五百年以上的历史方可称之。和谢赫同时代人充其量也不过是年长一些，称为前辈则可，称古则不可。曹不兴距谢赫三百余年，若不认真计较，称古尚可。由是可知，所评画家有古有今，因之，称之为《古画品录》决非谢赫的原书名。

《宋史·艺文志》载此书之名为《古今画品》，想来是发现书名与内容不合而改之。《古今画品》比《古画品录》义胜之。然亦非谢赫原书名，这只要和谢赫前后的一些书名相比，就十分清楚了。

实际上谢赫自己称这本书叫《画品》。

一、谢赫在此书序中第一句就说："夫'画品'者，盖众画之优劣也。"明白地说他这本书名叫《画品》。他著书首先对自己的书名进行解释。这也是当时著书的习惯，刘勰著《文心雕龙》一书在当时影响甚大，《文心》书中第一章第一句话也是解释自己的书名，其云："夫

‘文心’者，言为文之用心也。"谢赫著书受《文心》影响甚著（详下），其第一句话的格式也完全相同。

二、魏晋时代的"九品中正制"，把人分为九品，在社会上下影响极大，文学艺术受之影响，故论诗有《诗品》，论书法有《书品》，论棋有《棋品》，论画又岂能缺少《画品》呢？钟嵘著《诗品》品评汉魏至梁一百二十一位诗人及诗，分为上、中、下三品，每品又分上、中、下三档。庾肩吾著《书品》载汉至齐梁能真草者一百二十八人，分为九品。谢赫著《画品》亦品评三国至梁二十九人，分为六品，这和当时的风气正符，称之为《画品》，甚合其理。

三、谢赫之后，姚最复著《画品》续之，姚云："今之所载，并谢赫所遗，犹若文章，止于两卷。"所以，他的书名为《续画品》。"续画品"者，续谢赫之《画品》者也。足见谢赫原书名为《画品》而无疑。唐朝之前，皆称此书为《画品》。唐许嵩《建康实录》"顾恺之"条云："按谢赫《画品》，论江左画人……"唐张彦远《历代名画记》卷四"曹髦"有云："谢赫等著《画品》……"然而，宋人又为何称其书为《古画品录》呢？据我推测，宋人没有看到《画品》的全书，他们看到的是《画品》残本，重新刊印后名为《古〈画品〉录》，即古代《画品》之录本，录之不全，而改名为《古〈画品〉录》。宋郭若虚已称此书为"古画品录"了。

又何以知道宋人未看到《画品》全本呢？这在北、南宋之际的郑樵撰《通志》（二百卷）中可以见到一斑。《通志》记载此书所录画家二十八人。而实际上此书所录画家不止二十八人。唐人张彦远著《历代名画记》曾引用此书内容，张彦远看到谢赫《画品》是否是全本，已不得知。但他所引《画品》评品画家者已有二十九人。

按除目前所见《古画品录》二十七人外，尚有顾景秀、刘胤祖二人，顾景秀当在第二品第一名顾骏之之下，刘胤祖当在晋明帝之下、刘绍祖之上。是知谢赫所著《画品》，所评画家至少有二十九人，有可能更多（《诗品》、《书品》皆载一百余人）。宋人只看到二十八人，是知已不全矣。北宋之后，《画品》可能又有残缺，我们至今只能查到二十七人，且其中有的文字尚有出入。这些我在下面的校注中已作说明，可以参考。

中国的刻书业在宋代有一次大发展。明代刻书业发展更胜于宋。我们现在所容易见到的《古画品录》之较早版本，都是明代的。其一是王世贞刻的《王氏书画苑》本，其二是毛晋刻的《津逮秘书》本。王、毛皆是江南人，王在娄东，毛在常熟，相距并不远，他们都是大收藏家。二人所刻书根据虽非是同一本书，但当是同一版本，所以，二书虽有个别文字不同，但内容是完全相同的，皆出于宋刻版本。宋人刻古代《画品》而不全，称之为《古〈画品〉录》，还是比较负责的态度。但后人又称之为《古画品录》以取代《画品》，成为新书名通行至今。

（二）《古画品录》的著作权问题

我现在仍依明清以来的通说，称此书为《古画品录》。《古画品录》是谢赫所著，古今并无疑者。因为在谢赫之后的不久，姚最著《续画品》（《画品》成书后十几年时间，即有《续画品》），几次提到谢赫，而且，谢赫在《画品》中评顾的见解，他特别提出反对意见，完全可以证实《画品》即谢赫所著，是无可怀疑的。

但谢赫自己在序中又分明写道：

"然迹有巧拙，艺无古今，谨依远近，随其品第，裁成序引。"

这意思很清楚，"谨依远近"，是说"远近"作品，本来就有，他"谨依"而已，"随其品第"，当是原来就有品第，他只是"随其"而已。"裁成"是剪裁挑选而成，"序引"当是出于谢赫之手而无可疑。谢赫自己说的话，是毋容置疑的，亦无须再去找旁证。这样看来，似乎谢赫只有"裁成"和写序的功劳，而且他还说：

"虽画有六法，罕能尽该。"

"炳明于'六法'，迄无适善。"

似乎"六法"亦非谢之功，倘如是，谢赫在画史上的地位就颇成问题，但谢赫的话毕竟是事实。

据《历代名画记》卷一《叙画之兴废》中所记："……桓玄性贪好奇，天下法书名画，必使归己，及玄篡逆，晋府真迹，玄尽得之。"至桓玄失败时，他所聚征的天下名迹，又俱归于宋，"玄败，宋高祖先使臧喜入宫载焉。南齐高帝，科其尤精者，录古来名手，不以远近为次，但以优劣为差，自陆探微至范惟贤四十二人，为四十二等，二十七秩，三百四十八卷"。在卷六（宋）"范惟贤"条，张彦远又一次提到："南齐高帝集名画四十二人，自陆至范惟贤……"（按"四十二人"，此处误为"曰十二人"）。

齐朝（479～501）只二十二年便亡于梁，这批画又落到梁武帝手中。《历代名画记·叙画之兴废》又谓梁武帝对这批画"尤加宝异，仍更搜葺"。谢赫经过齐高帝时代至梁，著书正在此时。所评陆探微、曹不兴、荀勖、张墨、卫协、顾恺之等名迹皆举世珍宝，非皇家不足有，可以想像就是齐高帝的那一批名画再加上梁武帝"搜葺"的一部分。齐高帝品评的四十二人绘画，也是"不以远近为次"，也是列陆探微为首，谢赫"谨依远近"，"随其品第"，不过他裁去了范惟贤等一批水平较差的画家而已。

但谢赫又说："故此所述，不广其源，但传出自神仙，莫之闻见也。"是知，《画品》中的文字皆出于谢赫之手，而齐高帝等人把陆探微至范惟贤的四十二人的画，只"以优劣为差"分为四十二等，并无文字说明。

结论是：谢赫的品评，除了作品是原有，品第等次本来也有外，其他文字皆出于谢赫之手。故这本书自出世之后，便无人怀疑，而皆直认为是谢赫之作，这是对的。

（三）谢赫及其著书年代问题

以前有的论者以《古画品录》为南齐谢赫所著，《文心雕龙》为南梁刘勰所著，便以为刘勰著《文心雕龙》是受了谢赫的影响。其实正相反，《古画品录》的作者虽是署南齐人，实则是书完成于梁中后期。《文心雕龙》作者虽署南梁人，实则是书完成于南齐末年，齐末梁初已得到社会的重视。谢赫著《画品》时，刘勰已去世至少十几年。

刘勰和《文心雕龙》问题，文学史家已有结论，可以查阅。谢赫著书的年代问题，刘纲纪、王伯敏二先生都曾作过考证。这个考证也十分简单。谢赫书中所记第三品第九人为陆杲，谢云："体致不凡，跨迈流俗……传于后者，殆不盈握。"所谓"传于后者"，谓陆杲已死。陆杲何许人也？查《历代名画记》卷七："陆杲字明霞，吴郡人也……与舅张融齐名，初仕齐，后入梁，官至特进扬州大中正。见《梁书》。"于是再按图索骥，查《梁书》卷二十六《陆杲传》，有云："（陆）中大通元年加特进中正如故，四年卒，年七十四。"可知谢赫是书写于梁中大通四年之后，即公元532年之后（依范文澜先生之说，刘勰于公元521年已卒矣）。

又姚最著《续画品》在谢赫《画品》书成之后，姚最著书时在公元552年前后（参阅本书十二《姚最和〈续画品〉几个问题》）。是知：《古画品录》成书于532—552年之间。

《古画品录》既写于532年之后，则谢赫之卒年亦当在532年之后（梁武帝执政时期）。梁起于502年，谢赫在梁至少三十年。史称谢赫为南齐人，而不称为梁人，可见他当度过仅二十余年寿命的整个齐代（479～502），否则不会被称为齐人。所以说谢赫生于宋是可信的。

关于谢赫文献，除了《古画品录》中可以探索到一点之外，只有姚最的《续画品》和张彦远的《历代名画记》二书中有点滴资料。《历代名画记》所载除引用姚最之语外，也仅有一句"《安期先生图》，传于代"。安期先生本是先秦时代的方士，汉代就已被传说为和道家有关的仙人。汉武帝还遣使入海求蓬莱仙人安期生之属。《乐毅传》、《列仙传》、《高士传》都有记载。谢赫画《安期先生图》，文中又提到"传出自神仙"，他可能对神仙家颇感兴趣。这也是当时的社会风尚，并不足为奇。

姚最在《续画品》中专列"谢赫"条云：

"右写貌人物，不俟对看，所须一览，便工操笔。点刷研精，意在切似；目想毫发，皆无遗失。丽服靓妆，随时变改；直眉曲鬓，与世事新。别体细微，多自赫始。遂使委巷逐末，皆类效颦。至于气运精灵，未穷生动之致；笔路纤弱，不副壮雅之怀。然中兴以后，象人莫及。"

《四库全书总目提要》谓"据其所说，殆后来院画之发源"，说是院画之发源，一是不理解什么是院画，二是不理解谢赫（详下）。但如果说谢赫是官庭画家倒有可能。一是谢赫品鉴的那么多名画，非在宫庭供职而不可为；二是他所作的"丽服靓妆，随时变改，直眉曲鬓，与世事新"，都是当时官庭女人的风气。在野画家是无法"一览"的，谢赫作画"所须一览，便工操笔"，大约也是长期在宫庭作画锻炼出来的。因为那些高贵女人，不可能坐着让他长时间地端看。

"遂使委巷逐末，皆类效颦。"我在注释中解释为：一般画家仿效谢赫的绘画形式。其实也可以理解为：谢赫画的宫庭女人的时髦装饰，为"委巷"中女人所仿效。如是，则谢赫为宫庭画家而无疑矣。当时的宫庭生活腐朽淫靡，好美女，重神仙，喜奇妆异服的风气特重，所以谢赫画神仙，画"丽服靓妆"，亦正符之。

（四）谢赫的理论和实践之对抗性问题

因为谢赫作画十分精细，乃至"点刷研精，毫发无遗"，又因为谢赫把历来称为神明的顾恺之绘画评为第三品，于是很多论者便断定谢赫提倡和欣赏精谨细微的画，而反对简略、在形体上刻画不细的画（参见《中国画家丛书·顾恺之》及《顾恺之研究资料集》）。在国外学者中，也多以谢赫的画"至于气运精灵，未穷生动之致；笔路纤弱，不副壮雅之怀"为由，认为谢赫只知重形似而不知重神似；日本著名的中国画论研究家金原省吾在其所著《支那上代画论研究》中，亦谓谢赫多同情于写实一面。

事实上正相反，谢赫论画以"气韵"为第一要义，欣赏加之。这岂有在理论上重神而在欣赏上反重形似的呢？《古画品录》上第一品五人全是重气韵而不重形似的，陆探微"穷理尽性，事绝言象"，卫协"不该备形妙，颇得壮气"，张墨、荀勖"若拘以体物，则未见精粹"，所以，说谢赫欣赏精谨细微的画，完全不合事实。要说"精微谨细"的画，顾骏之当数第一，"精微谨细，有过往哲"，而顾骏之之画只被列在第二品，还是因为他"始变古则今，赋彩、制形，曾创新意"上有很高成就，否则，连第二品也列不上。因为蘧道愍、章继伯的画"人马分数，毫厘不失"，只被列为第四品，丁光的画是以"精谨"见长的，反被列为最末一品最末一名，"非不精谨，乏于生气"，"非不精谨"就是不是不精谨，亦即很精谨。谢赫不但不欣赏精谨细微的画，而且认为"精谨"会影响"神似"，顾骏之的画"神韵气力，不逮前贤"，就是因为"精微谨细"之故。在品评其他画家中皆可看出这一点。

相反，顾恺之的画也并非因简略而遭到谢赫的反对。他的画"格体精微，笔无妄下"，正是很精微的作品。顾画"精微"也是被列为第三品的原因之一，而之所以被品评不高，主要因为"迹不逮意"。顾是伟大的理论家，他深知人物画的艺术价值在传神，甚至可以说传神论就是顾恺之的成就，但他的画却不能表达他的意图，即"迹不逮意"。这是因为理论和实践虽有联系一面，却也有对抗一面，二者毕竟是两种精神状态。所谓眼高手低者也。

任何艺术都是以技术为基础的，理论家在实践上不能"逮意"主要的原因就是技术上的难关不能克服。因之，艺术品虽是精神的产品，而其技术的基础性却不可忽视。所以，谢赫虽然"笔路纤弱"，但却十分欣赏卫协的"颇得壮气"。谢赫虽然"至于气运精灵，未穷生动之致"，但也却以"得气韵，穷生动"为标准去评论他人的作品。谢赫和顾恺之的画虽然"迹不逮意"，但是他们在艺术学习的道路上，走的都是正路，并不是认识上有错误，这一问题，我必须在此说清。

绘画技巧的进步，常来自于踏实的写实基础。被称为百代画圣的吴道子，后期作画十分豪放和简练，"嘉陵江三百里，一日而毕"。苏东坡早年在凤翔看到他的画，认为："当其下手风雨快，笔所未到气已吞。"（《凤翔八观》）谓之："画至于吴道子，而古今之变，天下之能事毕矣。"后来，苏东坡在他弟弟苏子由新修的汝州龙兴寺中又看到吴道子早年的一幅画："……细观手面分转侧，妙算毫厘得天契。乃知真放本精微，不比狂花生客慧。"（《子由新修汝州龙兴寺吴画壁》诗）于是他明白了艺术上的一个规律。吴道子的画之所以能够十分奔放，之所以能"风雨快"、"气已吞"，吴道子之所以能成为"百代画圣"，正出于他早年的"精微"，精微到"妙算毫厘"。由是苏得出一个结论："真放本精微"。明人董其昌也说："士大夫当穷工极妍，师友造化，能为摩诘，而后为王洽之泼墨；能为营丘，而后为米之云山。"又说"少而工，老而淡，淡胜工，不工亦何能淡"。如果学画不从"穷工极妍"开始，不从"妙算毫厘"的"精微"开始，那只能是"狂花生客慧"。顾恺之的画从"格体精微"开始，谢赫从"点刷精妍"开始，正是艺术学习的正路，这并不是他们的认识问题。如果说是认识问题，这种认识是正确的。

谢赫论画以气韵为第一要义，他欣赏"颇得壮气"的作品。他也必向这方面努力。他明白绘画的基本功不是从侥幸中能够"一超而入"的，简练——精微——简练的程序是所有成功大画家的必由之路。开始的简练是无法深入，继而深入能够精微地刻画，再而能够高度提炼概括。所以，真正伟大的作品，多出于简练而概括，多呈现出单纯而朴易。顾和谢都没有达到更高的境界（概括）。卫夫人说："善写者不鉴，善鉴者不写。"我并不赞成她这样的绝对，但人的精力有限，二者完全统一，又谈何容易。对于谢赫来说，也许他过于忙于鉴赏和理论的整理，但决不能以此去判断他的欣赏和理论的成就。

宋代苏东坡十分欣赏李思训式的着色山水，宋子房的山水画已经很精工，但苏还鼓励他"为之不已，当作着色山也"（《跋汉杰画山》）。但苏自己只能画竹石枯木一类墨戏画，也属于这类情况。

（五）"六法"句读标点问题

清代大学者严可均搜辑编纂了《全上古三代秦汉三国六朝文》，其《全齐文》部分收有谢赫的《古画品》（按即《古画品录》）。一九五八年中华书局影印出版了这本书，"六法"部分是这样标点的：

六法者何。一气韵。生动是也。二骨法。用笔是也。三应物。象形是也。四随类。赋彩是也。五经营。位置是也。六传移。模写是也。

钱钟书先生在此基础上作进一步地研究。最近出版他的《管锥编》第四册1353页上有云：

"六法者何？一、气韵，生动是也；二、骨法，用笔是也；三、应物，象形是也；四、随类，赋彩是也；五、经营，位置是也；六、传移，模写是也。"按当作如此句读标点。唐张彦远《历代名画记》卷一漫引"谢赫云"："一曰气韵生动，二曰骨法用笔，三曰应物象形，四曰随类赋彩，五曰经营位置，六曰传移模写"；遂复流传不改。名家专著，破句相循，游戏之作，若明周宪王《诚斋乐府·乔断鬼》中徐行讲"画有六法、三品、六要"，沿误更不待言。脱如彦远所读，每"法"胥以四字俪属而成一词，则"是也"岂须六见乎？只在"传移模写"下一之已足矣。文理不通，固无止境，当有人以为四字一词，未妨各系"是也"，然观谢赫词致，尚不至荒谬乃尔也。且一、三、四、五、六诸"法"尚可索合四字，二之"骨法用笔"四字截搭，则如老米煮酒，捏不成团。盖"气韵"、"骨法"、"随类"、"传移"四者皆颇费解，"应物"，"经营"二者易解而苦浮泛，故一一以浅近切事之词释之。各系"是也"，犹曰："'气韵'即是生动，'骨法'即是用笔，'应物'即是象形"等耳。

无须再作赘言，钱钟书先生在这里分析得十分清楚，不论从文法或词义方面，皆应作如此句读标点，否则便不能成立。同时还可以参阅我的注释，那将是更为明了的。而从当时的文风来看，也以两字一法为常见。《古画品录》受了《文心雕龙》很多影响，行文亦然。《文心雕龙》提出品评文学作品的"六观"，其《知音》篇有云："是以将阅文情，先标六观，一观，位体；二观，置辞；三观，通变；四观，奇正；五观，事义；六观，宫商。"也是两字为一观，未尝取四字。刘勰的"六观"比较明了，所以未作解释。刘勰在《体性》篇又提出"八体"："若总其归塗，则数穷八体：一曰典雅；二曰远奥；三曰精约；四曰显附；五曰繁缛；六曰壮丽；七曰新奇；八曰轻靡。"也是取二字为"一体"，但在后面他又作了解释，"典雅者，熔式经诰，方轨儒门者也；远奥者，馥采典文，经理玄宗者也……"刘勰在《情采》篇又提出："故立文之道其理有三。一曰形文，五色是也；二曰声文，五音是也；三曰情文，五性是也。"由是观之，谢赫作："一曰气韵，生动是也；二曰骨法，用笔是也……"（谢赫"六法"本有一曰、二曰，参阅《校注》）是完全符合当时的行文习惯的。

（六）骨法—传神—气韵

气韵说变自晋人的传神说，也涵摄了汉人的骨法说，此一问题至为重要，我这里不妨再作探索。汉人以骨法相人，所谓"人之贵贱在于骨法"，其说不仅见于《史记》，王充等人著作中皆有论说。"骨法"既能表现人的尊卑贵贱，那就不单是形体问题，其中重要的是指神。所以，顾恺之的画论中，骨法和神同为重要，《论画》一篇，论及"骨法"更多于传神，几乎每一画皆注意到"骨法"。评《周本纪》有"骨法"。《伏羲·神农》："有奇骨。"《汉本纪》："有天骨。"《孙武》："骨趣甚奇。"《醉客》："骨成而制衣服慢之。"《列士》："有骨俱。"《三马》："隽骨天奇。"等等。顾恺之传神主要指眼睛。身姿、体态、气派用"骨"去品评。可以说谢赫"气韵"说乃是综合了传神和骨法两说而提出的。于此可以看出谢赫研究画论的苦心，也可以看出中国画论的传统性。

十一、《古画品录》点校注译

按：谢赫《古画品录》和本书所校注的姚最《续画品》皆以明毛晋汲古阁《津逮秘书》本为底本。主要以明王世贞《王氏书画苑》、清《佩文斋书画谱》以及张海鹏《学津讨源》、严可均辑《全上古三代秦汉三国六朝文》（简称《全齐文》、《全陈文》）诸本互校。此外，作者参考有关版本不下二十种，凡有一定参考价值者，也斟情收入，另作说明。

以上版本，《津逮秘书》、《王氏书画苑》、《学津讨源》用南京图书馆藏本，其余皆同南京师范大学图书馆藏本。

（一）《古画品录》点校注释

《古画品录》[1]

南齐　谢赫撰[2]

序

夫"画品"者，盖众画之优劣也[3]。

图绘者，莫不明劝戒，著升沉，千载寂寥，披图可鉴[4]。

虽画有"六法"，罕能尽该；而自古及今，各善一节[5]。"六法者何[6]：

一、气韵生动是也[7]；

二、骨法用笔是也[8]；

三、应物象形是也[9]；

四、随类赋彩是也[10]；

五、经营置位是也[11]；

六、传移模写是也[12]。

（按：一般书中所载第五法为："五经营位置是也。"此乃据明汲古阁《津逮秘书》本。余查宋版"六法论"为："五、经营置位是也。""置"是动词，且"位置"一词，宋以前人鲜用，故"置位"更胜"位置"。即顾恺之的"置陈布势"。）

唯陆探微、卫协备该之矣[13]。然迹有巧拙，艺无古今，谨依远近，随其品第，裁成序引[14]。故此所述，不广其源，但传出自神仙，莫之闻见也[15]。

第一品　五人

陆探微　事五代宋明帝，吴人。[16]

穷理尽性[17]，事绝言象[18]。包前孕后，古今独立[19]。非复激扬，所能称赞[20]。但价重之极乎上，上品之外，无他寄言，故屈标第一等[21]。

曹不兴[22]　五代吴时事孙权，吴兴人[23]。

不兴之迹，殆莫复传[24]。唯祕阁之内，一龙而已[25]。观其风骨，名岂虚成[26]。

卫协[27]　五代晋时[28]。

古画之略，至协始精[29]。"六法"之中，迨为兼善[30]。虽不说备形妙，颇得壮气[31]。陵跨群雄，旷代绝笔[32]。

张墨[33]　**荀勖**[34]。

风范气候，极妙参神，但取精灵，遗其骨法[35]。若拘以体物，则未见精粹[36]。若取之外，方厌高腴，可谓微妙也[37]。

第二品　三人

顾骏之[38]

神韵气力，不逮前贤[39]。精微谨细，有过往哲[40]。始变古则今，赋彩、制形，皆创新意[41]。若包牺始更封体，史籀初改画法[42]。常结搆层楼，以为画所[43]。风雨炎燠之时，故不操笔；天和气爽之日，方乃染毫[44]。登楼去梯，妻子罕见[45]。画蝉雀，骏之始也。宋大明中，天下莫敢竞矣[46]。

陆绥[47]

体韵遒举，风彩飘然[48]。一点一拂，动笔皆奇。传世盖少，所谓希见卷轴，故为宝也[49]。

袁蒨[50]

比方陆氏，最为高逸[51]。象人之妙，亚美前贤[52]。但志守师法，更无新意，然和璧微玷，岂贬十城之价也[53]。

第三品 九人

姚昙度[54]

画有逸方，巧变锋出。魌魁神鬼，皆能绝妙[55]。固流真为，雅郑兼善[56]。莫不俊拔，出人意表[57]。天挺生知，非学所及[58]。虽纤微长短，往往失之；而舆皂之中，莫与为匹[59]。岂直栋梁萧艾，可搪揆玙璠者哉[60]。

顾恺之[61] 五代晋时晋陵无锡人，字长康，小字虎头[62]。

除体精微，笔无妄下[63]。但迹不逮意，声过其实[64]。

毛惠远[65]

画体周赡，无适弗该[66]。出入穷奇，纵横逸笔[67]。力遒韵雅，超迈绝伦[68]。其挥霍必也极妙[69]。至于定质愧然，未尽其善[70]。神鬼及马，泥滞于射[71]。颇有拙也[72]。

夏瞻[73]

虽气力不足，而精彩有余[74]。擅名远代，事非虚美[75]。

戴逵[76]

情韵连绵，风趣巧拔[77]。善图贤圣，百工所范[78]。荀、卫以后，实为领袖[79]。及乎子颙，能继其美[80]。

江僧宝[81]

斟酌远、陆，亲渐朱蓝[82]。用笔骨梗，甚有师法[83]。像人之外，非其所长也[84]。

吴暕[85]

体法雅媚，制置才巧[86]。擅美当年，有声京洛[87]。

张则[88]

意思横逸，动笔新奇[89]。师心独见，鄙于综采[90]。变巧不竭，

若环之无端[91]。景多触目[92]。谢题徐落，云此二人后，不得预
焉[93]。

陆杲[94]

体致不凡，跨迈流俗[95]。时有合作，往往出人[96]。点画之间，
动流恢服[97]。传于后者，殆不盈握[98]。桂枝一芳，足愧本性[99]。
流液之素，难效其功[100]。

第四品　五人

遽道愍　章继伯[101]

竝善寺壁，兼长画扇[102]。人马分数，毫厘不失[103]。别体之
妙，亦为入神[104]。

顾宝先[105]

全法陆家，事之宗禀[106]。方之袁蒨，可谓小巫[107]。

王微[108]　**史道硕**[109]　五代晋时[110]

竝师荀、卫，各体善能[111]。然王得其细，史传似真[112]。细而
论之，景玄为劣[113]。

第五品　三人

刘顼[114]

用意绵密，画体简细[115]。而笔迹困弱，形制单省[116]。其于所
长，妇人为最[117]。但纤细过度，翻更失真[118]。然观察详审，甚得
姿态[119]。

晋明帝[120]　讳绍，元帝长子，师王厉[121]。

虽略于形色，颇得神气[122]。笔迹超越，亦有奇观[123]。

刘绍祖[124]

善于传写，不闲其思[125]。至于雀鼠，笔迹历落，往往出群[126]。
时人为之语，号曰："移画"。然述而不作，非画所先[127]。

南朝　大夏石马　西安碑林
博物馆

第六品　二人

宗炳[128]

炳明于"六法"，迄无适善[129]。而含毫命素，必有损益[130]。
迹非准的，意足师放[131]。

丁光[132]

虽擅名蝉雀，而笔迹轻羸[133]。非不精谨，乏于生气[134]。

校注：

〔1〕《古画品录》——《宋书·艺文志》又称此书为《古今画
品》，因书中所评画家及画有古有今，称《古画品录》自是不符其实。
谢赫自称其书名为《画品》。按当名为《画品》为是。详见本书《谢赫
与〈古画品录〉的几个问题》。又《郡斋读书志》谓："《古画品录》
一卷，右南齐谢赫撰，言画有'六法'，分四品（按当为六品）。"
《四库全书总目提要》谓："《古画品录》一卷。南齐谢赫撰。赫不知
何许人。姚最《续画品录》称其：写貌人物，不须对看，所须一览，便

归操笔。点刷精研，意存形似；目想毫发，皆无遗失。丽服靓妆，随时变改；直眉曲鬓，与世竞新。别体细微，多自赫始，委巷逐末，皆类效颦。至于气韵精灵，未穷生动之致；笔路纤弱，不副雅壮之怀。然中兴以来，象人为最。据其所说，殆后来院画之发源。张彦远《名画记》又称其：有《安期先生图》传于代。要亦六朝佳手也。是书等差画家优劣。晁公武《读书志》谓分四品，今考所列，实为六品，盖《读书志》传写之讹。大抵谓画有'六法'，兼善者难。自陆探微以下，以次品第。各为序引，仅得二十七人，意颇矜慎。姚最颇诋其谬，谓如长康之美，擅高往策，矫然独步，终始无双，列于下品，尤所未安。李嗣真亦讥其黜卫进曹，有涉贵耳之论。然张彦远称："谢赫评画最为允惬，姚李品藻，有所未安，则固以是书为定论。所言'六法'，画家宗之，亦至今千载不易也。"《书画书录解题》亦谓："《古画品录》一卷。论画之书，今存者以是书为最古。而品画之作，亦始于是书，弥足珍重。后来姚最、李嗣真虽曾指其未当，然各人见地不同，未可据以为信也。'六法'之论，创于是书，洵千载画宗矣。前有自序。"

〔2〕南齐谢赫撰——南齐：即南北朝时齐代（479～502年）。谢赫：齐、梁时代绘画批评理论家、画家。他虽经历了齐代，实际上此书写于梁代（参阅本书《谢赫与〈古画品录〉的几个问题》）。

〔3〕夫"画品"者，盖众画之优劣也——盖：《图书集成》本缺此字。

品：区别，评题。

此言谓：所谓"画品"是区别很多画之优劣的。

〔4〕图绘者，莫不明劝戒，著升沉，千载寂寥，披图可鉴——鉴：《说郛》本作"见"。

明：表明，显明。劝戒：劝告、勉励、告戒。多指以恶、善作对比劝励于人，使人学善去恶。《汉学·古今人表序》："归乎显善昭恶，劝戒后人。"又晋人范宁《春秋穀梁传·序》："明成败以著劝诫。"著：同明，显明也。《礼·乐记》："著不息者天也，著不动者

地也。"《注》："著犹明白也。"疏："著谓显著。"升沉：此指
盛衰得失。千载：千年。此指从古至今。寂寥：《老子》："寂兮寥
兮。"魏濂注："寂兮，无声，寥兮，无形也。"晋王弼注："寂寥，
无形体也。"又《楚辞·九叹·惜贤》："声嗷嗷以寂寥兮，顾仆夫之
憔悴。"注："寂寥。空无人民之貌也。"披：翻开。《后汉书》四十
《班固传·两都赋·白雉诗》："启灵篇兮披瑞图。"《梁书·张缵
传》："兄缅有书万余卷，昼夜披读。"鉴：教训、儆戒。《诗·大
雅·荡》："殷鉴不远，在夏后之世。"又如前车之鉴。

此言谓：所谓图画，无不是为了表明劝勉告戒作用，显明盛衰得失
教训，千载以降，过去的事无形无声，翻开图画，尚可从中得到鉴戒教
训。

〔5〕虽画有六法，罕能尽该；而自古至今，各善一节——法：法
则；标准。该：通赅，包括一切；尽备。《管子·小问》："四言者尽
该焉，何为其寡也？"《孔子家语·正论解》："夫孔子者，圣无不
该。"

此言：虽然绘画有六个标准，（而画家）很少能全部具备；自古至
今，（画家多）各善一节。

按"虽画有六法"，说明在谢赫之前，六法已有雏形，或已具备。

〔6〕六法者何——六法是哪些内容？

〔7〕一、气韵生动是也——《历代名画记》、《益州名画录》、
《五杂俎》所引"一"下有"曰"字。二至六下同之，皆有一"曰"
字。

气韵：是中国绘画艺术要求的最高原则。也是"六法"的精粹。必
须弄清。请参阅本书《论中国画之韵》和附《原"气"》一文。这里姑
取简短结论。气和韵本是玄学风气下人伦鉴识的名词。在当时，用气
（或同于"气"的"骨"、"风"）题目一个人，大都是形容一个人由
有力的、强健的骨骼为基本结构而形成的具有清刚之美的形体，以及和
这种形体所相应的精神、性格、情调的显露。用"韵"去题目一个人，

本义指人的体态（包括面容）所显现的一种精神状态，风姿仪致，而这种精神状态，风姿仪致给人以某种情调美的感受。

凡"气"，必能显现出"韵"；凡"韵"，必有一定的"气"为基础。二者虽可以有偏至，但不可绝对分离。所以，最完整的说法以"气韵"一词为准确。"气韵"一词，以后逐步变化，包括画面上的笔墨效果。但在谢赫时代，"气韵"本义是指画中人物的精神、仪姿之十分生动，给人的感受也十分美。

"气韵"和"传神"有着密切的关系。顾恺之所说的"传神"之神实则就是"气韵"，但"传神"的基点在眼睛。顾自己也说："四体妍媸，本亡关于妙处，传神写照，正在阿堵（指眼睛）之中。"虽然神之传，可以包括整个身姿，但易于引起人的误会。"气韵"则包括眼睛在内的整个身躯之神（之姿、之态）。中国古代人物画（包括肖像画），都是全身的，到了南宋才偶尔出现大半身像，到了明清代，才有部分头像。所以"气韵"代替"传神"，在理论上更加完整、精密。

〔8〕二、骨法用笔是也——骨法，就是用笔。

骨法：在汉代，"骨法"常用于相士察看人的骨相特征以定人之尊卑贵贱。如《史记·淮阴侯列传》蒯通对韩信曰："贵贱在于骨法，忧喜在于容色，成败在于决断，以此参之，万不失一。"《北史·赵绰传》："上每谓绰曰：'朕于卿无所爱惜，但卿骨相不当贵耳。'"据说，人的尊卑前途，可以从人的骨骼结构中看出来。所以，汉人特重骨法。至晋顾恺之论画，仍重骨法。相人所谓"骨法"，不仅指形象结构。因为从"骨法"中能看出人的身份，实际就是"神"。所以，顾恺之所说的"骨"和"骨法"，实等于谢赫所说的"气韵"的"气"。

人体形象是由人的骨骼结构支撑起来的，画上的人物形象则主要是由线条构成的。谢赫时代作画尚无"没骨法"，作画皆勾线填色。所以，线条则是一幅画的骨干，线条决定一幅画的成败。同时，人的骨法，人的"气"，也主要由线条决定，所以，这里的"骨法"，主要指线条的画法。

后世所说的"没骨法",即"没有线条法"(当然不是说绝对没有一点线条)。并非是说线条或用墨、用色没有骨力。一些学者对于"没骨画"名词的非难,乃出于对"骨法"一词的误解使然。

如果将"骨法"理解为人体的形象(以前学者有作此解者),则和下面的"应物象形是也"相重复。同时,"六法"中既把"赋彩"列为一法,比"赋彩"更重要的"线条"则不能没有。故"骨法"只能解释为"表现画面上人体结构和物体结构的线条"。即谢赫自己解释的"用笔是也"。他所说的"用笔骨梗""笔迹困弱"、"动笔"、"笔迹"皆和"骨法"有关。

但"骨法"不能和"应物象形是也"完全脱离。因为"应物"要靠"骨法"来实现。所以,张墨、荀勖的画"遗其骨法",则"体物""未见精粹"。"骨法"和"气韵"的"气",也不能完全脱离,"气"给人的感受,也要靠用笔去表现。"骨法"至为重要,故列为第二。

〔9〕三、应物象形是也——"应物"即画面上所画的"形"要和实际对象相应,即宗炳所说的"以形写形"(以实际中的山水之形,写作画面上的山水之形)。东晋僧肇说:"法身无象,应物以形。"意为佛本身无一定形象,但可以化作很多种形象,应于某物则以某物为形。"应物象形是也"和此意相类。《庄子·知北游》:"……耳目聪明,其用心不劳,其应物无方。"《史记·太史公自序》:"与时迁移,应物变化。"可见"应物"一词在当时是常用语。《晋书》七十五《王坦之传》载有他的《废庄论》,其云:"动人由于兼忘,应物在乎无心。""应物"即应于物上。谢赫自己解释"应物"就是"象形"。绘画是造型艺术,是不能未有形的。且"气韵"、"骨法"皆靠"应物"方能成立。故"应物"列为第三。后世对"应物象形是也",作了种种发挥,此处姑置不论。

〔10〕四、随类赋彩是也——汉王延寿《鲁灵光殿赋》有:"随色象类,曲得其情。"类,即形象。《广雅》:"画,类也。"《淮南子·真训》:"又况未有类也。"高诱注:"类,形象也。"《左

传·庄公九年》："非君也，不类。"《国语·吴语》："类有大忧。"注："似也。"物象是什么颜色的，画面上也要随之画上什么颜色，不一定绝对地相同，但要类似。"随色象类"意即画上的颜色要随循物象达到类似的效果。随类，即"随色象类"的缩语。谢赫自己作了简单明了的解释："赋彩是也"。随着画上的物象而赋色。

物象的形画出后，即要赋予彩色，使其"象类"，而能"曲得其情"。故列为第四。画赋色后即告完成。

〔11〕五、经营置位是也——经营：规划，含有创始，创业之意。《诗·小雅·北山》："旅力方刚，经营四方。"此处指构图。即规划着物象在画面上所处位置。张彦远《历代名画记·论画六法》谓："至于经营位置，则画之总要。"顾恺之称为"置陈布势"。所以构图，虽然只是规划位置，却不可随便，要"经之营之"（《诗经·大雅·灵台》语）。故谢赫把布置位置称为"经营"，其中含有一定的苦思意味。但"经营"所含内容甚多，谢赫自己解释是："置位是也。"专指画面的布置，即人和物应置放在画面上何处。今人谓之"构图"。

〔12〕六、传移模写是也——传移，就是模写。即把原有的绘画作品传移到另一张纸绢上，成为同样的新画。谢赫评刘绍祖："善于传写"，"号曰：移画"。又说他"然述而不作，非画所先"。看来，"传移"就是复制古画（或曰旧画）。传移时先将新绢（或纸）蒙在原画上，照着勾，然后揭开，模仿原画着色。虽说是复制，但仍要一定的绘画基础。所以，"传移"又叫"模写"，按模而写也。顾恺之有"模写要法"，专谈如何模写的。模写优秀绘画作品时，同时也学习了原作者的绘画方法。所以，后人解释"传移"，就是学习传统，并不错。

"传模"作为复制古画来说，是一件不可缺少的工作。作为学习绘画来说，它只是一种手段，不能以此代替创作。所以，谢赫谓之曰"非画所先"。张彦远谓之曰"乃画家末事"。

〔13〕唯陆探微，卫协备该之矣——唯：《佩文斋书画谱》作惟。

陆探微：南北朝时代宋朝著名画家。参见下注〔16〕。卫协：魏末西晋时著名画家。参见下注〔27〕。

此言：（绘画"六法"）唯有陆探微、卫协的作品尽备（谢评卫协"六法之中，迨为兼善"亦即此意）。

〔14〕然迹有巧拙，艺无古今，谨依远近，随其品第，裁成序引——裁：剪裁，选削。

此言：然而画迹有巧，有拙，技巧却不分古今。（本书所记）谨依远近作品，随其品第，再加剪裁、挑选而成，另加序引。

按以上这几句话，可以看出，在谢赫之前，可能有人从事过对古画的整理、分类（品第）工作。谢赫只是对原来所收录的"远近"绘画作品并根据原有的品第，作一些选裁和重新鉴别的工作，并加上这一个"序引"。

〔15〕故此所述，不广其源，但传出自神仙，莫之闻见也——广：推广其原也。此处作追究解。源：本指水流最始之处。此处可作两解，一指绘画之源。谢赫所述绘画作品，最早是三国吴之曹不兴。以前的绘画，他就没有追究。一指画家的传记。姑依"绘画之源"解，或二者兼指。

传：记载。《孟子·梁惠王下》："于传有之。"神仙：指晋朝道教首领（也称神仙家）葛洪之流。葛洪（284～364），字稚川，号抱朴子，葛玄从孙。少小即好神仙法，从葛玄弟子郑隐受炼丹术。后携子侄隐山炼丹、著书。其书有《抱朴子》，内篇言"神仙方药、鬼怪变化"等等。其思想基本上是以神仙养生为内、儒术应世为外，并把道家术语附会到神仙的教理上。葛洪并著《神仙传》三卷，又著《西京杂记》。关于流传极广的毛延寿画美女像的故事就出在葛洪的《西京杂记》的记载之中。前所说的"不广其源"，若追究其源，中国见于记载的正式画家即是毛延寿。但这样记载（传）即出于"神仙"之手。按张彦远著《历代名画记》有姓有名的画家第一位即毛延寿。自注"见葛洪《西京杂记》"。又据后世学者考究，毛延寿画美女事，葛洪之前，确无人记载。此记亦并非事实。所以，谢赫说："传出自神仙，莫之闻见也。"

此句意谓：故此处所记述的，不追究其根源。（太远的事仅见于记载，）但记载出自《神仙传》、《西京杂记》等之手，谁也未有看见过。

〔16〕陆探微事五代宋明帝，吴人——陆探微，吴（今江苏苏州一带）人，南朝宋明帝时著名画家。《历代名画记》介绍陆探微："……宋明帝时（465~472年）常在侍从，丹青之妙，最推工者。《宋书》有名。"按《南史·伏曼容传》谓："伏曼容，美风采，宋明帝恒以方（比）嵇叔夜，使吴人陆探微画《叔夜像》以赐之。"有关陆探微的资料可参看《历代名画记》卷六《陆探微》条及卷二《论顾陆张吴用笔》、《唐朝名画录》、《画鉴》、《宣和画谱》等，此外，严可均辑《全上古三代秦汉三国晋六朝文》宋、齐、梁部分亦有记载。笔者尝辑《陆探微资料集》，惜佚。陆探微绘画成就，可参看本书《重评顾恺之及其画论》部分。

事五代宋明帝，吴人：此句当为唐人所加。五代指晋之后至唐之前当中一段时期，即宋、齐、梁、陈、隋五代。五代的说法不一，《隋书·后序》："唐武德五年，起居舍人令狐德棻奏请修五代史。"按此处所云"五代"乃指梁、陈、齐、周、隋五代。战国之前所谓五代乃指黄帝、唐、虞、夏、殷。《礼·祭法》："此五代之所以不变也。"汉以前所谓五代乃指唐、虞、夏、商、周。《文选·汉人王延寿·鲁灵光殿赋》："殷五代之纯熙，绍伊唐之炎精。"注："五代，周、殷、夏、唐、虞也"。（赵）宋之后至今所谓五代乃指唐、宋之间之梁、唐、晋、汉、周也。又本书下面小注中把晋也算作"五代"。

〔17〕穷理尽性——本篇语出《人物志·九徵第一》："物有生形，形有神情，能知精神，则穷理尽性。"最早出于《周易·说卦》："穷理尽性，以至于命。"理：本指一事物区别于其他事物的特殊规律，参看本书《宗炳〈画山水叙〉研究》第二节《道、理、神、灵、圣》部分，或《〈画山水叙〉点校注译》注〔28〕。理在人身上的反映即是人的本质、人的性、人的精神、人所具有其自己的典型性（个

性）。性：《礼记·中庸》："天命之谓性"。朱熹注："性，即理也。"性亦指事物的特殊本质。于人，即谓个性。是知，理、性相通。本句之"穷理尽性"因语出《人物志》，须联系"物有生形，形有神情，能知精神，则穷理尽性"来解释。生形中有神情，神情和精神义近，神即气韵（参见《论中国画之韵》），穷尽人之理，人之性，亦即穷尽人的气韵。谢赫论画以气韵为第一要义，陆探微作人物（即深知人的精神），是故列为第一品第一人。

此言谓：（陆作画）能穷尽人物的气韵。

〔18〕事绝言象——佛教典籍之一的贤首《大乘起信论义记》中有云："绝言象于筌蹄。""言象"二字是六朝文士热烈讨论的常用语。源出于《庄子》。《庄子·秋水》："可以言论者，物之粗也；可以意致者，物之精也。"魏晋玄学对言、意之辨，十分认真，得出了'得意忘象（形象）'"得意忘言"的命题。此题也完全出于《庄子·外物》："筌（捕鱼具）者所以在鱼，得鱼而忘筌；蹄（捕兔网）者所以在兔，得兔而忘蹄；言者所以在意，得意而忘言。吾安得夫忘言之人而与之言哉。"（按后来的禅宗发挥了"得意忘言"之说）庄子把鱼、兔、意视为本质、精华，把为了得到鱼、兔、意而运用的工具筌、蹄、言视为"外物"，视为皮相和非本质的东西，魏晋玄学家们因之又增加了象。视言、象为粗，为皮相；视意为精，为本质。

"事绝言象"意为陆作画，绝不为表面非本质的东西而掩盖（张彦远谓"遗其形似，而全其气韵"即此意）。

按俞剑华先生释此句为"非语言文字所能形容"（见《历代名画记注》一九六三年上海人民美术出版社版）。王伯敏先生释此句谓："此处的'事绝'，即是指画家对所要描写的事物，进行了全面的、彻底的了解。'言象'，即是以形象来表达。"（见《〈古画品录·续画品录〉注译》一九五九年人民美术出版社版。下简称《王注本》）俞、王二先生皆未道出"言象"的出典和时代的背景。未知所解何据？

〔19〕包前孕后，古今独立——意谓：（陆画）超越前代而又启

发、孕育后来。从古至今，他是独出卓立的一家。

〔20〕非复激扬，所能称赞——激扬：汉末魏晋时代品评人物时所常用语。如《后汉书·党锢列传》："匹夫抗愤，处士横议，遂乃激扬名声，互相题拂，品覈（核）公卿，裁量执政。"《汉书·张山拊传》谷永上疏："近事大司空朱邑、右扶风翁归德茂天年，孝宣皇帝愍册厚赐，赞命之臣靡不激扬。"《后汉书·臧洪传》："洪辞气慷慨。闻其言者，无不激扬。"本书中"激扬"作极其赞赏的语言解。

此言：（陆的画）并不是用极其赞赏的语言所能称赞得了的。

〔21〕但价重之极乎上，上品之外，无他寄言，故屈标第一等——乎：《佩文斋书画谱》作于。屈：一本作居。

此谓：（陆画）的艺术价值之重，超过了上等而达到了极点。但论画于上品之外，又无其他等第可以寄言。故委屈地标为第一等。

又此句亦可以这样标注：

"但价重之，极乎上上品，之外无他寄言，故屈标第一等"。

魏晋时期"九品论人""上上品"居首，"上中品"次之，"上下品"又次之，"中上品"……"下下品"居末，陆探微画居首，故称"上上品"。

〔22〕曹不兴——三国时吴国画家，吴兴人。一名弗兴。《历代名画记》记其："孙权使画屏风，误落笔点素，因就成蝇状，权疑其真，以手弹之。时称吴有八绝。张敦《吴录》云："八绝者，菰城郑妪善相，刘敦善星象，吴范善候风气，赵达善算，严武善棋，宋寿善占梦，皇象善书，曹不兴善画，是八绝也。"相传曹不兴是吴国画佛象第一人，对后世影响甚大。

〔23〕五代吴时事孙权，吴兴人——此句为后人所加。当去。

〔24〕不兴之迹，殆莫复传——殆莫复传：《历代名画记》作代不复见。

殆：大概。《孟子·尽心下》："齐饥，陈臻曰'国人皆以为夫子将复为发棠，殆不可复。'"

此言：不兴的画迹，大概不会再有传世者。

〔25〕唯祕阁之内，一龙而已——祕阁：古代皇宫中藏图书之所。亦称祕馆、祕府。

此言谓：（不兴的画）仅于祕阁之内，收藏"一龙"而已（《历代名画记》作"一龙头而已"）。

〔26〕观其风骨，名岂虚成——风骨：即气骨。《广雅·释言》："风，气也。"《庄子·齐物论》："大块噫气，其名为风。"

此言：观其（所画龙头）气骨，大名鼎鼎岂是虚成。

〔27〕卫协——魏至西晋时著名画家。《抱朴子》内篇卷十二《辨问》云："善图画之过人者，则谓之画圣，故卫协张墨于今有画圣之名焉。"参看顾恺之《论画》。

〔28〕五代晋时——此四字为后人所加。

〔29〕古画之略，至协始精——之：《历代名画记》、《佩文斋书画谱》均作皆。义较胜，可从。

此言：古代绘画皆很粗略、简要，至卫协始精妙（按此"精"，当指气韵而言。如指形体，则和下文"不该备形妙"相违背）。

〔30〕"六法"之中，迨为兼善——迨：《历代名画记》作颇。义甚顺，可从。

〔31〕虽不说备形眇，颇得壮气——说备：《历代名画记》作备该。《佩文斋书画谱》作该备。可从。眇：同上作似。

该：尽备。《管子·少问》："四言者该焉，何为其寡也。"《孔子家语·正论解》："夫孔子者，圣无不该。"

此言谓：虽然在形象刻画上尚不尽善，但颇得壮气。

〔32〕陵跨群雄，旷代绝笔——陵：超越。《礼记·学记》："不陵节而施之谓孙（逊）。"孔颖达疏："不越其节分而教之。"《洛神赋》："经通谷。陵景山。"旷代：举世所仅有。谢灵运《伤己赋》："丁旷代之渥惠，遭谬眷于君子。"绝笔：质量绝佳的作品。

此言：超过了众多的出色画家，为举世所仅有的绝佳作品。

〔33〕张墨——西晋时著名画家，时与卫协同被称为画圣。师于卫协。

〔34〕荀勖——字公曾（？~289年），颍川人。汉司空爽曾孙。幼为其外祖父钟繇抚养，仕魏为大将军掾。魏末追随司马氏。其舅钟会征蜀，荀勖谏司马昭派卫瓘为监军，以防其变。至使钟会平蜀后又被卫瓘所杀。荀勖遂为晋之宠臣，累官至尚书令，赠司徒，谥曰成。荀勖不仅是著名书画家，又是著名政治家、军事家，还是大考古家，曾整理从战国魏襄王墓中挖掘出来的竹简为《竹书纪年》计十三篇，又是大音乐家，惜人品不佳。传列《晋书》卷三十九。

〔35〕风范气候，极妙参神，但取精灵，遗其骨法——气候：《历代名画记》、《佩文斋书画谱》均作气韵。

风范气候：此语中"范"同"候"，情状之意；风范气候可简称为风气，魏晋、宋齐时代是常见的。《世说新语·赏誉》："王子平与人书，称其儿风气日上，足散人怀。"《世说新语·简傲》（注）《晋阳秋》谓吕安："志量开旷，有拔俗风气。"又《世说新语·言语》（注）《向秀别传》：又称吕安"有拔俗之韵"。所以，风范气候即是"气之韵"，由气所显示的韵。精灵：乃是神韵的更深说法。《庄子·天地》："神之又神，而能精焉。"遗其骨法：即下文的"若拘以体物，则未见精粹"。

此言：风范气候（韵），极妙而至神化地步。但取其精灵（韵致），遗其骨法。

按张墨、荀勖的作品是偏于阴柔之美，以韵胜的作品。

〔36〕若拘以体物，则未见精粹——拘：仅限于。体物：指具体地描述事物。陆机《文赋》："诗缘情而绮靡，赋体物而浏亮。"

此言：若仅限于具体地描绘事物来看，则未见精粹。

〔37〕若取之〔象〕外，方厌高腴，可谓微妙也——《王氏书画苑》、《佩文斋书画谱》诸本皆作若取之象外。按以此为是。《津逮秘书》本丢此字。高腴：《佩文斋书画谱》、《全齐文》作膏腴。《历代

名画记》亦然。按以此为是。

象外：象，《老子》第二十一章："道之为物，惟恍惟惚；惚兮恍兮，其中有象。"《韩非子·解老》："人希见生象也。死而得象之骨，案其图以想其生也。"《易传·系辞》："易者，象也，象也者像也。""象也者，像此者也。""圣人有以见天下之赜，而拟诸其形容象其物宜，是故谓之象"。象即形象。象外一词，当时亦多见。《全晋文》卷一六五释僧卫《十住经合注序》："抚玄节于希音，畅微言于象外。"《全梁文》卷一六四释僧肇《般若无知论》："穷心尽智，极象外之谈。"宗炳《画山水序》："旨微于言象之外者。"此句中象外，乃指神貌、韵致，别于形貌而言，形貌是具体可见的，神貌韵致却不可具体指陈，但可意会，并能引起人的想象，给人以无限之感，故曰象外。唐人刘禹锡之"境生于象外"（见《董氏武陵集记》），则又发展了此说。厌：同餍，饱吃也，引申为满足。《汉书·景帝纪》："诸狱疑，若虽文致于法而人心不厌者，辄谳之。"膏腴：本指肥沃土地。如《汉书·地理志》下："……鄠、杜竹林、南山檀柘，号称陆海，为九州膏腴。"文苑引此多作肥美解。《文心雕龙·诠赋》："遂使繁华损枝，膏腴害骨。"

此谓：若取之象外（以韵致论），方使你感到味美无穷。可谓微妙也。

〔38〕顾骏之——南朝宋代画家。

〔39〕神韵气力，不逮前贤——神韵气力：请参看本书九《论中国画之韵》。逮：及。

〔40〕精微谨细，有过往哲——往哲：以往的才能识见超越寻常之人。此指以前的著名大画家。

〔41〕始变古则今，赋彩、制形，皆创新意——则：效法。《诗·小雅·鹿鸣》："君子是则是效。"赋彩、制形，即六法中的"随类赋彩是也"，"应物象形是也"二法。故下文言皆创新意。即二方面都有新意。

此言：（顾）变化古人之法，学习今人之法，于赋彩、制形两方面，皆创新意。

按王伯敏先生谓："赋彩制形。这在绘画的表现上，是以色彩来表达形象的一种方法，似没骨法。梁代张僧繇加强晕染的画法与此似有传承关系。所谓六朝绘画，有'丹青先于水墨'之说，这个以'丹青'的表现方法，即或是'赋彩制形'之法。"把"赋彩、制形"理解为用赋彩来制形，尚需商榷。如是则下文"皆"字无法着落矣。况六朝人物画根本没有不用线条而直接赋彩造形的没骨法。倘有，亦违背谢赫的"骨法用笔是也"，亦不会被品为第二品第一人（见《古画品录》王注本）。

〔42〕若包牺始更封体，史籀初改画法——封：《百川学海》、《王氏书画苑》、《佩文斋书画谱》等皆作卦。按以此为是。《津逮》本误为封。画：依《百川学海》本当作书。诸本作画，乃误。

包牺：通常作伏羲。一作宓羲，庖牺，伏戏，亦称牺皇，皇羲。三皇之一，《白虎通·号》："三皇者，何谓也？谓伏羲，神农，燧人也。"相传他始作八卦。

卦体：即卦的形象。最早有人模仿自然用"—"为阳，"--"为阴组成"☰（乾）、☷（坤）、☳（震）、☴（巽）、☵（坎）、☲（离）、☶（艮）、☱（兑）"。象征天、地、雷、风、水、火、山、泽八种自然现象。参看本书《王微〈叙画〉》注〔3〕。

史籀：人名，旧时说周宣王太史，因书写《史籀篇》，首句大约是"太史籀书"，故以为史籀所书也。近人对此说有争议，然古人一直作如是说。《史籀篇》书体属大篆，也叫籀书。春秋战国期间通行于秦国。与以前书体不同。故曰："初改书体。"《法书要录》："昔周宣王时，史籀始著大篆十五篇，或与古同，或与古异，世谓之籀书者也。"

此句谓：（顾画"皆创新意"，）犹如包牺始变更卦体，史籀初改书法那样。

〔43〕常结搆层楼，以为画所——常：诸本多作尝。

结搆：同结构。连结构架也，多指建造房子。《抱朴子·勖学》："文梓干云而不可名樹者，未加班輸（造房大匠鲁班）之结构也。"

此言：尝建造层楼，用作画画的地方。

〔44〕风雨炎燠之时，故不操笔；天和气爽之日，方乃染毫——燠：诸本皆作奥。毫：《佩文斋书画谱》作豪。

炎燠：炎热。燠，热也。《书·洪范》："曰燠曰寒。"

此言：风雨炎热之时，故不操笔（作画），天和气爽之日，方乃染毫（作画）。

〔45〕登楼去梯，妻子罕见——妻子：妻和孩子。此代指所有家人。

此言：（顾骏之）登楼作画，把梯子去掉，不让家人看见（极言其作画之静）。

〔46〕画蝉雀，骏之始也。宋大明中，天下莫敢竞矣——宋大明：指南朝宋孝武刘骏的大明年间（457~464年）。

此言：画蝉和雀，自顾骏之始。宋大明中，天下画家不敢和他相比。

按注〔38〕—〔46〕所述顾骏之，与《历代名画记》所记有悖。可能为后人刊误。兹考如下：

一、《历代名画记·论画六法》："宋朝顾骏之常结构高楼，以为画所，每登楼去梯，家人罕见。若时景融朗，然后含毫，天地阴惨，则不操笔。"

二、《历代名画记》卷六：宋"顾骏之"条："顾骏之。中品。《严公等像》，并传于代。"

三、《历代名画记》卷六：宋"顾景秀"条："中品上。宋武帝时画手也……武帝尝赐何戢蝉雀画，是景秀画。后戢为吴兴太守，齐高帝求好画扇，戢持献之，陆探微、顾宝光（按《南史》作顾彦先）见之，皆叹其巧绝……《蝉雀麻纸图》……并传于代。谢云：'神韵气力，不足前修。笔精谨细，则逾往烈。始变古体，创为今范，赋彩、制形，皆

南朝 石刻神兽 江苏省丹阳市

有新意。扇画蝉雀，自景秀始也，宋大明中，莫敢与竞。'在第二品陆绥上。彦远按：大明中，有顾宝光，景秀岂独擅也。"

　　以上，顾骏之内容见于《占画品录》"顾骏之"条，不误。其"三、顾景秀条"所引"谢云"也见于《古画品录》"顾骏之"条，而现在所见的各本《古画品录》中皆无"顾景秀"名。又画蝉雀事，《南史·何戢传》及《历代名画记》中多次记载亦见于顾景秀名下，唯《古画品录》中见于"顾骏之"条。再《通志》所载《古画品录》所录画家凡二十八人，今仅见二十七人。疑原书本有顾景秀，后因残缺，误将二人题评凑为一条，也未可知。又尝疑顾骏之字景秀，本为一人，然《历代名画记》又列为二人。

　　〔47〕陆绥——南朝宋人，陆探微之子。《历代名画记》有其传。庾元威《论书》谓："近代陆绥，足称画圣。"

　　〔48〕体韵遒举，风彩飘然——体韵：《全晋文》卷二九王坦之《答谢安书》："人之体韵，犹器之方圆"（亦见《晋书·本传》）。体即形体，韵即神或神姿。此指画中人物而言，非指用笔设色也。道：

强劲也。鲍照《上浔阳还都道中》："猎猎晚风遒。"举：可做飞扬解，如《吕氏春秋·论威》："兔起凫举。"此处解释可灵活些。体韵遒举，犹体遒韵举。姚最《续画品》有："体韵精研。"亦可谓之体研韵精。风彩：同风采，风度、神采也。《齐书·沈文季传》："文季风采棱岸，善于进止。"

此言：（陆绥所画的人物）体形强劲，神情飞扬，风彩飘然。

〔49〕一点一拂，动笔皆奇。传世盖少，所谓希见卷轴，故为宝也——卷轴：画之幅横为卷，竖为轴，此处代指作品。

此言：一点一拂，动笔皆奇。（可惜）传世的作品太少，所以说很难得见到其画幅，故其作品特为宝贵。

〔50〕袁蒨——一作袁倩。南朝宋人。师法陆探微（参看《历代名画记》卷二《论传授南北时代》及卷六宋"袁倩"条）。

〔51〕比方陆氏，最为高逸——比方：《全齐文》作北方。《历代名画记》作北面。俞剑华、王伯敏二先生肯定其误，吾以为不误，且"北面"义胜"比方"远甚。

北面：古代学生在老师面前执弟子礼，谓之北面。《汉书·于定国传》："定国乃迎师学《春秋》，身执经，北面，备弟子礼。"又称臣于君亦谓北面。北面陆氏，即师于陆氏。"比方陆氏"即和陆氏相比，学生和老师平起平坐地相比，是否合适，姑可不论。联系下文"但志守师法，更无新意"，即可知"北面陆氏，最为高逸"较之"比方陆氏，最为高逸"，义更顺。若和陆氏相比，"最为高逸"，是胜于老师，青出于蓝，冰寒于水，则不可谓之"更无新意"矣。此句中的"最为高逸"，是在陆氏的学生中"最为高逸"，非和陆氏"比方"。《历代名画记》作"最为高足"甚明。又第四品中有顾宝先（光）是和袁茜共同学陆探微的。顾"方之袁倩，可谓小巫"。顾、袁同学可以相方（比），"可谓小巫"是说顾不及袁远甚，反衬袁之"最为高逸"也。陆氏：陆探微。

此言：师于陆探微，（和其他师于陆的人相比）最为高逸。

〔52〕象人之妙，亚美前贤——象人：指画人物画的画家。

此言：（袁蒨）在人物画画家之中，其高妙，仅次于以前的大画家（指陆探微等人）。

〔53〕但志守师法，更无新意，然和璧微玷，岂贬十城之价也——和璧：即和氏璧。春秋时，楚人卞和，得璞玉于荆山之中，献给楚厉王，厉王令玉工辨认，说是石头；以为诳，更以欺君之罪，被斩去左足。后武王即位，卞和又献之，如前，又以欺君之罪被斩去右足。及文王即位，卞和抱璞玉哭于荆山

南朝 永宁陵石刻神兽（局部）江苏省南京市

之下。文王派人问他，他说："吾非悲刖也，悲夫宝玉而题之以石，贞士而名之以诳。"文王使人剖开璞，果得一宝玉。因称之为"和氏璧"，简称"和璧"。（见《韩非子·和氏》）《史记·廉颇蔺相如列传》："和氏璧，天下所共传宝也。"微玷：微有缺点。玷，玉之斑点也。

十城之价："赵惠文王时，得楚和氏璧。秦昭王闻之，使人遗赵王书，愿以十五城请易（换）璧。"（《史记·廉颇蔺相如列传》）所谓价值连城，十城之价，皆此意。可再参考《论画》校注〔32〕。

此言：但志守老师之法，更无新意。然而像和氏璧那样的宝玉，虽然有微小的缺陷，岂能贬其十城之价呢？

〔54〕姚昙度——南朝齐代画家。

〔55〕画有逸方，巧变锋出。魁魁神鬼，皆能绝妙——逸：超迈不俗。方：此处可理解为道。《论语·雍也》："可谓仁之方也已。"也可理解为方法。

按：绘画本无雅（逸）俗之说，魏晋时代文人士大夫大量参加绘画队伍，改变了原来只有奴隶从事绘画的状况。但文人士大夫为了表示自

己和普通画工的区别，于是便出现了士体和匠体，雅和俗的说法。据《历代名画记》所引谢赫评论刘绍祖云："伤于师工，乏其士体。"《古画品录》中多次出现："最为高逸"、"画有逸方"、"雅郑兼善"、"纵横逸笔"、"力遒韵雅"、"意思横逸"、"跨迈流俗"等等。因之，这里提出的"画有逸方"并非突然。"逸方"的提出，给绘画带来了新的刺激。是故："巧变锋出。"

锋出：机锋肆应，层出不穷也。《说苑·说丛》："百方之事，万变锋出。"按古锋、蜂可通，锋字本出于蜂。《释名·释兵》："刀，其末曰锋，言若蜂刺之毒利也。"又"蜂起"，固作"锋起"。《后汉书·光武帝纪》："莽末，天下连岁灾蝗，寇贼锋起。"注："（锋）字或作蜂，言多也。"

此言：画道之中出现了逸方（超迈不俗之道），各种巧变便机锋肆应，层出不穷。

按锋言其多也。本十分明白，然王伯敏先生谓："锋指笔锋。意谓用笔巧妙，锋头多变。"盖曲解六朝人语也（参见《王注本》）。

魖魁神鬼，皆能绝妙——魖魁：魖不知何字。《历代名画记》引作：魑魅。可从。《全齐文》作馗魁。

魑魅：精怪也。

此言：画精怪鬼神之类，皆能达到绝妙水平。

〔56〕固流真为，雅郑兼善——固：《王氏书画苑》、《佩文斋书画谱》等本均作同。为：《图书集成》本作伪。按固流真为，和雅郑兼善对义。以前注家改作同流真伪，或将固流属上，真为属下，恐皆不妥。

固流：犹源流。固指本来固有的画风和画科。流指新出现的画风和画科。真为：真为作身解。《庄子·山木》："今吾游于雕陵而忘吾身……游于栗林而忘真。""见利而忘其真。"真同身。"真为"可释作：亲自从事。（按此解尚觉牵强，一时又不得确解，姑存之。）雅郑：即雅俗。《论语·阳货》："子曰'恶紫之夺朱也，恶郑声之乱雅乐也……'"孔子把雅乐看作传统的、正规的、典雅的乐曲。《论语》中凡提及雅，如"雅言"（《述而》）"雅、颂"（《子罕》）等等，皆有传统、正规、典雅之意，把郑声看作庸俗、邪恶、淫秽、不入大雅之堂的乐曲。如《论语·卫灵公篇》："……放（去除）郑声，远佞人。郑声恶，佞人殆。"《周礼·春官·大司乐》亦谓："凡建国，禁其淫声……"注："淫声，若郑、卫也。"尔后，郑与雅相对，便成为俗的代词。

此言大意是：固有的、传统的画法和新出现的、正在尝试中的画法，他都在实践，雅的和俗的画风，他皆兼善。

〔57〕莫不俊拔，出人意表——俊拔：俊逸超拔。意表：意想之外。《南史·袁宪传》："宪常招引诸生，与之谈论新义，出人意表，同辈咸嗟服焉。"

此言：莫不俊逸、超拔，出人意想之外。

〔58〕天挺生知，非学所及——天挺：天资卓越。《后汉书·黄琼传》："光武以圣武天挺，继统兴业。"生知：生而知之。性中本有。

此言：天资卓越，生而知之；不是通过努力学习者所能达到的。

〔59〕虽纤微长短，往往失之；而舆皂之中，莫与为匹——纤：细小。舆皂：亦称舆人和皂隶。舆人本指造车舆的工人。《考工记·舆人》："舆人为车。"皂：郭璞《方言注》："皂，养马器也。皂隶之名于此乎出。"又《史记·鲁仲连邹阳列传》司马贞《索隐》引韦昭曰："皂，养马之官，下士也，养马之官，其衣皂（黑）也。"舆人和皂隶性质相同，地位相差无几，都是低贱的差役。《左传·昭公七年》："人有十等，王臣（统治）公，公臣大夫，大夫臣士，士臣皂，皂臣舆，舆臣僚，僚臣隶，隶臣仆，仆臣台。"此处可解作普通的画家。

此言：虽然细微长短（此指造形）往往有不当之处，而于普通的画家之中，没有能与之匹比的。

〔60〕岂直栋梁萧艾，可搪揆玙璠者哉——直：《全齐文》作真。搪揆：《全齐文》作唐突。栋梁：房屋的大梁。萧艾：小草之类。搪揆：一作唐突。冲犯也。玙璠：两种美玉。据说君所佩。《左传·定公

五年》："季平子东行野，还，未至，丙申，卒于房。阳虎将以玙璠敛。"杜预注："玙璠，美玉，君所佩。"

此言：岂能径将栋梁混淆萧艾小草，难道可唐突这样的美玉吗？

〔61〕顾恺之——参见本书《重评顾恺之及其画论》或《附：顾恺之介绍》。

〔62〕五代晋时晋陵无锡人，字长康，小字虎头——此句当为后人所加。

〔63〕除体精微，笔无妄下——除：《说郛》、《百川学海》、《王氏书画苑》、《佩文斋书画谱》均作格。《历代名画记》作深。

按"除体"无意义，当舍。作"深体"可解。整节的解释，亦顺。西晋何劭（？~301年）《杂诗》有"道深难可期，精微非所慕。"或为此语之所本。"体"即今语所谓体会、体悟、体察。《庄子·应帝王》："体尽无穷，而遊无朕。"成玄英疏："体悟真源，故能以智境冥会，故曰皆无穷也。""体"即"体悟"。晋潘岳《西征赋》："凭高望之阳隈，体川陆之汙隆。"其"体"亦作"体悟""体察"解。

"精微"，精深微妙。《礼记·经解》："絜静精微，《易》教也。"晋葛洪《抱朴子·自序》："洪祖父学无不涉，究测精微，文艺之高，一时莫伦。"

这句大意：深深滴体悟，精深微妙，下笔很谨慎，不随便。

也可作"格体"。"格体"即"骨体"。

此说：画人的骨体很精微，下笔很谨慎、不随便。

〔64〕但迹不逮意，声过其实——逮：《历代名画记》作迨。义同。

迹不逮意：即迹不达意。有说顾恺之的画不能达到他预想的效果。此效果（意）当是传神。顾特讲传神，而谢赫特讲气韵。顾恺之的画固然"格体精微"，下笔谨慎，然所画人物缺乏气韵。故不逮意。从顾恺之画人数年不点睛的故事来看，他是"笔无妄下"的，但下笔过于谨慎，也是很难生动的。

声过其实，是说他的名声超过了他的实际水平。谢安曾说顾恺之的画：苍生以来所未有也（见《晋书·顾恺之传》、《世说新语》和《历代名画记》）。享誉极高，而其画又"迹不逮意"，所以说："声过其实。"

〔65〕毛惠远——南朝齐代画家。据《历代名画记》及《齐书》所载：毛惠远是荥阳（今河南省）阳武人，画马为当代第一，官至少府卿。有一次他去市场买青碧（颜料）一千二百斤（古制之斤，比今斤少）供御画用，用钱六十五万。于是有人诬告毛惠远从中取利，齐世祖下令尚书评价，据说贵了二十八万，齐世祖下令杀了毛惠远。毛被杀后，齐世祖发现他的家很贫困，空无一物，知道错杀了他，十分痛心而又后悔。毛惠远师于顾，有《酒客图》、《刀戟图》、《中朝名士图》、《刀戟戏图》、《七贤藤纸图》、《赭白马图》、《骑马变势图》、《叶公好龙图》并传于代。

《历代名画记》所载谢赫评题与今所见《古画品录》不同，兹录于下，供参考：

谢云：画体周赡，亡适不谐，出意无穷，纵横络绎。位置经略，尤难比俦。笔力遒媚，超迈绝伦。其于倏忽挥霍，必也极妙，至于定质块然，翻未尽善，鬼神及马，泥滞于时。

〔66〕画体周赡，无适弗该——周赡：周密详细。赡，本可以作充裕、丰富、丰满解。《墨子·节葬下》："亦有力不足，财不赡……"适：往也。该：尽备（见前注）。

此言：画体周密详细，没有一处不尽备的。

按王注本误校作"周瞻"。且未注。译文仍作"周瞻"。

〔67〕出入穷奇，纵横逸笔——用笔出入皆能穷其奇妙。纵、横皆见其高逸之笔。

〔68〕力遒韵雅，超迈绝伦——骨力遒劲韵致高雅，超迈绝伦。

〔69〕其挥霍必也极妙——挥霍：焦竑《字学》曰："摇手曰挥，反手曰霍。盖极言动作轻捷也。"

此言：（想象他用笔时）其挥霍自如，必然也是极妙的。

〔70〕至于定质愧然，未尽其善——愧：《王氏书画苑》、《佩文斋书画谱》均作块。可从。

定质：定和质二字，六朝文论中亦常用。如《文心雕龙》有"定势"篇。《画山水序》有："质有而趣灵。"等等。定，规定、确定也。质，形质也。块然：像土块那样。《庄子·应帝王》："列子……雕琢复朴，块然独以其形立，纷而封哉，一以是终。"《史记·滑稽列传》："今世之处士，时虽不用，崛然独立，块然独处，上观许由，下察接舆……"应璩《与从弟君苗书》："来还京都，块然独处。"皆言人像土块那样独以形立。

此言：至于所确定的人的形质却像土块那样（缺乏气韵），未能达到完善的地步。

按：正因为画体过于周赡，在形上下功夫太多，却使气韵失去了，故曰"定质块然"。王注本谓："此处可作独有解。"作"独有"则不可解。故其于译文中避而不译。

〔71〕神鬼及马，泥滞于射——射：《王氏书画苑》、《全齐文》、《佩文斋书画谱》、《全宋文》均作体，于安澜《画品丛书》本从之。作体则不可解。《历代名画记》作时。可从。

泥滞：泥和滞同义。皆是阻滞的意思。《论语·子张》："子夏曰：虽小道，必有可观者焉，致远恐泥（受到阻滞）。"《淮南子·时则训》："流而不滞。"泥滞于时即阻滞于时。阻滞于时，意谓其时无人能超越。也就是《历代名画记》所说的"当代第一"。

此言：（所画）神鬼及马，当时无人能超越。

〔72〕颇有拙也——拙：《老子》："大巧若拙。"

此句疑为后人所加。《古画品录》四字为文者，皆两句相对。此句无对，又《历代名画记》亦至"神鬼及马，泥滞于时"为终。

〔73〕夏瞻——《历代名画记》、《图书集成》、《佩文斋书画谱》均作夏侯瞻。

南朝 萧景墓石刻神兽 江苏省南京市

　　夏瞻：东晋画家，据《历代名画记》载，有《郢匠图》、《高士图》、《楚人祠鬼神图》传于代。

　　〔74〕虽气力不足，而精彩有余——精彩：指人的神采。《文选》宋玉《神女赋》："目略微眄，精彩相授。"注："精神光彩相授与也。"

　　此言：所画人物虽气力不足，而神彩有余。

　　〔75〕擅名远代，事非虚美——远代：《历代名画记》作当代。按：远代与当代通，且义同。远代指晋代。远谢赫著书时代也，当代指夏瞻所处之当代，即晋代也。

　　此言：擅名于东晋，事非虚得其名也。

　　〔76〕戴逵——（？~396年）东晋著名画家、雕塑家和学者。字安道。谯郡铚县（今安徽宿县）人。后迁居会稽（今在浙江省）之剡县（今新昌），他在政治上拒绝和统治者合作。长期隐居，保持高逸的人品。思想上反对佛教的因果报应说，著《释疑论》，与名僧慧远等反复

辨论。艺术创作上能够听取群众意见。《晋书·隐逸》有传。《历代名画记》、《世说新语》皆有记载。（参见本书《论画》点校注〔60〕）

〔77〕情韵连绵，风趣巧拔——巧拔：灵巧超拔。

此言：（戴逵画中人物）情韵连绵，风趣灵巧超拔。

〔78〕善图贤圣，百工所范——贤圣：《历代名画记》作圣贤。

贤圣：参看《画山水序》注〔3〕。范：本指模子。此处指师法的范本和样式。

此言：善于绘画贤人和圣人之像，为众多的画工所师法的范本和样式。

〔79〕荀、卫以后，实为领袖——袖：《全齐文》作褒。荀：荀勖。卫：卫协。皆见前注。

此言：继荀勖、卫协二位大画家之后，（戴）实为领袖人物。

〔80〕及乎子颙，能续其美——子：指戴逵的儿子。颙：即戴颙，字仲若，戴逵次子。晋末宋初画家兼大雕塑家。《宋书》有传，谓："宋世子铸丈六铜佛像于瓦官寺，即成，面恨瘦，工人不能治，乃迎颙看之。颙曰：非面瘦，乃臂胛肥耳。既，错减臂胛，瘦患即除，无不叹服焉。"又谓："自汉世始有佛像，形制未工，逵特善其事。"其父逵"特善其事"，颙亦善，故曰"能续其美。"《历代名画记》亦记其："传父之琴书丹青。凡所征辟，并不起。""一门隐遁，高风振于晋、宋。"（父传载《晋书·隐逸传》、子传载《宋书·隐逸传》）

此言：乃至其子戴颙，能继承其所擅长。

〔81〕江僧宝——《历代名画记》载江僧宝为梁代画家。并谓其有《临轩图》、《御像》、《职贡图》、《小儿戏鹅图》并有陈代年号，传于代。

按《历代名画记》卷二《传授南北时代》又谓："张则师于吴暕，吴暕师于江僧宝……已上宋。"查张则、吴暕皆为宋画家。江僧宝也理应为宋代画家，不知何故反列于梁。又陆探微为宋末人（宋明帝后八年宋亡于齐，齐二十一年亡于梁），其子、其徒亦宋末乃至更晚而无疑，江僧宝师法陆探微子、徒辈，作为梁代画家又似合理。或者江僧宝为宋、齐、梁三代画家。如是则张则、吴暕亦应列为梁代画家为是。何以为是，尚待研究。

〔82〕斟酌远、陆，亲渐朱蓝——远：《王氏书画苑》、《历代名画记》均作袁。按以此为是。

袁、陆：袁指袁蒨。师法陆探微的画家中水平最高一位。陆指陆绥，陆探微之子。朱蓝：《汉纪》："童子魏照求师郭泰曰：经师易得，人师难求。欲以素丝之质，附近于朱蓝。"朱、蓝是两种正色。陆探微是谢赫心目中最理想的画家，袁、陆皆得其正传，故以朱蓝两正色相誉。《文心雕龙·情采》："正采耀乎朱蓝，间色屏于红紫。"《齐书·文学传论》："颜、谢并起，乃各擅奇；休、鲍后出，咸亦标世。朱蓝共妍，不相祖述。"此处可解释为向正统学习。

此言：斟酌于袁茜、陆绥二方家，日益熟悉传统画法。

〔83〕用笔骨梗，甚有师法——骨梗：同骨鲠。此处指用笔之有骨力，强健而不柔弱。《文心雕龙·风骨》："蔚彼风力，严此骨鲠。"《奏启》篇："杨秉耿介于灾异，陈蕃愤懑于尺一，骨鲠得焉。"《辨骚》篇："观其骨鲠所树，肌肤所附……"

此言：用笔有骨力而梗强，甚有师法传统的功夫。

〔84〕像人之外，非其所长也——像人：古代绘画中，像可包括人，人不可包括像。像可指佛像、圣像、人像等等，人即今之人物画。

按陆探微的长处也只在人物佛像。《唐朝名画录》："陆探微画人物极其妙绝，至于山水草木粗成而已。"

此言：佛像、圣像、人物画之外，非其所擅长。

〔85〕吴暕——一作吴暕，暕暕形近而误。《历代名画记》载作南朝宋人。

〔86〕体法雅媚，制置才巧——媚：美也。制指造型。置：指构图，即经营，位置是也。

此言：体法典雅妩媚，在造型和构图方面都显示了他的才能之巧。

〔87〕擅美当年，有声京洛——擅：专、独，有专长超过其他谓之擅。京洛：洛阳的别称。因东周、东汉均建都于此，故名。班固《东都赋》："子徒习秦阿房之造天，而不知京洛之有制也。"

此言：（吴暕）擅美于当年，在京洛一带享有很高声誉。按吴暕既是南朝宋人，不知何故在京洛一带享有声誉？值得研究。〔校补〕：京洛又是国都的别称。"有声京洛"即在首都（指国家文化政治最集中地）享有很高声誉。这个首都是南朝建业（今南京）非洛阳。

〔88〕张则——《历代名画记》列为南朝宋人。师法吴暕。

〔89〕意思横逸，动笔新奇——意思：指作者的思想情趣。《论衡·变动》："意思欲求寒温乎？"横逸：纵横奔放。《文选》有晋潘岳《笙赋》："新声变曲。奇韵横逸。"《初学记》十三晋傅玄《斗鸡赋》："猛志横逸，势凌天廷。"

此谓：思想情致纵横奔放，下笔即新而奇。

又，意思：可作神情解。或同上。横：充溢；充塞。《礼·祭义》："置之而塞乎天地，溥之而横乎四海。"《文选·北山移文》："风情张日，霜气横秋。"逸：见前注（据《历代名画记》所引为"意态宏逸"，则此句指画中人物）。

可谓：神情中充溢着超迈高逸之气。动笔新而奇。

〔90〕师心独见，鄙于综采——采：《全齐文》作授。

师心：不拘泥成法。自出心意。《关尹子·王鉴》："善弓者师弓不师羿（善射者），善舟者师舟不师奡（善驾舟者，据说可陆地行舟），善心者师心不师圣。"鄙于：不屑于。综采：此处指综合凑聚取采众人成果。

此言谓：自出心意，不拘泥成法而独具见识，不屑于综合杂凑众人的成果以为己有。

〔91〕变巧不竭，若环之无端——变巧不竭：同前面的"巧变锋出"相呼应。此处指巧妙的变化无穷尽。环之无端：环的本义是圆形中空的玉或璧。《庄子·齐物论》："枢始得其环中，以应无穷。"

注："夫是非反复相寻无穷，故谓之环……"环是无头端无尾的，若寻其端，"反复相寻无穷"而不可得。此处以"环之无端"喻"变巧不竭"，谓其不停地变化，像在环上寻端一样，反复而没有穷尽。

简言之，此谓：巧妙地变化以至无穷无尽，像环上之无端。

〔92〕景多触目——触目：目光所及也。《世说新语·容止》："今日之行，触目见琳琅珠玉。"此指多至触目可见。

景致多至触目可见。

按文中四言皆两句相对。此句后当刊落四字。故不得全解。

〔93〕谢题徐落，云此二人后，不得预焉——谢题徐落：颇不易解，俞剑华先生以刘长卿诗"林中玩家醉，池上谢公题"为据，考谢为谢眺。又云："徐疑陈徐陵。谢徐二人，均为一代文宗，以诗文冠绝当代。"（见《历代名画记》俞注本）此考张皇过甚，未免孟浪。南齐谢赫，怎好本于晚他数百年的唐人诗句？！又徐陵为南朝陈人，晚谢二代，又怎好著于书中。自是完全不能成立，纵使所考为是，仍不得解。王注本谓："谢题徐落——此句不可解。"又谓："谢是否即指作者自己，想来不是。'徐落'是否人名，亦不知。"著名的六朝文学研究家，吾师段熙仲教授赐告：六朝无以落为名者，徐落固不是人名。

题是题目，亦可简称为题，乃是六朝玄学常用语。《世说新语·赏誉》："时人欲题目高坐（和尚名）而未能……"注："《高坐传》曰：庾亮、周顗、桓彝一代名士，一见和尚，披衿致契。曾为和尚作目，久之未得。有云：'尸利密可称卓朗。'于是桓始咨嗟，以为标之极似……"题目一个人，实则就是品题、评价一个人。但题目并非易事，题目者须有玄学的修养，须是社会名流。被题目者须在社会上有一定影响，有特出之处。并非一般人都能被题目。即是说，须达到一定标准才有被题目的价值。如汉末诸葛亮被题目为"卧龙"。于是刘备"遂诣亮，凡三往，乃见"。曹操被题目为"乱世奸雄，治世能臣"。于是受社会重视而至执理朝政。不达到相当的标准，是无资格受到题目的。谢赫著《画品》，分六等，张则和陆杲为第三品中最后二人。以二十八人计，此二人已是第十七、十八名次。已接近下品，至多只能是中下品。在张则之前，很多画家受到谢赫的题目。如谓陆探微："古今独立。非复激扬，所能称赞。""屈标第一等。"卫协："旷代绝笔。"其他除顾恺之一个外，几乎都有题目。"实为领袖"，"故为宝也"，"天下莫敢竞矣"，"岂贬十城之价"，"泥滞于时"，直到张则前一名的吴暕，所叙四句，前二句是一般论述，后二句"擅美当年，有声京洛"当是题目。且就名次论，一品、二品、三品本身也就是一种题目，至张则、陆杲，谢赫可能先题目，后来又"落"去了。"景多触目"之下便少了一句。"徐"是"落"之状语，谓谢先题而后复"落"去。徐：通"俱"。《公羊传》成十五年："鲁人徐伤归父之无后也"。注："徐者，皆共之辞也，关东语。"故也可谓为：谢题后俱落去。并"云此二人后，不得预焉"。即是说此二人之后，不再给予题目。实际上，二人之后，即是第四、五、六品中也就没有"旷代绝笔""实为领袖"那样的题目语了。然"谢题徐落，云"五字当为第一次校、刊（刻印）谢赫文章的人所加。如果是谢赫自己所加，当为"赫题"，自己称名，他人可以题姓，如前所引"桓始咨嗟"即是：桓彝始咨嗟。第一次校刊时，见到谢赫始题复落去，并云："此二人后，不得预焉。"于是加上"谢题徐落"以说明之。然"此二人后，不得预焉"的批语，当是谢赫所云。非校者妄加。

此句意谓：（此后）谢赫题目全部落去，并云：此二人（张则、陆杲）之后，不得再给予题目了。

又："徐"也作"渐渐"解。云前面所列画家，题目（品价）较高。愈后愈低，直到最后（此二人——张则、陆杲之后），便无题目了。

〔94〕陆杲——南朝梁代画家，字明霞，吴郡人。好词学，信佛理，工书画。初仕齐，后入梁，官至特进扬州大中正。卒于大通四年（公元532年）。《梁书》有传。

〔95〕体致不凡，跨迈流俗——流俗：流行的习俗、形式。《孟

子·尽心下》："同乎流俗，合乎汙世。"

此言：体致不同一般，大大超过了流行的形式。

〔96〕时有合作，往往出人——合作：合有符合、融洽、理想之意。合作即十分理想的优秀之作。

此言：时有十分理想的优秀之作，往往超过众人。

〔97〕点画之间，动流恢服——动流恢服：《历代名画记》作动杂灰琯。按以动杂灰琯或动流灰琯为宜。

灰琯：古代候验节气变化之器具。把芦苇茎中的薄膜制成灰，放在十二乐律的玉管内，置玉管于木案上，每月当节气，则中律的乐管内灰即自行飞出。苇膜灰又称葭灰。后杜甫《小至》诗云："吹葭六琯动飞灰。"北周庾信《周大将军陇东郡公侯莫陈君夫人窦氏墓志铭》："既而风霜所及，灰琯遂侵。"

此言大意是：点画之间（具有一定的节奏感），像中律的乐管一样可以振动灰琯。

〔98〕传于后者，殆不盈握——殆：大概，恐怕。《史记·赵世家》："吾尝见一子于路，殆君之子也。"盈握：满握。极言其少。

此谓：流传于后世的作品，大概少到不满一把。

〔99〕桂枝一芳，足懒本性——桂枝一芳：《晋书·郤诜传》有云："诜对曰：臣举贤良对策，为天下第一，犹桂林之一枝，昆山之片玉。"此以桂树众枝中一芳枝，喻其画之美。懒：当为敷。

此以"桂枝一芳，足以敷于本性"喻其画之美，本如桂花。

〔100〕流液之素，难效其功——流液：张协《蔗赋》："清滋津于紫梨，流液丰于朱橘。"素：纯真。《老子》："见素抱朴，少私寡欲。"或可释如今之元素之素（元素本也有纯真之意）。功：效用。此处指陆杲之画的动人之功。

（朱橘味美，可使人流液，陆杲画得耐人寻味）流液之素，也难效其功啊！

按以花、香、滋味喻文，六朝已有，可参见《文心雕龙》等书。喻画，疑此处为首见。

〔101〕邃道愍，章继伯——二人皆为南朝齐代画家。《历代名画记》卷七谓："邃始师章，冰寒于水。"邃道愍始师法于章继伯，反而超过了他。道愍又作道敏。同上卷二《论传授南北时代》："邃道敏师于章继伯，邃后胜于章也。"

〔102〕竝善寺壁，兼长画扇——竝：同并。寺壁：和尚所居之庙院的壁。此处指在寺壁上绘画佛教题材的画。

此言：二人都善于画寺院中以佛教题材为内容的壁画。同时兼长于画扇面。

〔103〕人马分数，毫厘不失——分数：分乃分量的分，轻重、分限也。数：计算也。

此言：画人画马，皆十分准确，毫厘不差。

〔104〕别体之妙，亦为入神——别体：经过变化而形成的其他面貌。《南史·刘孝绰传》："兼善草隶，自以书似父，乃变为别体。"

此言：别体之妙，也可谓神奇。

〔105〕顾宝先——《历代名画记》、《佩文斋书画谱》作顾宝光。《南史·顾琛传》亦作顾宝光。可从。

顾宝先（光）：南朝宋齐时代画家。吴郡人，宋孝武帝大明年（457~464年）中为尚书水部郎（见《历代名画记》）。窦臮、窦蒙《述赋并注》有"顾宝光，吴郡人，齐司徒左西掾。"

〔106〕全法陆家，事之宗禀——事之：《历代名画记》、《佩文斋书画谱》等本均作事事。王注本谓："古刊本将'事事'两字连作'事々'，后来翻刻，便误为'事之'，其理了然。"所考可信。

陆家：指陆探微。《历代名画记·传授南北时代》："顾宝光、袁倩师于陆（探微）。"宗禀：遵崇、领受、承受。

此言：全部师法陆探微，事事遵崇承受。

〔107〕方之袁蒨，可谓小巫——方：比也。袁蒨：见前注。袁蒨为师法陆探微的众人中最突出的一位。小巫：《三国志·吴书·张纮

传》："纮著诗赋铭诔十余篇"注引《吴书》魏陈琳答张纮书："此间率少于文章，易为雄伯……今景兴（王朗）在此，足下（张纮）与子布（张昭）在彼，所谓小巫见大巫，神气尽矣。"巫，为巫师，谓小巫师法术不及大巫师。差之甚远也。

此言：和袁蒨相比，可谓差之甚远也。

〔108〕王微——南朝宋代画家，字景玄。参读本书《叙画》点校注译附《王微介绍》。

〔109〕史道硕——东晋画家。《历代名画记》谓："孙畅之云：道硕兄弟四人并善画，道硕工人马及鹅。"并有《古贤图》、《金谷图》、《鹅图》、《牛图》、《七贤图》、《七命图》、《蜀都赋图》、《三马图》、《八骏图》等等传于代。

〔110〕五代晋时——此语为后人加，当删。

〔111〕竝师荀、卫，各体善能——竝：同并。荀：指荀勖。卫：指卫协。

此言：（王微和史道硕二人）并师于荀勖和卫协，各体善能。

〔112〕然王得其细，史传似真——《历代名画记》作：王得其意，史传其似。甚是。因为卫协的画是"颇得壮气"的。

似：气势之似。参见《宗炳〈画山水序〉点校注译》注〔46〕。

此言：王微得其情意，史道硕传其气势。

〔113〕细而论之，景玄为劣——景玄：王微字。

细而论之，王微较差。（因为卫协的画，优点在"颇得壮气"，史传之，故优。然谓王微为劣，未必公论。张彦远就盛赞王微。）

〔114〕刘瑱——瑱：《历代名画记》、《佩文斋书画谱》作瑱。《齐书》列传第二十九作刘瑱。应是。又《王氏书画苑》、《学津讨原》本作刘琪，亦非。

刘瑱：字士温。彭城（今江苏省徐州市）人。少聪慧多才艺，官至吏部郎。《历代名画记》谓其"画嫔嫱（宫中女人），当代第一。"并有《捣衣图》等传于代。

〔115〕用意绵密，画体简细——意：此指画家构思作品时的思想状态。简：于安澜《画品丛书》作纤。不知何据。

构思作品时考虑得绵而密，画体却简而细。

〔116〕而笔迹困弱，形制单省——而笔迹疲惫软弱，造型构图单一而不丰富。

〔117〕其于所长，妇人为最——他在自己所擅长的画科中，以画妇人为最佳。

〔118〕但纤细过度，翻更失真——纤细：指女人的形体、腰肢。翻：反而。庾信《庾子山集·卧疾穷愁》诗云："有菊翻无酒，无酒则有琴。"

此言：但因纤细过度，反而更失其真。

〔119〕然观察详审，甚得姿态——然而若认真观看，详细地审视，甚能得到妇女的神姿风态。

〔120〕晋明帝——即司马绍，字道畿，在位仅三年（323~325年）。据说他幼时极聪敏，为元帝司马睿所宠爱。年仅数岁时，值长安来使，元帝问之："日与长安孰远？"绍答："长安近，不闻人从日边来，居然可知也。"元帝异之，次日宴群僚，又问之，回答是："日近。"元帝失色曰："何乃异昨日所言？"对曰："举目则见日，不见长安。"此事颇为文人所传颂。司马绍擅书画，最擅画佛像。《历代名画记》引《蔡谟集》云："帝画佛于乐贤堂，经历寇乱而堂独存。显宗效著作为颂。"张彦远还亲见司马绍的《毛诗图》，并谓有《豳诗七月图》、《毛诗图》、《洛神赋图》等多图传于代。其画师于王廙。

〔121〕讳绍，元帝长子，师王厉——厉：其他诸本皆作廙。按以廙为是。

讳：皇帝的名字，别人不敢直称，谓之避讳。其所避讳的名字亦曰讳。讳绍，即名绍。王廙：字世将，琅琊临沂（今山东）人，晋代的大族之一。元帝时为左卫将军，封武康侯。画为晋明帝之师，书法为王羲之师。《历代名画记》称王廙"过江后，为晋代书画第一"。

〔122〕虽略于形色，颇得神气——虽于形色方面很简略，但颇得神气。

〔123〕笔迹超越，亦有奇观——谓其画笔迹超越寻常，也有出奇可观之处。

〔124〕刘绍祖——南朝宋代画家。《历代名画记》："胤祖弟绍祖，官至晋太康太守。谢（赫）云：'善于传写，不闲构思。鸠敛卷佚，近将兼两（辆），宜有草创，综于众本。笔迹调快，劲滑有余。然伤于师工，乏其士体。其于模写，特为精密。"和《古画品录》所刊有异。

又"刘胤祖"条，引"谢云：'蝉雀特尽微妙，笔迹超越，爽俊不凡。"又谓"在第三品晋明帝下"。现查：《古画品录》晋明帝下不是刘胤祖，而是刘绍祖。他处亦不见刘胤祖之名。故疑今所见诸本《古画品录》，皆刊落了刘胤祖一条。

〔125〕善于传写，不闲其思——闲：各本如此。独《画品丛书》本作闹，不知何所依。

传写：指临摹他人之画。闲：熟习也。《国策·燕策二》："闲于兵甲，习于战攻。"

此谓：善于临摹他人之画，不习于思索。

〔126〕至于雀鼠，笔迹历落，往往出群——此三句出现在此处，颇不类，致使前后字义不联。疑为刊误，或由已佚之"刘胤祖"条中窜入。

历落：即超越；与众不同（《历代名画记》"刘胤祖"条即引作："笔迹超越"）。《晋书·桓彝传》："茂伦（桓彝字）嵚崎历落。"至于雀鼠，笔迹超越，往往出群（此三句正和《历代名画记》中多次评到刘胤祖相同）。

〔127〕时人为之语，号曰："移画。"然述而不作，非画所先——移画：即前所谓之传写。这种移画，相当于复制。述而不作：语出《论语·述而》："子曰：述而不作，信而好古，窃比于我老彭。"此处谓

复述他人而不创作。先：首要之事。《礼记·学记》："故古之王者，建国君民，教学为先。"

此句谓：当时人为此事议论，说这是"移画"。然而只复述他人而不创作，不是画道中的首要事情。

〔128〕宋炳——按《津逮秘书》作"宗炳"，应为宗炳。《历代名画记》、《佩文斋书画谱》均作宗炳。《宋书》列传《隐逸》，《南史》亦然。

宗炳：字少文，自晋末入宋之画家。参看本书《宗炳〈画山水序〉研究》附《宗炳介绍》。宗炳在绘画史上的地位是靠他的山水画论和山水画而树立的。《古画品录》品评的是人物画，故被列为第六品。

〔129〕炳明于"六法"，迄无适善——炳：即宗炳。明于六法：对"六法"颇有研究，十分明了。迄：终究。《后汉书·孔融传》："才疏意广，迄无成功。"善：此处代指前明于"六法"。

此言宗炳对"六法"颇有研究，对六法的内容十分明了。（用于创作）终究不能适其善。

按此指宗炳理论和实践不能相适应。当然，这只代表谢赫本人的理解。

〔130〕而含毫命素，必有损益——毫：《佩书斋文画谱》作豪。

损益：损指不及，益指过分。此处指不准确。不是过了，就是不及。因而挥毫落纸时候，或过或不及，总是不准确。

〔131〕迹非准的，意足师放——师放：《历代名画记》作师效。意同。

准的：标准、模范。《后汉书·贾彪传》："一言一行，天下为之准的。"意：立意（通"明于六法"）。师放：放同仿。《礼·檀弓》："则我将安放？"师放即师效。

此言：其画迹非可作为标准。然立意、思想却足可师效。

〔132〕丁光——南朝齐代画家。《历代名画记》列丁光条，除了摘录谢赫这一段话外，又加一按语："彦远云：若以蝉雀微艺，况又轻

赢，则猥厕画流，固有惭色。"

〔133〕虽擅名蝉雀，而笔迹轻赢——擅名蝉雀：指在画蝉雀方面享名最高。并非不能画其他（水平不高而已）。赢：弱也。《礼记·问丧》："身病体赢，以杖扶病也。"《左传·桓公六年》："请赢师以张之。"杜预注："赢，弱也。"

此言：虽然享高名于画蝉画雀，而其笔迹轻弱。

〔134〕非不精谨，乏于生气——非不精谨：不是不精细严谨。换言之，即很精谨。王注本译为："非但不精细谨严。"与原意正好相反。

此言：并不是不精细严谨（此指形体），只是没有生气。

按：通篇注毕，知谢赫对精细谨严的画并不欣赏。他认为在形体上过份刻画，会影响生气（或曰气韵）的表现。反之，他评为优秀的作品亦即有气韵的作品，在形体刻画上皆不是很精谨，甚至是不讲究的。如陆探微之"事绝言象"，卫协之"虽不该备形妙"，张墨、荀勖之"若拘以形体，则未见精粹"，等等。以前论者，以姚最论谢赫画"点刷研精，意在切似，目想毫发，皆无遗失"（见《续画品》），认为谢赫本人是十分欣赏形体谨精的作品，决非公论。

（二）《古画品录》译文

古画品录

南齐 谢赫撰

序

所谓"画品"，是区别众多的绘画作品之优劣的。

所谓图画，无不是为了表明劝勉告戒作用，显明盛衰得失教训，千载以降，（过去的事和人）无形无声，翻开图画，仍可以从中得到鉴戒教训。

虽然绘画有六个法则，（而画家）很少能够全部具备；自古至今，（画家多）各善一节。"六法"是什么？一、气韵，生动是也（画上的人物精神状态，十分生动）；二、骨法，用笔是也（表现人体结构和物体结构的线条要讲究用笔的方法和效果）；三、应物，象形是也（画上的形象要和对象相似）；四、随类，赋彩是也（画上的颜色要随循物象，达到类似的效果）；五、经营，位置是也（构图——对于画面的规划，要苦心考虑。即规划形象在画面上的位置）；六、传移，模写是也（把原有的绘画作品复制成另外一张，就是模写）。

惟有陆探微、卫协二位画家尽备这"六法"。但是画迹有巧、有拙，技巧却不分古今。（本书所记）谨依远近作品，随其品第，再加以剪裁，挑选而成，另外再加上序引。故此所记述的，不追究其根源。（太远的事仅见于记载）但记载出自（葛洪一流的）神仙家之手，谁也未有看见过。

第一品 五人

陆探微 事五代宋明帝、吴人。

穷尽人物的气韵，绝不为表面的、非本质的现象所掩盖。超越前代而又启发、孕育后来。从古至今，他是独出卓立的一家。实非用极其赞赏的语言，所能称赞得了的。他的艺术价值之重，已超过了上等而达到了极点。上品之外，又无其他等第可以寄言。所以，只好委屈地标于第一等。

曹不兴 五代吴时事孙权，吴兴人。

曹不兴的画迹，大概不会再有传世的了。仅于秘阁之内，见到所画一龙而已。观其风骨，（可知其）鼎鼎大名，并非虚成。

卫协 五代晋时

古代绘画作品皆很粗略、简要，至卫协始精妙（按此指所画"气韵"精妙）。"六法"之中，颇为兼善。虽然在形象刻画上尚不尽善，但颇得壮气。超出了众多的出色画家，为举世所仅有的绝佳作品。

张墨　荀勖

风范气候（"气"之韵，即人物的风度），极妙而至神化地步。但取其精灵（韵致），遗其骨法。若仅限于具体地描绘事物来看，则未见精粹。若取之象外（以韵致而论），方使你感到味美无穷，可谓微妙也。

第二品　三人

顾骏之

神韵气力，不如以前的大画家之作品。精微谨细，却超过以前的大画家之作品。始变化古人之法，学习今人之法，于赋彩、制形两方面，皆创新意，犹如包牺始变更卦体，史籀初改书法那样。尝建造层楼，用作画画的地方。风雨炎热之时，故不操笔作画；天和气爽之日，方乃染毫作画。登楼作画之时，把梯子去掉，不让家人看到。画蝉与雀，自顾骏之开始。宋朝大明年间，天下画家不敢和他相比。

陆绥

（所画人物）体形强劲，神情飞扬，风采飘然。一点一拂，动笔皆很出奇。可惜传世的作品太少，可以说很难得见到他的画卷或画轴，故其作品特为宝贵。

袁茜

师于陆探微。（和其他师于陆的人相比）最为高逸。在人物画画家之中，其高妙水平，仅次于以前的大画家。但志守老师之法，更无新意。然而犹如和氏璧那样的宝玉，虽然有微小的缺陷，岂能贬十城之价呢？

第三品　九人

姚昙度

画道之中，出现了超迈不俗之方，各种巧变机锋肆应，层出不穷。其画精怪鬼神之类，皆能达到绝妙水平。固有的传统画法，和新出现的正在尝试中的画法，他都在实践。雅的和俗的，他都兼善。莫不俊逸、超拔，出人意想之外。其天资卓越，生而知之，不是通过努力学习者所能达到的。虽然在造型上细微长短，往往有不当之处，而普通的画家之中，没有能与之匹比的了。岂能径将栋梁混淆萧艾小草，难道又可唐突玙璠这样的美玉吗？

顾恺之 五代晋时晋陵无锡人，字长康，小字虎头。

体悟得很精深微妙（格体精微），下笔很谨慎、不随便，但他的画迹很难达到他预想的结果，他的名声太大，超过了他的实际（水平）。

毛惠远

画体周密详细，没有一处不尽备的。出入皆能穷其奇妙，纵横皆见其高迈之笔。骨力遒劲，韵致高雅，超迈绝伦。（想象他用笔时）其挥霍自如，必然也是极妙的。至于所确定的人物形质却像土块那样（缺乏气韵），未能达到完善的地步。所画神鬼及马，当时无人能超越。颇有拙也（按此四字当删）。

夏瞻

虽然气力不足，而神采有余。擅名于远代（晋代）。事非虚得其名也。

戴逵

情韵连绵，风趣灵巧超拔。善于绘画贤人和圣人之像，为所有的画工所师法仿效。荀勖、卫协之后。（戴）实为领袖人物。及至其子颙，能继承其所善长。

江僧宝

斟酌（学习）于袁蒨、陆绥二方家，日益熟悉传统画法。用笔骨鲠，甚有师法传统的功夫。于佛像、圣像、人像之外，非其所擅长。

吴暕

体法典雅妩媚，在造型和构图方面都显示了他的才能之巧。擅美于当年，在京洛一带享有很高声誉。

张则

神情中充溢着超迈高逸之气，动笔新而奇。自出心意，不拘泥成法而独具见识，不屑于综采众人的成果以为己有。巧妙地变化，以至无穷无尽，像环上之无端。景致多至触目可见（按下当缺一句，故不全）。谢赫先有题目（品评）之语，后又全部删落，并说：此二人（张则，及下之陆杲）之后，不得再给予题目了。

陆杲

体致不同一般，大大超过了流行的形式。常有十分理想的优秀之作，往往超出众人。点画之间，（具有一定的节奏感，）像中律的乐管一样，可以振动灰琯。流传于后世的作品，大概少到不满一把。（其画之美）犹如桂枝一芳，足以敷于本性。（朱橘味美，可使人口中流液，陆杲画的耐人寻味，）流液之素，也难效其功啊！

第四品　五人

遽道愍　章继伯

二人都善于画寺院中以佛教题材为内容的壁画，同时兼长于画扇面。画人画马，皆十分准确，毫厘不差。别体之妙，也可谓神奇。

顾宝先

全部师法陆探微，事事遵崇承受。和袁茜相比，可谓差之甚远也。

王微　史道硕　五代晋时

二人并师于荀勖、卫协，各体善能。但王微得其情意，史道硕传其气势。细而论之，王微较差。

第五品　三人

刘顼

构思作品时考虑得绵而密，画体却简而细。而笔迹疲惫软弱，造型构图单一而不丰富。他在自己所擅长的画科中，以画妇人为最佳。（但所画妇人）纤细过度，反而更失其真。然而若认真观看，详细地审视，甚能得到妇女的神姿风态。

晋明帝　名绍，晋元帝长子，师于王廙。

虽于形色方面很简略，但颇得神气。笔迹超越寻常，也有出奇可观之处。

刘绍祖

善于临摹他人之画，不习于思索。至于所画雀鼠，笔迹超越，往往出群。（按以上三句当为评已佚之"刘胤祖"条中窜入。此处刊误，至使上下句不联。当删。）当时人为此事议论，说这是"移画（复制）"。然而，只复述他人之作，而不自己创作，不是画道中的首要事情。

第六品 二人

宋炳（按应当为宗炳）

宗炳对"六法"颇有研究，对"六法"的内容十分明了。（用于创作）终究不能适其善。因而挥毫落纸时，或过或不及，总是不准确。画迹不可以作为标准，然立意思想却足可师效。

丁光

虽然享高名于画蝉画雀，而其笔迹轻弱。并非不精谨，只是没有生气。

十二、姚最和《续画品》的几个问题

（一）姚最的生平和思想

各种版本的《续画品》都定作者姚最为陈人，这是错误的。

姚最的生平，以余嘉锡先生在《四库提要辨证》卷十四中所考为可信。据余氏所考，姚最是姚僧垣的次子。姚僧垣作为一个著名医生，历官梁、周、隋三朝，本吴兴武康（今浙江吴兴）人，传列《周书》卷七十四《艺术列传》第三十九，传后附有姚最小传，基本上可以了解其生平。小传云："（姚僧垣）次子最，字士会，幼而聪敏，及长，博通经史，尤好著述。年十九，随僧垣入关。世宗盛聚学徒，校书于麟趾殿，最亦预为学士。俄授齐王宪府水曹参军，掌记室事。特为宪所礼接，赏赐隆厚。宣帝嗣位，宪以嫌疑被诛。隋文帝作相，追复官爵，最以陪游积岁，恩顾过隆，乃录宪功绩为传，送上史局。最幼在江左，迄于入关，未习医术。天和中，齐王宪奏高祖，遣最习之。宪又谓最曰：'尔博学高才，何如王褒、庾信，王、庾名重两国，吾视之蔑如。接待资给，非尔家比也。尔宜深识此意，勿不存心。且天子有敕，弥须勉励。'最于是始受家业。十年许中，略尽其妙。每有人造请，效验甚多。隋文帝践极，除太子门大夫。以父忧去官，哀毁骨立。既免丧，袭爵北绛郡公，复为太子门大夫。俄转蜀王秀友。秀镇益州，迁秀府司马。及平陈，察至，最自以非嫡，让封于察，隋文帝许之。秀后阴有异谋，隋文帝令公卿穷治其事。开府庆整、郝卫等并推过于秀，最独曰：‘凡有不法，皆最所为，王实不知也。’榜讯数百，卒无异辞。最竟坐诛。时年六十七，论者义之。撰《梁后略》十卷，行于世。”又见《北史·艺术传》。《册府元龟》卷五百五十六亦有："姚最，字士会，为太子门大夫，迁蜀王秀司马，博通经史，尤好著述。撰《梁后略》十卷行于世，又撰《序行记》十卷。"可知，姚最本属梁人，梁亡之前，即入西魏，继而在周为官，死于隋，始终未入陈。《新唐志》及《宋志》著录姚最《续画品》，亦未说姚最是陈人。因之，说姚最为陈人，可能属推测，由梁入陈是自然的演绎。可是这一推测却错了。不过这一错误也早在唐代即形成。张彦远作《历代名画记》卷一《叙画之兴废》节中即称"陈姚最"。清代严可均亦将此文辑于《全上古三代秦汉三国六朝文》之《全陈文》部分。《四库全书总目提要》在《续画品》一卷下并谓"盖梁人而入陈者"，皆不考而妄作推测故也。

姚最年十九随其父姚僧垣入关，是江陵被破之次年，即《周书》所谓"明年随谨（西魏大将于谨）至长安"，是为梁承圣四年，即555年。推知姚最生于梁武帝大同三年，即537年。死时67岁，是知为隋文帝仁寿三年，即603年。

姚最的思想，和六朝文人多受道家思想影响有所不同。他一直是儒家的所谓正统思想居于主导地位。对于道家的消极思想，不但不采纳，反而加以反驳。从传记中可以看出，他"博通经史"，积极入世，青年时就开始为官，"俄授齐王宪府水曹参军，掌记室事"。齐王宪被杀后，杨坚作宰相时，给予平反，姚最因曾"陪游积岁，恩顾过隆，乃录宪功绩为传，送上史局"，"隋文帝践极"，姚最又被"除（去除旧职接受新职谓之除）太子门大夫"。"袭爵北绛郡公"。"俄转蜀王秀友"，"秀镇益州（蜀）"，姚最也"迁秀府司马"。所以，窦臮撰《述书赋》，唐窦蒙为之注有云："隋蜀王府司马姚最撰《名书录》。"隋灭陈，姚最兄姚察自江南归，姚最又以自己非长子，"转封于察"，可谓义也。当蜀王秀"阴有异谋"而被"穷治"时，姚最又"见义勇为"，挺身而出，代王受过，于是被逮捕，终被杀害。他一生辛苦于尘世之中，和宗炳一生逍遥于山水中完全异趣。而且，姚最对魏晋以来的名士们"放浪形骸"以及"坐忘"等消极行为和思想给予认真批判，《续画品·序》有云："倕断其指，巧不可为。杖策坐忘，既惭经国。据梧丧偶，宁足命家。""倕断其指，巧不可为"是批判《庄子·胠箧》中话，庄子认为攦（倕断）工倕之指，而天下始人含其巧矣。姚最认为那样则"巧不可为"。"杖策"典出《庄子·让王》，"坐忘"语出《庄子·大宗师》，二者皆极端消极萎靡，尤其是"坐忘"，乃为庄子所宣扬的消极思想之中心，也最为六朝名士们所效法。所谓"坐忘"，就是"忘年忘义"、"忘礼乐"、"忘仁义"，更要忘掉自己的身体，忘掉知识、思维（即"堕肢体"、"黜聪明"）、"离形（体）去知（智识）"，使形如枯槁，心如死灰。庄子宣扬"坐忘"，本是希望在大动荡时代中解脱人生所受的像桎梏一样的痛苦。这种解脱不靠反抗，不靠同流合污，不靠积极进取，而靠"远"、靠"忘"，忘掉一切名利，忘掉一切悲哀，而乐而游。然而，一个人只要有知识，有欲望，便不可能"忘"。所以，要求忘掉身体，"离形"，消解由生理所激起的贪欲；"去知"，即消解由心智作用所产生的伪诈。六朝文人们也处于和庄子时代一样的大动荡时代，乃至"名士少有全者"。他们也靠"忘"来消解贪欲和伪诈，甚至装痴沉醉以忘痛苦。但结果却使人无所振作、无所作为、甘居落后、消磨生命。姚最一生积极进取，乃至和统治者同流，所以，反对"杖策、坐忘"，谓之"既惭经国"。"据梧"典出《庄子·齐物论》，即后世清谈的形式。"丧偶"亦典出《庄子·齐物论》，和"坐忘"的意思差不多，"南郭子綦隐几而坐，仰天而嘘，荅焉似丧其耦（偶）。颜成子游立侍乎前，曰：'何居乎？形固可使如槁木，而心固可使如死灰乎？'""据梧"、"坐忘"为六朝文人所欣赏，但姚最却责之曰"宁足命家"。

　　总观姚最一生，自少至老，儒家积极进取、仁义礼智的思想一直居于主导地位，盛行于六朝文人中的庄、老思想却未能左右他。

（二）《续画品》的写作年代

　　《新唐志》、《宋志》著录此书名为《续画品》。《五代画苑》、《王氏书画苑》、《津逮秘书》、《佩文斋书画谱》、《全上古三代秦汉三国六朝文·全陈文》、《四库全书》皆作《续画品》。只有《图画见闻志》卷一《叙诸家文字》中记"《续画品录》，陈姚最撰"。综而观之，此书名为《续画品》而无疑。

　　《续画品》写作年代，以前论者皆断在梁元帝之前的梁武帝时代，乃据《四库全书总目提要》中"今考书中称梁元帝为湘东殿下，则作是书时，犹在江陵即位之前"。严可均亦于《续画品》下注谓："案此续谢赫《古画品》也，文称湘东殿下，盖梁武时所撰。"按江陵即位是大宝三年十一月即552年，此时，姚最不过十四五岁。因之，再早已属不可能。然如果是书写于梁大宝三年十一月之后，湘东殿下已为梁元帝，则书中是不敢称湘东殿下的。所以以前多数论者以此书写于552年之前是有一定道理的。但应该补充说明的是552年之前，不可推之过远。

　　然余嘉锡先生又疑是书作于姚入周以后，谓："盖因梁元帝为周所灭，不敢称其帝号，故变文称湘东殿下耳。"余氏之疑颇有理。然说"梁元帝为周所灭"，亦不太确，史料所载，梁元帝为西魏大将于谨所擒，不久被害，姚最入关，是随于谨入关，是时当为魏。

　　据《历代名画记》卷一《叙画之兴废》所述，齐高帝所集之自陆探微至范惟贤四十二位画家三百四十八卷画，又加上梁武、梁元的搜葺，其中一部分为侯景所焚，"及景之平，所有画皆载入江陵"，江陵被西魏大将于谨所陷，元帝将降，乃聚名画法书及典籍二十四万卷，遣后阁舍人高善宝焚之……于谨等于煨烬之中，收其书画四千余轴，归于长安"。姚最跟随于谨至长安，于谨令其整理这些书画是情理中事。姚最作《续画品》可能就在这个时候。观《续画品》序中所言"今之存者，或其人冥灭"，云云，犹属可信。又查出书中所记画家二十人，除了三个外国人外，宋四人，齐五人，其余皆是梁人，梁以后，陈代画家无一人。因之我又疑此书也可能写于姚最二十岁前后，即556年前后。是时乃为西魏恭帝时代。

结论：姚最写《续画品》的时间是552年稍前或556前后。

（三）《续画品》中应注意的几个问题

1. 绘画之社会功效论

汉王充和晋范宣等人都曾认为绘画是无用的，在顾恺之之后，便无人重复这个观点。顾恺之的画论中，却没有明确提及绘画的社会功效。顾之后，宗炳、王微、谢赫都认真地提到这个问题，他们皆认识到绘画对人有益、对社会有补的一面，姚最继承了这一理论。但姚最又第一次提出绘画也有对人有害、对社会有损的一面。《续画品》序中有云："云阁兴拜伏之感，掖庭致聘远之别。"前句典出《后汉书》，汉代皇帝令画家把功臣的像画上云阁（台），使人看了产生崇拜之感，这无疑对后人是一种激励，也就是绘画对社会产生的有益功效。后句典出《西京杂记》中王昭君的故事。"掖庭"是后宫妃嫔居住之处，因为后宫中美女太多，皇帝要按图召见，画家毛延寿却把本来很美的昭君画得并不十分美，皇帝不但不召见她，反把她嫁到远国去，这就是"致聘远之别"。其实是图画误引起这件历史上的大事件，招致了皇帝的遗恨和王昭君的"不幸"。昭君出塞一事，谁是谁非这里不作评定，仅就图画的功用而言，如若利用得不好，也有对人损害的一面。姚最这一思想，却有一定的近代意义。

2. 立万象于胸怀

绘画之始，一般说来乃是模仿对象。顾恺之的传神说仍然是以对象为准的，传神乃是传所画对象之神。继之宗炳提出"以形写形"说，谢赫提出"气韵"说，皆是以对象为准的。只有王微的"拟太虚之体"和"神明降之"说谈到画家作画的主观作用。而姚最在《续画品》中更加明确地提出"立万象于胸怀"。这代表中国画论的大进步。作画时所写的不是客观物象，而是"胸怀"。但"胸怀"中立有"万象"，这就是主客观的结合。开后世绘画写心之法门。唐朱景玄《唐朝名画录》序谓："画者，圣也……挥纤毫之笔，则万类由心，展方寸之能，而千里在掌……无形因之以生。"宋元画家所谓："画乃心印。"明人所谓："丘壑内营。"清人所谓："画者，从余心者也。"皆是这一理论之延续和变相，而其内含并不能超过"立万象于胸怀"。这一理论在六朝即已出现，且后世亦不能过，值得认真研究。

3．心师造化

与"立万象于胸怀"密切相关并且更为杰出的是姚最的"心师造化论"。

唐代"擅名于代"的大画家毕宏一见张璪的画，"惊叹之"，因问所受，璪曰："外师造化，中得心源。""毕宏于是阁笔。"（见《历代名画记》卷十）其实这句话来源于姚最的"心师造化"。"心师造化"四字不仅比"外师造化，中得心源"八字简练，且其义更胜。不是眼师造化，手师造化，而是心师造化。造化形象本为无情之物，通过"陋目"立于胸中，心通过造化的涵养和充实，再陶铸胸中"万象"，使本来无情之物溶解、渗以画家的意识、感情，内营成心中形象，然后以手写心，则纸绢上的形象乃是通过画家之手传达画家之心，已不是造化中标本式的再现，而是画家的人格、气质、心胸、学养，一句话，就是画家本人，亦即今之所谓风格。

姚最一说"立万象于胸怀"，再说"学穷性（本质）表（现象），心师造化"，决不是对中国画论的偶然触着，更不是无意识的乱说，他对艺术根源的研究和披露已接近最深之处。尔后的精言微论，不过在此基础上再加发挥而已。

伟哉！"心师造化"论。

4. 继承与创新

姚最对继承传统与创新也十分重视。《续画品》中序言部分劈头一句便言："夫丹青妙极，未易言尽，虽质沿古意，而文变今情。"质指内容，文指艺术形式，绘画的内容可沿用古意，但艺术形式却要随着现时的变化而变化，就是要创新。清代的石涛说"笔墨当随时代"，也就是这个意思。在叙述"解蒨"一节中，姚最还特别提到"通变巧捷"，"通"就是继承传统，"变"就是创新。《文心雕龙》设有《通变》篇，专谈继承与创新，认为"变则其久，通则不乏"。姚最对继承传统和创新的重视在叙述画家中也十分注意，如刘胤祖之子刘璞"少习门风"，这是好事，但"至老笔法，不渝前制"，缺乏创新（变），这就不好。张僧繇画的圣贤图"不乏神气"，"虽云晚出，殆亚前品"，晚出的圣贤图应该超过前品，但不如前品，所以，他对张僧繇的评价也不十分高。谓陆肃画"犹有名家之法"，袁质"不坠家声"，僧珍、惠觉二人"并弱年渐渍、亲承训勗"，评谢赫画"与世事新"（《全宋文》本作"与世争新"），都体现了他对继承与创新的重视。

5. 其他

记载中第一个中国人学外国画。

说历史上中国画曾学过西洋画，或说受了西洋画的影响。我是不同意此论的。敦煌壁画便是明显的例子，开始是印度画法，后来渐渐被中国画所改造，直至取代。印度画就是印度画，不能说中国人画印度画就是中国画学习印度画，今人画油画仍是油画，并不是中国画学油画。这一问题还要另作讨论。但说外国画传入中国，中国历史上有人画过外国画，这是事实。但这决不代表整个中国画受过西洋画的影响。画史书上正式记载中国画家学外国画法者，便是《续画品》。"释迦佛陀、吉底俱、摩罗菩提。右此数手，并外国比丘，既华戎殊体，无以定其差品。光宅威公雅耽好此法，下笔之妙，颇为京洛所知闻。""华戎殊体"就是中、外画法完全不同。据《历代名画记》载，光宅威公就是梁朝光宅寺中的和尚，他十分爱好此种画法，而且画得很好。

主张刻苦学习。

姚最自己一生奋斗，反对消极，因而他在《续画品》中力主努力。"冥心用舍，幸从所好。""方效轮扁，甘苦难投。""旁求造请，事均盗道之法；殚极斲轮，遂至兼采之勤。"同时他对"衣冠绪裔，未闻好学"，以至"丹青道埋，良足为慨"表示遗憾。对张僧繇"俾画作夜，未尝厌怠，惟公及私，手不释笔"，以至"数纪之内，无须臾之闲"，表示欣赏。

姚最更提出"若恶居下流，自可焚笔"。

此外，姚最还提出：

渊识博见。

性尚分流。

摈落蹄筌，方穷至理。

岂可曾未涉川，遽云越海；俄觌鱼鳖，谓察蛟龙。

触类皆涉。

含毫命素，动必依真。

使捷有余，真巧不足。

等等。皆值得注意和深入研究。

姚最也有错误，主要在于对画家的评价受到画家地位高低的拘限，致使评价不十分公允，这也是他始终以儒家思想为指导的必然。这一点在本书——《重评顾恺之及其画论》中已详加论述，此处不赘。

［补记］

补记一：关于姚最《续画品》的写作年代再探

宋人郑樵《通志·艺术略》记姚最："采谢赫所遗以及梁朝，凡十七人。"查《续画品》所评画家二十人，南朝十七人，北朝三人。姚最此书内容甚少，不可能有两个本子传世！郑樵所云"采谢赫所遗以及梁朝，凡十七人"是事实，但不包括北朝。

但姚最此书不可以写于梁朝，因为书中记载释迦佛陀、吉底俱、摩罗菩提三位外国画家以及一位光宅威公都在北朝洛阳，从未到过南朝。南北朝对立时，姚最在梁是不可能知道这四位画家的。姚最记载这几位画家，正是随于谨到洛阳（京洛）时所知。故《续画品》不写于梁（姚最在梁时仅十四五岁），昭昭明甚。因此我在前面考其写于西魏恭帝时，还是可以成立的，《续画品》中所记画家，南止于梁。陈朝无。北朝画家止记西魏京洛四人，其他的画家以及再后的画家都未记，说明其书完成于初魏时。故前面，我说姚最写《续画品》的时间是552年稍前或556年前后。应改为：写于556年前后。而不会是552年稍前。

补记二：姚最未入陈和《续画品》年代再证

据《陈书·顾野王传》知顾野王是陈代著名画家，本传记："野王又好丹青，善图写，王于东府起齐，乃令野王画古贤，令王褒画赞，时人称为二绝。"顾野王的画至宋徽宗时内府中仍有收藏（见《宣和画谱》），顾野王又是姚最之兄姚察的好友，本传记："时官僚有济阳江总……吴与姚察，并以才学显著，论者推至焉。"又据《陈书·姚察传》知，姚察："补东宫学士，于时济阳江总、吴国顾野王……等皆以才学之美，晨夕娱侍。"姚察又和顾野王共撰《梁史》，感情颇笃，姚察于"陈灭入隋"，见到父与弟姚最，姚最甚敬其兄，又"转封于察"。但姚最《续画品》中于陈代画家一人未记，连和其兄如此友好的名画家顾野王都未记，说明他确实未入陈。也说明《续画品》不是写于隋。当然也非写于北齐或北周，否则他不会改称梁元帝为湘东殿下。因为元帝是被西魏所灭，只有西魏时忌录此事。综而论之，其书写于西魏恭帝时代，而且是于谨带姚最入长安时，令其整理后梁收回的四千轴书画，时在公元556年前后。其他时间皆不能成立。

十三、《续画品》点校注译

按：本篇所据版本见本书《〈古画品录〉点校注译》篇首按语。

（一）《续画品》点校注释

续画品[1]

陈 姚最撰[2]

序

夫丹青妙极，未易言尽[3]。虽质沿古意，而文变今情[4]。立万象于胸怀，传千祀于毫翰[5]。故九楼之上，备表仙灵[6]；四门之墉，广图贤圣[7]。云阁兴拜伏之感，掖庭致聘远之别[8]。凡斯缅邈，厥迹难详[9]。今之存者，或其人冥灭[10]。自非渊识博见，熟究精麤[11]。摈落蹄筌，方穷致理[12]。但事有否、泰，人经盛、衰，或弱龄而价重，或壮齿而声迍，故前后相形，优劣舛错[13]。

至如长康之美，擅高往策，矫然独步，终始无双。有若神明，非庸识之所能傚；如负日月，岂末学之所能窥[14]？荀、卫、曹、张，方之蔑矣，分庭抗礼，未见其人[15]。谢陆声过于实，良可于邑；列于下品，尤所未安[16]。斯乃情抑扬，画无善恶[17]。始曲高和寡，非直名讴；泣血谬题，宁止良璞[18]？将恐畴访理绝，永成沦丧，聊举一隅，庶同三益[19]。

夫调墨染翰，志存精谨，课兹有限，应彼无方[20]。燧变墨回，治点不息[21]；眼眩素缛，意犹未尽[22]。轻重微异，则妍鄙革形[23]。丝发不从，则欢惨殊观[24]。加以顷来容服，一月三改，首尾未周，俄成古拙，欲臻其妙，不亦难乎[25]。岂可曾未涉川，遽云越海，俄覩鱼鳖，谓察蛟龙[26]。凡厥等曹，未足与言画矣[27]。

陈思王云：传出文士，图生巧夫[28]。性尚分流，事难兼善[29]。蹑方趾之迹易，不知圆行之步难[30]。遇象谷之风翔，莫测吕梁之水蹈[31]。虽欲游刃，理解终迷[32]；空慕落尘，未全识曲[33]。

若永寻河书，则图在书前[34]。取譬《连山》，则言由象著[35]。今莫不贵斯鸟迹，而贱彼龙文[36]。消长相倾，有自来矣[37]。故偓龄其指，巧不可为；"杖策"、"坐忘"，既惭经国；"据梧"、"丧偶"，宁足命家[38]？！若恶居下流，自可焚笔[39]。若冥心用舍，幸从所好[40]。

戏陈鄙见，非谓毁誉[41]。十室难诬，亡闻多识[42]。

今之所载，并谢赫所遗，犹若文章，止于两卷。其中道有可采，使成一家之集[43]。

且古今书评，高下必铨[44]。解画无多，是故备取。人数既少，不复区别。其优劣，可以意求也[45]。

湘东殿下[46] 梁元帝，初封湘东王，尝画《芙蓉湖醮鼎图》[47]。

右天挺命世，幼禀生知，学穷性表，心师造化，非复景行，所能希涉[48]。画有"六法"，真仙为难[49]。王于像人，特尽神妙，心敏手运，不加点治[50]。斯乃听讼部领之隙，文谈众艺之余，时复遇物援毫，造次惊绝[51]。足使荀、卫阁笔，袁、陆韬翰[52]。图制虽寡，声闻于外[53]。非复讨论，木讷可得而称焉[54]。

刘璞[55]

右胤祖之子，少习门风，至老笔法，不渝前制[56]。体韵精研，亚于其父。信代有其人，兹名不堕矣[57]。

沈标[58]

右虽无偏擅，触类皆涉[59]。性尚铅华，甚能留意。虽未臻全美，殊有可观[60]。

谢赫[61]

右写貌人物，不俟对看，所须一览，便工操笔[62]。点刷研精，意在切似；目想毫发，皆无遗失[63]。丽服靓妆，随时变改；直眉曲鬓，与世事新[64]。别体细微，多自赫始；遂使委巷逐末，皆类效颦[65]。至于气运精灵，未穷生动之致；笔路纤弱，不副壮雅之怀[66]。然"中兴"以后，象人莫及[67]。

毛惠秀[68]

右其于绘事，颇为详悉。太自矜持，番成赢钝[69]。遒劲不及惠远，委曲有过于稜[70]。

萧贲[71]

右雅性精密，后来难尚[72]。含毫命素，动必依真[73]。尝画团扇，上为山川，咫尺之内，而瞻万里之遥，方寸之中，乃辩千寻之峻[74]。学不为人，自娱而已。虽有好事，罕见其迹[75]。

沈粲[76]

右笔迹调媚，专工绮罗[77]。屏障所图，颇有情趣[78]。

张僧繇[79] 五代梁时，吴兴人[80]

右善图塔庙，超越群工[81]，朝衣野服，今古不失[82]。奇形异貌，殊方夷夏，实参其妙[83]。俾昼作夜，未尝厌怠。惟公及私，手不挥笔。但数纪之内，无须更之闲[84]。然圣贤曬瞩，小乏神气，岂可求备于一人[85]。虽云晚出，殆亚前品[86]。

陆肃[87] 一本作宏肃

右绥之弟，早籍趋庭之教，未尽敦阅之勤[88]，虽复所得不多，犹有名家之法。方效轮扁，甘苦难投[89]。

毛稜[90] 惠秀侄[91]

右惠远之子，便捷有余，真巧不足。善于布置，略不烦草[92]。若比方诸父，则床上安床[93]。

嵇宝钧[94]、**聂松**[95]

右二人无的师范，而意兼真俗〔96〕。赋彩鲜丽，观者悦情。若辩其优劣，则僧繇之亚[97]。

焦宝愿[98]

右虽早游张、谢，而靳固不传。旁求造请，事均盗道之法[99]。殚极斲轮，遂至兼采之勤[100]。衣文树色，时表新异；点黛施朱，重轻不失[101]。虽未穷秋驾，而见赏春坊，输奏薄伎，谬得其地[102]。今衣冠绪裔，未闻好学，丹青道堙，良足为慨[103]。

袁质[104]

右蒨之子，风神俊爽，不坠家声[105]。始逾志学之年，便婴痼癖之病[106]。曾见草《庄周木雁》、《卞和抱璞》两图，笔势遒正，继父之美[107]。若方之体物，则伯仁"龙马之颂"；比之书翰，则长胤"狸骨之力"[108]。虽复语迹异途，而妙理同归一致[109]。苗而不实，有足悲者。无名之贵，谅在斯人[110]。

释僧珍[111]**释僧觉**[112]

右珍，邃道愍之甥[113]；觉，姚昙度之子[114]。并弱年渐渍，亲承训勖[115]。珍乃易于酷似，觉岂难负析薪[116]。染服之中，有斯二道，若品其工拙，盖嵇、聂之流[117]。

释迦佛陀[118]、**吉底俱**[119]、**摩罗菩提**[120]

右此数手，并外国比丘[121]。既华戎殊体，无以定其差品[122]。光宅威公，雅躭好此法，下笔之妙，颇为京洛所知闻[123]。

解蒨[124]

右全法章、邃，笔力不逮[125]。通变巧捷，寺壁最长[126]。

校注：

〔1〕《续画品》——《图画见闻志》作《续画品录》。《百川学

海》、《说郛》、《图书集成》作《后画品录》。

《新唐志》、《宋志》著录时作《续画品》。《佩文斋书画谱》、《王氏书画苑》和《津逮秘书》本一样作《续画品》。

按应以《续画品》为是。

谢赫原书应名为《画品》（参看《古画品录》校注〔1〕），此书续其后，故名《续画品》。

〔2〕陈姚最撰——陈：南朝陈代。自陈武帝陈霸先永定元年始至陈后主陈叔宝祯明三年亡于隋为止，历时三十二年（557~589年）。

姚最：参看前文《姚最及其〈续画品〉》。据余嘉锡《四库提要辨证》卷十四《续画品》条下，谓姚最"生于梁，仕于周，殁于隋，始终未入陈。"

〔3〕夫丹青妙极，未易言尽——丹青：本指丹砂和青䕶两种可作颜料的矿物。其色经久不易泯灭。《汉书·苏武传》："竹帛所载，丹青所画。"二色为中国画的常用颜色，后常以丹青代指绘画艺术。

此言：绘画艺术极其奥妙，很难用言语谈尽。

〔4〕虽质泝古意，而文变今情——泝：同沿。《百川学海》即作沿。

质：这里指内容（具有一定社会功效的绘画内容）。绘画自古都注意一定的社会功效，曹子建谓："观画者，见三皇五帝，莫不仰戴；见三季暴主，莫不悲惋……是知存乎鉴戒者何如也。"（见《曹集铨评》卷九）谢赫谓："图绘者，莫不明劝戒，著升沉……"此处"古意"即指此。文：这里指艺术的形式。今情：当世时代的风气。文与质的研究，六朝颇热烈。《文心雕龙》中多处提到。《时序》篇："文变不染乎世情，兴废系乎时序。""时运交移，质文代变。"《情采》篇："文附质也……质待文也。"更明确提出："文不灭质，博不溺心"（《情采》）。"文虽新而有质，色虽糅而有本"（《诠赋》）。最早提出文与质者是孔子。《论语·雍也》："子曰：质胜文则野，文胜质则史。文质彬彬，然后君子。"

　　此言：虽然绘画的内容实质仍要沿用古意（要讲究一定的社会功效），然而其艺术形式却要随着现时的变化而变化。（讲究创新，即后来的石涛所谓："笔墨当随时代。"）

　　〔5〕立万象于胸怀，传千祀于毫翰——万象：极言胸中形象之多。传：指表现。千祀：千年。商代人称年为祀。《书·洪范》："惟十有三祀。"毫翰：文笔。此处指笔端。

　　此言：树立万计的形象于胸怀之中，（才能）表现千年（以来事、物、兴衰、圣贤仙灵等）于笔端。

　　按此句与谢赫"千载寂寥，披图可鉴"同义。又如不立万象于胸怀，千祀以来的丰富历史是无法表现的。

　　〔6〕故九楼之上，备表仙灵——备表：具备表出。此处指标画。仙灵：神仙灵怪。如东王公、西王母、朱雀、玄武之类。可参见王延寿《鲁灵光殿赋》。

　　所以九楼之上，标画着神仙灵怪的故事。

　　〔7〕四门之墉，广图贤圣——墉：墙壁也。《孔子家语》（此书虽系伪书，但仍出于汉末魏，且内容多出自《论语》、《左传》等，犹是古典）："孔子观乎明堂，覩四门墉，有尧舜之容、桀纣之象。而各有善恶之状，兴废之诫焉。"广图：指画有很多。

　　四门墙壁，画有很多贤圣的图像和故事。

　　〔8〕云阁兴拜伏之感，掖庭致聘远之别——云阁：即云台。出于汉代。《后汉书·马武传论》："永平中，显宗追感前世功臣，乃图画二十八将于南宫云台。"兴：兴起；产生。拜伏：崇拜，敬伏。因功臣之像被画上云台，使人看了产生崇拜之感。掖庭：宫中旁舍，妃嫔居住的地方。《后汉书》四十《班彪传》中附班固《两都赋》："后宫则有掖庭、椒房，后妃之室。"注引《汉宫仪》："婕妤以下皆居掖庭。"也作掖廷。致：招致；以致；引起了。聘远之别：典出王昭君出塞的故事。各书记叙甚多。《西京杂记》："前汉元帝后宫既多，乃命画工图形，按图召幸之。诸宫人皆赂画工，独王嫱（昭君）不肯。匈奴求美人

为阏氏（音曷氏，皇后也）。上（汉元帝）按图以昭君行。及去，召见，貌美绝伦，帝悔之，而业已定。帝重信于外国，不复更人。乃穷按其事，画工皆弃市（处死示众）。画工杜陵毛延寿，为人形，丑好老少，必得其真。安陵陈敞，杂画山川树木、奔走牛马众势，人形丑好，不在延寿下，同日弃市。"聘远的聘，古代指国与国之间遣使访问。或指婚礼中的文定。《春秋·襄公二十六年》："晋侯使荀吴来聘。"《礼记·内则》："聘，则为妻。"远：指远方，此指匈奴之处。按汉元帝后宫（掖庭）中美女既多，不及一一召见，画工画她们的像，元帝按图召幸之。王昭君十分美丽，但不肯花钱贿赂画工，故被画得不十分美。所以，元帝即把这位"不十分美"的女子送给匈奴王做妻子，此之谓"聘远"，以王昭君之美，元帝本不致使她远离（别），因为受了图画的骗，致使有此"聘远之别"。

此句谓：（因为画了功臣的像于）云阁之上，故使人产生崇拜之感。（因为画中美女的像有差误）后宫中的（王昭君）致有被送往远国而被迫分别。

按此二句从正、反两个方面论述图画的功效。

〔9〕凡斯缅邈，厥迹难详——凡斯：所有这些。缅邈：遥远貌。《文选·（陆机）拟古诗·拟行行重行行》："音徽日夜离，缅邈若飞沈。"厥：其他。《左传·成十三年》："亦悔于厥心，用集我文公。"

此言：（以上）所有这些，皆很遥远，其画迹难以详知。

〔10〕今之存者，或其人冥灭——冥灭：冥，暗昧、茫远之意。冥灭即早已去世。

现在所存之画，也有其作者早已去世了的。

〔11〕自非渊识博见，熟究精麤——熟：《全齐文》作孰。熟：本作孰，古二字通。麤：同粗。本为一字。

自非渊识博见，怎能考究辨别其精、粗（优劣）。

〔12〕摈落蹄筌，方穷致理——摈：排除、抛弃。《战国策·赵

二》："六国从亲以摈秦，秦必不敢出兵于函谷关。"摈落一句见晋郭璞《江赋》："于是芦人渔子，摈落江山。"注："……摈落，谓被斥摈而漂落也。"又见谢灵运《昙隆法师诔序》："慨然有摈落荣华，兼济物我之志。"蹄筌：典出《庄子·外物》："筌者所以在鱼，得鱼而忘筌；蹄者所以在兔，得兔而忘蹄；言者所以在意，得意而忘言。"荃与筌通。筌是捉鱼的笼子，蹄是捉兔的网。二者皆工具外物，用来捉鱼、兔，鱼、兔才是本质。得到鱼、兔便可不要筌蹄。穷：尽知。

此言：排除表面现象、深入内里进行研究，方能尽知其致深之理。

〔13〕但事有否、泰，人经盛、衰，或弱龄而价重，或壮齿且声道，故前后相形，优劣舛错——否、泰：否音pǐ。本为《易》中两卦名。泰卦为好、顺、吉；否卦为坏、逆、凶。《古诗·为焦仲卿妻作》："否、泰如天地。"《文选》中有晋潘岳《西征赋》："岂地势之安危，信人事之否、泰。""否、泰"为二义。若为一义，如《易·杂卦》："否泰，反其类也。"即物极必反，否极泰来之意。与此句义不符。

弱龄：少年也。一般指二十岁之前。《礼记·曲礼上》："二十曰弱。"壮齿：指壮年，一般指三十岁以上。《礼记·曲礼上》："三十曰壮。"声道：声望甚重。舛错：差错、错乱。《楚辞·九叹·惜贤》："惜舛错以曼忧。"司马贞《史记索隐序》："初欲改更舛错，裨补疏遗。"按舛即违背彼此、错乱意。

此言谓：但事有逆顺，人经盛衰，或有少年时代即因作品出色而价重；或有到了壮年时声望才为人所重。故前后比较，会有优劣、错乱的现象。

〔14〕至如长康之美，擅高往策，矫然独步，终始无双。有若神明，非庸识之所能像；如负日月，岂末学之所能窥——长康：顾恺之，字长康。东晋画家。谢安称其画为"苍生以来所未有"。然而，谢赫看了顾的画之后，认为"迹不逮意，声过其实"。列为第三品还在姚昙度之下。所以，姚最在这里表示反对，故云。擅高：特别高于。往策：以

往的记载。策，通册。古代有竹片或木片记事著书，成编的叫策。矫然独步：高超无以伦比。庸识：普通的识见。此处指仅具普通识见的画家。傚：同效。效法模仿。如负：同有如。日月：《论语·子张》："叔孙武毁仲尼（毁谤孔子），子贡曰："无以为也（不必如此），仲尼不可毁也。他人之贤者，丘陵也，犹可踰（过）也；仲尼，日月也，无得而踰焉。人虽欲自绝，其何伤于日月乎？多见其不知量也。"此段话和姚最这段话意味相同，故全录于此。末学：肤浅、无本之学。《穀梁传集解序》："释穀梁传者，虽近十家，皆肤浅末学，不经师匠。"又《文选》汉张衡《东都赋》："乃莞尔而笑曰：'若客所谓末学肤受，贵耳而贱目者也。'"三国吴薛综注："末学，谓不经根本；肤受，谓皮肤之不经过心胸。"窥：看也。此处指企及。

此段谓：至如顾恺之的伟大，独高于以往见于记载的画家，出类拔萃而无以伦比，自始至终没有第二人和他相等。有若神明一样，非具有普通识见的画家所有仿效得了；又如负日月那样高明而不可逾越，岂是肤浅无根本之学者所能企及。

〔15〕荀、卫、曹、张，方之篾矣，分庭抗礼，未见其人——荀：荀勖；卫：卫协；曹：曹不兴；张：张墨。这几位画家皆在顾恺之之前，而又都被谢赫品评为第一品，高于顾恺之甚多。方：比也。篾：细微、渺小意。本意指被劈成小细条的竹片。分庭抗礼：谓平起平坐、无高下之分。《庄子·渔父》："万乘之主，千乘之君，见夫子（孔丘）未尝不分庭伉礼，夫子犹有倨傲之容。"成玄英疏："伉，对也。分处庭中，相对设礼。"

此谓：荀勖、卫协、曹不兴、张墨这样第一流的大画家，比起顾恺之来，也是十分渺小的。和顾恺之同等水平者，还未见到有这样的人。

〔16〕谢陆声过于实，良可于邑；列于下品，尤所未安——谢陆：《历代名画记》作谢云。可从。

良：实在是。邑：通"悒"。使人不愉快。《汉书·杜邺传》："忿邑非之。"

此言意为：谢赫说（顾恺之）声望超过了实际，实在是令人不愉快。列于下品，尤使人感到不安。

〔17〕斯乃情抑扬，画无善恶——《王氏书画苑》、《说郛》情下有"有"字，即"斯乃情有抑扬。"可从。

抑扬：贬褒也。《晋书·张华传》："故仲由以兼人被抑，由求以退弱被进；汉高八王以宠过夷灭，光武诸将由仰塞克终；非上有仁暴之殊，下有愚智之异，盖抑扬与夺使之然耳。"按此处扬指对荀、卫、曹、张有扬，抑指对顾恺之有抑。王注本译为"这是谢赫对他（指顾）的一种毁誉"，对一个人岂能既毁又誉呢？

此言谓：这就是在感情上有了褒和贬，至使画无善恶之分了（意为不能正确道其善恶）。

〔18〕始曲高和寡，非直名讴；泣血谬题，宁止良璞——《王氏书画苑》、《说郛》本始下增一"信"字，可从。

曲高和寡：典出宋玉《对楚王问》（可参见《文选》）："容有歌于郢中者，其始曰《下里》、《巴人》，国中属而和者数千人；其为《阳阿》、《薤露》，国中属而和者数百人；其为《阳春》、《白雪》，国中属而和者数十人；引商刻羽，杂以流徵，国中属而和者，不过数人而已。是其曲弥高，其和弥寡。"李周翰注：《下里》、《巴人》，下曲名也；《阳春》、《白雪》，高曲名也。"原意谓乐曲的格调越高，能和者就越少。

名讴：著名的歌曲。即"曲高和寡"中的《阳春》、《白雪》。《汉书·礼乐志》："乃立乐府，采诗夜诵，有赵、代、秦、楚之讴。"泣血：此处指痛心哀伤之极。语出《礼记·檀弓上》："高子皋之执亲之丧也，泣血三年。"郑玄注："言泣无声如血出。"谬题：典出《韩非子·和氏篇》："楚和氏得玉璞（石中孕美玉）楚山中，奉而献之厉王。厉王使玉人相之，曰：'石也。'王以为诳，而刖其左足。厉王薨，武王立，又献之，武王又使玉人相之，玉人又曰：'石也。'王又以为诳，更刖其右足。及文王立，和氏抱其璞哭于山中，三日三夜，泪尽而继之以血，王闻之，使人问其故曰：'天下之刖者多矣，子奚哭之悲也？'和曰：'吾非悲刖也，悲夫宝玉而题之以石，贞士而名之以诳，此吾所以悲也。'王乃使人理其璞，而得宝焉。遂命曰和氏之璧。"良璞：即上典中未经理之玉璞。

此句意谓：始信歌曲格调高，和者就少，非但（《阳春》《白雪》那样）名曲；悲伤错误的评题，岂止（和氏那样的）良璞？

〔19〕将恐畴访理绝，永成沦丧，聊举一隅，庶同三益——将：此处作"又"讲。《诗·小雅·谷风》："将恐将惧。"畴访：此词不可详其出处。疑访为误字。畴，可作界限解。晋左思《魏都赋》："均田画畴，蕃庐错列。"畴访，大意是界限不分，此处亦即好坏优劣不分。理绝：事理灭绝。理，可参考《宗炳〈画山水序〉校注》"释理"。沦丧：沦没丧亡。《书·微子》："商其沦丧，我罔为臣仆。"注："沦，没也。"聊举：姑且举。一隅：一个方面。《论语·述而》："举一隅不以三隅反，则不复也。"所谓："物之有隅者，举其一，可以知其他三者。"此处一隅即有此意。庶同：大约可同于。三益：原指以友直、友谅、友多闻为三益。《后汉书》二八《冯衍传》："臣自惟无三益之才，不敢处三损之地。"《文选（晋卢谌）·答魏子悌》诗："寄身荫四岳，托好凭三益。"谓交友之道有三也。《论语·季氏》："益者三友，损者三友。友直、友谅、友多闻，益矣……"

此句意谓：又恐怕（对绘画作品好坏）界限不分，事理灭绝，永远沦没丧亡，故姑且举其一隅，可以知其他。大约可同于交友三益一样，以此便知更多的问题吧。

〔20〕夫调墨染翰，志存精谨，课兹有限，应彼无方——调墨：当为调制墨块或墨丸（自制墨块用于"染翰"）。古人作画用墨不调水。到了中唐殷仲容、王维时才用水调墨（破墨）分浓淡。染翰：此处指创作绘画作品。课：习也。方：法也。《荀子·大略》"博学而无方"注："法也。"

此句大意：调墨作画，务求精严谨慎。习于此有限，应用于彼却无

北齐 宴饮图 壁画 墓室北壁 出土于山西省太原市迎泽区郝庄乡王家峰村徐显秀墓 山西省博物院藏

具体方法。

〔21〕燧变墨回，治点不息——燧：烧也。"魏晋时始有墨丸，乃漆烟松煤夹和为之"（《辍耕录》）。魏晋时烧燃松漆制墨。回：掉转曰回，此处同变。治点：修改涂点。《颜氏家训·名实》："治点子弟文章。"

此句大意：随着（制墨的）烧制方法的变化，墨块也跟随着变化（怎样学习和应用），修改方法也是不停息的。

〔22〕眼眩素缛，意犹未尽——眩：迷惑，迷乱。素：作画用的绢素，亦指画幅。顾恺之《魏晋胜流画赞》："以素摹素。"此指画幅。缛：繁密。指采饰繁密。张衡《西京赋》："故其馆室次舍，采饰纤缛。"

此意：（因不停息的修改）眼睛眩惑迷乱，画幅也彩饰繁密，意犹未尽。

〔23〕轻重微异，则奸鄙革形——奸：犯也，乱也。《左传·昭

元年》："奸国之纪。"鄙：浅近凡陋。钟嵘《诗品》："阮籍咏怀之作……使人忘其鄙近，自致远大。"又《论语·泰伯》："出辞气，斯远鄙倍也。"朱注："鄙，凡陋也……"革：变也。

此言：（用笔）轻重微有不同，则会犯浅近凡陋和变其形貌（的毛病）。

〔24〕丝发不从，则欢惨殊观——丝发：极言其微小。不从：不适合。欢惨：欢乐和凄惨之状。殊观：看上去完全不同。

此言：有微小的地方不适合，则欢乐和凄惨之表就完全不同了。

〔25〕加以顷来容服，一月三改，首尾未周，俄成古拙，欲臻其妙，不亦难乎——顷来：近来。容服：容貌和服饰。齐、梁时代，人的容貌和服饰变化最大。容貌，这里指发型，眉毛钗饰等。齐梁时，女人乃至用朱砂把眉毛画成红色的。首尾未周：周是"巩固"意。《左传·哀十二年》："盟，所以周信也。"容服一月三改，一种新形式从开始兴起（首）到这种形式定型化（尾）还未来得及巩固下去。俄：马上。臻：达到。

此言：加以近来人的容貌和服饰，一月三改，首尾未周，马上就变成古拙了。（作画者要熟悉和适应这种变化）欲达到很高妙的程度，不也很难吗？

〔26〕岂可曾未涉川，遽云越海，俄觇鱼鳖，谓察蛟龙——遽：《全陈文》作讵。

遽：急忙也。《国语·晋语》："公惧，遽见之。"俄觇：突然看到。

此言：岂可未曾涉川，就急忙地说已越过大海了呢？突然看到鱼鳖，就谓已观察到蛟龙了呢？

〔27〕凡厥等曹，未足与言画矣——厥：此。《书·禹贡》："厥土黑坟。"等曹：等等。曹是复数，犹"们。"

凡此等等，未足与谈论绘画。

〔28〕陈思王云：传出文士，图生巧夫——陈思王：三国魏人曹

植（192~232年），字子建，曹操第三子，著名诗人、文学家。其兄曹丕当皇帝后，以陈地四县封曹植为陈王，死后谥思，故称陈思王。《三国志》有《陈思王传》。传：本指解说经义的书籍文字，如《春秋》之《左传》，《诗经》之《毛传》。《公羊传·定元年》："主人习其读而问其传。"注："传谓训诂。"巧夫：具有一定技巧之人。亦称"巧工"。《吕氏春秋·爱类》："公输般，天下之巧工也。"

此句言：曹植说：解说经义的书籍出之于文士，图画出于技巧之工。

〔29〕性尚分流，事难兼善——分流：不同。如水分而流之，方向不同也。

秉性所尚之不同，所从事之事（指文、画）很难兼善。

〔30〕蹑方趾之迹易，不知圆行之步难——蹑：追踪也。《三国志·魏志·邓艾传》："姜维引退还，杨欣等追蹑于疆川口……"趾：指踪迹。

此言：追踪着方形踪迹（感到）容易的人，不知圆形之步的难处（意谓所知片面性的不足）。

〔31〕遇象谷之风翔，莫测吕梁之水蹈——象谷之风翔：可能是用《庄子·逍遥游》中"列子御风而行"的故事。象谷，当是大山深处。意谓在大山深处的风中飞翔。吕梁之水蹈：典出《庄子·达生》："孔子观于吕梁，悬水三十仞，流沫四十里，鼋鼍鱼鳖之所不能游也。见一丈夫游之。……孔子从而问焉，曰：'……蹈水有道乎？'曰：'亡，吾无道，吾始乎故，长乎性，成乎命。与齐俱入，与汩偕出，从水之道而不为私焉。此吾所以蹈之也。'"

此句大意谓：遇在象谷中依风飞翔的人，不知道在吕梁之水中游蹈的滋味（同上亦意谓知道一方面，而未必知道另一方面）。

〔32〕虽欲游刃，理解终迷——游刃：典出《庄子·养生主》："庖丁为文惠君解牛"，由于庖丁对牛的全身内外十分熟悉，他解牛时"以神遇而不以目视，官知止而神欲行"，顺着牛身上自然的纹理，劈

北齐　备车图（局部）　墓室西壁　出土于山西省太原市迎泽区郝庄乡王家峰村徐显秀墓
山西省博物院藏

开筋肉的间隙，导向骨节的空隙，顺着牛的自然结构去用刀，连最难下刀的地方也无一点妨碍，"恢恢乎其于游刃必有余地矣"，意思是刀在牛的严密的骨隙中游动尚觉宽大有余，喻其技巧熟练而自由。理解：普遍意义是从道理了解。但和"虽欲游刃"联系起来，似乎应该理解为"解牛"的解。理，剖开。《韩非子·和氏》："王乃使玉人理其璞……"理或作条理解，有条理地解牛，即"游刃有余。"

此言：（因为所了解不全面，）虽然想象庖丁解牛那样熟练而自由地运刀，但实际"理解"时，终于会迷惘的。

〔33〕空慕落尘，未全识曲——落尘：谓极其动人的歌曲。传说古代一位女子歌喉特佳，她的歌声可使梁上尘灰振动而下落。又，《西京杂记》卷四："东方生善啸，每曼声长啸，辄尘落帽。""落尘"即指歌声美妙。

此句意谓：枉自羡慕可以落尘的动人歌声，但未全识曲，也不可能唱出好的歌来（喻谓不全面地了解绘画，不可能画出好画来）。

〔34〕若永寻河书，则图在书前——永：本意是水流长。《诗·周南·汉广》："江之永矣。"永寻：可作溯源而寻解。河书：《易·系

辞》："河出图、洛出书，圣人则之。"孔安国《传》谓河图即八卦，洛书则《洪范》九畴。孔《传》又谓："天与禹洛出书。神龟负文而出，于背……"又河即黄河，洛即洛水。河书即河图和洛书的简称。《宋书·符瑞志》："龙图出河，龟书出洛。"

此言谓：若溯源寻求图画和书法的先后，则图画还在书法之前（即先有图画，后有书法）。

〔35〕取譬《连山》，则言由象著——取譬：取物比拟也。《诗·大雅·抑》："取譬不远。"《连山》为古书名，今佚。据考，《周易》即是在《连山》的基础上完善起来的，《连山》可谓古《易》。和《周易》一样，《连山》的最基本形式是卦，以纯艮（☶）卦开始，艮象征山。卦形是二山（☶）相连，故名为《连山》。《周礼·春官》："掌三易之法：一曰《连山》；二曰《归藏》；三曰《周易》。"（按《归藏》亦如《连山》、《周易》形式）郑玄注："连山者，象山之出云，连连不绝。"言：即语言文字。象：即卦象（请参阅《王微〈叙画〉校注"释《易》象"）。象：是根据自然界的形象简画而出。譬如山（☶），上面"—"代表天，下面"（－－）"代表地，中间"（－－）"代表阻隔。《周易》分"经"和"传"两个部分，《经》是由《易》象的最基本形式组成的六十四卦（类于画）和三百八十四爻组成。卦、爻有了文字说明，称卦辞、爻辞。《传》则是解释卦辞和爻辞的文字。由是观之，《周易》中的"言"是"由象著"的。《连山》想亦如之。故谓"言由象著。"

"取譬《连山》，则言由象著"意谓：语言文字是由《连山》中的卦象产生（图画在前，文字在后，亦即书法来源于图画）。

〔36〕今莫不贵斯鸟迹，而贱彼龙文——鸟迹：即文字，此处指书法。《说文解字·自序》："黄帝之史苍颉，见鸟兽蹄远之迹，知分理之可相别也，初造书契。"又《淮南子》："史皇产而能书。"注："史皇苍颉生而见鸟迹，知著书，故曰史皇，或曰颉皇。"文字是模仿鸟迹而生，故云。龙文：即图画。图是龙自黄河中背出。《水经·河水

注》："粤在伏羲，受龙马图于河，八卦是也。"

此言谓：今人莫不贵重这些书法，而轻贱那些图画。

按当时社会上贵书贱画的思潮很重，王微在其《叙画》中也特为辩驳。谓：图画"成当与《易》象同体"，又谓"而工篆隶者自以书巧为高，欲其并辩藻绘，羸其攸同"，姚最也特于此处作认真辩解。请参阅《王微〈叙画〉研究》及其校注。

〔37〕消长相倾，有自来矣——消长：消是减少，渐衰；长是增加，渐盛。相倾：相偏侧。消长相倾：语出《后汉书·党锢传赞》："兰茝无并，消长相倾。"茝，音尤，草名味臭。本来书来自画，应该说画更贵，现在却相反，所以说：消长相偏侧，有很长一段历史了。

〔38〕故倕龄其指，巧不可为；"杖策"、"坐忘"，既惭经国；"据梧丧偶"、宁足命家——倕龄：《说郛》《全齐文》作"倕断"可从。

按这几句话皆出于《庄子》，六朝文人，尤其是所谓名士、画家受《庄子》影响特深，乃至言行举止，皆出于《庄子》。产生了很多消极作用，姚最于此提出警告：不能那样，否则对艺术不利。

倕断其指：典出《庄子·胠箧》。庄子认为圣人的聪明才智，为好人所利用，也同样为大盗所利用。大盗利用圣人所说的圣、勇、义、智、仁等乃成为大盗（跖曰："……夫妄意室中之藏，圣也；入先，勇也；出后，义也；知可否，知也；分均，仁也。"）。所以庄子指出："绝圣弃知，大盗乃止。"同样地："擿（弃）玉毁珠，小盗不起……攦（折断）工倕之指，而天下始人含其巧矣。"倕即工倕，人名，古时以巧艺称著者，全靠手指成就。《庄子》要折断工倕之指，而天下人始能"含其巧"。姚最认为"不可为倕断其指则巧"，反驳了庄子的说法。（其实《庄子》的本意也不如此。）杖策：典出《庄子·让王》："大王亶父（文王之祖父）居邠，狄人攻之。"大王亶父不是积极抵抗而是"杖筴（按筴同策）而去之"，《庄子》反而称赞"大王亶父，可谓能尊生矣。能尊生者，虽贵富不以养伤身，虽贫贱不以利累形。今世之人居高官尊爵者，皆重失之，见利轻亡其身，岂不惑哉"。而姚最却认为这种"杖策"弃国而逃者，"既惭经国"。杖策，即扶着拐杖。坐忘：是魏晋玄学的著名命题，典出《庄子·大宗师》。庄子宣扬忘，是要忘掉一切，不仅要忘掉仁义、利益，忘掉国家，乃至忘掉自己，"离形去智"。庄子本义是用忘来消解由生理所激起的贪欲（离形），消解由心智作用所产生的伪诈（去知）。《大宗师》记颜回"忘礼乐"，"忘仁义"，但都还不够，终于进步到"坐忘"。"仲尼蹴然曰：'何谓坐忘？'颜回曰：'堕（忘）肢体，黜聪明，离形去知（忘掉身体和智识），同于大通，此谓坐忘。'"但效颦"坐忘"者，往往会产生无所振作、无所事事、无所作为、浪费时光、消磨终生、甘居落后。所以，姚最视"坐忘"和"杖策"同义，以为二者皆极其消极，所以，也就"既惭经国"。经国：治理国家。曹丕《典论·论文》："盖文章，经国之大业，不朽之盛事。"

此句二意兼之：一、杖策，坐忘，就不足以治理国家。二、以这种消极态度从事绘画，就不足以成就为经国之大事、不朽之盛事的艺术事业。

据梧：典出《庄子·齐物论》："惠子之据梧也。"言惠子倚在梧桐树下谈论。一谓据梧即据"梧几"，亦即"隐机"。丧偶：典亦出《庄子·齐物论》："南郭子綦隐机（凭几坐忘）而坐，仰天而嘘，嗒焉（相忘貌）似丧其耦。颜成子游立待乎前，曰：'何居乎？形固可使如槁木，而心固可使如死灰乎？……'""丧其耦"即"丧偶"。"丧"，犹忘。"耦"即"偶"，即匹对，精神与肉体为偶。"丧偶"即进入了超越对待关系的忘我境界，或简言为忘我。所以颜成子游认为他形如槁木。据梧、丧偶，皆为六朝文士所希企。似此，终日昏昏沉沉，姚最认为"宁足命家"，即怎么能成为（画）家呢？

这一段话是由"贱彼龙文"引出来的。因为轻贱图画，故不以为然。所以，这一段话意思是：故工倕断其指，由巧（艺）不可为。策杖、坐忘那样消极而不用心，不足使你的画成为经国之大业。据梧、丧偶那样空谈、昏坐，怎么能成为（画）家呢?

〔39〕若恶居下流，自可焚笔——恶居下流：语出《论语·子张》篇：“子贡曰：‘纣之不善，不如是之甚也。是以君子恶居下流，天下之恶皆归焉。’”原意是讨厌居于下流。此处借用《论语》中的话，谓如果不愿居于下流。

此言：如果不愿居于下流，自可焚笔（不画）。

〔40〕若冥心用舍，幸从所好——冥心：潜心苦思也。用舍：语出《论语·述而》：“子谓颜渊曰：‘用之则行，舍之则藏，惟我与尔有是夫。’”原意是用我则干，不用就隐藏。

此句大意是说：有用也好，无用也好，都坚持潜心苦思，以从自己所好为乐。

〔41〕戏陈鄙见，非谓毁誉——戏陈：随便陈说。鄙见；谦词，谓浅显的见识。

此言：随便陈说我的浅陋之见，并不是说要诋毁谁和赞誉谁。

〔42〕十室难诬，仜闻多识——十室：《论语·公冶长》：“子曰：‘十室之邑，必有忠信如丘者焉，不如丘之好学也。’”原意是说：十户人家的地方，必有像我孔丘这样忠信的人……

难诬：指难以冤枉或欺骗谁。仜：积蓄，通“贮”。《文选·天台山赋》：“惠风仜芳于阳林。”

此言：众人眼光分明，总有懂得艺术的。很难冤枉谁或欺骗谁。所以，要注意积蓄见闻，增多知识。

〔43〕今之所载，并谢赫所遗，犹若文章，止于两卷。其中道有可采，使成一家之集——谢赫所遗：指谢赫所著的《古画品录》。成一家之集：谓自成一说足以著名于世的文集。《典论·论文》：“唯千著论，成一家言。”

此言谓：我这里所记载的，并同以前谢赫所遗的《画品》，犹若文章，止于两卷。其中有可采之道者，可使自成一说，而成为一集。

〔44〕且古今书评，高下必铨——铨：衡量轻重也，本指器具。

《汉书·王莽传》："考量以铨。"颜师古注引应劭曰："量，斗斛也；铨，权衡也。"按"书评"也可能是"画评"。

此谓：且古今书评，高下必有权衡。

〔45〕解画无多，是故备取。人数既少，不复区别。其优劣，可以意求也——解画：解释绘画作品的内容。备取：备之以供他人参考。

意思是：（我这卷文章）解释绘画作品的文字并不多，所以备此以供他人参考；（所记画家）人数也少，不复区别高下；作品的优劣，可以以意相求也。

〔46〕湘东殿下——即梁元帝（552~554年）萧绎，字世诚，小字七符。梁武帝第七子，初生便眇一目。初封湘东王，故姚最称之为湘东殿下，公元552年即帝位于江陵。参阅本书《梁元帝〈山水松石格〉校注》。

〔47〕梁元帝，初封湘东王，尝画《芙蓉湖醮鼎图》——此条小注不知是姚最原注，抑是后人所加，难考。如系姚最原注，则是书写于隋而无疑，故知余嘉锡所考甚是。如系后人所加，当另议。又，尝画《芙蓉湖醮鼎图》，亦见于《历代名画记》，"元帝萧绎"条下。但缺一"湖"字。

〔48〕右天挺命世，幼禀生知，学穷性表，心师造化，非复景行，所能希涉——天挺命世，幼禀生知：《学津讨原》、《历代名画记》作天挺生知。

右：即右边的内容。古人写书，竖行，自右向左书写，刊印因之。

天挺：天资卓越。《后汉书·黄琼传》："光武以圣武天挺，继统兴业。"命世：闻名于世者，蔡邕《陈太丘碑》："赫矣陈生，命世是生。"

幼禀：幼年承受。生知：生而知之。孔子说过："生而知之者，上也。"可谓极端聪明。性表：犹今人谓之本质和现象。造化：天地，大自然。

景行：《诗·小雅》："高山仰之，景行行之。"郑玄注："古人有高德者则慕仰之，有明行者则而行之。"一说景行（音杭）为大路。此处可解释为一般的聪明者。希涉：希望达到。

此句意谓：右所提到的湘东殿下，以天资卓越闻名于世。幼年时禀性中具有极高的天分，如生而知之。治学能穷究其现象和本质，心师造化，并不是一般的聪明所能有希望达到这种程度。

〔49〕画有"六法"，真仙为难——"六法"：即谢赫《画品》中所云："六法者何？一气韵，生动是也；二骨法，用笔是也；三应物，象形是也；四随类，赋彩是也；五经营，位置是也；六传移，模写是也。"

此言：画中有"六法"，（要完全做到，）真正的神仙也为难。

〔50〕王于像人，特尽神妙，心敏手运，不加点治——王：即湘东王殿下（梁元帝）。像人：即人像。像中有佛、道、神、怪、人（以后还有仕女科），像中之人即今之人物画。点治：此"点"是核点，查点的点；"治"是整治的治。此处指修改。

此言：湘东王于人物画，特尽神妙，得心而应手，（下笔后）不加修改。

〔51〕斯乃听讼部领之隙，文谈众艺之余，时复遇物援毫，造次惊绝——斯：此也。听讼：《论语·颜渊》："子曰：听讼，吾犹人也，必也使无讼乎。"听讼，即审理诉讼。部领：部即统率，如某某所部。部领即统领。元帝在就帝位之前，确实统领部队。又，王注本以为："部领——同'簿领'。'部'、'簿'二字可通假。即今所谓办公文。"亦通。按《文选》中刘桢《杂诗》："沉迷簿领书，回回自昏乱。"注："簿领，谓文簿而记录之。"隙：空隙、空暇时间。众艺：艺指弹棋、投壶等雅趣之技。参阅《王微〈叙画〉校注》。遇物援毫：指偶遇事或物引起兴趣而挥毫。造次：匆忙急促也。

此段意为：这乃是审理诉讼、统领军队（或办理公务）的空暇时间，文谈以及众艺之余，时或偶遇事或物引起兴趣而挥毫，虽在匆忙急促中所画，亦很令人惊绝。

〔52〕足使荀、卫阁笔，袁、陆韬翰——荀：荀勖。卫：卫协。阁笔：即搁笔停笔不敢画也。袁：袁蒨。陆：陆绥。（《王注本》作陆探微。然陆探微为袁之师。年长于袁，艺术水平亦在袁上，当为陆、袁也。似作陆绥为妥。）韬翰：韬，藏也。《后汉书·姜肱传》："以被韬面。"翰：文笔。

此言：足使荀勖、卫协停笔不敢再画，使袁蒨、陆绥藏起他们的文笔，亦不敢再画。

〔53〕图制虽寡，声闻于外——绘制的图画虽然很少，但声誉却响于外。

〔54〕非复讨论，木讷可得而称焉——木讷：《论语·子路》："刚毅木讷，近仁。"注："木，质朴；讷，迟钝。"本谓质朴，不善言语。此处可解作不需鼓吹。

意谓：并不要再去寻究论计，也不必鼓吹即可得到称誉。

〔55〕刘璞——南北朝时宋代画家。其父刘胤祖，叔父刘绍祖皆画家。

〔56〕右胤祖之子，少习门风，至老笔法，不渝前制——右，同前注〔48〕。下亦同。胤祖：刘胤祖，宋著名画家。渝：改变；违背。

此谓：右所言刘璞是胤祖的儿子，从小学习本门画风，至老笔法未有改变前制。

〔57〕体韵精研，亚于其父。信代有其人，兹名不堕矣——信：确实是。代：联系前面"少习门风"，可知此"代"，乃刘家之"代"，而非时代之"代"。

体韵精研，仅次于其父，确是代代有这样的画家，此名不堕矣。

〔58〕沈标——南北朝时齐代画家。《历代名画记》谓："沈标师于谢赫。"

〔59〕右虽无偏擅，触类皆涉——右沈标虽没有偏于哪一方面的专擅，但各种类型的画，皆有涉及。

〔60〕性尚铅华，甚能留意。虽未臻全美，殊有可观——尚：崇

尚。铅华：本指白粉。此处指美女画。古人画美女面上全施白粉。

此谓：生性崇尚美女画。甚能留意。虽未能达到全美，却特有可观。

〔61〕谢赫——齐梁时代著名绘画批评理论家，画家。著有《古画品录》。参阅本书《古画品录》校注。

又《历代名画记》叙述谢赫，引用姚最语与《续画品》中略有异。其云：

姚最云："点刷精研，意存形似，写貌人物，不俟对看，所须一览，便归操笔。目想毫发，皆亡遗失。丽服靓粧，随时变改，直眉曲鬓，与时竞新。别体细微，多从赫始。遂使委巷逐末，皆类效矉。至于气韵精灵，未穷生动之致，笔路纤弱，不副雅壮之怀。然中兴已来，象人为最。"

〔62〕右写貌人物，不俟对看，所须一览，便工操笔——写貌：即画肖像。俟：等待。《仪礼·士昏礼》："婿乘其车，先俟于门外。"此处可作需要解。

右谢赫画肖像人物，不需要对看，所须一览，便工操笔。

〔63〕点刷研精，意在切似；目想毫发，皆无遗失——研精：艳丽而精彩。切似：切是确切的切，切似即极似。目想毫发：因为谢赫画人物，"不俟对看"、"所须一览"，所以存在于他目中的"毫发"是靠回想、思索，而不是面对对象在观察。故曰"目想"而不曰"目中"。"毫发"指细微之处。

此言谓：点刷艳丽而精彩，意在切似，经他"一览"之后的人物形象，回想起来，虽其极细微处，皆无遗失。

〔64〕丽服靓粧，随时变改；直眉曲鬓，与世事新——事：《全陈文》作争。

靓粧：脂粉的饰（粧、妆同字而异体）。左思《蜀都赋》："都人士女，祛服靓妆。"贾至《长门怨》："繁花对靓妆，深情托瑶瑟。"

直眉曲鬓：齐梁时代女人最喜装饰自己，画眉修发，计出不穷。鬓同鬈，面颊两边近耳的头发。

此谓：美丽的衣服，脂粉的妆饰，随时改变。修直的眉毛，卷曲的鬈发，与世俗所尚同新。

〔65〕别体细微，多自赫始；遂使委巷逐末，皆类效颦——委巷：本指曲折小巷，此处可理解为未见过大世面、所识甚少的画家。逐末：追逐其末。意谓学习谢赫作画的表面形式。效颦：《庄子·天运》："故西施病心而矉（同颦）其里。其里之丑人见之而美之，归亦捧心而矉其里。其里之富人见之，坚闭门而不出，贫人见之，挈妻子而去走。彼知矉美，而不知矉之所以美。"意谓不具条件，又不知其所以然地模仿他人，反露其丑。颦：一般指女人皱眉时，所显示的两块痕迹。亦指皱眉。

此言：别致之体而细腻精微，多自谢赫始。遂使一般缺乏见识的画家在追求他的绘画之表面形式，皆类于"效颦。"

这句话也可以这样理解：因为谢赫画中女人"丽服靓妆"，"直眉曲鬓"，一般"委巷"中富家女人便仿照画中女人的时髦时装扮饰自己，谓之"效颦"。

〔66〕至于气运精灵，未穷生动之致；笔路纤弱，不副壮雅之怀——气运精灵：气是反映人的生命状态的气色、气数；运是运会（反映气数程度的时运际会）；精是精神；灵是灵动（反映精神的活力程度）。气运精灵皆是"神"或"气韵"的同义语。怀：此处同"致"对义，作"至"解。《诗·小雅·鼓钟》："淑人君子，怀允不忘。"

此段意谓：至于画中人物的精神状态，还未有穷尽生动之致的程度；笔路纤弱，也不符合壮雅之至的要求。

〔67〕然中兴以后，象人莫及——中兴：指齐和帝萧宝融的"中兴"年号（501~502年）。象人：画佛、圣、神像的画家，这里指画人物的画家。

然而中兴年间以后，人物画家都赶不上（谢赫）。

〔68〕毛惠秀——南北朝齐代武帝（483~493年）时画家。毛惠远之弟，荥阳阳武人。永明（483~493年）中待诏祕阁。齐武帝萧颐将北

伐，命惠秀画《汉武北伐图》。《南齐书》记其事。《历代名画记》谓其《并除图》、《胡僧图》、《释迦十弟子图》、《二疏图》传于代。并引姚最云："绘事详悉，太自矜持，翻成赢钝，遒劲不及于惠远，精细有过于稜矣。"和《续画品》所记有异。

〔69〕右其于绘事，颇为详悉。太自矜持，番成赢钝——绘事：绘画之事。指绘画。矜持：拘谨，不自然，含有点做作意思。《世说新语·雅量》："郗太傅在京口，遣门生与王丞相书求女婿。丞相语郗信：'君往东厢，任意选之。'门生归白郗曰：'王家诸郎，亦皆可嘉，闻来觅婿，或自矜持，唯有一郎袒腹卧如不闻。'"

赢钝：纤弱而无锐气。

右面所提到的毛惠秀，其于绘画，颇为详悉。太自拘谨、不自然，反成为纤弱而无锐气。

〔70〕遒劲不及惠远，委曲有过于稜——委曲：委婉曲折。即前谓"赢钝"之"钝"。稜：毛稜，惠秀之侄，亦当时画家。参见下面"毛稜"条。

遒劲不及其兄毛惠远，委婉曲折有过于其侄毛稜。

〔71〕萧贲——梁武帝萧衍的玄孙。字文奂，南北朝时梁代兰陵人。曾为湘东王萧绎法曹参军。后为河东太守。终坐事入狱饿死：事见《南史》梁武帝子孙传中。

〔72〕右雅性精密，后来难尚——雅性：《说郛》作稚性。

右所提到的萧贲，作画性雅而精密，后来者很难超过他。

〔73〕含毫命素，动必依真——含毫命素：《古画品录·宗炳》："含毫命素，必有损益。"意谓挥笔作画于绢素。依真：依据真实（的模特——包括山水树石）为对象。

挥笔作画，下笔必须依据真实为对象。

〔74〕尝画团扇，上为山川，咫尺之内，而瞻万里之遥，方寸之中，乃辩千寻之峻——咫尺：周制八寸（合今制市尺六寸二分二厘）为一咫。咫尺，极言距离之近。瞻：见也。

　　辩：通辨。寻：古时八尺为寻。千寻，极言其远长。峻：一作高大，一作长远；此作高大。

　　尝画团扇，其上作山川，咫尺之内，使人见之有万里之遥远感，方寸大小的面积中，可以辨清千寻之高大。

　　〔75〕学不为人，自娱而已。虽有好事，罕见其迹——好事：喜欢多事。《孟子·万章上》："好事者为之也。"旧称喜好书画的人为好事者。

　　学画不为别人欣赏，自己娱悦性情而已。虽有喜欢多事（而好收藏书画）者，也罕见他的画迹。

　　〔76〕沈粲——南北朝时齐代画家。《历代名画记》载其有白描《马势》和《八骏图》传于代。但张彦远记载沈粲时，却只字未提姚最的品评。不知何故。

　　〔77〕右笔迹调媚，专工绮罗——调媚：调畅秀媚（美）。绮罗：本指有花纹的丝织品。此代指穿绮罗的女人。

　　右所言沈粲，作画笔迹调畅秀媚。专擅画女人。

　　〔78〕屏障所图，颇有情趣——在屏障上所作图画，颇有情趣。

　　〔79〕张僧繇——六朝著名画家。吴中人，梁武帝天监年（502～519年）中为武陵王（萧纪，武帝子）国侍郎，直祕阁，知画事，历右军将军，吴兴太守。梁武帝崇饰佛寺，多命僧繇画之。梁武帝很多儿子皆在外，武帝思之，对僧繇所画之像，如对其面。又据说张僧繇在金陵安乐寺画四白龙不点目睛，每云："点睛即飞去。"人以为妄诞，固请点之，须臾雷电破壁，两龙乘云腾去上天，二龙未点眼者见在。此事传之不竭。张彦远见张僧繇的《定光如来像》，《维摩诘》，《二菩萨》，惊叹："妙极者也。"在佛像创作上，张僧繇改变了原来瘦骨清像，为圆而胖，学者甚众，一时形成"张家样"。张僧繇画法影响至唐代而不衰，李嗣真谓：唐代画家视张僧繇如儒生之视周公、孔子。又说他"骨气奇伟，师模宏远，岂唯六法精备，实亦万类皆妙，千变万化，诡状殊形，经诸目，运诸掌，得之心，应之手，意者天降圣人为后生则（榜

样）。"张彦远叙张时引姚最语云：

"善图寺壁，超越群公，价等昙度，朝衣野服，古今不失。奇形异貌，殊方夷夏，皆参其妙。唯公及私，手不释笔，俾昼作夜，未尝倦怠，数纪之内，亡须臾之闲。然圣贤曤瞩，犹乏神气，岂可求备于一人？虽云晚出，殆亚前哲。"

姚最对张僧繇的评价并不十分高，所以，张彦远认为："此评最谬。"后世评论家、画家对张僧繇的评价皆十分高。

〔80〕五代梁时吴兴人——此注当为后人所加。

〔81〕右善图塔庙，超越群工——塔庙：此处指画在塔庙上以佛教题材为主的壁画。

右张僧繇善于画佛教题材的壁画，超越很多画工。

（按张彦远作"超越群公"，当代注家、评家皆认为"群公"对，而"群工"误，其实作"群公"误。"公"当指著名画家，而姚最对张僧繇的评价并非太高。以"工"为是，工是画工。）

〔82〕朝衣野服，今古不失——朝衣：代指朝廷官员。野服：代指老百姓。

所画朝廷官员，村野百姓，今人、古人，皆无所失。

〔83〕奇形异貌，殊方夷夏，实参其妙——殊方：异域他乡。《文选·西都赋》："逾昆仑，越巨海，殊方异类，至于三万里。"夷夏：夷，古对异族的贬称，多用于东方民族，春秋之后，多用为对中原以外各族的蔑称，如"四夷"、"九夷"。夏，即华夏族。

奇形异貌，异域他乡、边远地区、中原地区的各类人物，都能真实地参透其妙处。

〔84〕俾昼作夜，未尝厌怠。惟公及私，手不挥笔。但数纪之内，无须更之闲。

俾昼作夜：语出《诗·大雅·荡》："式号式呼，俾昼作夜。"原意是以白昼作夜间。此处意谓昼夜不分，日以继夜。惟：是也。手不挥笔：挥：《全陈文》作停。依《历代名画记》当为"手不释笔"，不停地作画也。但：此字当去，《历代名画记》无。纪：十二年为一纪。须更：依《历代名画记》当为"须臾"。

此句意谓：日夜作画，未尝厌怠，不论是公还是私，总是手不停笔地作画。几十年间，无须臾之闲。

〔85〕然圣贤曤瞩，小乏神气，岂可求备于一人——曤瞩：远视貌。

按"岂可求备于一人"当为后人所加。原因：一、文中皆两句相对，此句无对；二、文中除"但"、"然"、"而"、"有"、"无"等字外，多为"四字"；三、多此句，上下文不联，删此则文义甚通；四、细味前句批评、后句解释，其语不类。

然画圣贤远视注目时，稍缺少些神气。岂可求备于一人呢？

〔86〕虽云晚出，殆亚前品——殆：《百川学海》本作弗。

以前注家多把"前品"改为"前哲"，谓张僧繇"晚出"，故反复解释、纠缠皆不清。实则不改一字，义正顺。

张僧繇画"圣贤"，"小乏神气"。《历代名画记》作"犹乏神气"。而画"圣贤"图者，魏晋以降，代不乏人。荀勖、卫协之后，东晋的戴逵就"善图贤圣"，而且"情韵连绵"，"为百工所范"（见谢赫《古画品录》）。他们画的"圣贤"都是高品。张僧繇所画的"圣贤"图，虽说晚出（应该是超过前品），而实际上却不如前人所画。再确切地说一遍：

（张僧繇所画圣贤图）虽说晚出，大概还不如前人之作。

按：王注本依黄宾虹等人之说改此句为："实过前哲。"谓张僧繇虽是后来的画家，却"实过前哲"。"哲"当为著名大家。如果姚最认为张僧繇超过了前代著名大家，姚最本人还会说他的画"小乏神气"（《历代名画记》作"犹乏神气"更为强烈）吗？李嗣真、张怀瓘、张彦远还会那样责备姚最吗？还会那样认真地为张僧繇辩护吗？况且空言翻案、无故改字，不足为据。故不敢苟同。

〔87〕陆肃——南北朝时宋代画家，陆探微之子。《历代名画记》

作陆弘肃。《图绘宝鉴》误作绶肃。

〔88〕右绥之弟，早籍趋庭之教，未尽敦阅之勤——绥：即陆绥，陆探微长子。参阅《古画品录》。籍：通藉，借也。趋庭：典出《论语·季氏》："陈亢问于伯鱼（孔子儿子，小字鲤）曰：'子亦有异闻乎？'对曰：'未也。'尝独立，鲤趋而过庭。（孔问）曰：'学诗乎？'（鲤）对曰：'未也。''不学诗，无以言。'鲤退而学诗。他日，（孔子）又独立，鲤趋而过庭。曰：'学礼乎？'对曰：'未也。''不学礼，无以立。'鲤退而学礼。闻斯二者。"趋庭，即从庭中走过。这里记载孔鲤（伯鱼）趋庭时，其父孔子教导他学习的事。后以承父教曰"趋庭"。敦阅：同于"敦悦"、"敦说"，重视、尊崇、爱好之意。如，《晋书·潘尼传》："留精儒术，敦阅古训。"《后汉书·郑兴传》："河南郑兴，执义坚固，敦悦《诗》、《书》。"敦：敦促、指教、查阅。

此谓：右所言陆肃是陆绥之弟，早年秉承父教，但对于他的"爱好"（绘画），他未能尽其勤奋。

〔89〕虽复所得不多，犹有名家之法。方效轮扁，甘苦难投——方：违抗，不能做到也。即方命。《书·尧典》："方命圮族。"《孟子·梁惠王下》："方命虐民，饮食若流。"轮扁：典出《庄子·天道》。轮扁是斲轮的匠人。他认为真正的本领靠实践而得，不是靠读书所能真正了解的。"是以行年七十而老斲轮。"参阅本书《顾恺之〈魏晋胜流画赞〉校注》〔12〕。甘苦：《庄子·天道》："轮扁曰：'臣也以臣之事观之，斲轮，徐则甘而不固，疾则苦而不入。不徐不疾，得之于手而应于心，口不能言，有数存焉于其间。臣不能以喻臣之子，臣之子亦不能受之于臣……'"

此句之谓：虽然（因不勤）所得之不多，犹有名家之法。但没有能效法轮扁（那样致力于实践），其中甘苦就很难体会了。

〔90〕毛稜——南北朝时齐代画家。毛惠远之子。

〔91〕惠秀侄——毛惠秀的侄子。此注可能系后人所加。

〔92〕右惠远之子，便捷有余，真巧不足。善于布置，略不烦草——惠远，即毛惠远。参见本书《古画品录》注〔65〕。便捷：《淮南子·兵略》："虎豹便捷，熊罴多力。"意指行动迅疾。联系下文"略不烦草"，可知毛稜是个急性子，作画下笔很快。真巧：真，《庄子·渔父》："真者，精诚之至也。""真者，所以受于天也，自然不可易也。故圣人法天贵真，不拘于俗。"巧，《庄子·大宗师》："吾师乎，吾师乎？……覆载天地，刻雕众形，而不为巧。"《老子》第四十五章："大巧若拙。"庄子所言"不为巧"乃是不为世俗华而不实小巧。艺术之巧讲究老子所谓"若拙"的"大巧"，此之谓也。布置：即构图。"六法"中，"经营，位置是也"。顾恺之《论画》中之"置陈布势"是也。略不烦草：简略而不烦于起草稿。

右所言毛稜，是毛惠远之子，作画下笔迅速快猛有余，然真巧不足。善于构图，简略而不烦于起草稿。

〔93〕若比方诸父，则床上安床——诸父：指其父毛惠远，其叔毛惠秀等。床上安床：亦作"床上施床"。北齐颜之推《颜氏家训·序致》："魏晋已来，所著诸子，理重事复，递相模学，犹屋下架屋，床上施床耳。"譬重复而多余。按其父毛惠远的画"出入穷奇，纵横逸笔"，"其挥霍必也极妙"（见《古画品录》），和毛稜的"便捷有余"，"略不烦草"似有相同处。毛惠秀的画"有过于稜"（见前）。即是说毛稜之画似其父、叔，而又没有出奇之处。故云多余也。

此言谓：若比起他的父亲、叔父，他的画似乎是多余的了。

〔94〕嵇宝钧——南北朝时梁代画家。

〔95〕聂松——南北朝时梁代画家。

按此处嵇宝钧、聂松二人同列一条。然在《历代名画记》中所载似有别，兹录于下，以备进一步研究：

嵇宝钧，姚最云："虽亡师范，而意兼真俗，赋彩鲜丽，观之悦情。"彦远以画性所贵天然，何必师范？

聂松，梁帝云：与嵇同品，言其优劣，僧繇之亚。在解倩上。《支道林像》传于代。

如果把"聂松"条中"梁帝云"改为姚最云。则可见同出于《续画品》，语亦无异。然《续画品》中，聂松却并不在解倩（通蒨）之上。在《历代名画记》中，解是中品下，而嵇、聂是下品。如果"与嵇同品"等语果出于梁帝之口，则姚最著《续画品》的研究又当复杂矣。

〔96〕右二人无的师范，而意兼真俗——无的师范：即是没有认真地学习过哪一家。真：即上所云近于自然。俗：即能悦众目，参见下文之"赋彩鲜丽。"

右二人（嵇宝钧，聂松）没有认真地学习过哪一家。而其画意中兼有真、俗二种趣味。

〔97〕赋彩鲜丽，观者悦情。若辩其优劣，则僧繇之亚——悦情：在情绪上有喜悦之感。辩：同辨。僧繇：张僧繇，见前注。

此言谓：赋彩鲜艳美丽，使人看了有喜悦之情。若辨其画是优还是劣，则可以说次于张僧繇。

〔98〕焦宝愿——南北朝时梁代画家。《历代名画记》引姚最之语后谓其"在毛棱上，嵇宝钧下"，而《续画品》中却在袁质上，嵇宝钧、聂松下。

〔99〕右虽早游张、谢，而靳固不传。旁求造请，事均盗道之法——张谢：张僧繇、谢赫。靳固：靳本是古代车上夹辕两马当胸之皮革。靳而固之，喻保守之紧也。《晋书·嵇康传》："康将刑东市，太学生三千人，请以为师，弗许。康顾视日影，索琴弹之，曰："昔袁孝尼尝从吾学《广陵散》，吾每靳固之。《广陵散》于今绝矣。"造请：拜访请教。盗道：偷学的知识。

右焦宝愿早年游学于张僧繇、谢赫门下，但二人保守而不传授。于是他旁求、拜访、请教，所作画均是用偷偷学来的方法。

〔100〕殚极斲轮，遂至兼采之勤——殚：尽也。《庄子·胠箧》："殚残天下之圣法。"释文："殚，尽也。"《孙子》："力屈财殚。"斲轮：即《庄子·天道》篇中轮扁斲轮的典故。参阅本书《顾恺

之〈魏晋胜流画赞〉校注》注〔12〕。

此谓：像轮扁砍车轮那样极尽实践之劳，遂至兼采各家长处之勤。

〔101〕衣文树色，时表新异；点黛施朱，重轻不失——文：彩色交错曰文。《易·系辞》："物相杂，故曰文。"《礼·乐记》："五色成文而不乱。"又以赤与白相配曰章，赤与青相配曰文。黛：青黑色。古代女子多用此色画眉。

此言：（焦所画）衣服彩饰与树之颜色，时时表现出新鲜而奇异；点黛施朱，重、轻皆恰如其分。

〔102〕虽未穷秋驾，而见赏春坊，输奏薄伎，谬得其地——秋驾：《吕氏春秋·博志》："尹儒学御（驾车）三年而不得焉，苦痛之，夜梦受秋驾于其师……今日将教子以秋驾。"注："秋驾，御法也。"此处可指熟练的技巧。因其师"靳固不传"，似乎夜梦得之，故用此典。春坊：魏晋以降，太子官称春坊。输奏薄伎：输，致也，得以也。语出《史记·报任少卿书》："主上幸以先人之故，使得奏薄伎。"输奏薄伎即得奏薄伎，因避免和下句"谬得其地"之"得"重复而改用"输"。奏，奉献也。薄伎同薄技，《颜氏家训·勉学》："积财千万，不如薄伎在身。"喻技能之微小也。谬得其地：即错得其地。若以后世文人画的思想，"见赏春坊"为"谬得其地"甚合。然姚最一直在统治集团中厮混，他不会认为"见赏春坊"是"谬得其地"的，相反应是"妙得其地"，"谬"疑为"妙"之误也。

此言：虽然未有穷尽其熟练的技巧，而得到太子官的赏识，得以奉献其微薄之技，得其地也。

〔103〕今衣冠绪裔，未闻好学，丹青道堙，良足为慨——衣冠：古代士以上戴冠。《论语·尧曰》："君子正其衣冠。"后引申为世族、世绅。《后汉书·羊陟传》："家世衣冠族。"绪裔：后裔；子孙也。堙：埋没不显也。

此之谓：现在的富贵人家之子孙，未听说有好学的。绘画这门学问遂埋没不显，实在是足令今人感慨。

〔104〕袁质——南北朝时宋代画家，袁蒨之子。

〔105〕右蒨之子，风神俊爽，不坠家声——蒨：袁蒨。详见《古画品录》"袁蒨"条。

右提到的袁质是袁蒨之子。风神俊爽，没有损害这位画家家庭的声誉。

〔106〕始逾志学之年，便婴痟痫之病——逾：刚过也。志学之年：《论语·为政》："子曰：'吾十有五而志于学，三十而立，四十而不惑，五十而知天命……'"后世因称十五岁为"志学"之年，三十为"而立"之年，四十为"不惑"之年，五十为"知命"之年。婴：遭遇也，患也。南朝宋谢惠连《怀秋》诗："平生无志意，少小婴忧患。"《后汉书·李膺传》："无状婴疾。"痟：头疼病。痫：羊痫疯。（袁质）刚过十五岁那一年，便患了头疼病和羊痫风。

〔107〕曾见草《庄周木雁》、《卞和抱璞》两图，笔势遒正，继父之美——草：草样、草稿、草图，非正式作品也。《庄周木雁》事出《庄子·山木》："庄子行于山中，见大木。"观伐木者砍伐有用的大木而不伐"无所可用"的大木。又见"故人"杀无用的雁，而不杀能鸣而有用的雁。庄子（庄周）感叹木以无用保持天年而不受砍伐，雁因无用而被杀，"周将处乎材与不材之间"。袁质所画就是这个内容。《卞和抱璞》事出《韩非子·和氏》篇。参阅前注〔18〕。所画情节当为卞和抱璞在荆山脚下痛哭一节。

此言：（姚最）曾见草图《庄周木雁》、《卞和抱璞》两幅，笔势遒劲而端正。能继承其父袁蒨作画的优点。

〔108〕若方之体物，则伯仁"龙马之颂"；比之书翰，则长胤"狸骨之力"——"力"：《历代名画记》作"方"。可从。

方：比也。体物：具体地描述事物。陆机《文赋》："诗缘情而绮靡，赋体物而浏亮。"伯仁"龙马之颂"：鲁国黄伯仁《龙马颂》："夫龙马之所出，于太蒙之荒域……双耳如削，簨目象明，双璧似月，兰筋参情。"又东晋周顗字伯仁，亦作《龙马颂》。长胤"狸骨之方"：荀舆，字长胤。李绰《尚书故实》："荀舆，字长胤，能书，尝写《狸骨方》，右军临之，至今谓之《狸骨帖》。"

此段语谓：若比之具体描述事物之词，则似伯仁的《龙马颂》；若比之书法作品，则似荀长胤的《狸骨方》。

〔109〕虽复语迹异途，而妙理同归一致——语迹：语指语言文字，迹指画迹。异途：不一路。

虽然说语言文字和画迹不一路，而其妙理是同归一致的。

〔110〕苗而不实，有足悲者，无名之贵，谅在斯人——贵：《全陈文》作实。

苗而不实：此语出自《论语·子罕》："苗而不秀者有矣夫！秀而不实者有矣夫。"汉、唐学者多认为孔子为颜回命短而感叹。苗而不实意谓有了好苗而未结实，喻袁质因病而未成大画家也。无名：无法言说、评价。按袁质生于大画家之家，且"风神俊爽"，可谓"贵"，然自幼生病，可谓"不贵"。到底是"贵"还是"不贵"，无可名状，故又"无名之贵。"

此言：有了好苗子却不能结实，实在足以使人悲伤的。无法论其人之贵者，估计就是此人了。

〔111〕释僧珍——南北朝时齐代画僧。《历代名画记》载其有《姜嫄》等像、《豫章王像》、《康居人马》传于世。

〔112〕释僧觉——南北朝时齐代人。画家姚昙度之子，后为僧。《历代名画记》谓其"出家法号惠觉。"并引姚最云："丹青之用，继父之美，定其优劣，秬、聂之流。"按引言中前三句为《续画品》中所无。有《殷洪像》、《白马寺宝台样》行于世。

〔113〕右珍，遽道愍之甥——遽道愍，南北朝时齐代画家。参阅《古画品录》"遽道愍"条。

右边所提到的释僧珍，是画家遽道愍的外甥。

〔114〕觉，姚昙度之子——释僧觉是画家姚昙度之子。

〔115〕并弱年渐渍，亲承训勖——弱年：年龄很小。20岁下皆可称

弱年。渐渍：渐渐受到熏染。训勖：教训和勉励。二人都在年龄很小时就渐渐受到熏染，亲承其舅、其父的教训和勉励。

〔116〕珍乃易于酷似，觉岂难负析薪——析薪：本意是劈柴。《诗·齐风·南山》："析薪如之何，匪斧不克。"《左传》中子产引"其父析薪，其子弗克负荷。"喻先业不易继承。

此谓：释僧珍（学其舅画）乃易于酷似，僧觉继承其父之美又岂是难事。

〔117〕染服之中，有斯二道，若品其工拙，盖稽、聂之流——染服：僧徒穿的缁衣。缁衣由黑色染成，故称染服。《南史·刘虬传》附刘之遴："先是，平昌伏挺出家，之遴为诗嘲之曰：'传闻伏不斗，化为支道林。'及之遴遇乱，遂披染服，时人笑之。"后以染服代指僧徒。道：道人、道士。古代和尚称道人、道士。叶梦得《避暑录话》卷下："晋宋间，禅学初行，其徒犹未有僧称，通曰道人。"宗密《盂兰盆经疏》卷下："佛教初传北方，呼僧为道士。"稽、聂：稽宝钧、聂松，见前注。

此言：僧徒之中，有这两位和尚善画。如果要品评其工与拙，大约和稽宝钧，聂松差不多。

〔118〕释迦佛陀——原印度僧人。《历代名画记》载："释迦佛陀，禅师，天竺（印度）人，学行精悫，灵感极多。初在魏，魏学重之。至隋，隋帝于嵩山起少林寺。至今房门上有画神，即释迦佛陀之迹。"（见《续高僧传》）并谓："存《葆佛菻国人物图》、《器物样》、《外国兽图》、《鬼神画》并传于代。"

〔119〕（释）吉底俱——外国来华僧人。

〔120〕（释）摩罗菩提——亦外国来华僧人。

〔121〕右此数手，并外国比丘——比丘：原梵语，意为乞者。《魏书·释老志》："桑门为息心，比丘为行乞。"因僧人须乞法、乞食，故以此称之。按佛教章制，少年出家，初受戒，称为沙弥；到二十岁，再受具足戒，成为比丘。

右此数位画家，都是外国僧人。

〔122〕既华戎殊体，无以定其差品——华戎：华指华夏，即中国；戎，原是中原人对西北各族的泛称之一，此处指外国。殊体：不同的画种。

此言：既然是中、外不同的画种，无法（放在中国画中）定其不同品第。

〔123〕光宅威公，雅耽好此法，下笔之妙，颇为京洛所知闻——光宅：寺名。威公：南北朝时梁代光宅寺僧人。雅耽：雅，很，甚。《后汉书·窦皇后纪》："及见，雅以为美。"但多用正道。耽，同耽（异体字），酷嗜也。《三国志·蜀志·谯周传》："耽古笃学。"京洛：洛阳别称京洛，因东周、东汉均建都于此，故名。亦代指京师（首都）。班固《东都赋》："子徒习秦阿房之造天，而不知京洛之有制也。"

此言：光宅寺和尚威公十分嗜好此法（外国画法），下笔之妙，颇为京师一带所知闻。

〔124〕解蒨——南北朝时梁代画家。《历代名画记》作解倩。谓其有《丁贵人弹曲项琵琶图》、《五天人像》、《九子魔图》传于代。

〔125〕右全法章、遽，笔力不逮——章、遽：《说郛》本作遽、章。

章：章继伯也。参阅《古画品录》第四品，谓其"善寺壁。"遽：遽道愍也。《古画品录》列之与章同品同条。逮：及也。

此谓：右所言解蒨作画全师法章继伯、遽道愍二人，但笔力不及二人。

〔126〕通变巧捷，寺壁最长——通变：通指继承，变指创新。《文心雕龙》有《通变》篇，专谈继承与创新。"通变则久，此无方之数也。""非文理之数尽，乃通变之术疏耳。""诸如此类，莫不相循，参伍因革，通变之数也。"结论是："变则其久，通则不乏。""望今制奇，参古定法。"本文序的开始一句"文变今情"的"变"也是创新之意。

巧捷：高妙灵敏、机动灵动。曹植《名都赋》："连翩击鞠壤，巧捷惟万端。"《淮南子·俶真》："置猿槛中，则与豚同，非不巧捷也，无所肆其能也。"寺壁：指寺庙里壁画。按其擅长于"寺壁"。

此言：在继承传统和创新方面机动灵敏，在创作寺庙壁画方面最为擅长。

（二）《续画品》译文

续画品

陈 姚最撰

序

绘画艺术极其奥妙，不容易用言语尽述。虽然它的内容实质要沿用古意（要讲究一定的社会功效），然而其艺术形式却要随着现实的变化而变化（讲究创新），以适合今天的情形。

树立起万计的形象于胸怀之中，（才能）表现出千年（以来的事、物、兴、衰、圣贤仙灵等等）于笔端。因此九楼之上，标画着神仙灵怪的故事；四门墙壁，画有很多圣贤的图像。（因为画了功臣的像于）云阁之上，故使人见了产生崇拜之感；（因为画美女的像有差误）以致后宫中的（王昭君）被送往远国而被迫分别。所有这些，皆很遥远，其画迹难以详知。现在所存之画迹，也有其作者早已去世了的。自非渊识博见，怎能考究辨别其精粗优劣。要排除表面现象，深入内里进行研究，方能尽知其致深之理。但事有逆顺，人经盛衰，或有少年时代即因作品出色而价重者，或有到了壮年时声望才为人所知者。故前后比较，会有优、劣、错乱的现象。

至如顾恺之的伟大，独高于以往见于记载的画家，出类拔萃而无与伦比，自始至终没有第二人和他相等。有若神明一样，非具有普通识见的画家所能仿效得了；又如负日月那样高明而不可逾越，岂是肤浅无根本之学者所能企及。荀勖、卫协、曹不兴、张墨这样第一流大画家，比起顾恺之来，也是十分渺小的。和顾恺之同等水平的画家，至今还未见到有这样的人。但谢赫却说（顾恺之）声望超过了实际，（此说）实在是令人不愉快。把他列于下品，尤使人感到不安。这乃是在感情上有了褒和贬，至使不能正确地区分画的善和恶了。现在我才开始相信歌曲的格调高，和者就少，也不仅仅限于（阳春白雪那样的）名曲啊。值得悲伤的错误评题，又岂止（和氏那样的）优良玉璞呢？又恐怕（对绘画作品好坏）界限不分而使事理灭绝，永远遭受沦丧，故姑且举其一隅，可以以此知其他。大约可以同交朋友"三益"一样，会有好处的。

调制墨块用于作画，务求精严谨慎，习于此有限，应用于彼却无限。随着烧制方法的变化，墨块也跟着变化，修改的方法也是不停息的。眼睛眩惑迷乱，画幅也采饰繁密，意犹未尽。轻重微有不同，则会犯浅近凡陋和变其形貌（的毛病）。即使是极其微小的地方不合适，则欢笑和悲惨的表情就完全不同了。加以近来人的容貌和服饰，一月三改，首尾未周，马上就变得古拙了。（作画者要熟悉和适应这种变化）欲达到很高妙的程度，不也很困难吗？岂可以未曾涉川，就急忙地向别人说已越过了大海；突然看到了鱼鳖，就谓已观察了蛟龙了呢？凡此等等，未足与谈论绘画。

三国时大作家陈思王曹植说过：解说经义的书籍出之于文士，图画出于技能之工。人的秉性所尚之不同，所从事的事（文、画）是很难兼善的。追踵方形踪迹而感觉容易的人，不知圆形之步的难处。遇象谷而能依风飞翔者，不知道在吕梁之水中游蹈的滋味。（这都是片面的啊）因此虽然想象庖丁解牛那样熟练而自由地运刀，但实际上"理解"时终会迷惘的。枉自羡慕可致落尘的动人歌声，但未全识曲（也不可能唱出好的歌来，作画亦然）。

若溯源寻求图画和书法的先后，则图画还在书法之前。以《连山》作譬吧，语言文字还是由卦象而著成的。但是今人莫不贵重那些书法艺术，反而轻贱绘画艺术？！如此消长相偏侧，有很长一段历史了。故工倕断其指，则巧（艺）不可为。"杖策"、"坐忘"那样消极而不用心，不足使你的画成为经国大业、不朽盛事。"据梧"、"丧偶"那样空谈、昏坐，怎么能成为画家呢？如果不愿居于下游，自可把画笔烧掉不画。如果乐于艺术，则有用也好，无用也好，都应潜心苦思地努力。

（以上）随便陈说我的浅陋之见，并非要诋毁谁和赞誉谁。众人眼光分明，总有懂得艺术的，很难冤枉谁或欺骗谁。所以要注意积蓄见闻，增多知识。

我这里所记载的，并同以前谢赫所遗的《画品》，犹若文章，止于两卷。其中有可采之道，可使自成一说而为一集。且古今书评（张彦远谓之《画评》），高下必有权衡。（我这卷文章）解释绘画作品的文字并不多，因而（列举一些人名并作简单解说）备此以供他人参考。（所记画家）人数也少，不复区别高下；其优劣，可以意求也。

湘东殿下　梁元帝初封湘东王，尝画《芙蓉湖醮鼎图》

上（按：原文竖排版为"右"，现改曰"上"，下同）湘东殿下，以天资卓越闻名于世。幼年时禀性中具有极高的天分，如生而知之。治学能穷究其现象和本质，心师造化。决不是一般的聪明，所能有希望达到的（这种高度）。画中有"六法"（要完全做到），真正的神仙也为难。湘东王于人物画，特尽神妙，得心而应手，（下笔后）不加修改。这还是在审理诉讼、统领军队（或办理公务）的空暇时间，文谈以及众艺之余，时或偶遇事物引起兴趣而挥毫，虽在匆忙急促中所画，亦很令人惊绝。足使荀勖、卫协这样第一流大画家停笔不敢再画，使袁蒨、陆绥这样的画家藏起他的画和画笔。他绘制的图画虽然很少，但声誉却响于外。并不需要再去讨论，也不必要再去鼓吹，即可得到称誉。

刘璞

上刘璞是宋著名画家刘胤祖的儿子。从小学本门画风，至老笔法未有改变前制。体韵精研，仅次于其父。确信代代有这样的画家，此名不衰落矣。

沈标

上沈标虽然没有偏于哪一方面的专擅，但各种类型的画，皆有涉及。生性崇尚美女画，甚能留意。虽未能达到十全十美，也特有可观。

谢赫

上谢赫画肖像人物，不需要面对对象看着画，所画对象，只须看一眼，便能精到地动笔描画。点刷艳丽而精彩，意在切似，经他"一览"之后而默画出的人物形象，回想起来，虽其极细微处，皆无遗失。美丽的衣服、脂粉的妆饰，随时改变，修直的眉毛，卷曲的鬓发，与世俗所尚同新。别致之体，细腻精微，多自谢赫而始。遂使一般缺乏见识的画家在追求他的绘画之表面形式，皆类于"效颦"。至于画中人物的精神状态，还未有穷尽生动之致的程度；笔路纤弱，也不符合壮雅之至的要求。然（齐和帝）中兴年之后，人物画家都赶不上他。

毛惠秀

上毛惠秀，其于绘画，颇为详悉。但太拘谨、不自然，反成为纤弱，缺乏锐气。遒劲不及其兄毛惠远，委婉曲折有过于其侄毛稜。

萧贲

上萧贲作画性雅而精密，后来者很难超过他。挥笔作画时，动必依据真实为对象。曾经画团扇，其上作山川，咫尺之内，使人见之有万里之遥远感，方寸大小的面积中，可以辨清千寻之高大。他学画不为别人欣赏，仅为自己娱悦性情而已。虽有喜欢多事（而好收藏书画）者，也罕见他的画迹。

沈粲

上沈粲作画笔迹调畅秀媚，专门擅画女人，在屏障上作图画，也颇有情趣。

张僧繇　五代梁时吴兴人

上张僧繇善于画佛教题材的壁画，超越很多画工。所画朝廷官员、村野百姓，今人、古人，皆切合而不失。奇形异貌、异域他乡、边远地区、中原地区的各类人物，他也都能真实地参透其妙处。日夜作画，未尝厌怠。不论是公还是私，总是手不停笔地作画。几十年间，无须臾之闲。然其画圣贤远视注目时，神气则不足（又岂可求全责备于一人呢——按此句当为后人所加，应删去。张僧繇所画的圣贤图），虽说晚出，大概还不如前人之作。

陆肃 一本作宏肃

上陆肃是陆绥之弟，早年秉承父教，虽然其父敦促指教，但他未能尽其勤奋。虽然所得之不多，犹有名家之法，因没有能效法轮扁那样致力于实践，其中甘苦就很难体会了。

毛稜 惠秀侄

上毛稜是毛惠远之子，作画下笔迅速快猛有余，然真巧不足。善于构图，简略而不烦于起草稿。若比起他的父辈，其画似乎是多余的。

嵇宝钧 聂松

上嵇宝钧、聂松二人没有认真地学习过哪一家，而其画意中兼有真、俗二种趣味。赋彩鲜艳美丽，使人看了有喜悦之情。若论其画是优还是劣，则可以说次于张僧繇了。

焦宝愿

上焦宝愿早年游学于张僧繇、谢赫门下，但二人十分保守而不传授。于是他旁求访教，所作画均是用偷偷学来的方法。像轮扁砍车轮那样极尽实践之劳，遂至兼采各家长处之勤。所画衣服彩饰与树之颜色，时时表现出新鲜而奇异；点黛施朱，重、轻皆恰如其分。虽然未有穷尽其熟练的技巧，而得到太子官的赏识，得以奉献其微薄之技，妙得其地。而现在的富贵人家之子孙，未听说有好学者。绘画这门学问遂埋没不显，实在足以令人感慨。

袁质

上袁质是南朝宋画家袁蒨之子。风神俊爽，没有损害这位画家家庭的声誉。（可袁质）刚过十五岁那一年，便患了头疼病和羊痫风。我曾见过他的草图《庄周木雕》、《卞和抱璞》两幅，笔势遒劲而端正。能继承其父袁蒨作画的优点。若比之具体描述事物之词，则似伯仁的《龙马颂》；若比之书法作品，则似荀长胤的《狸骨方》，虽然说语言文字和画迹不一路，而其妙理是同归一致的。有了好苗子却不能结实，实在足以使人悲伤。无法论其人之贵者，估计就是此人了。

释僧珍　释僧觉

上释僧珍是画家遽道愍的外甥，释僧觉是画家姚昙度之子。二人都在年龄很小时就渐渐地受到前辈薰染，亲承其舅、其父的教训和勉励。释僧珍（学其舅画）乃易于酷似，僧觉继承其父之美又岂是难事。僧徒之中，有这两位和尚善画，如果要品评其工与拙，大约和嵇宝钧、聂松差不多。

释迦佛陀　吉底俱　摩罗菩提

上面这几位画家，都是外国僧人。既然是中、外不同的画种，无法（放在中国画中）定其不同品第。光宅寺中的尚威公十分嗜好此画法，下笔之妙，颇为京洛一带人所知闻。

解蒨

上解蒨作画全师法章继伯、遽道愍二人，但笔力不及。在继承传统和创新方面机动而灵敏，在创作寺庙壁画方面最为擅长。

十四、《山水松石格》研究

（一）《山水松石格》的作者和年代

《山水松石格》的作者，旧说曾直认为是南朝梁元帝萧绎（508~554年）。北宋韩拙《山水纯全集》中云："梁元帝云：木有四时，春英夏荫，秋毛冬骨。"这正是现存《山水松石格》中的句子。可见北宋人亦直认此文作者为梁元帝。然此说距梁元帝之世已经五百年了。清代大学者严可均搜辑的《全上古三代秦汉三国六朝文》中，亦归此文于《全梁文》梁元帝的名下（按《全梁文》中作《山水松竹格》）。北宋之前，还未见到文献上明确记载梁元帝有此文。唐张彦远作《历代名画记》"探于史传"、"旁求错综"（见卷一），亦未提到梁元帝有此文。《梁书》所载元帝著述三百三十三卷，《隋书》卷三十四《经籍》四有"梁元帝集五十二卷"，又"梁元帝小集十卷"，然其中是否包括《山水松石格》，已不可知。《宋史》卷二百七有《艺文六》，明文记载至宋代还有"梁元帝……《山水松石格》一卷"。《艺文》只载其书名，内容亦不可知。目前能见到载有《山水松石格》文章的较早版本，是明代王绂《书画传习录》。但王本却认为"此文与长史笔法等篇，俱有古人传习相承之意。其托名赝作，所勿计也"。

由此可知，王绂之前一直传此文为梁元帝之作。《四库全书总目提要》卷一百十四中提到此文时说："旧本题梁孝元皇帝撰。案是书《宋·艺文志》始著录，其文凡鄙，不类六朝人语。且元帝之画，《南史》载有《宣尼像》，《金楼子》载有《职贡图》，《历代名画记》载有《番客入朝图》、《游春苑图》、《鹿图》、《师利图》、《鹈鹕陂泽图》、《芙蓉湖醮鼎图》，《贞观公私画史》载有《文殊像》，是其擅长惟在人物。故姚最《续画品录》惟称'湘东殿下工于像人，特尽神妙'，未闻以山水松石传，安有此书也？"

余嘉锡作《四库提要辨证》，对此干脆不置可否。《提要》说："不类六朝人语"，基本可信。然失于笼统。未必所有话皆"不类六朝人语"，其"秋毛冬骨，夏荫春英"，不仅语似六朝，且用字之确，对仗之工，切状之巧，正是刘宋时代"俪采百字之偶，争价一句之奇"、"自近代（齐梁）以来，文贵形似，窥情风景之上，钻貌草木之中……故巧言切状"（《文心雕龙·物色篇》）的风气下之产物。又说梁元帝"工于像人（人物画），特尽神妙"，这是有根据的，若以"未闻以山水松石传"来否认梁元帝此书，不论结论正确与否，其理由是站不住脚的，也不符合史实。晋宋之际宗炳，所传于后皆人物画，但他不仅是山水画家，而且是山水画论之祖。况且梁元帝特别喜好山水，这在他的诗文中可以得到印证。喜好山水而画山水，正是当时画家的风气。戴逵、戴勃、顾恺之、宗炳、王微、陆探微、萧贲、张僧繇等等，差不多六朝所有大画家皆于画人物之余而作山水画，宗炳晚年作品多属山水，梁元帝又岂能不作山水呢？姚最说他"心师造化"（见《续画品》），"造化"不就是包括山水在内的大自然吗？唐《历代名画记》所载梁元帝有五幅画存世：《游春苑》、《鹿图》、《师利像》、《鹈鹕陂泽图》、《芙蓉湖醮鼎图》，恐怕山水画的成分还是不少的。且就当时风气来看，顾恺之、宗炳、王微等等画家中，善诗文者差不多都要写几句山水诗或山水画论。虽不能说梁元帝必然会写此文，但写此文的可能性很大。硬说梁元帝不会写这样文章，根据不充足。

梁元帝的诗文，至今可见尚不在少数，他是诗文的高手。今存的

《山水松石格》中大部分语言"凡鄙"，和梁元帝的诗文风格确是迥异的。尤其是最后"审问既然传笔法，祕之勿泄于户庭"乃道地的民间画工口气，决非萧氏之语。由此观之，又恐非梁元帝所作。

既可能是，又可能不是，到底是不是呢？为了较好地解决这一问题，首先要弄清此文写作时间的下限。黄宾虹、邓实合编的《美术丛书》中说："此篇……大率为宋明人伪托。"这实在是不负责任的说法。北宋人韩拙写书，已明文引用此文，并作了解释。即是说，此篇至迟也是北宋的书。余绍宋在《书画书录解题》中则承认："则伪托者至迟亦为北宋人，犹是古书。"此说高于前说，然韩拙是北宋人，这样说并不费大力气。

考文中"设粉壁"、"隐隐半壁"等语，可知作者所指是壁画。我们今日作画多在纸上，谈论绘画则不言而喻知是在纸上，如果谈到在绢上、壁上作画，就要额外加以说明。在壁上作画盛于六朝至盛唐。文中谈到"高墨犹绿，下墨犹赪"、"笔妙而墨精"是和水墨画有关，画史所载，水墨画起于盛中唐之际的王维（实则应是起于吴道子）。但在民间画工的画中，早就有了水墨画了。1976年春，山东省嘉祥县英山脚下发现的隋代开皇四年（584年）一座壁画墓，其中便有纯山水题材的画屏，即是以水墨画成，然后敷色渲染（见《山东画报》1982年第1期）。墓壁画中还有一幅《天象图》，其中桂树用"落茄点"。比画史所载米芾的"落茄点"早创六百多年。《历代名画记》所载"殷仲容……或用墨色，如兼五采"，也大大早于王维。所以不可以今日所论文人画史来衡量民间画，文人画这些创造也许正来自民间画工的启示。中唐以后的画论，便未有"粉壁"、"隐隐半壁"之语了。又此篇中有"精蓝观寺，桥彴关城，行人犬吠，兽走禽惊"这类复杂物，尤其是禽兽画于山水中，乃六朝前期山水画之特色，六朝之后，一般山水画中多不存此物。

综上所述，此文下限是盛中唐之际，不会晚于中唐之后。所以北宋韩拙直认为梁元帝之作而不疑。因此文至韩拙时已流传几百年，若伪托于北宋，韩拙岂能不疑？

此文用骈文写成，开头一句"天地之名"，平典似《道德论》，确是六朝文风。且时时有"雅语"，又有对仗甚工者，如："行人犬吠，兽走禽惊"，又确为六朝山水画的特色，而非唐山水画之所有。末尾一句"祕之勿泄于户庭"，又是道地的民间画工之语。因此我认为：《山水松石格》起于梁，可信，可能本是梁元帝之作，后来于流传中屡经改篡增添，直到唐初而成，基本上变了面貌。所以，《宋史》卷二百七《艺文》著有"梁元帝《山水松石格》一卷"，恐非无故。

今存此文中，既有六朝语，又有隋唐语，既有文人语，又有画工语；在绘画史实上，既反映了六朝山水画面貌，又反映了隋及唐中前期的面貌。因此，分析和研究这篇文章时，就要特别注意它的复杂性。它是继宗炳、王微之后较早的一篇画论，具有一定的画史价值。虽然在逻辑和理性方面，有不及宗、王画论处，但在讨论一些具体画法和笔墨技巧等方面，又有比顾、宗、王更深入更高明的说法。

（二）《山水松石格》的贡献及其影响

就写作技巧而论，《山水松石格》不能算是好文章，它不过是一篇零零碎碎的口诀而已。比如"高墨犹绿，下墨犹赪"一句和前后文义并不相接。全文似分成许多小段，每一个小段落又各有一个中心，或集中论树，或集中论山。总的来说有些零乱，忽石忽树，忽山忽水。至于一些文义不通的句段，当可能是传抄的错误，尚且不论。

下面，我将本文在绘画史上的贡献条理一下，略加分析，限于篇幅，见其纲目而已。

1. "格高而思逸"的提出

文中首次提出"格高而思逸"，在绘画理论上是一个重大的突破。

这里要澄清的一点是，"或格高而思逸，信笔妙而墨精"一语，乃因果关系，而非并列关系，是说画的格调高逸，其作者思想必高逸，也即作者思想高逸，作画的格调方能高逸；用笔妙，画上的墨色方能精致。后人常言"笔妙墨精"，或"笔精墨妙"，是作为画面上笔和墨效果而论的，这已经改变了原来的思想意义。

中国正式的画论产生于晋顾恺之，顾恺之提出"传神论"，对当时和后世绘画产生了巨大影响。继而宗炳提出"以形写形，以色貌色"（即以山水本来之形色写作画面上的山水之形色）。再而王微提出"写太虚之体"即写出自己想象中的山水。之后，谢赫提出"气韵说"，"气韵说"源自顾恺之的"传神论"，二说皆以绘画的对象而论，它和宗炳的写客观对象说是一脉相承的。谢赫之后姚最提出"立万象于胸怀"，主张画自己胸中的对象，和王微的理论一脉相承，就中国艺术规律而论，写胸中对象比写客观对象要进一步，在画论上当然是一大贡献。但于艺术的根源之地，艺术格调的高下之本质问题，似乎尚无人正式触及。写胸中对象也好，它不能完全解决一个人艺术格调的高下问题。

艺术格调高下决定于人格的高下（此指有相当基础的画家），所谓"风格即人"。马克思也说过"风格就是人"，"形式是我的精神的个性"（《评普鲁士最近的书报检查令》）。中国人说书如其人，诗如其人，画无疑亦如其人。同是一座山，同是一株树，在不同的画家笔下有不同的面貌，实是画家不同的人格、不同的胸怀的表现。有人落笔便不俗，有人作画终生仍俗，根本问题在于人的思想与人格。鲁迅先生说过："美术家……他的制作，表面上是一张画或一个雕像，其实是他的思想与人格的表现。"（《鲁迅全集》卷二四十九页）艺术作品是通过艺术家创作出来的，由于艺术家的气质（包括生活阅历，思想性格，艺术修养，审美观等）不一，其在作品的内容和形式的各种因素中就会表现出与众不同的艺术特色。这种特色即是艺术家人品在艺术作品中的自然体现。所以"格高"也能体现出"思逸"，这就是艺术格调高下的本质问题。这一问题在此之前尚无人正式触及。之所以用"正式"二字，是因为在顾恺之同时的戴逵、庾道季已有意识。据《历代名画记》所载，庾道季看了戴逵画的行像之后说："神犹太俗，盖卿世情未尽

（传）南朝 萧绎 《职贡图》卷（北宋熙宁年间摹本） 25×198厘米 中国国家博物馆藏

耳。"戴云："惟务光当免卿此语耳。"庾说戴的画神犹太俗，并未追究戴的技巧，而是说戴的身上还存在俗气（世情未尽），这就一语道破了俗的根源。戴没有接受庾的意见，针锋相对地给以回答："惟务光当免卿此语耳。"务光是夏代时人，"汤将伐桀，谋于光，光曰：'非吾事也。'汤曰：'伊尹何如？'光曰：'强力忍诟，不知其他。'汤克桀，以天下让于光，光曰：'吾闻亡道之世，不践其土，况让我乎？'负石自沉于泸水"。务光是一个未有世情的人，帝王向他请教，他不买账，把天下让给他，这对于名利之徒来说，是百年难遇、百求而不得的事，他却大骂一通而后自杀了。戴的意见是：人在世俗中生活，总有些世俗气，总要反映到画中去，除非务光能免，因为务光没有世俗气。他的话是和庾针锋相对的，但反映的精神意义却是一致的，即人的思想、精神气质一定会反映到画中去。

到了《山水松石格》，正式提出"格高而思逸"，既是科学的总结，又是伟大的预见，愈到后来愈见其作用。惟人之思高逸其画格才能高逸，一语道破了艺术的本质，把绘画艺术的奥妙挖掘到最深处。所以张彦远在《历代名画记》"卷九·吴道子"条下特别说他"好酒使气"，"每欲挥毫，必须酣饮"，一般论者多以为此是和画无关的文字，实乃未识张氏的深意。吴道子作画，有时还要观将军舞剑以壮其气，"既毕，挥毫益进"，至他平生之画未出其右，所以张彦远总结出："书画之艺，皆须意气而成，亦非懦夫所能作也。"这和"格高而思逸"的精神是一致的。绘画之所以各家有各家的面貌，正是各家之

"思"不同。唐代山水画最著名的有三家,其一是李思训,李自幼受宫廷纸醉金迷生活的熏陶,虽曾一度潜逃,而后又回到了皇宫,他那富丽堂皇的画风正是他向往富贵思想的反映;其二是吴道子,曾闯荡江湖,好酒使气,甚至要观舞剑以壮其气才能作画,反映在他的笔下山水是怪石崩滩,气势磊落;其三是王维,"中年惟好道,万事不关心",是一个典型的隐士型人物,他既无李思训的向往富丽豪华的思想,也无吴道子刚猛豪爽的气质,他清淡寡欲,知足逍遥,反映在笔下,也是柔性的线条和水墨渲淡的色调。

说技术是生产力,说艺术是意识形态,可见二者有很大的区别,正因为艺术本来就是人的思想意识的表现,这不仅是内容,尤其在风格。"格高而思逸"五字早已透露了这方面消息。明乎此理,作画者欲其格高,工夫便要在画外,首先在于人格的锻炼,心胸的涵养。郭若虚云"气韵,本乎游心",心乃技巧不及之地。韩拙《山水纯全集》云:"作画之病者众矣,惟俗病最大。"俗病大,大在根深于人的品格,非技巧训练所可及,必须行万里路,读万卷书,心胸不俗,人格自不俗,画格亦自不俗耳,这道理看起来似乎太玄,只要认真研究,其实是实在的。《芥舟学画编·立格》云:"笔格之高下亦如人品……夫求格之高其道有四:一曰清心地以消俗虑;二曰善读书以明理境;三曰却早誉以几远到;四曰亲风雅以正体裁。具此四者格不求高而自高矣。"清申其说:"笔墨虽出于手,实根于心,鄙吝满怀,安得超逸之致?"其说虽和今日的思想有些距离,然细究之,确有可取之处。所以"格高而思逸"的提出，在理论上的深度和影响，应该引起足够的重视。

此外，本文还提到"设粉壁，运神情"。"设粉壁"是物质的准备，"运神情"是精神的准备，不说"运笔"而说"运神情"，这就更加深入，笔受手使，手受心运，归根到底是神情的运动。诚如《书谱》证王羲之书迹不同风格时所谓："写《乐毅》则情多怫郁，书《画赞》则意涉瑰奇，《黄庭经》则怡怪虚无，《太师箴》又纵横争折，暨乎兰亭兴集，思逸神超，私门诫誓，情拘志惨。""虽学宗一家，而变成多体，莫不随其性欲，便以为姿。"这正和"运神情"、"格高而思逸"是一个道理。中国绘画自"格高而思逸"提出之后，愈后愈强调人格的重要，愈明白画中"我"的重要。到了清初石涛，就直言"画者，从予心者也"，"画中须有我在"了。

2．具体画法之研究

①**反对自然主义**。《山水松石格》提出了"设奇巧之体势，写山水之纵横"。画山水不可见什么画什么，取其可入画者而画之，明董其昌《容台集》云："山行时，见奇树，须四面取之，树有左看不入画，而右看入画者，前后亦尔。"郭熙《林泉高致集》云："千里之山，不可尽奇，万里之水，岂能尽秀……一概画之，版图何异？"其实早在中唐之前，就有了"设奇巧之体势"，要求写出山水纵横气势，这针对早期山水画那种"钿饰犀栉"的图案式来说就更有意义。文中又提出"褒茂林之幽趣，割杂草之芳情"。画茂林和杂草，不是取其形，而是取其幽趣和芳情，这不仅要求去除自然主义，还要赋之以作者个人的感情色彩。

②**以有限表现无限**。一切文学艺术皆不可以一示一，或弦外无音，或景外无情。一切艺术皆要尽可能以有限笔墨表现无限之景，以有限可视之物，引起读者无限思索向往之情。所以画面上景大则不可全露，所谓"景愈露而境愈小，景愈藏而境愈大"。本文所言水的画法有"水因断而流远"。画面上的水流若全现于画面，不过一小段，它无法显示长

远之势。敦煌早期山水画中的水正是如此。若一道水流时隐时现，或藏于山后、或隐于林丛、或绕向画外，则含不尽之意于断处，给人以无限思索和想象。"路广石隔"亦然，路藏于石后而不全现于画，则路广容人想象，同时画面丰富，不显单纯。文中又提到画水"首尾相映，项腹相近"，也有这个意思。

③**多样统一**。作画要多样统一，今人多知之。多样而不统一，则画面零乱无旨。统一而不多样，画面则板滞无趣。早期的山水画家，一般还不能了解这一点，画山则"群峰之势，若钿饰犀栉"，画树"列植之状，则若伸臂布指"。现存一些早期山水画（如敦煌）即可证其实，画山如锯齿一样排列，千山如一山，完全没有变化。所以当时的山水画关键问题在于变化。文中指出"树有大小，丛贯孤平，扶疏曲直，耸拔凌亭"，画中的树和自然界中树一样，要有大、有小，或一丛，或一排，或一株独秀，或高低整齐，或婆娑多姿、曲直有态，或耸峙、或挺拔、或凌空、或亭立，总之要避免棵棵相似，平淡无奇。而且要"桂不疏于胡越，松不难于弟兄"，桂树不可画得太疏，南一棵北一棵；松树不要画成两棵一个模样，像兄弟似的。

如前所云，这些问题今日提起来，也许没有什么了不起。可在当时，对于冲破那种毫无变化的图案式山水画，意义何其重大！

④**表现四时不同景致**。山水画一般要体现出四时不同的景致。这个问题在当时提出很有意义。所谓"秋毛冬骨，夏荫春英"，也正是本文状物最精彩之处。尤其是王微提出写胸中山水之后，如果不注意四时不同的特征，或者表现不了"秋毛冬骨，夏荫春英"这些特征，那就容易走向偏面。正式提出这个问题，引起画家注意，不论在观察山景，创作还是欣赏山水画时，都有极大的意义。

这一段话，《山水纯全集》中特为引用"梁元帝云：'木有四时，春英夏荫，秋毛冬骨'"。韩拙并作了解释："春英者，谓叶细而花繁也；夏荫者，谓叶密而茂盛也；秋毛者，谓叶疏而飘零也；冬骨者，谓枝枯而叶槁也。"这里加了"木有四时"四个字，今所见《山水松石格》中是无此四字的。若原文果有此四字，则毛、骨、荫、英完全指树而言，若无此四字，理解成南方的山景则无不可。

⑤**注意事项**。绘画经验有正反两个方面，反面的经验也就是失败的经验，它是成功的另一个因素，它提醒画家作画时要予以避免。本文中云："高岭最嫌邻刻石。远山大忌学图经。""峭峻相连者岭"，虽峭峻相连，但毕竟是一个整体，不可像刻石一样。"远山无石"，山之远观则浑成一片，所以最忌像图经一样轮廓清楚、交待有绪（《山水纯全集》云："不分远近深浅，乃图经也。"）。宋代郭熙的《林泉高致》也注意到了这个说法。

正面的经验，则提到"云中树石宜先点，石上枝柯末后成"。因为云无正形，画好树石，可根据具体情况绕以云形。或者是一片云海上露出一座山头和树木，可根据画面的需要分布好山头，然后再以云连接。但这种画法不是绝对的，可根据具体情况和画家本人习惯而定，所以，用"宜先点"，"宜"者，不可拘泥也。但是石虽无形，枝柯却长于石上或从石后出现，那就必须先画石，然后补以枝柯。有作画经验的人对此是很容易接受的。所以编入口诀中，对于初学画的人和数人共画一幅大壁画者是很有益处的。

⑥**"有常程"和"无正形"**。说画山水"丈尺分寸，约有常程"，即是要有一个大概的比例，如果"人大于山、水不容泛"，便不符合比例，即无常程了。"树石云水，俱无正形"，是说无固定模式的一定形状。"有常程"和"无正形"的提出，对于创作是很有作用的。

宋代苏轼在《净因院画记》中曾说过："余尝论画以为人禽宫室器用，皆有常形；至于山石竹木水波烟云，虽无常形，而有常理。常形之失，人皆知之；常理之不当，虽晓画者有所不知。"又说："虽然常形之失，止于所失，而不能病其全。若常理之不当，则举废之矣。以其形之无常，是以其理不可不谨也。世之工人或能曲尽其形，而至于其理，非高人逸才不能辨。"苏轼这段话影响是很大的，引起很多研究者的注意，也有可能是受了这段话的影响。

（三）色彩的研究和"破墨"的提出

"炎绯寒碧"，即红（绯）颜色给人热（炎）的感觉，绿（碧）颜色给人以寒的感觉。色彩有冷暖的感觉，这是第一次明确提出来的，也许还具有世界意义。在此之前，据《历代名画记》转引汉张华《博物志》云：汉桓帝时的刘褒"曾画云汉图，人见之觉热。又画北风图，人见之觉凉"（按：此条内容，我在《博物志》一书中未查到，恐佚），可谓对画面给人冷热感觉的第一次研究。但使人觉热、觉凉的因素是什么？未有明确披露。而本文却明确指出"炎绯寒碧"，实乃精论，值得大书而特书。它说明一千多年前我国的画家、画工已经对色彩的感觉作了深入的研究。实际上，任何颜色本身并不具备冷暖的因素。红颜色给人热的感觉，它本身并不热，碧颜色亦然。在科学不太发达的时代，热莫过于火，寒莫过于冰。火呈红色，冰带碧色（虽然冰本身无色），由火及红，由冰及碧，在人们脑子里形成了条件反射，套用美学上一句话叫"美的感受"，是"人的本质力量对象化而产生了美"。

颜色给人以冷暖的感觉，画上物象本靠颜色来表现，物象本身给人一种感觉，所以，本文又提到"暖日凉星"。日本是暖的，星本是凉的，要在画上也达到暖和凉的效果，这是作画者必须用心研究的。

在研究颜色的同时，也对水墨的色彩效果开始了研究。本文提到"高墨犹绿，下墨犹赪"。其中"高"和"下"，可以有两种理解，一是山的高处，其墨色表现出绿色的效果，山的下处墨色表现出赪（赪红）的效果；一是浓墨给人以绿色的感觉，淡墨给人以赪色感觉。具体哪一种意思，还有待于进一步研究。但不论哪一种理解法，都表现了墨的不同彩色感。武则天时的殷仲容作画"或用墨色，如兼五彩"，正是这个道理。荷花、菊叶、松、竹、梅皆可用墨去画，但人们并不以为花叶梅竹便是黑色。当然绿色的竹子也可以用朱砂去画，苏东坡就画过朱竹，但是这种方法却很少有人接受，当时就有人责问苏东坡：竹子哪来红色？但是却从来无人责问以墨作竹的人。墨分五彩，而不闻朱分五彩或绿分五彩；山石实际上是黑色的很少，但水墨山水画自唐兴起后却一直占统治地位。这个现象值得深入研究。中国绘画，尤其是山水画受道家思想和玄学的影响很大，以墨代五色，也正是这种道家思想影响的结果之一。道家是以"清淡"为宗的，反对五颜六色的绚烂之美，所谓"五色乱目"（《庄子·天地》），"素也者，谓其无所与杂也"（《庄子·刻意》），"朴素而天下莫能与之争美"（《庄子·天道》）。所以，摒去五色，代之以墨，正和道家的美学观相通。墨色就是玄色，"玄"乃是道家学说的归源之地。虽然道家谈"有"也谈"无"，但"此两者同出而异名，同谓之玄"（《老子》第一章）。"玄之又玄，众妙之门"（同前）。玄就是黑，也是天，墨色可谓天色，是颜色中的王色、自然色、母色，它是可以统治其他颜色、产生其他色感的。张彦远谓"运墨而五色具"，"墨色如兼五采"，亦只有处于天色、玄色地位的墨色才"可具""可兼"。所以中国画的骨干是水墨画。虽然有人尝试以朱代色、代墨，终不能形成统宗，也无法达到墨的效果，原因是在中国画颜色中，其他颜色皆不居于天色、王色、母色的地位，皆不能具五色、兼五彩。"高墨犹绿，下墨犹赪"的提出，在理论上已奠定了以水墨代五彩而作水墨山水画的基础。

本文还提出"破墨"，即水墨渲淡。当时的破墨非今日所谓浓淡相破的破墨，乃是浓墨中掺加清水，因加水量的多寡将墨分破成不同层次，然后用不同浓淡的墨去渲染出山石的阴阳向背、高下凹凸。《图画见闻志》卷一云："皴淡即生凸之形，每留素以成云，或借地以为雪，其破墨之功，尤为难也。"《山水纯全集》云："夫画石……层叠厚薄，覆压重深，落墨坚实，堆叠凹凸，深浅之形，皴拂阳阴，点匀高下，乃为破墨之功也。"《笔法记》亦云："墨者，高低晕淡，品物浅深，文彩自然，似非因笔。"都含有这个意思。

由色彩效果的研究到以墨代色的研究，到"破墨"的提出，这是一个好兆头。它预示着中国画将进入一个新的境界——水墨山水画的新兴。事实不也正是如此吗？

十五、《山水松石格》点校注译

按：本篇以《全上古三代秦汉三国六朝文》中的《全梁文》为底本。参以《书画传习录》、《画学心印》、《古今图书集成》、《画苑补益》、《画论丛刊》、《美术丛书》、《佩文斋书画谱》等版本互校。初稿所用版本古籍为南京图书馆所藏。复校时，部分古籍用安徽省图书馆藏本。

（一）《山水松石格》点校注释

山水松竹格[1]

梁元帝[2]

夫天地之名，造化为灵[3]。

设奇巧之体势，写山水之纵横[4]。或格高而思逸，信笔妙而墨精[5]。

由是设粉壁[6]、运神情[7]。素屏连隅，山脉溅朴[8]。首尾相映，项腹相近[9]。丈尺分寸，约有常程[10]。树石云水，俱为正形[11]。树有大小，丛贯孤平；扶疏曲直，耸拔凌亭[12]。乍起伏于柔条，便同"文"字[13]。（原阙十字）[14]。或难合于破墨，体向异于丹青[15]。隐隐半壁，高潜入冥[16]。插空类剑，陷地如坑[17]。秋毛冬骨，夏荫春英[18]。炎绯寒碧，暖日凉星[19]。巨松沁水，喷之蔚同[20]。褒茂林之幽趣，割杂草之芳情[21]。泉源至曲，雾破山明[22]。精蓝观宇，桥彴关城，门人犬吠，兽走禽惊[23]。高墨犹绿，下墨犹赪[24]。水因断而流远，云欲坠而霞轻[25]。桂不疏于胡越，松不难于弟兄[26]。路广石隔，天遥鸟征[27]。云中树石宜先点，石上枝柯末后成[28]。高岭最嫌林刻石，远山大忌学图经[29]，审问既然传笔法，祕之勿泄于户庭[30]。

校注：

〔1〕山水松竹格：《全梁文》外，诸本皆作"山水松石格"。

按晋人不仅喜山水，亦喜松竹。"竹林七贤"特聚于竹林之中，王子猷居处不可一日无竹。且"山与水"、"松与竹"相对，较之"山水"、"松石"义似更胜，论画"山水松竹"，似无不可。然文中没有论及画竹者，考诸画史，六朝亦无画竹记载；唐以后多提"松石"、"树石"，而鲜提"松竹"。故仍以"山水松石格"称之。

山水画中的"松石"今属"山水"范畴，不再另列。因为此文写于唐之前。宋以前的山水画中，松石和山水为四物，两个概念。张彦远《历代名画记》有《论画山水树石》一文，其中有云："其画山水……率皆附以树石。"又"由是山水之变，始于吴，成于二李。树石之状，妙于韦鶠，穷于张通"。所言画山水附以树石者，可知至唐代，山水、树石还不是一回事。至宋郭熙的《林泉高致》中列有《山水训》一章，就把"山石"、"林木，""楼观"等统归于山水，不再详分"山水"、"松竹（石）"了。又画山水总离不开树石，据张彦远记载当时的树石"多栖梧苑柳"。顾恺之《画云台山记》又有"孤松植其上"。

格：格式，指一定的标准或式样。

此句意：山水松竹（石）的画法。

〔2〕梁元帝即萧绎（508~554年），字世诚，小字七符，自号金楼子。南兰陵（今江苏常州市西北）人。梁武帝第七子，初生便眇一目，但聪慧。继武帝、简文帝、豫章王之后为梁元帝。萧绎于天监十三年

（514年）封湘东王，历任会稽太守、侍中、江州刺史、荆州刺史。侯景之乱中，受密诏为大都督中外诸军事，以讨侯景。但他拥兵观望，专力对付其他争夺帝位的诸王。至太宝三年（552年），才击灭侯景，即帝位于江陵。西魏伐梁，他被困江陵，及城陷，焚古今图书十四万卷（《历代名画记》作："乃聚名画法书及典籍二十四万卷……焚之。"），遂为西魏将于谨率军所掳，不久被杀。梁元帝是南朝著名诗人和画家，他的诗文、书法和绘画之艺皆高。

〔3〕夫天地之名，造化为灵。

夫：《书画传习录》无此字。

名：盛行于六朝时期的《老子》第一章有："名，可名，非常名。""天地之名"为什么非常名呢？因为是造化赋于它的神灵。《老子》又有：'有名，万物之母。"《庄子·达生篇》云："天地者，万物之父母。"天地之所以为万物之母，也因造化赋于它神灵之故。《庄子·大宗师》："以天地为大炉，以造化为大冶，恶乎往而不可哉。"《淮南子·精神训》："伟哉，夫造化者。"杜甫《望岳》诗"造化钟神秀"亦此意。

造化就是大自然，庄子认为它能创造一切（为大冶）。此指天地间包括山水树石在内有生机的内容。

此言：天地是万物之母，造化赋予它的神灵。

〔4〕设奇巧之体势，写山水之纵横。

此言构思、构图。画山水松石要设奇巧之体势，不可见什么画什么。要画出山水树石的纵横气势（所以然者，是要体现出造化赋予万物神灵的原因）。

〔5〕或格高而思逸，信笔妙而墨精。

格：指画的格调。思：指人的情怀、思想、意识、学养。逸：超迈也。

此言：欲使画的格调高超，必须人的情怀、思想、学养高逸。"思逸"才能用笔高妙，诚然，用笔高妙，落墨方见精彩（墨由笔出）。

按：以上是总论。必须明了这些基本的东西，方能作画。

〔6〕粉壁：此指白色的墙壁。

《汉官典仪》有记："尚书奏事于明光殿，省中皆以胡粉涂壁，紫青界之，画古烈士，重行书赞。"宋李明诚记画壁制法云："造画壁之制，先以粗泥搭络毕，候稍干，再用泥横被竹蔑一重，以泥盖平。又候稍干，钉麻华，以泥分披令匀，又用泥盖平。以上用粗泥五重，厚一分五厘。若拱眼壁只用粗细泥各一重，重施沙泥，方用中泥细衬。泥上施沙泥，候水脉收定，压十遍，令泥面光泽。"（见《营造法式》卷十三，泥作制度画壁）

建设粉壁。此指作画前的物质准备。

〔7〕运神情：《书画传习录》、《画学心印》本作：运人情。

此指作画时的精神准备。

〔8〕素屏连隅，山脉濺朴。

隅：《书画传习录》、《画学心印》作幛。

朴：《古今图书集成》、《画论丛刊》本作淘。《画苑补益》、《美术丛书》本作补。《书画传习录》、《佩文斋书画谱》、《画学心印》本作瀑。按：以"淘"为是。

素屏：指洁白的屏风。隅：指屋隅。山脉：指山中的飞泉、瀑布、溪流，《林泉高致》有云："山以水为血脉，以草木为毛发。"淘：音轰，水波互击声。

此言画水飞濺，在素屏及墙隅上，似能听出淘淘有声。

〔9〕首尾相映，项腹相近。

映：《书画传习录》、《画学心印》作莹。

相近：《古今图书集成》、《画论丛刊》本作相迎。《书画传习录》、《画学心印》作逼近。

此言画水。画上的水流首与尾要相映，当中（项腹）要相近。

按：在咫尺之纸上画出水流的长度，首尾要交待清楚，要互相呼映、项腹相近，即当中部分弯曲相近，或绕过山石又现，或隐于树林复出，这样才显得景多水长而有无限之意。

〔10〕丈尺分寸，约有常程。

此言山水景物的大小比例，或丈、或尺、或分、或寸，大约是有一个常数的规定（不可"人大于山"）。王维（传）《山水论》有"丈山尺树，寸马分人"，可作此语之注。

〔11〕树石云水，俱为正形。

为：除《全梁文》之外，诸本皆作无。按以"无"为是。

树、石、云、水，都是没有固定形状的。

苏东坡《净因院画记》："余尝论画以为人禽宫室器用，皆有常形，至于山石竹木水波烟云，虽无常形而有常理。常形之失，人皆知之；常理之不当，虽晓画者有不知。"

〔12〕树有大小，丛贯孤平；扶疏曲直，耸拔凌亭。

扶疏：犹婆娑，形容舞动的姿态。《淮南子·修务训》："援丰条，舞扶疏。"

以上言树的画法和布置。树有大有小，有的是一丛，有的是一排，有的树一株独秀，有的树高低整齐，树要婆娑多姿、曲直有态，或耸峙、或挺拔、或凌空、或亭立（总之每树要有每树的姿态，要避免棵棵相似，平淡无奇）。

〔13〕乍起伏于柔条，便同"文"字。

此句下面缺字，本句内亦可能有误字，不易解。似说树或丛木类刚发柔条时，像"文"字形状。古"文"字似柔条交叉："一点"似节疤或断树，"一横"似树枝，"一叉"似柔条交叉。后世梅道人《写竹简明法》中有云："垂梢似文字，左右交笔两式。"

〔14〕此句旧注"原阙八字"。

《书画传习录》、《画学心印》无，亦不注"缺字"。

按，此文前后对句，字数均同，应缺十字。

〔15〕或难合于破墨，体向异于丹青。

《书画传习录》、《画学心印》无此二句。

此言或有难画者，合于用破墨去表现，画出来（体）不同于用红绿颜色表现的金碧、青绿山水（按水墨作画，易于画出远山的朦胧之感，故下文有"隐隐半壁"）。

破墨：唐及唐前所谓破墨和今日所谓以浓破淡、以淡破浓等破墨不同。乃是以水析释墨，因加水分的多少，将本来的浓墨分破成浓淡不同的层次。《笔法记》、《图画见闻志》、《山水纯全集》皆有对"破墨"的注释，可参看。

又按"或难合于破墨"句，疑有误字，姑作此解。

〔16〕隐隐半壁，高潜入冥。

此言画出的山隐隐半个墙壁，高处似潜没于冥冥之空。

隐隐：不分明之貌。冥：幽暗高深之境。《楚辞》："据青冥而摅虹兮。"

按："隐隐半壁"应是水墨画的效果。

〔17〕插空类剑，陷地如坑。

类，似也。此言画上高耸的山峰像剑一样插入空中，而陷入地下的巨石又如坑一样。

按"陷地如坑"四字疑有误。姑作此解。

〔18〕秋毛冬骨，夏荫春英。

此言山景四时变化：秋天萧瑟；冬天树叶落尽，仅见其骨；夏天枝叶繁盛；春天花团锦簇。

英：花也。屈原《离骚》有云："夕餐秋菊之落英。"陶渊明《桃花源记》："落英缤纷"。

按宋人韩拙《山水纯全集·论林木》有："梁元帝云：木有四时，春英夏荫，秋毛冬骨。春英者，谓叶细而花繁也；夏荫者，谓叶密而茂盛也；秋毛者，谓叶疏而飘零也；冬骨者，谓枝枯而叶槁也。"

〔19〕炎绯寒碧，暖日凉星。

炎：热也。绯：红色。

此言画中的色彩和物象给人的热、寒、暖、凉的感觉。

画面上的绯红色，给人以炎热的感觉；碧绿色给人以寒冷的感觉；太阳给人以暖和的感觉；星星给人以清凉的感觉。

按色彩有冷暖感觉，最早发见于中国，至今已千余年矣。此文之前，汉刘褎画《北风图》，人见之觉凉；画《云汉图》，人见之觉热。至今又两千年矣。

〔20〕巨松沁水，喷之蔚同。

同：《古今图书集成》、《画论丛刊》本作"荣"。《书画传习录》本同下有注：同坰。

沁：渗也。喷：洒射也。《庄子·秋水》："子不见夫唾者乎，喷则大者如珠，小者如雾。"蔚：草木茂盛貌。班固《西都赋》："茂树荫蔚，芳草被堤。"同：（音jiong）也作"冂"，"坰"。郊外，林外之意。《诗·鲁颂·駉》："駉駉牡马，在坰之野。"《传》曰："坰，远野也。邑外曰郊，郊外曰野，野外曰林，林外曰坰。"又《说文》曰："邑外谓之郊……林外谓之同，象远界也。"

此谓巨大的松林其根可以渗出水来（按此符合科学道理也），使林外草木茂盛（所以画松树、松林，附近要画一些杂草。实际上松树即使长在石头上，根部也多有草、苔之类）。

〔21〕褎茂林之幽趣，割杂草之芳情。

褎：《古今图书集成》本作"衺"。

割：《古今图书集成》本作"剖"。

按"褎"依《古今图书集成》本为"衺"。衺，采集也。"割"和"剖"意相近，在此处皆有"取"之意。

此言画茂林和杂草，要画出其幽趣和芳情（即取其神，而不专意于形）。

〔22〕泉源至曲，雾破山明。

按："泉源至曲"应为"泉至源曲"，方能和"雾破山明"对义。

山中的水源由众多的泉聚集而成，又因地理关系，山中水源总是弯弯曲曲，故曰："泉至源曲。"山中雾起，薄雾山则模糊不清，浓雾山则不可见，雾破而山则明矣。

〔23〕精蓝观宇，桥彴关城；门人犬吠，兽走禽惊。

彴：《美术丛书》本作"杓"，《画苑补益》本误作"彴"。"门人"，《书画传习录》作人行。其余诸本皆作行人。

精：美称也。蓝：佛寺伽蓝方丈的简称。戴表元《题东玉师府所藏潇湘图》诗："今日精蓝方丈地，倚窗眠看洞庭山。"观：道士居处。寺：和尚居处。彴：（音zhou）独木桥；《初学记》七《广志》："独木桥曰榷，亦曰彴。"

"行人"应作"人行"，方能和下句"兽走"对义。

此言山水中要画有精蓝观宇，桥彴关城，还要画有人行、犬吠、兽走、禽惊。

按隋唐以前的山水画中多画以上诸物，现存敦煌壁画可证。顾恺之《画云台山记》中亦有此类记载。王微《叙画》中则有"然后宫观舟车，器以类聚；犬马禽鱼，物以状分"之记。于此可见本文形成之早。

〔24〕高墨犹绿，下墨犹赪。

赪：《画论丛刊》本、《书画传习录》本作頳。以頳为是。

赪：（音cheng），亦作"頳"，赤色也。谢眺《望三湖》诗有云："积水照赪霞，高台望归翼。"

此语可作两解：其一是指山的高处之墨色犹如绿色，山的下（低）处之墨色似红色。其二是浓墨如绿色，淡墨如红色。

〔25〕水因断而流远，云欲坠而霞轻。

此言画水流因被山、石、林遮掩（断），而显得水流甚远（按：因画面有限，画水若从头至尾俱见，则水流亦显得有限，当中若用山、石、林遮断，而水流复现，则显其流远，画面上就要以有限而表现无限）。云厚（欲坠，即画得重）遮霞，便显得霞轻——此对比法也。

〔26〕桂不疏于胡越，松不难于弟兄。

胡、越：皆我国古代处于边远地区的少数民族。胡在北方，越在南方，相距很远。

松不难于弟兄：韩拙《山水纯全集》引王右丞（应为"传为王右丞"）的话云："右丞曰：松不离于弟兄。"并解释曰："谓高低相亚。"此解甚是。"难于弟兄"就是难分谁是弟，谁是兄，差不多高大，差不多模样的意思。

此言画桂树不要南一棵北一棵（不要画得太疏）。画松树不要像"弟兄"一样（不要把两棵松画成一个模样），要高低相亚，姿态各一，变化多端。

〔27〕路广石隔，天遥鸟征。

道路广阔，可以用石头相隔。既可避免因路广而显得画面空，又可因比较而显得道路广阔。欲表示天空的遥远，可在远处画或点些小而淡的鸟，以加强天空的遥远感觉。

〔28〕云中树石宜先点，石上枝柯末后成。

枝柯：柯乃常绿乔木之类，亦指树枝。陶渊明《读山海经》："洪柯百万寻。"

此言云中有树石者，宜先点画出树石，然后再画云（"宜"字表明最好如此，不必绝对）。石上有枝柯者，应先画石，然后再画枝柯。

此指在墙壁上作画的先后次序。

〔29〕高岭最嫌林刻石，远山大忌学图经。

林：《画苑补益》本亦作林，其余诸本皆作邻。按以邻为是。此句"邻"和下句"学"对义，应解释为"接近"，《左传·襄公二十九年》："邻于善，民之望也。"图经：《山海经》后半部本以图为主，有称图经者。

此言画高岭最嫌画成近于刻石一样；画远山要有远的感觉，要隐隐约约，不可像图经那样交待得清清楚楚又前后不分。

〔30〕审问既然传笔法，祕之勿泄于户庭。

审：详查、细究。《论语·尧曰》："谨权量、审法度。"祕：秘的异体字。不公开之意，又通"闭"。《史记·陈丞相世家》："其计秘，世莫得闻。"

此言如有人详细寻问如何作画，欲叫你传授笔法，你一定要保守秘密，不可将以上方法泄揭于户庭之外。

按：此为旧社会民间画工的保守思想，相传吴道子也有绘画口诀而世人莫知。

（二）《山水松石格》译文

山水松石格

梁元帝

天地是万物之母，而造化赋予它神灵。

画山水松石要设奇巧之体势（不可见什么画什么）。要画出山水树石的纵横气势。欲使画的格调高超，必须人的情怀、思想、学养高逸。必须用笔高妙，落墨方见精彩。

由是设白粉的墙壁、运神情。画山水飞溅，在素屏及墙隅上，似能听山淘淘有声。（画中水流）首与尾要相映，当中（项腹）要相近。（山水景物的大小比例）丈尺分寸，大约要有一个常数的规定。树、石、云、水，都没有固定的形状。画树要有大有小：有的是一丛，有的是一排，有的树一株独秀，有的树整整齐齐；树要婆娑多姿、曲直有态：或耸峙、或挺拔、或凌空、或亭立（总之要避免棵棵相似、平淡无奇）。树木刚发柔条时，像"文"字形状（原阙十字）。或有难画者，合于用破墨去表现，画出来（体）不同于用红绿颜色表现的金碧青绿山水。隐隐半个墙壁，高处似潜没于冥冥之空。（高耸的山峰）像剑一样插入空中，而陷入在下的巨石如坑一样。（山景四时变化）秋天萧瑟；冬天树叶落尽，仅见其骨；夏天枝叶繁盛；春天花团锦簇。画面上的绯红色，给人以炎热的感觉；碧绿色给人以寒冷的感觉；太阳给人以暖和的感觉；星星给人以清凉的感觉。巨大的松树，其根可以渗出水来，使林外草木茂盛。画茂林要画出其幽趣，画杂草要画出其芳情（写神而不

写形）。泉水聚集而成源，水之源总是弯弯曲曲的；雾破而山则明朗
也。山水中要画有精蓝观宇、桥杓关城，还要画有人行、犬吠、兽走、
禽惊。（山的）高处之墨色有绿色的效果，下处之墨色有红色的效果。
水流因（被山、石、林）遮断而显得水流甚远，云重欲坠而显得霞轻。
画桂树不可太疏，南一棵、北一棵的；画松树不可完全相同，像"弟
兄"一样。表示道路广阔，可以用石头相隔；表示天空的遥远，可在远
处画些飞鸟。云中有树石者，宜先点画出树石（然后再画云）；石上有
枝柯者，应先画石（然后再画枝柯）。画高岭最嫌画成近于刻石一样，
画远山最忌如图经（那样交待得清清楚楚）。如有人详细寻问如何作
画，不可（将以上方法）泄露于户庭之外。

十六、玄学与山水画

中国山水画正式兴于晋宋时期，关于兴起的原因，不少论者是从六朝时期文人士大夫隐居山林、喜好山水等方面去探索，然而这还不是山水画兴起的直接根源。

山水画兴起的直接根源是玄学。离开了玄学而去探究山水画的起源，有很多问题不好解释。比如，说魏晋时期文人士大夫喜爱山水，认识到山水的审美价值，所以他们把自己喜爱的题材写入画中，那么魏晋期间文人士大夫也喜爱竹菊，有人"采菊东篱下"，甚至有人在生活中不可一日无竹，为什么不从此兴起竹菊画呢？我认为从玄学的兴起和推行中寻找山水画兴起的根源，很多问题，尤其是山水画论中的问题才能更好地得到解决。

东汉末年，由于军阀混战，生产力遭到巨大破坏，城市丧失了曾经有过的政治经济意义，地方的自然经济占有统治地位，地方实权分散在那些封建贵族手里，他们要发展自己的经济和社会势力，因而要求君主"无为"，听任自然，以此达到巩固世族地主经济，任其充分发展的目的。因而玄学的发展是有其一定原由的。

《文心雕龙·论说》有云："迄至正始（240~249年），务欲守文，何晏之徒，始盛玄论。于是聃（老子）、周（庄子）当路，与尼父（孔子）争涂矣。"玄学家们利用种种形式鼓吹玄学，正始中，何晏一派通过诗歌把玄学的哲理内容表达出来，于是创始了"玄言诗"。两晋时期，玄言诗更加发展，几乎都用于阐述《老》、《庄》。《文心雕龙·时序》有云："自中朝（西晋）贵玄，江左（东晋）称盛，因谈余气，流成文体……诗必柱下（老子）之旨归，赋乃漆园（庄子）之义疏。"沈约《宋书·谢灵运传论》有云："有晋中兴，玄风独振，为学穷于柱下，博物止乎七篇，驰骋文辞，义单（殚）乎此……莫不托辞上德（老子），托意玄珠（庄子）。"钟嵘《诗品·总论》也说："永嘉时贵黄老，稍尚虚谈，于时篇什，理过其辞，淡乎寡味，爰及江表（东晋）……诗皆平典似《道德论》。"玄言诗到了这种地步已完全成为政治说教，变革便势在必然。于是宋初从谢灵运开始，由玄言诗转向山水诗，《文心雕龙·明诗》有一段著名的话："宋初文咏，体有因革，庄、老告退，而山水方滋。"其实，提倡"庄、老"之时，正为山水诗的"方滋"打下了基础，玄言诗变而为山水诗是一种必然趋势。孙绰《庚亮碑》有云："方寸湛然，固以玄对山水。"山水和玄理在人们的主观意识中是相通的，因此魏晋以降的士大夫们迷恋山水以领略玄趣，追求与道冥合的精神境界，这也对诗歌和绘画产生了必然的影响。由于山水形象是表达玄理的最合适的媒介，所以山水景物大量进入诗歌和绘画之中，使得山水诗、山水画成为言玄悟道的工具。宗炳说山水画的作用是为了"澄怀观道"和"澄怀味象"（"澄怀观道"语见《宋书·宗炳传》。"澄怀味象"语见《画山水序》，"象"是由圣人之道所显现之象，也有作"像"）。他在《画山水序》中明确地指出："山水以形媚道。"

"山水以形媚道"也好，"以玄对山水"也好，可以看出六朝文人士大夫眷恋山水，除了游览之外，还有一个更重要的目的，那就是领略玄趣或体会圣人之道。

宗炳的《画山水序》内容就是阐述创作山水画可以达以"观道"、"味道"的目的。

中国的士人是讲"道"的，时时事事离不开"道"，"道也者，不可须臾离也"（《中庸》）。古代的"道"的内涵很大，指的是自然和社会发展的不可抗拒的规律，是宇宙万物的本源、本体，是具有特殊作用的思想和学说；是一定的人生观、世界观，是天地间从人君到百姓都要遵循的绝对化法则。总之，"道"是各派哲学思想体系中的最高范畴。但古代山水画一直是和老、庄之道联系得最紧的。

最早把山水画和老、庄之道联系在一起的是宗炳。宗炳一生绝意仕途，好游山水，他虽是一个佛教徒，但从他现存的几篇文章如《明佛论》等看来，他对佛教的崇信主要是因果报应，他的思想更多地接受了玄学的影响，他说："若老子、庄周之道，松、乔列真之术，信可以洗心养身。"所以宗炳想的是"释"，行的是"道"。他在《画山水序》中说的"山水以形媚道"就是老、庄之道。他终生游览山水和绘画山水，也就是在山水中体会圣人之道。

山水中怎能见到圣人之道呢？也就是说圣人哪些道能"暎物"呢？老、庄之道是形而上者，《庄子》云："已而不知其然谓之道。"道虽然看不见、摸不着，但"暎于物"，贤者可以观物而知"道"。《老子》云：道像水一样，"上善若水，水善利万物而不争，处众人之所恶，故几于道"（《老子》第八章）。老子多处谈到的道是从水中悟出来的，水"几于道"，观水也就是观道，画出来的水也就等于道了。水如此，山就更不待言。《庄子·知北游》："天地有大美而不言"，不去游览山水，能深刻地理解圣人这些"道"吗？在山水中，不正可以看到和悟到圣人之道吗？

山水更大作用在于"涤除玄览"（《老子》十章语），"斋以养心"，"斋戒，疏瀹而心，澡雪而精神"（《庄子·知北游》）。道家特别主张"静知"，"致虚极、守静笃"，"故静也，万物无足以挠心"，山林和烦浊的闹市相反，是最合于道家"静知体道"的地方。《庄子》一书中的有道之士大都和山林有关："尧……往见四子藐姑射之山"（《逍遥游》），"黄帝将见大隗于具茨之山"（《徐无鬼》），"黄帝……闻广成子在空同（山名）之上故往见之"（《在宥》），孤竹"二子北至于首阳之山"（《让王》）。这些记载都说明了这一点。宗炳要"澄怀观道"，就是要涤荡污浊势利之心，遁于空静的山林，"独与天地精神相往来"（庄子语），所以当宗炳年老多病，无力游山水时，便创作山水画，卧以游之，"再现自然之理"，以达到"寄物而通（道）"的目的。

《林泉高致》道出了前人画山水的意图："君子所以爱夫山水者，其旨安在？丘园养素，所常处也，泉石啸傲，所常乐也，渔樵隐逸，所常适也……为离世绝俗之行，而必与箕颖埒素，黄绮同芳哉。"从这里正可看出道学之士的山林性格。

唐以后，山水画占画坛主流，重要画家大多是隐士和具有隐士思想的人，作画多自娱，在他们的思想中道家思想居主导。儒家是积极入世的，主张"文以载道"、"有补于世"；道家是出世的，主张"怡悦情性"、"自我陶冶"。所以古代的山水画真正有鉴戒作用的并不多，多是庄学之士用以体道的"纵乐图画"之作。

绘画中的"传神论"大成于顾恺之，然顾恺之的"传神论"指的是人物画传神。山水画也要传神吗？这一点还可以从宗炳、王微的画论中了解到。

宗炳是著名的神形分殊论者，王微不同于宗炳，在晋末宋初的思想界，他和颜延之、陶渊明一样，同属于"神形一体、形死神灭"一派。

宗炳在《画山水序》中说："栖形感类"，"质有而趣灵"。王微说："本乎形者融灵。"宗炳是说形、神（灵）二体，王微则认为形、神（灵）本来就是一体，不可分。宗炳是以道为本而终趋于释，王微是以儒为本而终趋于道，他们在画论中反映出的思想是对立的，但对于绘画表现的本质要求则是相同的，都强调要"写山水之神"。

宗炳在《画山水序》中提到的"媚道"、"观道"、"味道"等等山水画的功能，主要是通过山水之神而起作用的，王微叙说山水画不同于图经，也是强调山水之神的作用。所谓山水之神、山水之灵，实是他们发现了山水的美、山水的动人之处的代名词。

宗炳、王微的山水画传神论打破了以前只有人物画才能传神的观念，对后世画论中提出的万物皆要传神的理论有很大的影响，唐元稹：

"张璪画古松，往往得神骨。"宋苏轼："边鸾雀写生，赵昌花传神。"又说："老可能为竹写真，小坡今与竹传神。"人物、花鸟、竹石皆要传神，故宋邓椿在《画继》卷九有云："画之为用大矣，……能曲尽者，止一法耳，一者何也，曰传神而已矣，世徒知人之有神，而不知物之有神。"这是和宗、王的理论一脉相承的。

山水画传神理论的出现同样也是受了玄学的影响。"得意忘象"、"寄言出意"、"得鱼忘筌"，乃是魏晋玄学认识论和方法论的中心议题，也是魏晋以降士大夫们观察、思考问题的独特方式，他们以"无"为本，以"有"为末，就必然发展到重神忘形上。事实上，玄学家们总是通过各种途径夸大和宣传精神性的本体，所谓"形恃神以立"云云，而否定物质性的内容。宗炳更是强调万物有灵，万物皆是神灵的显现。但是神是无从见到的，犹如宗炳和玄学家所说的神是无从把握的那样，所以当时的玄学家们只好承认精神的、无形的、虚无的东西，总是借助于一定物质的、有形的、实在的东西来表现。王弼在《大衍义》中就强调："夫无不可以无明，必因于有。"即"无"不能独立自明，必须通过"有"才能存在。宗炳说："神本亡端，栖形感类。"王微也说："灵亡所见，故所托不动。"郭象在《庄子·外物注》中说："自然之理，有寄物而通也。"而宗炳就有"贤者澄怀味象"、"山水以形媚道而仁者乐"的提法，他的"以形写形，以色貌色"说，也就是要再现"自然之理"，从"形色"中寻求所栖之神，即从画上的山水中领略玄趣而通于道。

以上所论，都说明了山水画和早期山水画理论的出现皆是和玄学思想密切相关的。

附记：此文原稿在《美术研究》一九八三年第四期上发表时，被删去十分之七，主要论述几乎不存，语皆不类。原稿又被损坏，此次收入本书时已无力重写，然意有所憾。

附录一：云冈石窟雕刻

　　山西大同云冈石窟和龙门石窟、敦煌莫高窟并称为我国古代佛教石窟艺术的三大宝库。然三窟中雕塑有别，敦煌石窟中造像以塑为主，云冈石窟中造像以雕为主。云冈石窟和龙门石窟一样，是依山而雕，开凿在砂岩上，大部分是先凿出一个大概的洞，然后，就山石而雕刻成像，所以又叫石刻。就龙门和四川大足等处未完成的造像看来，是由艺术家先用凿子在山崖上打出一个大概的形象，然后再用小凿子加工成身首五官等细部，最后再将石面磨平，以去其雕凿之痕。但石窟中的石刻和汉唐的陵墓石刻又不一样，后者能够移动，前者刻成之后，仍然和山崖连在一起，绝不能移动。

　　现存于云冈石窟的大小雕刻五万一千多个，主要洞窟也有五十二个，各个洞窟中的造像无论姿势或是服饰都各不相同，各有异趣。就时期而论，隋唐时期修建的一小部分且不计，即在北魏，还可以分为三期，第一期开凿的第十六至二十窟为"昙曜五窟"①，约于公元460年至466年间；第二期开凿的约是466年至孝文帝迁都洛阳（494年）之前；第三期是孝文帝迁都洛阳之后至孝明帝正光年间。这三期，风格亦略有

---

　　①北魏初，佛教大盛，太武帝时曾下令"灭法"，佛寺经像被毁，僧人被迫还俗。文成帝时又利用佛教为己服务，下令恢复佛教，任命"灭法"期间隐匿起来的和尚昙曜为"沙门统"，在昙曜建议下于云冈凿山造佛像。最早建造的五窟即称"昙曜五窟"。

北魏 云冈石窟第二十窟 主尊坐佛像高约14米

　　云冈石窟雕刻的造型大抵皆是清俊秀丽，面型修长、颈长、肩宽。总观之，清秀、柔润、微丰满。这种清秀而略丰满的造型特色，正介于中国美术史上"秀骨清像"和"面短而艳"之间而兼具二者之特点。

变化。

　　每一时代的艺术都具有时代特征。因为艺术自律性的意识越来越强，所以，越是早期的艺术越有其一致性，越是后期的艺术越具多变性。龙门和敦煌石窟中的雕塑皆建造了数百年乃至千余年，云冈石窟基本上都是北魏时代的作品，不过几十年时间。从一致性和时代性来欣赏，云冈石窟雕刻还有其鲜明的特色。即其造型大抵皆是清俊秀丽，面型修长、颈长、肩宽。总观之，清秀、柔润、微丰满。此外，其神情恬静敦厚，冷峻含蓄，而又具有慈祥的会心式微笑。其整体气势宏伟威严、庄雅深沉，具有无穷的内在力。它既不似唐代那样雄壮阔大，更不像明清雕塑那样庸俗而表相。以上所说的，其造型特色犹是判断古代雕塑创造时代的重要标准。这种清秀而略丰满的造型特色，正介于中国美术史上"秀骨清像"和"面短而艳"之间而又兼具二者之特点。

　　"秀骨清像"是三国晋宋时期的造型特点，即形体是清秀、瘦削的

北魏　云冈石窟第二十窟　主尊坐佛局部

（不丰满），一般史家把这种造像特点归功于南朝宋的陆探微，称为"陆家样"，其实在传为晋顾恺之的《女史箴图》中已很明显，甚至汉代的雕塑和绘画都呈现出这种特点，只是到宋陆探微时更为完善而已。前面说过，早期的艺术有其一致性，这从我国南北东西各地的美术遗迹中可以得到证实。和晋宋同时的北方是十六国和北魏初期，这一时期早于云冈石窟雕刻的创作时期。"秀骨清像"流传了很长一段时间。到了萧梁时代，著名画家张僧繇又发展变化为"面短而艳"，即"圆润丰满"，史称"张家样"，其实这种圆润丰满是和以前的"秀骨清像"相比较而言，去其瘦削无肉的感觉而已，其面型仍是呈长方形，因为丰满，面部的修长感便减弱了些。这在各地美术遗迹中皆可得到印证。但真正的圆润丰满是隋代，唐代又变为圆浑而胖，再后就是肥胖健硕。总之是愈后愈胖，清秀渐失，壮健渐显（至唐末乃止）。

云冈石窟雕刻的创作正在"陆家样"向"张家样"过渡的时期，所以，它兼具二者之特点，去其瘦削而圆润不及，外观清秀，内实丰满，

初唐（约公元七世纪） 云冈石窟
第三窟

这三尊造像，面部圆润，肌肉丰满
光润，鼻亦不是平直而方的，身体雄
壮，花冠精细，衣纹流畅。它虽然近于
肥胖，但还未达到中唐时十分肥胖而健
硕的地步。

从而形成了云冈北魏时期雕刻的鲜明特色。

此外，云冈石窟早期雕塑的佛像鼻皆平直而方，有些像希腊和印度、尼泊尔人之间的形象，和龙门等地唐代雕塑的佛像五官皆中国化（汉化）也有明显区别。

早期印度佛像传入中国，有4至6条路：其一是来自西北的"丝绸之路"，即经西域至长安，再至大同，这是北方的一条路，也是主要的一条路线；其二是从锡兰（今之斯里兰卡）至广州；其三是锡兰至连云港；其四是从锡兰到青岛；其五是从尼泊尔到西藏；其六是经缅甸至云南、四川，然后沿长江到南京等地。印度当时的佛像也有南北不同的两种风格。南方秣陀罗式艺术基本上出自印度（天竺）的传统艺术风格，形像似印度人；北方犍陀罗式艺术，受希腊艺术的影响甚强，其形象中有一部分希腊人，比如鼻平直而方，轮廓线清晰等。从南路传入中国的佛像多是秣陀罗式，从北路传入中国的佛像多是犍陀罗式。云冈石窟的佛像是从北路传来，所以早期的佛像有明显的犍陀罗风格。尤其是云冈最大的佛像——建于北魏时期的云冈石窟主像（昙曜五窟之一），其鼻平直而方，线条挺拔清晰，具有十分明显的犍陀罗风格。

这是因为佛教从国外传来，早期的佛像雕刻也是根据外来的粉本形象[1]。但不久，中国的艺术家们就渐渐地改变了这些形象，使之完全汉化了。

值得注意的云冈石窟第三窟，内有三尊造像，面部圆浑，肌肉丰满光润，鼻亦不是平直而方的，身体雄壮，花冠精细，衣纹流畅。和其他洞窟中造像清秀，面部修长，颈长肩宽，鼻平直而方，且雕刻手法简练等完全异趣。它虽然近于肥胖，但还未达到中唐时十分肥胖而健硕的地步。故一般研究家断其为初唐作品。我断为初唐略后一点的作品。

在服饰方面，云冈石窟的早期佛像上身多作"偏袒右肩式"或"通肩式"，前者衣服以左肩（佛的一方）斜披至右腋下，右胸及右臂皆裸露在外，仅右肩的长衣露（披）一点上衣的边缘。衣褶为平行的隆起双线。后者是薄薄的长衣紧紧地贴在身上，如今日之连衣裙；宽袖，领口处为一披巾，似今之围巾式，从右肩经胸前披至左肩直至肩后。这两种服饰样式也是从国外传来的[2]。但不久，中国艺术家就把它改为中国式，衣服为对襟，露内胸衣，胸前有带系结，右有带向左披在左肘上。衣褶距离较宽，一般称之为"冕服式"。不过这种服饰衣纹上的不同特点不可作为判断雕塑时代的绝对标准，因为有少数后期作品仍作"通肩式"。

只有雕塑的艺术风格才是判断雕塑时代的重要依据。然而服饰样式的变化也是不可忽视的。

《古代艺术三百题》，一九八二年写，一九八五年上海古籍出版社出版

---

[1]早期的雕塑粉本来自外国，主要参考佛的形象服饰，艺术上的处理还是来自秦汉的传统，当然也多少融合了一些犍陀罗佛教艺术的有益成分，但至隋唐已完全中国化了。

[2]同上。

附录二：戴逵、戴颙在雕塑史上的地位

戴逵（？~396）字安道，其子戴颙（378~441）字仲若，谯郡（今安徽宿县）人。父子二人皆东晋至宋时著名画家、雕塑家、音乐家兼学者。又都是著名隐士，朝廷屡次征召，皆不就，惟以琴书自娱，戴逵传列《晋书·隐逸》，戴颙传列《宋书·隐逸》，故《历代名画记》谓其"一门隐遁，高风振于晋、宋"。

戴逵少博学，善书文，琴、棋、书、画无所不精。太宰武陵王晞闻其善鼓琴，使人召之，逵对使者破琴，曰："戴安道不为王门伶人。"（本传）后来逵徙居会稽之剡县（今浙江嵊县西南）。孝武帝时，又敦逼他出来做官，逵逃往吴地，后因谢玄给皇帝讲情，他才得以回到剡县继续隐居。实际上，他倾全力于艺术的创作和研究。《世说新语》多处记载他作画的事，甚至改变了他的老师范宣认为作画无益的看法，反而"甚以为有益，始重画"。又记他"中年画行像甚精妙"。谢赫《画品》评戴逵的画云："情韵连绵，风趣巧拔。善图贤圣，百工所范。荀、卫以后，实为领袖。"他画行像甚精妙，善图贤圣，为众人所师范，是继西晋大画家荀勖、卫协之后的画界实际领袖。戴逵更擅雕刻及铸造佛像，在早期雕塑史上，他是一位划时代的人物。

佛像自东汉传入中国后，画、雕、刻、铸者群起，很多著名艺术家也都从事佛像的创作。因为粉本从外国取来，佛的形象不敢轻易改动，完全依照外国的粉本，又不合中国人的欣赏习惯。所以，直到戴逵之

北魏 《一佛二弟子》 石雕 美国
伍斯特博物馆藏

前，惜皆"未尽其妙"。戴逵本人并不信佛，他还写过《释疑论》，反
对佛的因果报应说。他只把佛像的创作当成一种艺术去处理。所以，他
敢于"范金赋采"，大胆变化。他曾造高丈六的无量寿佛木像，并菩
萨，然自觉古制朴拙，缺乏新意，不足以感人，于是乃潜坐帷中，密听
众论。所听褒贬，辄加详研。又积思三年，刻像乃成，后来被迎至山阴
灵宝寺。这尊木像，直到唐代还保存在越州嘉祥寺。唐代的洛阳白马寺
中还有戴逵手铸铜佛并二菩萨像，乃是隋文帝自荆南兴皇寺取来。戴手
制佛像五躯，放在建康（今南京）瓦官寺中，和顾恺之画的《维摩诘》
以及狮子国（今斯里兰卡）献来的玉像，被称为"三绝"。可见其影响
之大。

　　戴逵的佛像到底是怎样的，因无可靠的传世之作印证，不得而知，
但知他的佛像雕塑在雕塑史上第一次成为造像的楷模，从此中国有了自
己的佛像样式。

戴逵死后，其子戴颙继续其父之业，仍居会稽剡县。当时中书令王绥经常携宾客造访，有一次提出想听戴颙弹琴，戴颙不予理睬。宋初几位皇帝多次请他出来做官，并不就。元嘉十五年（438）之后，衡阳王义季镇京口（今镇江），长史张邵与颙姻通，于是把颙迎来居住于黄鹄山（在镇江南郊），戴颙在这里更加无忧无虑地潜心于艺术研究。戴颙从事佛像创作和改革时，"逵亦参焉"。谢赫《画品》说："及乎子颙，能继其善。"所以，戴逵死后，他便成为雕塑权威，大型雕塑出现了问题，便要向他请教。例如，宋世子在瓦官寺铸丈六铜像，像成，遗憾的是面部显得太瘦。从事雕塑的几个人皆无可奈何，可是乃迎颙观后曰："非面瘦，乃臂胛肥耳。"于是错减臂胛，瘦患即除，像乃相称，时人服其精思。作大型雕塑，即使比例完全合度，由于远近高下视觉上的关系，头部仍有瘦小的感觉。如果臂胛再肥，面就更显得瘦。戴颙这一"精思"给后世雕塑家以特别有益的启示。但当时戴颙这一理论尚未能立即引起全国所有雕塑家的高度注意。我们从现存的早期雕塑如云冈石窟中的佛像来看，臂胛还是有一点肥大，特大型的雕塑，从下向上看，头部也有略小的感觉。不过，云冈等地雕塑因出于当时的高手，问题尚不显得怎么严重。到了隋唐时代，这些毛病就完全克服了。这就是戴颙理论发生的效用，从观者的视觉上调整了雕像的比例，使之不准而准。

前面说过，佛像从国外传来，直到戴逵之前，虽经各家努力，仍"未尽其妙"，更谈不上有固定的样式。经戴逵父子的创意，不但有一定的样式，而且克服了比例上的毛病。戴逵的画既为"百工所范"，中国的雕塑和绘画本有其一致性，他的佛像样式也就成为"百工所范"。魏晋至隋唐朝间，中国的佛教兴盛，绘画和雕塑几乎都是为佛教服务的。仅现存的龙门一处佛像就有十万余躯，当时全国的佛像雕塑不知有几千百万躯。不可能所有的佛像都要重新设计创造，何况水平较低的工人必须模仿，因之也必须有一种样式供给一般艺术家或工人参考。当然大艺术家在参考同时也会另加改动。《历代名画记》卷五记云："洎戴氏父子皆善丹青，又崇释氏，范金赋采，动有楷模。至如安道潜思于帐内，仲若悬知其臂肨，何天机神巧也。其后北齐曹仲达、梁朝张僧繇、唐朝吴道玄、周昉各有损益，圣贤肹蚃，有足动人，璎珞天衣，创意各异。至今刻画之家列其模范，曰曹、曰张、曰吴、曰周，斯万古不易矣。"曹、张、吴、周即美术史上著名的"四家样"，各领风骚，风靡中国大地数千百年。但"四家样"都是在戴逵造像基础上经过"损益"而形成的。可以说，戴逵父子是中国佛像雕塑的奠基人。

《古代艺术三百题》，一九八二年写，一九八五年上海古籍出版社出版